哲學門

第九卷（2009）第二冊

總第十八輯

北京大學出版社
PEKING UNIVERSITY PRESS

图书在版编目(CIP)数据

哲学门(总第十八辑)/赵敦华主编. —北京:北京大学出版社,2009.2
ISBN 978-7-301-14917-1

Ⅰ.哲… Ⅱ.赵… Ⅲ.哲学–文集 Ⅳ.B-53

中国版本图书馆 CIP 数据核字(2009)第 009742 号

书　　　名：哲学门(总第十八辑)
著作责任者：赵敦华　主编
责 任 编 辑：田　炜
封 面 设 计：奇文云海
标 准 书 号：ISBN 978-7-301-14917-1/B·0786
出 版 发 行：北京大学出版社
地　　　址：北京市海淀区成府路 205 号　100871
网　　　址：http://www.pup.cn　电子邮箱：pkuwsz@yahoo.com.cn
电　　　话：邮购部 62752015　发行部 62750672　出版部 62754962
　　　　　　编辑部 62752025
印 刷 者：北京飞达印刷有限责任公司
经 销 者：新华书店
　　　　　　787mm×1092mm　16 开本　22 印张　338 千字
　　　　　　2009 年 2 月第 1 版　2009 年 2 月第 1 次印刷
定　　　价：35.00 元

未经许可,不得以任何方式复制或抄袭本书之部分或全部内容。
版权所有,侵权必究
举报电话:010-62752024;电子邮箱:fd@pup.pku.edu.cn

哲學門 第九卷（2009）第二册

目 录

论坛：子学传统的新诠释

试论《庄子》的"化" ·· 郑　开(1)
屈原与郭店楚墓竹书 ·· 高　正(19)
荀子的经典之学 ·· 王　博(51)
荀子论"解蔽"再辨 ··· 陈文洁(71)
"子学"的特征与命运 ··· 陈战国(89)

论　文

《月令》思想纵议
　　——兼议中国古代天文学向占星学的转折 ··············· 章启群(99)
人己中道：杜威与儒家 ··· 温海明(129)
如何思考自身
　　——帕斯卡式的对"我"的反思 ························· 文森特·德贡布(139)
康德伦理学的"幸福"（Glückseligkeit）概念 ················ 刘宇光(153)
权威的经验与经验的权威
　　——论《薄伽梵歌》与现代"宗教经验"的
　　　对话 ··· 肯尼斯·华裴(189)
佛教真佛宗的宗教经验之研究 ································· 谭伟伦(199)
新约福音书中耶稣基督传道前的宗教经验对
　　现代人的意义 ·· 黄根春(217)
意向性：或如何将之安置在自然界 ···························· 程　炼(229)
富永仲基及其批判精神 ··· 王　颂(251)

评论

心平气和看孔子
——李零:《丧家狗——我读〈论语〉》 .... 李　峻（263）

元伦理学的根本问题、发展趋势与理论前沿
——兼评道德虚构主义 .... 张亚月（291）

书评

夏洞奇:《尘世的权威:奥古斯丁的社会政治思想》 .... 吴天岳（301）

林月惠:《良知学的转折——聂双江与罗念庵
思想之研究》 .... 钟治国（310）

成中英:《易学本体论》 .... 周广友（318）

王利:《国家与正义:利维坦释义》 .... 刘　晗（323）

夏泉:《明清基督教教会教育与粤港澳社会》 .... 吴　青（329）

朱良志:《中国美学十五讲》 .... 谷红岩（334）

书讯

黄宗羲:《明儒学案》 .... （18）

梅格纳德·德赛:《马克思的复仇:资本主义的复苏和苏联集权社会
主义的灭亡》 .... （18）

瓦格纳:《王弼〈老子注〉研究》 .... （49）

汤姆·洛克曼:《马克思主义之后的马克思:卡尔·马克思的哲学》
 .... （50）

洪亮吉:《春秋左传诂》 .... （50）

曼弗雷德·库恩:《康德传》 .... （128）

维拉莫威兹:《古典学的历史》 .... （187）

皮锡瑞:《经学通论》 .... （188）

Dao: *A Journal of Comparative philosophy* .... （250）

Contents

Forum: New Interpretations of Zi Xue

An Analysis of Zhuangzi's Thoughts of Hua ················ Zheng Kai(1)

Qu Yuan and the Chu Bamboo Slips Unearthed in Guodian ··· Gao Zheng(19)

On Xunzi's Thoughts about Interpretation of Classic ············· Wang Bo(51)

An Discussion of Xunzi's Thoughts of Jie Bi ················ Chen Wenjie(71)

An Overview of the Study of Zi Xue ················ Chen Zhanguo(89)

Articles

A Survey on the Book of *Yue Ling*:
    Involving the Observation on the Change from
    Astronomy to Astrology in Ancient China ············· Zhang Qiqun (99)

The Mean of the Self and Others:
    Dewey and Confucianism ································ Wen Haiming(129)

How to Think of the Self:
    Pascalian Reflection of "I" ······················· Vincent Descombes(139)

On the Idea of Happiness (Glückseligkeit)
    in Kantian Ethics ································ Lawrence Y. K. Lau(153)

The Experience of Authority and the Authority of Experience:
    a Dialogue between *Bhagavad-gita* and Modern Religious
    Experience ···································· Kenneth Valpey(189)

A Study of the Religious Experience of the
    True Budda School ································ Tan Weilun(199)

The Significance to Modern Man of Jesus Pre-ministry
    Religious Experience in the New Testament Gospels
    .... Eric Kun Chun Wong(217)
Intentionality, or How to Settle It in the Nature .... Cheng Lian(229)
Tominaga Nakamoto's Criticism in the Edo Period
    of Japan .... Wang Song(251)

Review Articles

Thinking of Confucius with Impartial Attitudes:
    On *The Homeless Dog*: *Review of the Confucian Analects*
    .... Li Jun(263)

On the Fundamental Problem, Theoretic Frontline and
    Developing Trend of Metaethics .... Zhang Yayue(291)

Book Review

Xia Dongqi, *The Secular Authority: The Social and
    Political Thought of St. Augustine* .... Wu Tianyue(301)
Lin Yuehui, *The Shifts of Liang-Chih Theory:
    A Study of Nieh Shuang-Jiang's and Luo
    Nian-An's Thought* .... Zhong Zhiguo(310)
Cheng Zhongying, *The Ontology of I Ching* .... Zhou Guangyou(318)
Wang Li, *State and Justice:
    An Interpretation of Leviathan* .... Liu Han(323)
Xia Quan, *Christian Church Education and the Societies in
    Guangdong, Hong Kong and Macau* .... Wu Qing(329)
Zhu Liangzhi, *15 Lectures on Chinese Aesthetics* .... Gu Hongyan(334)

New Books

Huang Zongxi, *An Intellectual History of the Ming Dynasty* .... (18)

Meghnad Desai, *Marx's Revenge:The Resurgence of
    Capitalism and the Death of Statist Socialism* .... (18)
Rudolf G. Wagner, *On Wang Bi's Commentary of Lao Zi* .... (49)
Tom Rockmore, *Marx after Marxism: the Philosophy of Karl Marx* ...... (50)
Pi Xirui, *A General Discussion of Jing Xue* .... (50)
Manfred Kuehn, *Kant: A Biography* .... (128)
Wilamowitz-Moellendorff, *Geschichte der Philologie* .... (187)
Hong Liangji, *A Commentary on Chun Qiu Zuo Zhuan* .... (188)
Dao: *A Journal of Comparative philosophy* .... (250)

试论《庄子》的"化"

郑　开

提　要：《庄子》中"化"的概念值得系统而集中的讨论，因为其中包含了若干歧义而难以索解。本文拟分别从"化"、"不化"和"物化"三个方面，即从自然哲学、本体论和审美理论角度对"化"的概念进行分析与阐释。

关键词：化　不化　物化

"化"在《老子》仅出现了 3 次，而且基本上是"修辞性的"（或者属于政治术语），从而很难作为一个哲学概念来探究；而《庄子》中的"化"却出现了 70 余次，包括"造化"、"物化"等哲学概念，陈鼓应先生认为《庄子》始畅言"化"的概念，是很有道理的。[①] 实际上，"化"是《庄子》中比较难解的概念，因为其中包含了明显的多重歧义；同时，"化"也是《庄子》中比较重要的概念，因为它涉及《庄子》哲学的理论结构的许多重要问题。所以我们没有理由忽视它。

郑开，1965 年生，中国社会科学院世界宗教研究所副研究员。
① 陈鼓应：《论道与物关系问题》，载《道家文化研究》第 22 辑，北京：三联书店，2007 年。

我们知道,《周易》旧注曾指出"易一名而含三义":"易"、"不易"与"简易"。① 有意思的是,虽然《庄子》中"化"的基本含义近于《周易》的"易",却具有比"易"更丰富的意义曲折:"化"不仅具有"化"与"不化"相反相成的两个方面,还具有"物化"的含义。简而言之,《庄子》中的"化"主要指宇宙万物生灭变化的自然过程,然而这种意义上的"化"却是由其背面的"不化"所推动的;可以说,"化"乃"唯变所适"、"物极必反"的"物的世界","不化"则是恒常不变的"本体";"物化"概念涉及并且交织于审美理论与心性哲学诸方面,因而更其复杂。

显然,"化"基本上属于自然哲学(物理学)的范畴,"不化"则诉诸本体论或形而上学,"物化"更多地与审美、心性及境界有关,"神化"则基于民俗知识和宗教传统。因此,我们似乎应该从"道物关系",进而从物理学(自然哲学)与形而上学之间的关系中理解和把握《庄子》中的"化"与"不化",并且阐明和阐释"物化"概念。

一 化

《周易》屡言"化",例如"乾道变化"(《乾·彖》)、"万物化生"(《咸·彖》)和"穷神知化"(《系辞》),其基本含义就是"变易",与《庄子》所说的"化"几乎没有什么不同。《庄子·天下》篇曰:"《易》以道阴阳",《太史公自序》云:"《易》以道化",可见《周易》的思想主旨正可以说是"化"。《庄子》曾提到"化而为鸟"(《逍遥游》)、"化而为虫"(《至乐》),犹如《淮南子》所说的"橘树之江北则化而为枳"(《原道训》),都是指变易,与日常语言中的含义略同。② 据此,《庄子》还提出了"臭腐复化为神奇,神奇复化为臭腐"(《知北游》)的命题,这也表明了《庄子》企图从哲学层面阐述"化"的概念。实际上,《庄子》确实经常借助"化"的概念展开哲学讨论,例如:

> 死生亦大矣,而不得与之变;虽天地覆坠,亦将不与之遗。审乎无

---

① 详见孔颖达:《周易正义》卷首〈论易之三名〉,及钱锺书《管锥篇》第1册,北京:中华书局,1979年,第1—8页。
② 荀子曰:"状变而实无别而为异者谓之化"(《荀子·正名》),也是一种"变易"。

假而不与物迁,命物之化而守其宗也。(《德充符》)

若人之形者,万化而未始有极也,其为乐可胜计邪?故圣人将游于物之所不得遯而皆存。善妖善老,善始善终,人犹效之,又况万物之所系而一化之所待乎!(《大宗师》)

天地之行也,运化之泄也①,言与之偕逝之谓也。(《山木》)

万物皆化。(《至乐》)

显然,《庄子》是在流变的"万化"过程这一宏观视野中理解与阐明人的生命(即生死之化)问题的。也就是说,"春夏先,秋冬后,四时之序也;万物化作,萌区有状,盛衰之杀,变化之流也"(《天道》),毕竟是人的生命(生死之化)的背景与前提。万化之流终而复始,恢弘而无情,正如老子所说"天地不仁,以万物为刍狗"(《老子》第5章);在这种视野中,人的生命渺小而孱弱,仿佛陷于一种铁的必然性而不可挣脱。古希腊悲剧中的"命运"就是这种铁的必然性,即便是诸神亦无可奈何。我们知道,"命运"投射于古希腊思想之中,或者说,古希腊哲人对人生意义与价值的反思是以这种普遍性的人类悲剧境况为背景的。那么,面对沛然而逝的万化迁流,《庄子》是如何在静观默照中参透宿命性的悲剧意识,提出反思性的哲学洞见的呢?

首先,《庄子》以《老子》为"资粮",依照自然、无为的思想逻辑,深化了《老子》的"自化"观念。② 例如:

物之生也,若骤若驰,无动而不变,无时而不移。何为乎,何不为乎?夫固将自化。(《秋水》、《至乐》)

上文提到的"自化",可以理解为"自然之化"或者"造化",亦称"大化"、"阴阳之化",乃阐明"阴阳燮理"的哲学概念,略不同于《老子》所谓"自化",后者的确切含义是"自然而然的生活"或者"听凭自然的生存"。然而,我们知道,《老》、《庄》中的哲学概念常常语涉双关,同时运用于"天道"(自然哲学)和"人道"(人生哲学)两方面。《老子》所说的"自化"当然渗透着很强的"无为"意蕴,这一点亦为《庄子》所继承,例如:"汝徒处无为,而物自化。堕

---

① "化"原作"物",唯陈碧虚(景元)《阙误》引江南古藏本作"化",据改。
② "自化"出自《老子》第37、57章。

尔形体,吐尔聪明,伦与物忘,大同乎涬溟。解心释神,莫然无魂。万物云云,各复其根。各复其根而不知,浑浑沌沌,终身不离。若彼知之,乃是离之。无问其名,无窥其情,物固自生。"(《在宥》)可见,"自化"也就是"自生"。再如:"天地虽大,其化均也;万物虽多,其治一也。……古之畜天下者,无欲而天下足,无为而万物化,渊静而百姓定。"(《天地》)"行言自为而天下化。"(《天地》)可见,"无为"、"自为"、"自化"这几个观念是胶着在一起的。①

其次,《庄子》所说的"化"应该从"物之终始,人之生死"的角度来理解和把握,无论这个"化"是表示宇宙过程的"大化"与"造化",还是表示人生过程的"化生化死":

> 人生天地之间,若白驹之过隙,忽然而已。……已化而生,又化而死。生物哀之,人类悲之。(《知北游》)

就是说,《庄子》试图从"生死始终的过程"的角度把握事物及其性质,因为万物终究都经历了一个生灭变化的过程。《庄子·则阳》举例说:"蘧伯玉行年六十而六十化,未尝不始于是之,而卒诎之以非也;未知今之所谓是之非五十九非也。""行年"即历年。这段话表明了《庄子》诉诸时间流程(历史)以分析事物及其知识的理论旨趣。《淮南子·精神训》说"以死生为一化,以万物为一方",这是对《庄子·天道》"其生也天行,其死也物化"命题的进一步阐释与发挥,而古言"我非昔人,犹昔人"和今语"盖棺论定"折射了同样的观念。这种思想很值得玩味,因为它殊不同于古希腊以来的思想主流(即基于原子论和逻辑学的哲学分析方法,把世界分解为一个最小单位的原物)②,当然赫拉克利特(Herraclitus)是其中的异数,应该除外。总之,"物在

---

① 后来的哲学家都比较重视"自化"思想,例如王符以之说明"自然之化"(《潜夫论·本训》),严君平和郭象都以"自生"概念表述自己的思想,其实"自生"也是"自化"的另一种表述。同样,出现于《鹖冠子》和郭象《〈庄子〉注》中的"独化",也与"自化"概念紧密相关,例如《鹖冠子·天权》曰:"独化终始,随能序致。"郭象曰:"独化于玄冥之境"(《〈庄子·齐物论〉注》),"卓尔独化,至于玄冥之境"(《〈庄子·大宗师〉注》)。
② 西方哲学自古希腊以来的主流自然哲学可谓某种"逻辑主义原子论",即:通过分析作为万事万物的最小单位(绝对性的"一"、"始基"或原子)以把握事物的所谓"本质",进而以"迂回进入"的方式洞彻宇宙万物。

时间中以不断生生变化的方式存在着",而且"变化日新","这种存在方式称为'化'。"①

再次,在《庄子》那里,"时有终始,世有变化"(《则阳》)从某种意义上说已经是常识观念了。这说明,包括"时"、"变"、"生"在内的诸概念、语词其实也是"化"的相关词。前引《秋水》和《至乐》已经表明了这一点,而《淮南子》和《文子》中的两段话正是这种"时变"观念的注脚:

> 如是则万物之化无不遇,而百事之变无不应。(《淮南子·原道训》)

> 老子曰:"夫事生者应变而动,变生于时,知时者无常之行。"(《文子·道原》)

《原道训》所说的"遇",据孙诒让考证,高诱《注》解释为"时",但孙氏以为"遇"与"耦"通,字或作"偶"(《札迻》卷七)。实际上,孙氏辨证虽精审,高诱《注》仍值得参取。而《文子》提到的"应变而动,变生于时",几乎就是黄老学的基本观点。我们还可以通过《齐物论》所讨论的"方生方死"进一步探究"化"的特点:

> 方生方死,方死方生。……其分也,成也。其成也,毁也。

这段话一方面表明了"化"不暂停、"生生不息",另一方面也表明了"化"的过程其实也是一个创造过程,仿佛赫拉克利特所说的"一个人不能同时踏入同一条河流",因为"后水已非前水"。"化"自然是生生不息的,"生生之谓易"(《周易·系辞》)、"太阳每天都是新的"(《赫拉克利特著作残篇》,32)同样可以用来解释"化"的概念;既然如此,可以认为"万物化生"思想中包含了创造性演化的重要含义,这也是《庄子》中的"化"所以具有"化育"含义的重要原因。

又次,《庄子》中的"化"虽然诉诸"时"、"变"、"生",却被用以表示自然宇宙的整体过程,例如:

> 化其万物而不知其禅之者,焉知其所终?焉知其所始?(《山木》)

---

① 崔宜明:《生存与智慧》,上海:上海人民出版社,1996年,第187—190页。

显然,"化"与"物之终始"相关,同时又与整个宇宙过程相联系。换言之,"化"不是一个部分而是全体,即宇宙演化的整个过程。《庄子》所说的"物化",亦即"终则有始"、"始卒若环"(循环往复)的不息过程。赫拉克利特的自然哲学之所以比较独特,正在于他追究的是"变化"或"演化"(becoming)①,而非"本体"(being)。需要注意的是,《庄子》的"化"针对的是"物",不能离物而言化,换言之,"化"的概念主要是一个自然哲学(物理学)的概念。对于这一点,后来的《淮南子》、《鹖冠子》诸书说得明白透彻:

> 不通于物者,难与言化。(《淮南子·齐俗训》)
> 变而后可以见时,化而后可以见道。(《鹖冠子·天则》)

一般来说,"化"比较难以理解与把握,因为它涉及对宇宙人生的整体把握,所以《淮南子》常说"察一曲者,不可与言化"(《缪称训》),"唯圣人知化"(《齐俗训》)。《周易·系辞》亦曰:"穷神知化",又说"易,无思也,无为也,寂然不动,感而遂通天下之故。非天下之至神,其孰能与于此?"表明了把握"化"和"易"不得不诉诸于"神而明之,存乎其人"的精神境界。

以上所讨论的"化"的概念主要集中于自然哲学层面,接下来,我们将进一步探讨它在政治与伦理层面的反响。而实际上,"化"贯穿于庄子哲学的"天(道)"、"人(道)"诸方面,它的思维方式犹如《周易》谈及"时义"所说:"天地革而四时成,汤武革命顺乎天而应乎人。"(《革卦·彖》)我们知道,道家黄老学特别强调"因时"、"因化",下面两句话见引于《庄子》中的黄老篇什《天道》与《刻意》:

> 其生也天行(《刻意》篇"圣人之生也天行"),其死也物化。静而与阴同德,动而与阳同波。

《淮南子·精神训》对《庄子》之《天道》、《刻意》两篇的宗旨发挥犹详,而且引述了这两句话,只不过后一句引作:"静则与阴俱闭,动则与阳俱开。"重要的是,《庄子·天道》下文将"物化"观念结合到了政治哲学(无为)层面中,其曰:

---

① 徐梵澄曾把赫拉克利特的"变"译为"变是",以表明它媲美于"being",不无道理。(《玄理参同》,载《徐梵澄文集》第1卷,上海:上海三联书店,2006年,第105—106页)

> 天不产而万物化,地不长而万物育,帝王无为而天下功。……此乘天地、驰万物而用人群之道也。

那么,强调"顺化"就意味着"因时"、"因变"或者"随变举事"、"与化推移",黄老学和法家尤其重视"因时变法"。《庄子》认为,古、今之不同犹如水、陆,周、鲁(制度设施)之差异犹如舟、车,那么"行周于鲁"——即推行周政于鲁,无异于"推舟于陆",所以:

> 夫三皇五帝之礼义法度,不矜于同而矜于治。……礼义法度者,应时而变者也。(《庄子·天运》)

《文子》亦曰:

> 执一世之法籍,以非传代之俗,譬犹胶柱调瑟。圣人者,应时权变,见形施宜,……论世立法,随时举事。上古之王,法度不同,非古相返也,时务异也,是故不法其已成之法,而法其所以为法者,与化推移。(《道德》)

可见,"化"的概念很好地体现了道家哲学作为"变化时代的变化哲学"的特点。[①] 如果说"因时变法"是在"万物皆化"(《至乐》)的观点下而提出的政治主张,那么"日与物化"、"与世偕行而不替"(《则阳》)就是《庄子》提出的一种解脱人生痛苦的方式。换言之,人类所不能摆脱的宿命悲剧就是:宇宙大化流行不息,人的生命脆弱不堪,"已化而生,已化而死,生物哀之,人类悲之"(前引《知北游》),那么,将自己融入造化或大化之中,而超乎死生、齐同物我,正是《庄子》思想的独到之处。可见,"圣人晏然体逝而终"(《庄子·山木》),以及"万物纷糅,与之转化"(《淮南子·原道训》),已经成了道家人生哲学的基本观点。同时,《淮南子·要略》所说的"与世浮沉"、"与化游息",陶渊明咏唱的"纵浪大化中,无喜亦无惧"(《形影神》之三),更是这种思想的流风余韵。

[①] 当然《庄子》抑或道家的自然哲学是否是李约瑟所说的"真正的有机哲学"、"纯粹的有机主义"(详见《中国科学技术史》第2卷,北京:科学出版社,1990年,第57—58页),仍是一个值得深入探讨的问题。

二 不 化

《庄子》除了比较系统地论证了"化",还多次提到了"不化",而且"化"与"不化"相互对立、相互依存,呈现出一种"耦合"或"对反"的关系,例如:

> 一受其成形,不忘以待尽,与物相刃相靡,其行尽如驰,而莫之能止,不亦悲乎!(《齐物论》)

> 孟孙氏不知所以生,不知所以死。不知就先,不知就后。若化为物,以待其所不知之化已乎!且方将化,恶知不化哉?方将不化,恶知已化哉?(《大宗师》)

按,《齐物论》"不忘以待尽",应为"不化以待尽",《田子方》正作"不化以待尽",它的意思是保持生死一如的心态来看待生命的终结与消逝,正如郭象所说:"与化为体,流万代而冥物"(《〈庄子〉注序》),亦如陶诗所言:"形迹凭化往"(《戊申岁六月中遇火》)、"应尽便须尽"(《形影神》)。而实际上,《庄子》的"不化",至少包括以下两种意涵:本体论或形而上学意义上的"均一"以及"不生"、"不化"、"不变"即恒常;心性论意义上的"虚无"或"无为",具体地说就是精神凝寂,近乎《周易·系辞》之"易,无思也,无为也,寂然不动,感而遂通天下之故",以及孟子曾经提到的"不动心"。

第一,如果说"化"主要涉及《庄子》的自然哲学,那么"不化"的概念则不能不诉诸于"本体论"。《齐物论》论"物理"曰:"其分也,成也;其成也,毁也。"我们知道,"成"与"毁"、"生"与"灭"之间的过程就是"化",这一点前面讨论已详;重要的是,《齐物论》随即还下了一个这样的转语:"凡物无成与毁,复通为一。"《寓言》则曰:"万物皆种也,以不同形相禅,始卒若环,莫得其伦,是谓天均。"上文提到的"一"和"均",其实就是超然于生灭变化的"常则",意味着不生不灭的恒常与寂静,同时也是"终则有始"、"始卒若环"的最终依据。

> 与物化者,一不化者也。安化安不化?安与之相靡?必与之莫多。(《知北游》)

> 冉相氏得其环中以随成,与物无终无始,无几无时。日与物化者,

一不化者也,阖尝舍之!夫师天而不得师天,与物皆殉,其以为事也若之何?夫圣人未始有天,未始有人,未始有始,未始有物,与世偕行而不替,所行之备而不洫,其合之也若之何?(《则阳》)

上面提到的"不化者",难道不正是《达生》篇所说的"物之造乎不形,而止乎无所化"吗?庄子看来,"形形者不形"(《知北游》)、"物物者非物"(《在宥》),所以所谓"造化"其实就是"物之造乎不形,而止乎无所化"。而"不形"、"不化"、"非物"乃是"道"的不同表述而已。这样一来,"化"与"不化"两个相互对反的侧面统一于"道物关系"的理论框架之中。也就是说,"化"与"不化"之间的关系,诚如"道可道,非常道"、"有无相生"、"道常无为而无不为"以及《周易》"易与不易"之间的关系。总之,"不化"虽是"化"的"对反",却是"化"的最终依据;反之,"不化"亦诉诸"化"而呈现,因此"化"与"不化"关系的实质就是"道物关系",具体地说就是,"道不离物,物不离道,道外无物,物外无道"(成玄英《老子·第廿一章义疏》)。实际上,自庄子以来的道家很重视从"化"与"不化"的相互关系中阐明处于自然过程之中的"物的存在"问题:

生物者不生,化物者不化。(《列子·天瑞》篇张湛注言此为《庄子》逸文)

与时变而不化,从物而不移。(《管子·内业》)

故生生者未尝生,其所生者即生;化化者未尝化,其所化者即化。(《文子·九守》)

夫化生者不死[①],而化物者不化。(《淮南子·俶真训》)

故形有摩而神未尝化者,以不化应化,千变万轸,而未始有极。化者,复归于无形也;不化者,与天地俱生也。夫木之死也,青青去之也。夫使木生者岂木也?犹充形者之非形也。故生生者未尝死也,其所生则死矣;化物者未尝化也,其所化则化矣。(《淮南子·精神训》)

圣人之接物,千变万轸,必有不化而应化者。(《淮南子·诠言训》)

---

① 俞樾认为,"化生"当作"生生"(刘文典《淮南子集解》引)。《文子·九守》与之略同,其曰:"夫生生者不生,化化者不化。"

"化"表示"变",所谓物化迁流,"唯变所适";"不化"表示"常",所谓"不生不化","不化应化"。简言之,"化"涉及"物"而"不化者"诉诸"道"。从"道物关系"层面看,"化"与"不化"的对立统一,恰能说明《庄子》以及《周易》和赫拉克利特哲学中蕴涵的"不变之变"、"不化之化"的思想。苏轼《前赤壁赋》:"逝者如斯而未尝往也,盈虚者如彼而卒莫消长也。"正可移植过来解释《庄子》的"化与不化"、《周易》的"易与不易"。[1] 进而言之,赫拉克利特强调"变"而巴门尼德、柏拉图追求"不变",《庄子》论"化"则"兼而综之。"

第二,进而言之,"不化"并不限于"物理"或"物论",而属于"本体论"或形而上学的范畴,很自然《庄子》以之表示"道高物外"的精神境界。也就是说,人虽然不能摆脱大化无情、生命朽坏的悲剧宿命,却可能通过精神境界的提升与高扬,超然于物的生灭变化、有始有终的过程之上或之外,从而将有限的个体生命赋予无限的意义与价值,恰似佛教力图使人的生活由"流转"趋于"还灭"一样。实际上,《庄子》论及"不化"时常从"内"、"外"及其关系的角度入手进行分析与讨论:

> 将执而不化,外合而内不訾,其庸讵可乎!(《人间世》)
> 古之人外化而内不化,今之人内化而外不化。与物化者,一不化者也。安化安不化?安与之相靡?(《知北游》)

显然,所谓"外化"就是我们前面讨论过的"化",所谓"内不化"就是凝定湛寂的内心状态——我们通常称之为"精神境界"。相反,出现于上文中的"内化"意味着内在精神的焦灼、紧张与迷惑,当然是负面性的。作为万化之途的过客,人应该在变化的川流当中保持那种不与物迁的"不动心",以免于"丧己于物"。因此,《庄子》说:

> 贵在于我而不失于变,且万化而未始有极也,夫孰足以患心。……万物亦然,有待也而死,有待也而生。吾一受其成形,而不化以待尽。

---

[1] 钱锺书曾征引了赫拉克利特"唯变斯定"(by changing it rests),普罗提诺(Plotinus)"不动而动"(L'intelligence se meut en restant immobile),以及圣奥古斯丁"不变而使一切变"(immutabilis, muants omnia),来说明"易一词而兼三义"之无独有偶。(钱锺书:《管锥篇》,第7页)当然,把它们移植到《庄子》"化"的阐释中也是很有启发性的。

> 效物而动,日夜无隙,而不知其所终。(《田子方》)

这样看来,"不化"的一个重要方面就是"贵在于我而不失于变",这里所说的"我"代表了"真性"、"性命之情"或者"常心"。① 既然"万化"(或"物化")是"有待"的,那么,借用郭象阐释《庄子·齐物论》时启用的概念——"无待",来解释"不化"也就没有什么不可以的了。《淮南子·齐俗训》曰:"故圣人体道反性,不化以待化,则几于免矣。"② 总之,"不化"的概念除了运用于本体论,还开展出了一个新的、内在的向度,即心性论的层面,因而"内不化"的概念自然就成为体证"道的真理"的圣人独具的精神境界了。《淮南子》和《文子》明确发挥了这一思想,例如:

> 故达于道者,不以人易天,外与物化,而内不失其情,至无而供其求,时骋而要其宿。(《淮南子·原道训》)
> 得道之士,外化而内不化。外化,所以入人也;内不化,所以全其身也。(《淮南子·人间训》)③
> 故化生于外,非生于内也。……今夫道者,藏精于内,栖神于心,静漠恬淡,讼缪胸中,邪气无所留滞,四枝节族,毛蒸理泄,则机枢调利,百脉九窍莫不顺比,其所居神者得其位也,岂节拊而毛修之哉!(《淮南子·泰族训》)

值得注意的是,《淮南子》在阐述了"外化而内不化"的观点之后,特别提到了"藏精于内,栖神于心"(例如《泰族训》),显示出明确的心性论的开展向度,这一点尤其重要。马王堆出土的黄老帛书《名理》曰:

> 处于度之内而见于度之外者也。处于度之内者,不言而信;见于度之外者,言而不可易也。处于度之内者,静而不可移也;见于度之外者,动而不可化也。静而不移,动而不化,故曰神。

---

① "贵在于我而不失于变"的"我"其实也就是"吾丧我"的"吾"。
② 《文子·道德》略同,其曰:"故圣人体道反至,不化以待化,动而无为。"
③ 《文子》与此略同,其曰:"得道之人,外化而内不化。外化,所以知人也;内不化,所以全身也。故内有一定之操,而外能屈伸,与物推移,万举而不陷,所贵乎道者,贵其龙变也。"(《微明》)"休",按即"化"字。

这说明"神"、"精神"正是"内在的方面"("内")。我们知道,"精神生于内",更具体地说,就是"圣(人之心)若镜,不将不迎,应而不藏,故万化而无伤"(《淮南子·览冥训》)①。另外,《淮南子·原道训》曰:"通于神明者,得其内者。"这段话可以说是对《庄子》中《天道》、《刻意》、《在宥》诸篇中的心性论思想的敷述与发挥:

> 悲乐者,德之邪;喜怒者,道之过;好恶者,德之失。故心不忧乐,德之至也;一而不变,静之至也;无所于忤,虚之至也;不与物交,惔之至也;无所于逆,粹之至也。故曰,形劳而不休则弊,精用而不已则劳,劳则竭。水之性,不杂则清,莫动则平;郁闭而不流,亦不能清;天德之象也。故曰,纯粹而不杂,静一而不变,惔而无为,动而以天行,此养神之道也。夫有于越之剑者,柙而藏之,不敢用也,宝之至也。精神四达并流,无所不极:上际于天,下蟠于地,化育万物,不可为象,其名为同帝。纯素之道,唯神是守;守而勿失,与神为一;一之精通,合于天伦。

上面一段话呈现出明确的心性论思想语境,出现于其中的"性"、"情"、"精"、"神"以及"静"、"惔"、"清"、"粹"等尤其值得玩味。② 同时,以阐扬《庄子》为己任的《精神训》亦沿着心性理论的向度反复阐释说:

> 夫悲乐者,德之邪也;而喜怒者,道之过也;好憎者,心之暴也。故曰:其生也,天行;其死也,物化。静则与阴俱闭,动则与阳俱开。精神澹然无极,不与物散,而天下自服。……
>
> 且人有戒形而无损于心,有缀宅而无耗精。夫癞者趋不变,狂者形不亏,神将有所远徙,孰暇知其所为!故形有摩而神未尝化者,以不化应化,千变万轸,而未始有极。化者,复归于无形也;不化者,与天地俱生也。夫木之死也,青青去之也。夫使木生者岂木也?犹充形者之非

---

① 按《淮南子》此文"圣"字之下,疑脱"人"字。兹据《庄子·天道》篇"圣人之心,静乎天地之鉴也,万物之镜也"句,补"人之心"三字,以完语义。
② 那么,《淮南子·原道训》所说的"非以一时之变化而定吾所以自得"者,其实就是《庄子》和《淮南子》所说的"一不化者"。按"自得"即"自德"、"内德"(或曰"中得"),就是"性"的另一种表达。《原道训》前文云:"内有以通于天机,而不以贵贱贫富劳逸失其志德者也。"文中出现的"志德",根据杨树达《淮南子证闻》的辨证,应作"自德"。

形也。故生生者未尝死也,其所生则死矣;化物者未尝化也,其所化则化矣。轻天下,则神无累矣;细万物,则心不惑矣;齐死生,则志不慑矣;同变化,则明不眩矣。众人以为虚言,吾将举类而实之。……以生而若死,终则反本未生之时,而与化为一体。死之与生,一体也。(《淮南子·精神训》,按《文子·守朴》略同)

我们知道,"神"是"深层之心",乃超越了理性之心而可能了悟"道的真理"的"常心"。同时,"神"或者"精神"也表示高迈的精神境界。"神"与"化"的关系也包含两方面的内容:一是"变化若神"的观念,在这一问题上《庄子》与《周易》、《荀子》、《文子》、《淮南子》等相去不远;二是"内不化"不能不诉诸"神",基于这一点,道家后学提出了"神与化游"(《淮南子·原道训》、《文子·原道》)、"与造化者为人"(《淮南子·原道训》、《文子·下德》)、"上与神明为友,下与造化为人"(《淮南子·齐俗训》),陶渊明亦有"形迹凭化往,灵府常独闲"的名句。[①] 慧远《沙门不敬王者论》曾引道家之言"形有靡而神不化"阐明"形尽而神不灭"的道理。[②]

三 物 化

以上较详细地分析了《庄子》中"化"与"不化"的概念,接下来,我们拟将在此基础上进一步分析和讨论"物化"概念。《庄子》"物化"概念已出现于自然哲学的语境(物理学)中了,例如前引《天道》"其生也天行,其死也物化",以及《天地》关于"物理"的讨论:

> 彼且乘人而无天,方且本身而异形,方且尊知而火驰,方且为绪使,方且为物絯,方且四顾而物应,方且应众宜,方且与物化而未始有恒。

[①] 《淮南子·原道训》中的一段话能够比较充分地表明"神与化游"的旨趣:"大丈夫恬然无思,澹然无虑,以天为盖,以地为舆,四时为马,阴阳为御,乘云陵霄,与造化者俱。"
[②] 《沙门不敬王者论·形尽神不灭第五》:"文子称黄帝之言曰:'形有靡而神不化,以不化乘化,其变无穷。'庄子亦云:特犯人形而犹喜。若人之形,万化而未始有极。此所谓知生不尽一化,方逐物而不反者也。"(《广弘明集》卷五)按《文子·九守》引"老子"语曰:"故形而靡而神未尝化,以不化应化,千变万转而未始有极。化者复归于无形也,不化者与天地俱生也,故生生者未尝生,其所生者即生,化化者未尝化,其所化者即化。"慧远所引《庄子》,语出《大宗师》。

夫何足以配天乎？（《天地》）

历代注家关于这段话的解释分歧很大。但很明显，这里所说的"物化"其实相当于"化"、"顺化"。由于这种意义上的"物化"仅是"化"而不及"不化"，所以《庄子》一方面批评说"未始有恒"①，一方面质疑说"夫何足以配天乎？"然而，镶嵌于伦理—审美语境中的"物化"却不同，因为它介于"化"与"不化"之间、超乎"化"与"不化"之上。《庄子》说：

> 昔者庄周梦为胡蝶，栩栩然胡蝶也。自喻适志与，不知周也。俄然觉，则蘧蘧然周也。不知周之梦为胡蝶与，胡蝶之梦为周与？周与胡蝶，则必有分矣。此之谓物化。（《齐物论》）

> 工倕旋而盖规矩，指与物化而不以心稽，故其灵台一而不桎。忘足，履之适也；忘要，带之适也；知忘是非，心之适也；不内变，不外从，事会之适也；始乎适而未尝不适者，忘适之适也。（《达生》）

这段话似可看做物我之说的敷述和延伸。"物我关系"脉络里面的"物化"思想十分难解，甚至郭象《注》、成玄英《疏》亦不得要领，比较起来褚伯秀的说法更值得参取："庄、蝶，梦、觉各不相知，终归于化而未尝有异。"其实，这里所谓"化"，和《周易》的"易"有"易"与"不易"两端一样，也有"化"与"不化"两个层面。陈碧虚（景元）更指出，庄周与蝴蝶之性，归于"妙有之气"，是以物化相通。② 可见道家随物顺化之旨，固然有"凄然似秋，煖然似春"、不容于己的意味，亦有"成然寐，蘧然觉"、以生死为梦寐的意味。

由此可见，"庄周梦蝶"的核心在于"物化"。那么如何理解"物化"概念呢？钟泰提示的两点十分重要：第一，他引述了《知北游》"古之人外化而内不化"及"与物化者，一不化者也"，来解释《齐物论》的"物化"，这显示了正确的阐释方向；第二，"物化"是《齐物论》起首命题"吾丧我"的转深，也就是说，"丧我"、"无我"是理解"物化"概念的重要基础。③《达生》篇所说的"指

---

① 王夫之《庄子解》释"未始有恒"曰："不能通于一"，是也。
② 其曰："周、蝶之性，妙有之一气也。昔为胡蝶乃周之梦，今复为周，岂非蝶之梦哉？周、蝶之分虽异，妙有之一气也。夫造物之机，精微莫测，倘能如此，则造化在己而不迁于物，是谓生物者不生，化物者不化。"（转引自崔大华：《庄子歧解》，郑州：中州古籍出版社，1988年，第109页）
③ 钟泰：《庄子发微》，上海：上海古籍出版社，2002年，第62—63页。

与物化"相当于"梦化为蝶",其中"不内变"者,正相当于前面所说的"不内化"。值得注意的是,《达生》篇特别强调了"忘",意味深长。《庄子》所谓"忘"表示一种"无我"的精神境界,正如《庄子·大宗师》所说:

> 泉涸,鱼相与处于陆,相呴以湿,相濡以沫,不如相忘于江湖。与其誉尧而非桀也,不如两忘而化其道。……若人之形者,万化而未始有极也,其为乐可胜计邪?故圣人将游于物之所不得遁而皆存。善妖善老,善始善终,人犹效之,又况万物所系而一化之所待乎!

"相忘于江湖"、"两忘而化其道"的说法隐含了一种伦理、价值的判断。但更重要的是,《庄子》"物化"理论由于涉及了技术—艺术实践的内容,而成为《庄子》审美理论的重要组成部分。我们知道,《养生主》所载的"庖丁解牛"的故事(以及《达生》篇所载的"技巧章节"),充分体现了"技进乎道"的旨趣;《秋水》所载的"濠梁之辩"的寓言,表明了"鱼乐"也许能够"知之濠上"。换言之,"物"、"我"虽然不同,然而却可能相通。由此可见,"物化"概念反映了庄子独特的"天人合一"思想。值得注意的是,庄子"天人合一"思想往往诉诸心性层面的精神超载和审美意识的高蹈不羁。

《庄子·逍遥游》曰:"列子御风而行,泠然善也。"《列子》进一步发挥其中的意蕴,说:

> 心凝形释,骨肉都融,不觉形之所倚,足之所履,随风东西,犹木叶千壳。意不知风乘我耶?我乘风乎?(《黄帝》篇)

苏辙解释说:"方黜聪明,遗心胸,足不知所履,手不知所冯,澹乎与风为一,故风不知有我而吾不知有风也。"(《栾城集》卷十八《御风辞题郑州列子祠》)正是这种将"我"(自我)溶解于"物"(外部世界)的思想,奠定了"无我之境"之审美趣味。而真正的艺术创造又何尝不是——以消释了心、手隔阂的方式——消解了物我间的距离。苏东坡《咏文与可画竹诗》曰:"与可画竹时,见竹不见人。岂独不见人,嗒然遗其身。其身与竹化,无穷出清新。庄周世无有,谁知此疑神。"[①]这难道不是《庄子·养生主》的注脚吗?宋代罗

---

① 《苏东坡集》全集卷十六《书晁补之所藏与可画竹三首》。

大经《画说》自述:"某少时取草虫,笼而观之,穷昼夜不厌。又恐其神不完也。复就草地观之,于是始得其天。方其落笔之际,不知我为草虫耶,草虫之为我耶?此与造化生物之机缄,盖无以异。"石涛说:"山川脱胎于予也,予脱胎于山川也。……山川与予神遇而迹化也。""池塘生春草"是谢灵运的名句,可是他却说:"此语有神助,非吾语也。"大凡诗人妙手偶得的神来之笔,仿佛不是出于我的手,而是出于神的手,后者也可以说是"有物假我以思"[①]。"入神"是一切艺术创造乃至实践自由的化境的突出特征,它是某种心手、物我的心理意识状态,更是"天人合一"的精神境界。当此出神入化之时,艺术与审美创造活动只是某种听命于神秘莫解的音响,袁枚说"我不觅诗诗觅我,始知天籁本天成"(《老来》)。因而,这样的审美艺术创造活动自然具有某种"行神如空,行气如虹"的特点,从而区别于一般意义上的认识活动。《神曲》(The Divine Comedy)的作者但丁(Dante Alighieri)也说:"欲画某物,必化为其物,不尔则不能写真",此说比较接近于"入神"。马蒂斯(Henri Matisse)说:"画家那么深入理解自己的客体,以致与它融合成为一个统一的整体;他在自己的客体中发现了自己,所以他对客体的处理同时也是自己本质的表现。""没有一片无花果的叶子与另一片一模一样;它们彼此都各有特色,可是每一片叶子都向我们表明:我是无花果的叶子。"[②]被誉"现代之父"的塞尚从自己有艺术体验中提炼出了近似于庄子"物化"概念的见解,他认为,艺术家与外界自然必须相互渗透,比如说在描绘风景时,"在我的内心里,风景反射着自己,人化着自己,思维着自己。我把它客观化,固定化在我的画布上。……好像我是那风景的主观意识,而我的画布上是客观意识。"[③]可见,这种主客冥合甚或天人合一的精神境界恰恰是艺术创造的核心与本质,同时也是诉诸实践的艺术真理独具魅力的地方。

总之,艺术体验与艺术真理是我们可以直观理解与把握的东西,它也恰恰反映了道家关于"道的真理"的一个重要方面。《庄子》寓言所试图阐明的"道的真理"究竟是什么呢?"庄周梦蝶"与"知之濠上",从本质说,乃是

---

① 参见钱锺书:《管锥编》,第1206页。
② 〔法〕马蒂斯:《马蒂斯论创作》,钱琮平译,北京:人民美术出版社,1987年,第54—55、58页。
③ 宗白华:《宗白华美学文学译文选》,北京:北京大学出版社,1988年,第217页。

"物化"而"神遇",换言之,就是自我沉潜入万物存在的核心,以焕发出来的我之神明契会自然天成的物之神明。邓椿《画继杂说》云:"世徒知人之有神而不知物之有神。此若虚深鄙众工谓虽曰画而非画者。盖止能传其形,不能传其神也。"这段话泄露了造化之秘,也揭示了审美和艺术创造的真谛,这就是为什么中国古代画家追求"传神写照"的原因所在。道家以为,物之神即我之神,唯沉潜至深,方能"澹然独与神明居"而"通乎物之所造"。

《庄子》"物化"概念与理论的重要意义在于揭示了庄子与梦中之蝶、水中之鱼之间的关系,庖丁之手、刀与牛之间的关系,列子与风之间的关系,罗大经与草虫之间的关系,文同(与可)与竹之间的关系,袁枚与诗歌之间的关系,石涛与其笔下的山水间的关系,马蒂斯与所画树叶之间的关系……并不能纳入那种占据西方思想主导地位的"主客二分"(subject-object dichotomy)的模式!因为他们(哲人与艺术家)已经克服了"对象化"的思维模式[①],就是说,上述关系的双方,从审美理论上说,既不能借助于亚里士多德的"模仿说"得以阐明[②],亦不可纳入"自然与艺术平行"的近代观念之中[③]。哲学上的物我关系,可以转化为艺术上的"手"(包括工具,例如笔墨)与"艺术作品"间的关系。那么,《庄子》所说的"物化"思想显然力图克服心、手、物之间对立、隔阂与疏离。总之,"物化"既非"化"亦不是"不化",它意味着形骸俱释的陶醉和一念常惺的彻悟,从这个意义上说它比西方美学中的"契合"(correspondence)概念更深邃且更有力。

---

① 例如"庖丁解牛"却有"牛不知其死也"(其中一个版本如是说)的文字,这难道不是克服对象化思维的趣味表述么?
② 参见《诗学》第1章。
③ 例如塞尚说:"艺术是一种与自然平行的和谐体。"(宗白华:《宗白华美学艺术译文选》,北京:北京大学出版社,1982年,第217页)

《明儒学案》(修订本)

〔清〕黄宗羲 著,沈芝盈 点校

北京:中华书局,2008年1月第2版

《明儒学案》是黄宗羲撰写的一部明代学术思想史专著。该书在广泛收集资料的基础上,着重梳理各家学术观点。在体例上则以"有所授受者分为各案,其特起者,后之学者,不甚著者,总列诸儒之案"。

中华书局此次再版,点校者沈芝盈以二老阁版1882年冯全垓印本为底本,并参校他本,修正了1985年第1版中的诸多错误。(孟庆楠)

《马克思的复仇:资本主义的复苏和苏联集权社会主义的灭亡》(Marx's Revenge)

〔英〕梅格纳德·德赛(Meghnad Desai) 著,汪澄清 译

北京:中国人民大学出版社,2008年5月

据 Verso,2002 版译出

本书针对社会发展的新情况带给理论的新的困境,以20世纪世界局势发展全景的经济学、哲学分析为基础,就未来社会发展道路提出一些新的见解。

作者认为20世纪社会发展的经验表明:资本主义并没有像激进的马克思主义者所认为的那样已经发展到了尽头,全球化时代为资本主义社会提供了发展机遇;而社会主义阵营解体后纷纷投身市场经济体制,这说明从资本主义之外走社会主义道路存在问题。但是,这没有推翻马克思的思想,相反,是一种证明,是"马克思的复仇"。作者认为社会发展不会止步于资本主义。资本主义发展的逻辑本身存在问题,如不加以合理引导,必定无法解决由其发展导致的不良后果。而真正可能的解决之道或未来社会发展道路,作者认为应该是一种超越资本主义的社会主义。(荣 鑫)

屈原与郭店楚墓竹书

高 正

提 要：本文试用"二重证据"方法，结合历史背景和逻辑推理，论证屈原是湖北荆门郭店一号楚墓的墓主。文中考察了屈原生活的社会历史背景，考证了屈原的生卒时间、生平事迹以及归葬情况；认为郭店竹书是稷下思孟学派教材，除《老子》以外，乃是子思后学和稷下思孟学派的作品，很可能是屈原出使齐国时从稷下带回楚国的。文中探讨了这些出土文献的思想来源和特点，以及对于屈原思想和作品的影响。

关键词：郭店楚墓竹书　屈原　稷下思孟学派教材

湖北荆门郭店一号楚墓出土的竹书，是什么时代、什么学派的文献？怎么会被埋到楚贵族墓地里的？墓主人是谁？首先必须搞清这些问题，才能准确把握郭店竹书在中国思想史上的定位。依据〈荆门郭店一号楚墓〉[①]这篇挖掘报告中的有关材料和《郭店楚墓竹简》[②]书中的有关内容，对照传世文献中被认为是屈原作品的篇章，以及史籍中关于屈原生平事迹的记载，似可提出这样一个推论：湖北荆门郭店一号楚墓，墓主是屈原！

高正，1954 年生，中国社会科学院哲学研究所研究员。

① 参见《文物》，北京：文物出版社，1997 年第 7 期。
② 荆门市博物馆编：《郭店楚墓竹简》，北京：文物出版社，1998 年。

一 推测屈原是荆门郭店一号楚墓墓主的主要依据

依据墓葬的地点、形制和器物特征,以及遗体骨骼的姿势等,对照传世文献,至少有七个方面,与墓主是屈原的推论完全相合:

1. 墓葬形制的时代特征

此墓从墓葬形制和器物特征来看,具有战国中期偏晚的特点,挖掘报告估计其下葬年代当在公元前4世纪中期至前3世纪初。其下限在前3世纪初,这正符合屈原生活的时代和去世的时间。

2. 墓主人的身份

此墓南距楚故都郢(纪南城)约9公里,位于楚贵族墓地。墓主人的身份,按《周礼》当属"士"一级,所用葬具亦与先秦典籍相合,挖掘报告推断墓主人当属有田禄之士,亦即上士;墓中出土了大批竹简,这不仅与墓主人生前的职业有关,同时也反映了死者的特殊地位。这正符合屈原的身份和地位。

3. 遗体骨骼的特殊姿势

据挖掘报告,墓主仰身直肢,两手交置于腹部,双腿分开。这很像是抱石投江而淹死后,被打捞上来,因尸体僵硬未能复原的姿势。据《史记·屈原贾生列传》,屈原正是怀抱石头,投汨罗江自沉而死。

4. 龙首玉带钩

墓中出土的陪葬品"龙首玉带钩",本是国君的用物,屈原与楚怀王关系密切,此物可能是他早年任左徒、三闾大夫时,怀王所赐。

5. "东宫之杯"

陪葬的漆耳杯,底部刻有铭文"东宫之杯",应是东宫太子的用物。有学者认为铭文应释为"东宫之师"。战国文字中"杯"、"丕"通用,"师"、"帀"通用;而"丕"和"帀",形体相近,手写时均可能写作"帀"。此字倘释为"师",若指老师,便是太子老师所用的杯子;若指工师,便是东宫主管造器的工师所造的杯子。总之,这漆耳杯或为太子老师所用,或为太子所赐,均显示墓主人与东宫太子有不寻常的关系。屈原与楚怀王太子正有这样的关系,其身份很可能就是太子老师,这在屈原作品和史籍记载中,亦均透露出一些信息。

6. 鸠杖

墓中的鸠杖,显示墓主去世时已有七十岁以上的年龄。屈原死时,应正是七十出头。

7. 竹书

墓中陪葬竹书,其内容对于屈原思想和作品有重要影响。这批竹书似来自齐国稷下,除《老子》外,乃子思后学与稷下思孟学派所作。据史籍记载,屈原前311年出使齐国,这批竹书很可能正是由他从齐国稷下带回楚国的。

对于以上这些方面,下文将详作考证说明。

二 屈原的生平事迹和归葬情况

将郭店一号楚墓及出土陪葬品与屈原作品、史籍记载相互印证,对屈原生平事迹的了解,可以更加清楚。而要了解屈原的生平事迹,首先必须考察一下屈原生活的社会历史背景。

1. 屈原生活的社会历史背景

公元前382年,楚悼王二十年,屈原出生前30年。吴起在楚国变法,次年被害。

前353年,楚宣王十七年,屈原出生前1年。楚以昭奚恤为相。齐孙膑"围魏救赵"。

前352年,屈原出生。秦升卫鞅为大良造(相国兼将军)。

前351年,屈原1岁。韩以申不害为相,推行变法改革。

前346年,屈原6岁。秦商鞅刑太子傅公子虔,黥太子师公孙贾。

前338年,楚威王二年,屈原14岁。商鞅被害。

前328年,楚怀王元年,屈原24岁。张仪相秦。

前319年,屈原33岁。孟轲见魏惠王,说齐宣王行仁政。

前318年,屈原34岁。公孙衍发动魏、赵、韩、燕、楚五国共伐秦,推楚怀王为纵约长。屈原任左徒、太子师、三闾大夫,作《橘颂》。

前314年,屈原38岁。燕王哙让国于子之,国内大乱。屈原因上官大夫进谗言见疏,不复在位。

前313年,屈原39岁。张仪诳楚。

前311年,屈原41岁。秦攻楚。张仪使楚。屈原使齐,返楚后建议杀张仪,未成。作《天问》、《惜诵》。

前305年,屈原47岁。秦昭王新立,秦、楚亲善,秦迎妇于楚。

前303年,屈原49岁。韩、齐、魏三国因楚背纵约而亲秦,合兵伐楚。楚使太子横入质于秦以求救。祭神作《九歌》。

前302年,屈原50岁。楚太子横自秦逃回本国。

前300年,屈原52岁。秦攻楚,楚王使太子为质于齐以请和。

前299年,屈原53岁。劝楚怀王勿赴秦,怀王不听,秦诱执楚怀王。昭睢"诈讣"于齐,反对立庶子。楚立顷襄王横。

前296年,楚顷襄王三年,屈原56岁。楚怀王卒于秦,作《招魂》。次年春归葬,作《大招》。

前292年,屈原60岁。楚迎妇于秦,秦、楚复和。

前290年,屈原62岁。秋被放逐到汉北。作《离骚》。次年孟夏四月,作《抽思》。

前288年,屈原64岁。秦、齐称帝,十二月复称王。

前287年,屈原65岁。作《卜居》、《渔父》。

前284年,屈原68岁。五国谋攻齐,乐毅破齐。楚淖齿杀齐愍王。

前283年,屈原69岁。齐人杀淖齿,立齐襄王。秦王会楚王于鄢,又会于穰。

前282年,屈原70岁。九月末、十月初秋冬之交作《涉江》、《远游》。岁末十二月作《悲回风》。

前281年,屈原71岁。秦发兵伐楚。正月开春,作《思美人》。仲春二月,楚都由郢东迁至陈,作《哀郢》。孟夏四月,作《怀沙》。五月初,作绝笔诗《惜往日》。五月初五日,屈原怀抱石头投汨罗江。[1] 随后归葬郢都附近楚贵族墓地。

前280年,屈原死后1年。楚割上庸、汉北地予秦。

前278年,屈原死后3年。秦取楚郢。

---

[1] [梁]宗懔:《荆楚岁时记》曰:"五月五日竞渡,俗为屈原投汨罗日,伤其死,故并命舟楫以拯之。"

2. 屈原的生卒时间

郭沫若先生在《屈原研究》中推算屈原生于公元前 340 年[①]，此说虽为一些工具书所采用，但并非定论。其他推算屈原生年的学术观点还很多，比如前 353 年[②]、前 343 年[③]等等。

屈原在《离骚》中曰："摄提贞于孟陬兮，惟庚寅吾以降。"据王逸注，"摄提"即"摄提格"，指太岁在寅之年；"孟陬"指正月始春。故屈原降生的日子是太岁在寅之年的正月庚寅日。正月又称"寅月"，为建寅之月。屈原是寅年、寅月、寅日出生的。

郭沫若先生在《屈原研究》中推算屈原生于前 340 年（辛巳，太岁在寅）正月初七日（庚寅）。其实，前 352 年（己巳）正月二十七日（庚寅），和前 328 年（癸巳）正月十七日（庚寅），也都能满足"太岁在寅之年的正月庚寅日"这一条件[④]，只是前者早了 12 年一个周期，后者晚了 12 年一个周期。这相隔 12 年的连续 3 个寅年寅月寅日，到底哪一个更合理一些呢？如果先考察一下屈原究竟活了多大年纪，以及他可能是在哪一年去世的，那么这个问题就迎刃而解了。

前人推算屈原生年，往往局限于《离骚》中"摄提贞于孟陬兮，惟庚寅吾以降"这一句所指的"寅年、寅月、寅日"，而忽略了同篇的"老冉冉其将至兮"，和屈原在投水前半年左右所写的《涉江》中的"年既[⑤]老而不衰"。说"老"将至，说年已"老"，那么，"老"在当时一般指多大年纪呢？

在先秦、两汉的典籍中，普遍称"七十"曰"老"。许慎《说文解字》："七十曰老。"王逸《楚辞注》亦同。《礼记·曲礼上》注、《国语·吴语》"有父母耆老"注并同。《春秋公羊传》宣公十二年传文"使帅一二耋老而绥焉"，注：

---

① 见郭沫若：《郭沫若全集·历史编》第 4 册，《屈原研究》，北京：人民出版社，1982 年，第 17 页。
② 胡念贻：〈屈原生年新考〉，载《文史》第五辑，北京：中华书局，1966 年；金开诚先生《屈原辞研究》（南京：江苏古籍出版社，1992 年，第 45 页）亦主此说。
③ 见游国恩：《游国恩学术论文集》，北京：中华书局，1989 年，第 45 页；冯友兰：《中国哲学史新编》，第 2 册，北京：人民出版社，1984 年，第 235 页。
④ 见方诗铭、方小芬编著：《中国史历日和中西历日对照表》，上海：上海辞书出版社，1987 年。其他工具书推算的干支历日，可能与此略有出入。
⑤ 既：已经。

"七十称老。"可见,当时"老"是指七十岁。①

显然,《离骚》中云"老冉冉其将至兮",那时其年纪应未到七十;而《涉江》中云"年既老而不衰",当时则应已年过七十。《涉江》是屈原在投水前半年左右所写,故其投水时已七十出头,应是很清楚的。

依据文献材料推算,屈原活到了七十出头的年纪。那么,屈原是哪一年投水自尽的呢?他最后的作品是《哀郢》、《怀沙》、《惜往日》。在其作品中,只有郢都迁陈,而没有割地和陷郢。从屈原作品来看,前280年楚割地予秦,屈原没有见到;而前278年秦兵陷郢,屈原更不可能见到。他在开始迁都不久就投汨罗江自尽了。

据《史记·六国年表》,楚顷襄王横即位后,秦攻楚,取十六城。《史记·楚世家》记载:"顷襄王横元年,秦要怀王不可得地,楚立王以应秦,秦昭王怒,发兵出武关攻楚,大败楚军,斩首五万,取析十五城而去。"当时,楚国已成惊弓之鸟。顷襄王在忍受屈辱、接受与秦和亲之后,无奈又被逼反秦。据《史记·楚世家》记载,顷襄王十八年(前281年),"顷襄王遣使于诸侯,复为纵,欲以伐秦。秦闻之,发兵来伐楚"。当时,秦兵伐楚,进逼郢都,楚迁都已势在必然。而且,秦兵进逼正是导致楚迁都的直接原因。至于后一年楚答应割地给秦,那当然就更须迁都,因为割了上庸、汉北给秦之后,郢便完全失去了屏障,直接暴露在秦兵面前了。

前人把迁都定在郢都陷落以后,显然是不合理的。迁都只会在割地(前280年)之前,而不会在陷郢(前278年)之后。秦兵攻陷郢都之后,还能让楚迁都吗?所以,事实上应是前281年仲春二月,因秦兵进逼,楚开始迁都;当年农历五月初五日屈原投江;到前280年,楚割上庸、汉北与秦;再到前278年,秦兵继续进攻,郢都陷落。

屈原活到七十岁出头,于前281年农历五月初五日投汨罗江自尽。那么,他出生的那个"寅年、寅月、寅日",便只能是前352年(己巳,太岁在寅)农历正月二十七日(庚寅)。

---

① 《论语》邢昺疏:"老,谓五十以上。"《资治通鉴》胡三省注:"过五十六为老。"这乃是后世学者的解释,并不合先秦的习惯。而倘若"老"是"泛指"的话,那便没有一个具体的年龄界限,所说的将"老"、已"老",又以什么为标准呢?

为什么前352年(己巳)是摄提格、太岁在寅之年呢?这是由于所谓的"超辰"现象所致。岁星(木星)实际约11.86年(而不是整整12年)绕日运行一周,过约86年,岁星的实际位置将超过理想计算位置一次,此即所谓"岁星超宫"或"太岁超辰"。这是中国古代天文历法上运用干支纪年和太岁纪年相对照时存在的一种误差现象。如:汉王刘邦元年(前206年,乙未),《汉书·律历志》云:"岁在大棣(鹑首),名曰敦牂,太岁在午。"太岁纪年比干支纪年落后1年。又如:秦王政八年(前239年,壬戌),《吕氏春秋·序意》云:"维秦八年,岁在涒滩。"涒滩,太岁在申。太岁纪年比干支纪年落后2年。而上推到前352年已该超辰3次了①,因此"己巳"年成了"太岁在寅"之年。这一点郭沫若先生是明白的,虽然他定的屈原出生时间为前340年,比前352年晚了12年的一个周期;而朱熹和冯友兰先生,看来都未明白这个道理。朱熹之说见《楚辞集注》,认为"摄提"是星名;若依此说,屈原的出生时间只有月、日,而无确定的年份,则未允当。冯友兰先生在其《中国哲学史新编》②中,将屈原定为前343年出生,前299年去世。前343年虽是"戊寅"年,却并不是"太岁在寅"之年;而前299年,离郢都迁陈则早了约十八年。屈原去世得这么早,那就不该有《哀郢》诗了,甚至连《离骚》都不会有。

所以,前352年(己巳)是太岁在寅之年,而前353年(戊辰)则不是太岁在寅之年,这是很清楚的。胡念贻先生推算前353年是太岁在寅之年③,方法并不算错,但由于计算过程中近似值误差的积累,导致了结论的失误。如果改用前206年(乙未,太岁在午)作为推算的基点,那么,前210年(辛卯)便是太岁在寅之年。再试进行计算:

$$-210 - 11.8622 \times 12 = -352.3464$$

正确的结论——前352年是太岁在寅之年——便可得出来了。

---

① 由超辰1次的前206年,上推两个86年,至前378年,便应是超辰3次;而由超辰2次的前239年,上推一个86年,至前325年,亦应是超辰3次;所以,处于前378年与前325年之间的前352年,应超辰3次,是确定无疑的。
② 冯友兰:《中国哲学史新编》第2册,第235页。
③ 胡念贻:〈屈原生年新考〉。

所以，屈原出生的那个"寅年、寅月、寅日"，应是前352年（己巳，太岁在寅）农历正月二十七日（庚寅），而投水的时间则是前281年农历五月初五日。仔细推算一下，屈原享年71周岁零3个月又7天。

《周礼·夏官·罗氏》有"献鸠以养国老"的话①，《礼记·月令》、《吕氏春秋·仲秋纪》有"养衰老，授几杖，行糜粥饮食"的话。据出土墓葬文物可以看出，"鸠"和"杖"在战国中后期已经合而为一，演变为以"鸠"为首的"鸠杖"了。《后汉书·礼仪志》曰："年始七十者，授之以王杖②，铺之糜粥。……王杖长［九］尺，端以鸠鸟为饰。鸠者，不噎之鸟也。欲老人不噎。"据《吕氏春秋·仲秋纪》高诱注所言，确实直到东汉时，依然如此。战国楚墓出土鸠杖，打破了东汉应劭《风俗通义》③中关于汉高祖刘邦打败仗逃跑，见鸠鸟后脱险，便以鸠首为杖的传说。

屈原享年71周岁零3个月又7天，在屈原的墓中，有鸠杖陪葬，当然是合乎礼仪规定的。至于为什么有两根鸠杖陪葬，那或许是优礼有加的意思，或许是因为屈原乃楚怀王、顷襄王两朝老臣的原因。

3. 屈原是低级贵族身份

据《史记·屈原贾生列传》，屈原名平，是楚王族的同姓。张守节《史记正义》云："屈、景、昭皆楚之族。"屈原是楚贵族，但又自称"贱贫"。《惜诵》："忽忘身之贱贫。"《招魂》："朕幼清以廉洁兮，身服义而未沫。"他早年是贱贫、清廉的低级贵族，这与郭店一号墓墓主的"上士"身份一致。正因为他具有低级贵族的身份，故最终归葬于楚贵族墓地；而《孟子》中所提及的陈良，虽然是"楚产也"，却不具备楚贵族身份，是不大可能下葬于楚贵族墓地的。④

屈原以"上士"的身份出任"三闾大夫"。"三闾大夫"并非世袭官职，否则屈原被放逐后应由其子袭官，就像其他废父立子的情况。"左徒"、"太子

---

① ［东汉］高诱：《吕氏春秋·仲秋纪》"养衰老，授几杖，行糜粥饮食"注文曰："《周礼》：'大罗氏掌献鸠杖以养老'，又'伊耆氏掌供老人之杖'。"所引文字与今本《周礼》有异。
② 王杖，国王所赐之杖；王，或本误作"玉"。
③ 见《太平御览》卷九二一引。
④ 郭沫若在《屈原研究》中推测"屈原或许是陈良的弟子"。另据《战国策·楚策二》所载，"慎子"在楚太子横为质于齐时担任"太子傅"。此"慎子"乃是与孟子同时的鲁国人慎滑厘。曾有人撰文认为"慎子"即慎到，这是不正确的。而慎到相传为赵国人，亦非楚国贵族。陈良、慎到、慎滑厘，均无资格在死后葬入楚国贵族墓地。

师"也都不是世袭官职。楚国经过吴起变法以后,世卿世禄制已被打破。吴起"废公族疏远者",屈原恐怕也是要间接地受到影响的。

4. 屈原的出仕和见疏

屈原在34岁左右出任楚怀王左徒、太子师、三闾大夫,39岁左右遭谗言,不复在位。

前318年,屈原34岁,公孙衍发动魏、赵、韩、燕、楚五国共伐秦,推楚怀王为纵约长。楚怀王任用屈原,当在此时前后。《史记·屈原贾生列传》云屈原"为楚怀王左徒。博闻强志,明于治乱,娴于辞令。入则与王图议国事,以出号令;出则接遇宾客,应对诸侯。王甚任之"。屈原任三闾大夫之职,见于《渔父》。王逸《离骚》序曰:"屈原与楚同姓,仕于怀王,为三闾大夫。三闾之职,掌王族三姓,曰昭、屈、景。屈原序其谱属,率其贤良,以厉国士。入则与王图议政事,决定嫌疑;出则监察群下,应对诸侯。谋行职修,王甚珍之。"左徒是楚国地位在令尹之下的重要官职①,三闾大夫是掌管楚王族三姓的官。②郭店一号墓中的龙首玉带钩,很像是楚怀王为了提高这位年轻的三闾大夫的威信,以便于行使职权,所赐予的类似后世"尚方宝剑"之类的信物。屈原任左徒、三闾大夫而兼任太子师③,这是很正常的,虽然史籍中没有关于他任太子师的明确记载。在屈原的作品中,透露出了他任太子师的信息。在春风得意时所作的《橘颂》中,他自豪地说:"年岁虽少,可师长兮。"屈原以橘树为典范,又以橘树自比,是很明显的。他30多岁,年岁虽少,却可当太子的老师。排行最大曰"长",太子是楚怀王的"长子",屈原为太子师,故曰"师长"④,即当国王长子(太子横)的老师。这是比担任其他官职更令屈原自豪的。墓中陪葬的漆耳杯,杯底刻有"东宫之杯",这四个字不排除

---

① 虽然从职位名称上看,左徒似相当后世"左右拾遗"之类的官,但实际上左徒是楚国地位在令尹之下的重要官职;春申君黄歇在顷襄王时任左徒,考烈王时升任令尹。
② 有人认为,"三闾大夫"的职掌是楚国王室屈、景、昭三姓贵族子弟的教育,同于中原国家的"公族大夫"。
③ 屈原的太子师身份应不成问题。有人认为,楚国只称"太子傅"而不称"太子师",这是缺乏根据的。《左传》"昭公十九年"传文曰:"楚子之在蔡也,洱阳封人之女奔之,生大子建。及即位,使伍奢为之师。"此处所说的"大子"即"太子"。这里的意思是说,让伍奢做太子师。
④ 《史记·屈原贾生列传》:"长子顷襄王立,以其弟子兰为令尹。"《橘颂》"与长友兮",亦可释为"与太子为友"。而如果将"可师长兮"解释为"可为师、可为长","师"指太子师,"长"指三闾大夫,则亦可通。

是屈原手书的可能。这四个字字体并不规范,布局也不匀称,很像是用手随意刻上的,工师造器时所作的铭文似不应当这么随便。① 屈原作的《九歌》,其中"大司命"很像是暗指楚怀王,"少司命"则像是暗指太子横。在《少司命》中,屈原以香草"荪"自比,曰:"夫人自有兮美子,荪何以兮愁苦!"那人自有美好的孩子,荪为何愁苦呢!

这是自我宽慰的话,看来他在太子身上寄托着很大的希望。屈原自以为获得了太子这个"新相知",而太子又要到外国去作人质,所以,他说:"悲莫悲兮生别离,乐莫乐兮新相知。""望美人兮未来,临风怳兮浩歌。"他把未来寄托在太子身上。"竦长剑兮拥幼艾,荪独宜兮为民正。""竦长剑",高举长剑,指制定法令等;"拥幼艾",即指辅佐太子;"幼艾"同"少艾",本指年轻貌美之人,这里当指太子。"正",官长也;"民正",万民之长,当指令尹(国相)。看来屈原自认为只有他本人最适合当令尹。而后来经屈原等努力,太子横得以即位,却任用弟弟子兰作令尹,而放逐了屈原,这已是后话了。

前314年,燕国因燕王哙让位给国相子之而国内大乱。屈原遭到上官大夫进谗言而被楚怀王疏远,不复在位,应就在此前后。楚怀王周围会有人以防止重蹈燕王哙覆辙为借口,而打击排挤屈原,这种可能当然不能排除。据《史记》,"屈平既绌",其后张仪诳楚,设计离间齐、楚之间的关系。② 张仪诳楚在前313年,屈原39岁时。他被疏远而不复在位,应在此之前,是毫无疑义的。屈原不复在位,左徒和三闾大夫的官职不当了;而作为太子师,他与太子之间的师生关系,却是无法割断的,仍然保持着。

5. 屈原、昭睢出使齐国

前311年(楚怀王十八年、齐宣王九年),秦攻楚,张仪使楚。当时已被疏远而不在位的屈原,出使齐国,试图联齐抗秦。返楚后建议杀张仪,未成。这在《史记》的《楚世家》、《屈原贾生列传》中均有记载。郭店一号墓的陪葬竹书中多有稷下思孟学派的作品,很可能就是屈原出使齐国时从稷下带回楚国的。屈原使齐之后约35年,荀况游学稷下;其后50多年,马王堆汉墓

---

① 这漆耳杯似为早年太子横的赐物,但并不能据此确定墓主死于顷襄王即位(前299年)以前。
② 据郭沫若推断,秦《诅楚文》即作于此时稍后。见郭沫若:《石鼓文研究·诅楚文考释》,北京:科学出版社,1982年。

出土的帛书《黄帝四经》由稷下黄老学派的学者们撰成。① 屈原使齐时,稷下思孟学派盛行,黄老之学尚未占主导地位。后来对思孟学派持批判态度的荀况在稷下学宫"三为祭酒",对于以后稷下学风向黄老之学的转变起了重要作用。而在荀况早年的著作《劝学》、《修身》等篇中,已可看出郭店竹书中稷下思孟学派作品的影响。郭店竹书中稷下思孟学派著作的撰成时间,要比《孟子》的成书早一些,因为孟轲晚年才与弟子一道撰成了《孟子》②,而竹书中的这些著作,在前311年屈原使齐之前,便已传抄流传了。

前299年,秦诱执楚怀王。据《史记·屈原贾生列传》,事前屈原曾向楚怀王进谏曰:"秦虎狼之国,不可信,不如毋行。"而《史记·楚世家》则载昭雎曰:"王毋行,而发兵自守耳。秦虎狼,不可信,有并诸侯之心。"屈原和昭雎就同一事对楚怀王讲了内容大致相同的话。刘师培曰:"恐怕昭雎就是屈原,古音本通。"郭沫若不同意,曰:"昭雎不能说就是屈原。他与屈原同时而且大约是同志,所以他们说话相同。使齐时他是做了屈原的副使或随员,也是说得过去的。"③这两种观点,郭说似较为合理。若果真如此,则屈原和昭雎便是政治观点一致的同志了。《史记·楚世家》中,记有昭雎"诈赴(通'讣')于齐"之事。楚怀王被秦扣留,昭雎到齐国,向在那里作人质的太子谎称怀王已死,前去报丧,要求接太子回国继位,反对楚国的大臣们立庶子为王。昭雎敢于诈讣于齐,反对立庶子为王,这样做应是得到屈原这位前三闾大夫兼太子师支持的,也许就是屈原派他去的。在张习孔、田珏主编的《中国历史大事编年》④中,大概是采用了刘师培之说,在前299年"楚立顷襄王横"的条目中,将诈讣于齐的"昭雎"径改为"屈原"。从尊重历史事实来看,这样改似无必要。当然,在楚国立太子横为王的事件中,屈原看来仍处于举足轻重的地位,他与昭雎共同策划了诈讣于齐,反对立庶子为王。虽打着维护宗法正统的旗号,而实际上则反映了他们与太子横有着非同一般的关系。

---

① 参见高正:《诸子百家研究》,北京:中国社会科学出版社,1997年,第108页。
② 据《史记·孟子荀卿列传》,孟轲晚年与弟子万章、公孙丑等著书立说,作《孟子》七篇。
③ 见郭沫若:《屈原研究》,第12—13页。
④ 张习孔、田珏主编:《中国历史大事编年》,北京:北京出版社,1986年。

6. 屈原被放逐和投江

顷襄王横即位后,秦攻楚,取十六城。后楚王谋与秦和,并于前292年(楚顷襄王七年)迎妇于秦。主张亲秦国的子兰当了令尹,而力主联齐抗秦的屈原,约在前290年被放逐。屈原在前281年仲春郢都迁陈时所作的《哀郢》中曰:"忽若不信兮,至今九年而不复。"郭沫若疑"九"为虚数,古视为极数。此处未必是,很可能真的已流放了九年。从前290年(顷襄王九年)到前281年(顷襄王十八年),正好是九年。郭沫若在《屈原研究》中说:"在怀王死后三年之间秦楚是断绝了关系的。屈原是主张绝秦的人,秦楚的断绝关系,便是屈原的主张得到胜利,屈原在这期间没有被放逐的理由。在顷襄王六年议与秦恢复旧好,到七年公然又腆颜事仇的时候,屈原一定力争过,但他终竟遭了失败,故他的被逐当在这一二年间或稍后。《离骚》上所说的'初既与余成言兮,后悔遁而有他',《抽思》上所说的'昔君与我成言兮,曰黄昏以为期。羌中道而回畔兮,反既有此他志',都应该是指斥的顷襄王初绝秦而又改变的这段事实。"这是有一定道理的。屈原先被放逐到汉北,后又流放到沅湘一带。但屈原的死,不可能迟至前278年郢都陷落以后。郢都迁陈当年的五月初五屈原自沉汨罗江,而郢都迁陈是不可能等到郢都陷落以后才开始迁的,迁都理应在前280年楚割上庸和汉北地予秦之前。①

《史记·屈原贾生列传》云屈原"于是怀石遂自投汨罗以死"。在屈原投水之前留下的作品中,所反映的最迟的历史事件是郢都迁陈。《哀郢》曰:"皇天之不纯命兮,何百姓之震愆?民离散而相失兮,方仲春而东迁。"郢都迁陈,始于仲春二月。在哪一年,却没有说。屈原作品中没有发生在前280年的楚割地予秦之事,也没有发生在前278年的秦军陷郢之事。郢都迁陈、楚割上庸和汉北地予秦、秦军陷郢,这三件事,在屈原作品中只有发生得最早的郢都迁陈。割地和陷郢,屈原没有见到,大概他不愿活着见到这两件事

---

① 《战国策·楚四》"庄辛谓楚襄王"一章曰:"庄辛去之赵,留五月,秦果举鄢、郢、巫、上蔡、陈之地,襄王流掩于城阳。"缪文远《战国策考辨》曰:"此篇庄辛归赵五月秦果举鄢、郢事,金氏(正炜)《补释》(金正炜:《战国策补释》,上海:上海古籍出版社,1995年)谓当作五年。"(见缪文远:《战国策考辨》,北京:中华书局,1984年,第156页)金正炜《战国策补释》认为:"辛去楚当在顷襄十八年(前281年),迄于秦人取巫,适为五年也。"按:据《史记·六国年表》,白起定巫和黔中,秦初置黔中郡,在楚顷襄王二十二年(前277年),由此上推五年,庄辛离楚赴赵,则应在顷襄王十七年(前282年)。而次年仲春二月,楚郢都迁陈。

的发生,所以抱石头投江了。

《史记·楚世家》记载,顷襄王十八年(前281年),"顷襄王遣使于诸侯,复为纵,欲以伐秦。秦闻之,发兵来伐楚"。这是导致郢都迁陈的直接原因。三年前乐毅破齐,齐国败亡;接着楚淖齿杀齐愍王,齐人杀淖齿。郢都迁陈,也利于楚国向齐鲁扩张。

屈原遭子兰、上官大夫等小人谗害,被昏君放逐,政治主张不得实施;齐国败亡,齐楚绝交,淖齿杀齐愍王,齐人杀淖齿,屈原联齐抗秦的理想彻底破灭;秦兵进逼,郢都难保,国土沦丧。这是导致屈原投江自沉的三大原因。从屈原作品中多次提到"从彭咸之所居",以投水而死的古贤人彭咸为榜样,可知他打算投水而终的想法从被放逐以后就一直存在。在绝命诗《惜往日》中,屈原还提到:"临沅湘之玄渊兮,遂自忍而沉流!卒没身而绝名兮,惜雍君之不昭!"屈原看见郢都迁徙时的凄惨景象,预感到楚国还会有灾祸降临,这当然就是将接踵而至的割地、陷郢之事。在《惜往日》末尾,他写道:"宁溘死而流亡兮,恐祸殃之有再!不毕辞而赴渊兮,惜雍君之不识!"他已不堪忍受,决定投江自沉,以死报国。

7. 屈原归葬情况推测

屈原打算死后归葬于楚故都郢附近埋着先人的贵族墓地的想法,在其作品中也透露出一些信息。《哀郢》曰:"鸟飞反故乡兮,狐死必首丘。"屈原的投江自尽,也许还有想赶在秦兵陷郢之前归葬于祖宗墓地的可能。《礼记·檀弓上》曰:"狐死必首丘,仁也。"屈原是深受儒学思想影响的。楚与秦谋和无用,国难临头,国人复思屈原,故礼遇而厚葬之。郭店一号楚墓墓主人的遗骨,至今保持着两臂弯曲交置于腹部、双腿分开的抱石投江姿势,此非屈原又是谁呢?

郭沫若在《屈原研究》中说:"本来屈原和现在已经相隔了二千多年,所有实质上的物证都是消灭了的,假定他的尸首被捞出而埋葬,将来有那样的幸运把他的坟墓发掘了,——传说秭归县(今湖北省秭归县)的屈沱有屈原的衣冠冢,但这是不可信的,只是后代的人所假托的东西。——能够得到多数地底的证据,那是再好也没有的。"[①]根据出土墓葬,看来可以推测,屈原抱

---

① 郭沫若:《屈原研究》,第14页。

石投汨罗江自尽后,尸体被家人和弟子们打捞上来,按其遗愿运回旧都郢郊贵族墓地安葬。① 当时虽然秦兵进逼,形势危急,但家人和弟子为其料理后事,仍一切按礼行事,有条不紊;楚顷襄王也按礼赐了两根陪葬的鸠杖。这反映了国人们对屈原的崇敬之情。但由于郢郊的楚国贵族墓地很快将被秦兵占领,人们为了避免屈原墓葬遭到秦兵破坏,而有意不在墓中留下任何表明屈原身份的标志,这也是情理之中的事。

郭店一号楚墓中的陪葬竹书,只有像屈原这种身份地位的人才会有。屈原的思想和作品深受这些书籍的影响,是很明显的。但屈原墓中为何只有他从稷下带回的竹书,而无他自己的作品呢?除了可能墓中竹书有遗失之外,亦可能下葬时屈原身旁的人只收存了其作品的手稿孤本,而没来得及重抄一份作为陪葬。当然,更可能由于屈原作品多为发牢骚的讽喻文学创作,多有指责君王、"称其君之恶"的内容,写成以后便在民间流传,而不适宜葬入贵族墓地。

三 郭店竹书是稷下思孟学派教材

郭店一号楚墓的陪葬竹书中,除了多有通假字之外,简笔字和因形近而误的字也不少;而书写的笔法却显得非常熟练,且非出自一人之手,应是由不太理解书籍内容的专业抄手所抄写。战国时齐国的稷下学宫聚集了来自各国的学者,那里的专业抄手中也可能有一些楚国人。《郭店楚墓竹简·前言》中认为,竹书文字"是典型的楚国文字,具有楚系文字的特点",很可能就是稷下的楚国抄手所抄写。至于竹简形制的长短,似亦有不同的抄手采用了不同长度竹简的可能,而并不一定都具有分类的含义。至于抄写的时间,则应与孟子同时;具体地说,可能在孟子于齐威王、齐宣王时游齐之后,当然亦在前311年屈原使齐之前,故应早于《孟子》的成书时间。竹书中有些异体字,似可看出孟子学说的影响。如将"过"写作"化"下加"心",好像是据"所过者化"的意思造的异体字;而将"仁"写作"人"下加"心"、"千"下加

---

① 《湘阴县图志》云其地汨罗山,一名烈女岭,上有屈原墓,相传屈原姊女嬃葬屈原于此,因而得名;又传说所葬的是《招魂》,见唐朝蒋防的《汨罗庙记》。那应是据《楚辞》而建的纪念墓。

"心"、"身"下加"心",则像是据"仁义礼智根于心"、"仁"由"心"中的善端发展而来的说法造的异体字。此盖当时孟子学说的流行在文字方面留下的痕迹。前311年屈原使齐时,正是齐宣王当政,在孟子说齐宣王行"仁政"后八年。当时楚国学者环渊正在稷下,齐赐列第为上大夫。屈原是否与环渊有过接触,尚不得而知。郭店竹书中的《老子》和其他各篇,均与稷下思孟学派的思想有密切联系,最大的可能是被用作教材,可总称为"稷下思孟学派文献"。

郭店竹书中除《老子》以外的各篇,乃是子思后学与稷下思孟学派的作品。其写作的时间,当在体现儒道互补思想的子思学派代表作《孝经》、《中庸》、《大学》、《礼运》、《易传》之后[①],与孟子生活的时代大致相当,而要早于《孟子》的成书。这些作品,多数是久已亡佚了的、在中国思想史上曾经风靡一时的稷下思孟学派的遗说。战国中期的齐稷下思孟学派,是对战国早期鲁国子思学派的继承和发展;子思后学到齐国稷下,与孟子及其后学会合,发展成为稷下思孟学派。这些竹书资料的发现,可以基本修复稷下思孟学派这个在中国思想史上久已残缺破损了的环节。下面将对各篇竹书文字分别作一些考察。

1.《老子》甲、乙、丙盖三个不同选本

《老子》甲、乙、丙本其竹简形制的长短各异,甲、丙本内容有重复,似乃不同抄手抄写的三个不同的选本。甲本和乙本可能抄写时间早一些。甲本的"过"作"化"下加"止",未作"化"下加"心"。丙本有"过"作"化"下加"心","仁"作"身"下加"心"。丙本与《大一生水》形制相同,笔法一致,可能为一人所抄写;其抄写时间看来和下面各篇接近,抄于孟子学说在稷下流行之后。丙本的"过",第四简作"化"下加"心";而第十三简作"彳"旁,右边上"化"下"止",应是保留了较早的写法。《语丛二》第四十简的"过"亦如此,这与西周中期《过伯簋》、《过伯爵》以及战国初《侯马盟书》中的"过"字,均属使用声音相近之声符的同字异构。

《老子》甲、乙、丙三个选本,可能供不同学习者选用。《老子》是稷下的教材之一,思孟后学可以各根据教学需要,对《老子》加以改编,并增删改动

---

① 儒道互补的思想,始于曾参,而为子思学派所发扬光大。参见高正:《诸子百家研究》,第38—49页。

内容,对前后次序加以调整。荀况在稷下曾"三为祭酒",思孟学派流行于荀况到稷下之前,而黄老之学则流行于荀况离稷下之后。① 无论是思孟学派还是黄老学派,都非常重视《老子》,长沙马王堆汉墓出土的帛书中,既有甲、乙两种帛书《老子》,又有思孟学派的《五行篇》,和黄老学派的《黄帝四经》。稷下思孟学派的《老子》选本中,没有反对儒家的言论,看来是用作教材时删去了;而马王堆汉墓中的帛书《老子》则未删。田齐统治者认黄帝为始祖,又推崇老子这个同乡②,其尊崇黄老,本出于标榜抬高自己的政治目的。

是否郭店竹书中的《老子》是原本,而马王堆帛书《老子》和传世各本是经过太史儋增改的呢?据《史记·周本纪》,周太史儋见秦献侯在周烈王二年,即前374年。在此前后,如果太史儋真的增改了《老子》,至六十多年以后,前311年屈原使齐时流行的版本,恐早该是太史儋的版本了。而此后即使有人增改了《老子》,那也极可能是稷下学者,而不大可能是生活在六十多年以前的太史儋。春秋末的老聃作了《老子》,经战国时的稷下学者增改传世,也许可以作出这样的推测。

2.《大一生水》③是稷下思孟学派作品

《大一生水》在子思学派《礼运》、《易传》等著作的基础上,又进一步吸收了《老子》、《曾子天圆》、《管子·水地》等著作中的思想材料,发展出了稷下思孟学派自己的宇宙生成理论。

《礼运》曰:"夫礼,始于大一。"又曰:"夫礼,必本于大一。"最先将《老子》中称呼本体的"大"、"一"之名合为"大一"。稷下思孟学派又将《老子》、《曾子天圆》、《易传》中关于"阴阳"、"气"、"神明"等材料熔为一炉,并吸收了稷下学者在《管子·水地》中提出的"水者何也?万物之本原也"的观点④,改造发展成了这篇在中国思想史上独具特色的以"水"为"本原"的宇宙生成论杰作。

---

① 参见高正:《诸子百家研究》,第106—110页。
② 《史记·老子韩非列传》云老子是"楚国苦县"人,其实"苦"在春秋时本属陈国地域,后来楚灭陈,故"苦"又属楚。
③ 古书中"大"、"太"通用,不必改"大"为"太"。
④ 《管子·水地》认为"水"、"地"为"万物之本原"。既云"水者何也?万物之本原也",又云"地者,万物之本原","水者,地之血气,如筋脉之通流者也"。显然,以"水"为"本原"的理论尚未成熟。

《大一生水》的写作时间当比《管子》中的《水地》、《心术》、《白心》、《内业》稍后。此篇对屈原的《天问》、《远游》有很大影响,而《九歌》中第一篇即题为《东皇太一》。

《大一生水》是具有稷下思孟学派思想特征的作品,既继承了曾参、子思吸收道家老子形上学的传统,又吸收了稷下学者"水"为"万物之本原"的观点,堪称古代中国的泰勒斯学说①。

3.《缁衣》盖子思后学的作品

子思学派的代表作《孝经》、《中庸》、《大学》、《礼运》、《易传》构成了一个具有儒道互补特色的完整的天道、人道思想体系。子思学派主张,始于"孝",立于"诚",行于"治国平天下",合于"礼",而最终通于"变"。并且具有"忠"、"孝"合一,"义"、"利"合一的观点,强调"诚",讲"阴阳"、"三才"、"大一"、"太极",有"尊贤"、"选贤"、"尚贤"思想。

南宋王应麟《〈汉书·艺文志〉考证》据《隋书·音乐志》,谓南朝梁沈约云《礼记》之"《中庸》、《表记》、《防(坊)记》、《缁衣》皆取《子思子》"。《礼记》中的《缁衣》,与竹简本大体相合;但《缁衣》、《坊记》、《表记》三篇,虽亦出于《子思子》,却与以《中庸》为核心的子思学派思想体系明显不类。若云三篇乃子思早年所作,则《坊记》中引有《论语》,明显作于《论语》编成以后;一般认为,《论语》编成于曾参(前505—前436年)去世以后,其时子思年已五十左右,早该有弟子了。此三篇全文主题不一,虽多有征引,却基本没有论述发挥。当时这种简单的语录体已经过时,抄录孔子语与《诗》、《书》相印证,颇像是学生的习作,而难说与《中庸》等篇出自一人之手。看来这三篇盖是子思后学的作品。

4.《鲁穆公问子思》是子思后学所作

在《鲁穆公问子思》中,子思②主张"恒再(称)其君之亚(恶)者,可胃

---

① "泰勒斯学说"是古希腊泰勒斯提出的以"水"为"万物之本原"的哲学学说。泰勒斯被认为是西方哲学的开山者。
② 有人认为,《鲁穆公问子思》中的"子思"是孔子的弟子原宪(字子思)。据《史记·仲尼弟子列传》的记载和《孔子家语》等古书中的有关材料,原宪生于前515年。鲁穆公在前407年左右即位,其时,原宪已该一百岁出头了。据说原宪以安贫乐道著称,孔子死后,他不求仕禄,隐居于卫国草泽之中。因此,原宪当与此无涉。

(谓)忠臣矣",这与《孝经》中主张谏诤的思想相一致。

此篇虽然与子思的思想一致,但却不可能是子思所作。"鲁穆公"乃是死后所加的谥号,据《史记·六国年表》,鲁穆公前407—前377年在位。①此《鲁穆公问子思》当作于鲁穆公死后,即前377年以后。而子思大约生活在前483—前402年,他在鲁穆公死前约25年就去世了。子思生于孔子去世②前数年,卒于鲁穆公即位③后数年。《史记·孔子世家》说子思"年六十二","六"当为"八"之误。至于伪书《孔丛子·抗志》云"子思居卫,鲁穆公卒",则纯属无稽之谈。既然子思在鲁穆公死前25年就去世了,那么很明显,子思根本不可能知道"鲁穆公"这一称呼,因此就完全排除了此篇为子思所作的可能。所以,此篇虽然与孔子之孙子思的思想一致,但其作者决非子思本人,应为子思后学。屈原的思想和作品,明显受此篇影响。

5.《穷达以时》与《孟子》、《荀子》

此篇应是稷下思孟学派的作品,与《孟子》思想一致,对《荀子》有很大影响。文中"穷达以时"的思想,与《孟子·公孙丑上》所引的一段话一致:"齐人有言曰:'虽有智能,不如乘势;虽有镃基,不如待时。'"《荀子·宥坐》中曰:"今有其人,不遇其时,虽贤,其能行乎?苟遇其时,何难之有?"明显受到"穷达以时"思想的影响。此篇竹书所言百里奚、孙叔敖之事,则亦见于《孟子》。

此篇中曰:"又(有)天又(有)人,天人又(有)分。察天人之分,而智(知)所行矣。"这上承《易传》,下启《荀子·天论》。荀况正是受到稷下思想

---

① 钱穆先生在《先秦诸子系年》"鲁缪公元乃周威烈王十一年非十九年亦非十七年辨"一条中认为,鲁穆公执政的时间应为周威烈王十一年(前415年)。可是,若将鲁穆公即位的时间提前八年,鲁穆公以前的各位鲁国国君的即位时间均要上推八年,这显然与证据确凿而早有定论的史实及年代,如《史记·鲁周公世家》中的鲁哀公"十六年(前479年),孔子卒"等对不上号。而《汉书·律历志》中"悼公,《世家》即位三十七年,子元公嘉立"这最早的引文资料,已证明通行本《史记·鲁公世家》中关于鲁悼公即位三十七年的记载,"三十七"不是误字。所以,并没有充分理由依据后世传说的"一本",来更改《史记·鲁周公世家》中此处的"三十七年"。至于《史记·鲁周公世家》中鲁"平公十二年,秦惠王卒"的文字,既没有任何证据可以证明"平公十二年"与"秦惠王卒"之间存在着必然联系,更没有任何证据可以证明"平公十二年"中"十二"这个数字无误。况且仅此孤证,亦未能作为更改史书的依据。这里的"鲁穆公","穆"、"缪"二字通用,一般认为"穆"是正字,"缪"是通假字。
② 前479年。
③ 前407年。

的熏陶,提出了"明于天人之分"、"不与天争职"的思想;并且进一步提出了"制天命而用之"的思想。

6.《五行》是思孟后学对《礼运》"五行"说、孟子学说和"六德"之说的发展

此篇与马王堆汉墓出土的帛书《五行篇》之经部大体相同,似应早于帛书本;其有"经"无"说",很可能"说"是后人所增,当然也可能是选作教材时删去了。

竹书中当早于此篇的《六德》中,已将"圣智"、"仁义"、"忠信"并列。① 此篇中的"仁义礼智圣"五行,乃是思孟后学对于子思学派《礼运》中的"五行"之说、孟子"仁义礼智"之说以及"六德"之说的进一步发展和综合发挥。

此篇中的"五行",首先是从《礼运》中的"五行"引申发展出来的。《礼运》曰:"故人者,其天地之德,阴阳之交,鬼神之会,五行之秀气也。"又曰:"故人者,天地之心也,五行之端也。……故圣人作则,必以天地为本,以阴阳为端,……五行以为质,礼义以为器,人情以为田,四灵以为畜。"孔颖达疏:"五行之秀气也者,秀谓秀异,言人感五行秀异之气,故有仁义礼知信,是五行之秀气也。故人者,天地之德,阴阳之交,是其气也;鬼神之会,五行之秀,是其性也。"②孔疏无意之中道出了新旧"五行"之间的"天"、"人"关系,尽管他并不知道地下埋着的《五行》,而将"仁义礼智圣"说成"仁义礼知信"。自然律派生出道德律,自然的"五行"(金木水火土),产生出作为人的准则的"五行"(仁义礼智圣),思孟后学将子思的"五行"和孟子的"仁义礼智"糅合到一起,又加上《六德》篇中的"圣",牵强附会地创立了自己新的作为人的准则的"五行"学说。这也算是一个效法自然、发扬光大思孟学说的思想成果。《孟子》中并没有这种新"五行"说,而其产生又恰恰与孟轲同时,这发明权就只能归于稷下的思孟后学了。

《荀子·非十二子》中曰:"闻见杂博,案往旧造说,谓之'五行';其僻违而无类,幽隐而无说,闭约而无解。"这极像是针对思孟学派改造"五行"的这篇有"经"而无"说"的简约文字而言的。将旧的"五行"说改造为新的"五

---

① 参见下文"12.《六德》与几篇竹书的关系"一节。
② 对《中庸》"天命之谓性",郑玄注道:"木神则仁,金神则义,火神则礼,水神则信,土神则知。"这可能是孔颖达疏之所本。

行"说,也正是"案往旧造说"。所以,荀子这段话批评的对象,应既包括子思学派《礼运》中的"五行",亦包括思孟后学新造的"五行"。寻得了新旧"五行"之间的联系和发展线索,荀子的批评也就容易理解了。但荀子看来并不承认新旧"五行"之间有"天""人"联系,故称其"僻违而无类"。似乎后来的稷下思孟后学部分地接受了荀卿祭酒批评其"闭约而无解"的意见,而为此篇《五行》增加了有助于理解的"说"。

《五行》除改造发展了《礼运》中的"五行"以外,还将《易传》中的"形而上"、"形而下"改造为"形于内"、"不形于内",并吸收了《中庸》、《大学》的"慎独"。《礼运》、《易传》、《中庸》、《大学》以及《六德》篇和孟子学说,是其主要思想来源。

7.《唐虞之道》是田齐取代姜齐的政治理论依据,是稷下思孟后学的作品

前379年,齐康公卒,姜齐亡,田氏卒有齐国。前374年,齐田午杀齐君田剡及孺子喜而自立,是为齐桓公[①]。稷下学宫作为最早的学术活动和政治咨询中心,有人认为它创建于齐桓公(前374—前357年在位)时,也有人认为它创建于齐威王(前356—前320年在位)时,复盛于齐宣王(前319—前301年在位)时。稷下学宫是田齐统治者设立的,通过吸引天下贤士,以"不治而议论"的方式进行学术研究,著书立说。其重要的使命之一,便是为田齐统治者提供政治理论依据。前284年,五国攻齐,乐毅破齐;前279年,田单复国。以此为界,稷下学分为前后两个阶段。郭店竹书中除去《老子》,便是子思后学与稷下前期思孟学派的部分学术成果。而帛书《黄帝四经》,则是稷下后期黄老学派的最后成果。

田齐取代姜齐之后,亟须寻求历史依据和理论依据。于是,便借助于尧、舜、禹"禅让"的传说。《孟子·万章》中,也有托孔子之言的"唐虞禅"。这篇《唐虞之道》,认为"汤(唐)吴(虞)之道",禅而不传,乃是"圣之盛也","利天下而弗利,仁之至也"。子思学派在《礼运》中曰:"大道之行也,天下为公;选贤与(举)能,讲信修睦,故人不独亲其亲,不独子其子。"思孟后学进一步发展出这套完整的"禅而不传"理论,正迎合了田齐统治者的政治需要。此篇中的"忠""孝"合一的观点,亦与子思学派一致。

---

① 中国历史上有两个齐桓公:一个是春秋五霸之一,另一个是战国田齐之国君。这里指后者。

8.《忠信之道》上承曾参而下启荀况

"仁"是孔子"一以贯之"的"道"。《论语·里仁》载曾参曰:"夫子之道,忠恕而已矣。"孔子的"仁",指按宗法等级差别去"爱人"。故尽心竭力事上(爱上)曰"忠",推己及人待下(爱下)曰"恕"。此篇竹书曰:"忠,仁之实也。"既反映了曾参的观点,并且就"忠信"即"仁义"作了更为明确的表述和发挥。

稷下思孟学派起到了承前启后的作用。此篇中首次强调了"积"。"忠积则可亲也,信积则可信也。忠信积而民弗亲信者,未之有也。""积"后来被荀况发展为关于方法论的重要概念。《荀子·性恶》曰:"积善而不息,则通于神明,参于天地矣。故圣人者,人之所积而致矣。"稷下学者(包括思孟学派)的著作对荀况思想体系的形成有很大影响,尽管荀况早期在《非十二子》中对稷下各派尤其对子思、孟轲批判得很尖锐。此篇竹书显示了稷下思孟学派与荀况之间存在的思想渊源关系。

9.《君子之于教》为子思后学所作

此篇《郭店楚墓竹简》整理者所拟的题目为《成之闻之》,共分为十段。其中颇有错简,但末段结尾处有表示篇章终结的符号,可知末段位置不误。对各段试作合并调整,似可分为三章:

第一章:第四简至第二十简,第三十四简至第三十六简,第二十一简至第二十三简;

第二章:第二十九简至第三十简,第一简至第三简,第二十四简至第二十八简;

第三章:第三十一简至第三十三简,第三十七简至第四十简。

第一章大意是:君子教民应以身作则;第二章大意是:君子用民要自己先有恒心、讲信用,民才从命;第三章大意是:人伦之义合于天常,君子治人伦以顺天德。今据第一章首简"君子之于教也"句,重拟篇题为《君子之于教》。原"成之闻之"一段,当归入第二章,故不作篇题。第三十一简至第三十三简一段,当置于末段之前,这两段共言同一主题,似不应割裂开来。

子思学派《中庸》、《大学》的"天命"、"诚之"、"修身",《礼运》的"夫礼,必本于天",《易传》的"天尊地卑,乾坤定矣;卑高以陈,贵贱位矣",在此篇竹书中得到进一步的发挥。而此篇中的"圣人之性"、"中人之性",一直影响到西汉的董仲舒。此篇第三十四简,内容与《坊记》"衽席之上,让而坐下"、"朝廷之位,让而就贱"字面相似,可能写作时间亦相近,均为子思后学的作品。

10.《尊德义》上承孔子而下启《孟子》

此篇曰:"民可使道之,而不可使智(知)之。民可道也,而不可强也。"这明显是对孔子"民可使由之,不可使知之"①思想的进一步发展。

此篇又曰:"凡动民,必训(顺)民心。"这乃是《孟子·离娄上》"得其心斯得民矣"的先声。《孟子》中进一步发展为"保民而王"②、"民为贵,社稷次之,君为轻"③的民本思想。

此篇竹书上承孔子,下启《孟子》,既言"知己"、"知人"、"知命"、"知道"、"知行",又言"仁义"、"忠信"。从提法上"仁义"与"忠信"并列来看,似应早于认为"忠信"即"仁义"的《忠信之道》,盖亦子思后学所作。

11.《性自命出》与《中庸》、《孟子》、《荀子》

此篇曰:"眚(性)自命出,命自天降。道司(始)于青(情),青(情)生于眚(性)。"这是对子思《中庸》"天命之谓性,率性之谓道"的发挥。此篇又曰:"未教而民恒,性善也。"这在《孟子》中发展为"人性本善"的性善论,后荀子针锋相对地提出了性恶论。

此篇中"青(情)生于眚(性)"的观点,被荀况作了充分发展。《荀子·正名》曰:"性之好恶喜怒哀乐谓之情。"又曰:"性者,天之就也;情者,性之质也;欲者,情之应也。"此篇竹书云:"不以其青(情),唯(虽)难不贵。"在《荀子·不苟》中得到充分发挥,形成了"君子行不贵苟难,说不贵苟察,名不贵苟传,唯其当之为贵"的观点。稷下思孟学派的这篇作品,在"性情说"方面起着重要的承前启后的作用。

12.《六德》与几篇竹书的关系

此篇以"圣智"、"仁义"、"忠信"为"六德",又对"六位"、"六职"作了解说。"六位"又见于《君子之于教》篇,似乃引用此篇中的现成名词。此篇以

---

① 见《论语·泰伯》。
② 见《梁惠王上》。
③ 见《尽心下》。

"仁义"与"忠信"并列,亦当早于认为"忠信"即"仁义"的《忠信之道》篇。此篇的"六德"和"六位",《孟子》概括为"仁义礼智",而《五行》中则概括为"仁义礼智圣";用"仁义"代替"忠信",以"礼"代替"六位"。此篇有"圣智",《尊德义》可能更早一些,其中只有"仁"、"义"、"忠"、"信",而无"圣智"。

从以上几篇的概念发展情况来看,其写作顺序似当作如下排列:《尊德义》、《六德》、《君子之于教》、《忠信之道》、《五行》。而《大一生水》、《性自命出》、《穷达以时》、《唐虞之道》四篇可能又迟一些,更明显地带有齐国稷下的思想烙印。

13.《语丛》四篇似乃子思后学与稷下思孟学派的语录体学习心得笔记

此四篇语录体心得笔记中,有多处因为由不理解内容的抄手传抄而导致的严重错乱,亟待进一步整理。不过,仍可清楚地看出其内容主要是对思孟学派基本常识、思想观点的记述和概括。如《语丛一》曰:"《易》,所以会天道、人道也。"这便是对《周易》和《易传》的概括。又曰:"《诗》,所以会古含(今)①之恃(志)②也者。《春秋》,所以会古含(今)之事也。"亦是对儒家经典基本常识的介绍。《语丛二》云"情生于性,礼生于情",《语丛三》云"义,膳(善)之方也",则是对思孟学派基本观点的阐释。

子思与墨翟同学于鲁,子思学派与墨家思想亦多有相通之处。《语丛四》曰:"窃钩者诛,窃邦者为者(诸)侯;者(诸)侯之门,义士所存。"而《墨子·鲁问》曰:"今有人于此,窃一犬一彘,则谓之不仁;窃一国一都,则以为义。"二者思想观点很相近。这种思想产生于战国早期,乃在田齐取代姜齐之前。其流行客观上对田齐政权不利,这也许是致使《语丛》简册内容如此混乱的一个政治原因。而《庄子·胠箧》的作者,很可能就学过《语丛》这类教材,所云"彼窃钩者诛,窃国者为诸侯;诸侯之门,而仁义存焉",明显受其影响。

荀况看来也学过这类教材,并且深受其影响。《语丛四》曰:"口不誓

---

① 今,见母,侵部;含,匣母,侵部。二字古音,韵部相同,声纽相近。
② 今文《尚书·尧典》云"诗言志"。

(慎)而①户之闭,亚(恶)言复(覆)己而死无日。"意思是说,不谨慎地把好你的嘴巴这扇门,恶言将使你自己倾覆,你的死期就为时不远了。《荀子·劝学》曰:"故言有招祸也,行有招辱也,君子慎其所立乎!"在《语丛》的基础上又有了一些发展。

《语丛》这种语录笔记可以用来作启蒙教材。由于竹书各篇大多数(亦可能全部)是用作教材的节选本,故均无标题。不难看出,从《语丛》开始,到《老子》为止,乃一套循序渐进、由浅入深的教材。其中大致包括:儒家经典基本知识,子思学派和稷下思孟学派基本观点,性情论,社会伦理道德,政治哲学和形上学宇宙论等。

屈原从齐国稷下引进这套教材,实际上是试图引进稷下思孟学派的一套思想理论,并在楚国加以运用。当然,亦可能打算用来作为教太子的教材。结果屈原没有成功,于是这套教材便成了他的陪葬品。

14. 郭店竹书与《子思子》关系的推测

《汉书·艺文志》"儒家"著录"《子思》二十三篇",《隋书·经籍志》、《新唐书·艺文志》均作"《子思子》七卷",《旧唐书·经籍志》作"八卷"。此书亡于南宋,其时已有辑本。

南宋晁公武《郡斋读书志》云:"《子思子》一卷。右周孔伋撰。……载孟轲问:'牧民之道何先?'子思曰:'先利之。'曰:'君子之教民者,亦仁义而已,何必曰利?''仁义者,固所以利之也。上不仁则下不得其所,上不义则下乐为诈,此为不利大矣。故《易》曰:"利者,义之和也。"又曰:"利用安身,以崇德也。"此皆利之大者也。'温公采之,著之于《通鉴》。"

"义"、"利"合一的观点,虽符合子思学派思想特点,但子思与孟轲时代不相接,故此纯属寓言。竹书中没有这段内容。《艺文类聚》卷六十九引《子思》曰:"舜不降席而天下治,桀纣不降席而天下乱也。"竹书中亦未见此语。当然,也可能是竹简遗失或教材中本来就没有选入。但据《郡斋读书志》所引子思、孟轲对话的寓言,显然《子思子》应在孟轲以后编撰成书。

先秦典籍中未见提到《子思子》,《史记·孔子世家》亦只云"子思作《中庸》",故《子思子》由稷下思孟学派编定的可能性不大。齐愍王时乐毅破

---

① 当释为"你的"。

齐,稷下学者离散;齐襄王恢复稷下学宫,荀况三为祭酒,思孟学派业已消沉①,故思孟学派文献多亡佚散失。屈原使齐,从稷下得到竹书的前311年,《子思子》是否已经成书,确实还大有疑问,看来当时还没有后来为《汉书·艺文志》所著录的"《子思》二十三篇"这部书。《子思》这部书很可能像《孙卿书》②那样,经过长时间单篇流传,至西汉刘向才编定成书;但由于缺乏有关材料,尚无法定论。

四 郭店竹书对屈原作品思想的影响

研究屈原及其作品,可靠的原始资料主要就是《史记》中的《屈原贾生列传》、《楚世家》和东汉王逸《楚辞章句》中的屈原作品。《楚辞》中的《离骚》、《天问》、《九歌》、《九章》为屈原所作,学术界意见已基本一致;《远游》、《卜居》、《渔父》、《招魂》、《大招》是否为屈原所作,则尚存在意见分歧。虽然众家各抒己见,但似未见有确证表明后五篇绝非屈原所作。从语言风格和思想特点来看,这些篇章都是屈原作品的可能性确实很大。所以,在未发现新的可靠辨伪证据的情况下,本文采用陈子展先生《楚辞直解》③中的观点,不妨将这些篇章全部视为屈原的作品;至于各篇的写作时间,则另有推断,已于上文"屈原生活的社会史背景"一段言之。

屈原继承了《诗经》"风、雅、颂"那种"兴、观、群、怨"的传统,采用"赋、比、兴"的手法,而其中则包含着"微言大义",可算是当时楚国独一无二的一种"讽喻文学"。《史记·屈原贾生列传》曰:"《国风》好色而不淫,《小雅》怨诽而不乱。若《离骚》者,可谓兼之矣。"王逸曰:"楚人高其行义,玮其文采,以相教传。"认为"危言以存国,杀身以成仁"的屈原,"膺忠贞之质,体清洁之性,直若砥矢,言若丹青,进不隐其谋,退不顾其命,此诚绝世之行,俊彦之英也"。④

---

① 后为黄老学派所取代。
② 即《荀子》。
③ 陈子展:《楚辞直解》,上海:复旦大学出版社,1996年。
④ 见〔东汉〕王逸:《楚辞章句·离骚》,〈后叙〉。

侯外庐先生在〈论屈原思想〉①中称"受儒家思想影响的屈原","作为儒家明治乱举议国事的屈原";据黄宣民先生回忆,侯老曾试图寻找屈原儒家思想的来源。郭沫若先生在《屈原研究》中,则推测"屈原或许是儒家陈良的弟子"。郭店竹书的出土,终于为解开这一谜团提供了契机。

冯友兰先生在《中国哲学史新编》中说:"继吴起之后,在楚国主张变法的政治家就是屈原。他是在楚国推行'法治'的政治家,是一个黄老之学的传播者。"②屈原生活在纵横家非常活跃的时代,当时黄老之学尚未盛行,正处于孕育阶段。屈原早年是制法令、主张法治的法家,应受到吴起的影响③;而接触到稷下思孟学派文献以后,进一步吸收了儒家、道家思想,实际上已成为楚国黄老之学的先驱了。屈原死后约二十年,齐国稷下才盛行黄老之学。下面让我们来考察一下郭店竹书对于屈原作品思想的影响。

1. 竹书《老子》对屈原《天问》、《远游》的影响

《天问》一开篇,屈原就针对《老子》的学说而提问:"遂古之初,谁传道之?上下未形,何由考之?"这一问非同小可,一下子就把哲学的假说性和形上学的不可验证性给问出来了!《远游》中,屈原将《老子》的"道"、"自然"、"无为"、"虚"、"静"等概念有机地糅合进了自己的作品:"道可受兮,不可传。其小无内兮,其大无垠。无滑而魂兮,彼将自然。壹气孔神兮,于中夜存。虚以待之兮,无为之先。庶类以成兮,此德之门!""漠虚静以恬愉兮,澹无为而自得","超无为以至清兮,与泰初而为邻!"屈原与庄周同时而生卒年稍后,其作品中亦受到庄子学派思想和当时流行的战国神仙家学说的影响。

2. 《大一生水》对屈原《天问》、《九歌》、《远游》的影响

《大一生水》中的"大一"、"天地"、"神明"、"阴阳"、"气",以及"地不足于东南"之说,均见于屈原作品之中。《九歌》的第一篇即题为《东皇太一》。《远游》中有"天地之无穷兮"之语,又有"保神明之清澄兮,精气入而粗秽

---

① 见侯外庐:《侯外庐史学论文选集》上册,北京:人民出版社,1987年。
② 冯友兰:《中国哲学史新编》,第2册,第235页。
③ 《九章·惜往日》:"奉先功以照下兮,明法度之嫌疑。国富强而法立兮,属贞臣而日娭。"儒家文献《尚书·盘庚》亦有"正法度"之语,《礼记·曲礼》有"畏法令"、"所以使民决嫌疑"。吴起早年是儒家曾参的学生,与子思同学;后来成为法家,在楚国变法被害。

除"之语。①《九歌·大司命》云"乘清气兮御阴阳",《天问》云"阴阳三合,何本何化",又云"西北辟启,何气通焉",《远游》则有"因气变而遂曾举兮"之语。《大一生水》第一、三简有"地不足于东南"之语,《天问》则云:"八柱何当?东南何亏?"又云:"康回冯怒,地何故以东南倾?"这些大概未必均出于偶然的巧合。

3.《鲁穆公问子思》对屈原《离骚》的影响

此篇中子思曰:"恒再(称)其君之亚(恶)者,可胃(谓)忠臣矣。"屈原在作品中,便常"称其君之恶",认为这样做才是"忠"。他要引导国君弃绝污秽政治,改变法度。《离骚》曰:"不抚壮而弃秽兮,何不改此度?乘骐骥以驰骋兮,来吾道夫先路!"在诗中屈原以"灵修"代指国君(顷襄王),指责他反悔变化,不守信用。屈原说:"余固知謇謇之为患兮,忍而不能舍也。指九天以为正兮,夫唯灵修之故也!初既与余成言兮,后悔遁而有他。余既不难夫离别兮,伤灵修之数化!""离骚"应是屈原被放逐离开国君而发的感慨忧愁。《国语·楚语上》:"德义不行,则迩者骚离,而远者距违。"韦昭注:"骚,愁也。"诗题用此典故,含有指责国君"德义不行"之意。"闺中既以邃远兮,哲王又不寤(悟)。""长太息以掩涕兮,哀民生之多艰!""怨灵修之浩荡兮,终不察夫民心。"屈原常直言不讳地指责国君的过错,这明显是受到竹书《鲁穆公问子思》的影响。

4.《穷达以时》对屈原《九歌》、《离骚》、《九章》的影响

《穷达以时》中的"时",指"时机",是一种自然(天)的机遇。屈原《九歌》中的《湘君》云"旹(时)不可兮再得",《湘夫人》云"时不可兮骤得",其中的"时",均应指"时机"。《离骚》曰:"忳郁邑余侘傺兮,吾独穷困乎此时也!"这就与"穷达以时"的思想非常吻合了。《九章》中的《思美人》云"迁逡次而勿驱兮,聊假日以须旹(时)","须时"即等待时机。《涉江》云"阴阳易位,时不当兮",则言时机不适当,阴阳错了位。这些都与《穷达以时》中的观点有关。

5.《唐虞之道》与屈原《大招》、《离骚》中的贤人政治思想

《唐虞之道》提出"爱亲尊贤","禅天下而受(授)贤"。这对诸侯国君的

---

① 屈原似亦受到《管子》中的《水地》、《心术》、《白心》、《内业》等四篇以及其他稷下学者著作的影响。

宗法世袭制造成了极大的威胁。屈原被楚怀王疏远去职,被顷襄王放逐到汉北、沅湘,乃是因为上官大夫、子兰等人进谗言。谗言的内容,也许就包括担心屈原会像田齐取代姜齐、燕王哙让国于子之那样,篡夺了楚国的王位。所以,虽然屈原在《天问》中亦提到尧、舜、禹,却对于"禅让"之事只字未提,而按理来说,此事也是应该"问"一下的。屈原因此而遭祸被谗,不便提到"禅让"之事,故其作品中只言"尚贤"、"举贤而授能"。《大招》中疾呼:"魂乎归来,尚贤士只!""发政献行,禁苛暴只!举杰压陛,诛讥罢(疲)只!直赢在位,近禹麾只!豪杰执政,流泽施只!魂乎徕归,国家为只!"这种对于贤人政治和"豪杰执政"的大声疾呼,可能正是促使屈原被放逐的重要原因之一。在被放逐以后而作的《离骚》中,屈原并未改变自己的主张:"举贤而授能兮,循绳墨而不颇。皇天无私阿兮,览民德焉错(措)辅。夫维圣哲以茂行兮,苟得用此下土!"屈原非常执著于自己的政治主张:"亦余心之所善兮,虽九死其犹未悔!"

6.《忠信之道》中的"忠"、"信"对屈原《九歌》、《九章》的影响

《忠信之道》曰:"大忠不兑(夺),大信不期。"《九歌·湘君》曰:"交不忠兮怨长,期不信兮告余以不闲。"《九章·惜往日》曰:"或忠信而死节兮,或訑谩而不疑。"除了"忠"、"信"连用的,还有不少单用"忠"的。《九章》中的《惜诵》曰:"所作忠而言之兮,指苍天以为正!""竭忠以事君兮,反离群而赘肬。""思君其莫我忠兮,忽忘身之贱贫。事君而不贰兮,迷不知宠之门!""忠何罪以遇罚兮,亦非余心之所志!""吾闻作忠以造怨兮,忽谓之过言。"《涉江》曰:"忠不必用兮,贤不必以。"《惜往日》曰:"介子忠而立枯兮,文君寤(悟)而追求。"也有单用"信"的,如《抽思》:"与余言而不信兮,盖为余而造怒。"

7.《君子之于教》的"天德"和《性自命出》的"天命"对屈原《天问》、《九歌》、《大招》、《九章》的影响

《君子之于教》(原拟标题为《成之闻之》)云"君子治人仑(伦)以训(顺)天惪(德)",又云"圣人天惪(德)"。《大招》曰:"雄雄赫赫,天德明只!"又曰:"德誉配天,万民理只!"《九章·橘颂》亦曰:"秉德无私,参天地兮!"屈原既吸收了"天德",又发展了"以德配天"之说。

《性自命出》云"眚(性)自命出,命自天降"。《天问》曰:"天命反侧,何

罚何佑?"不仅云"殷之命"、"周之命",还问:"皇天集命,惟何戒之? 受礼天下,又使至代之?""何亲就上帝罚,殷之命以不救?""何亲拨发,足周之命以咨嗟?"《九歌·大司命》亦云:"固人命兮有当,孰离合兮可为?"《九章》中的《橘颂》曰:"受命不迁,生南国兮。"《哀郢》曰:"皇天之不纯命兮,何百姓之震愆?"屈原作品似受天命论的影响很深。在"信巫鬼,重淫祀"①的楚国,"楚怀王隆祭祀,事鬼神,欲以获福助,却秦师,而兵挫地削,身辱国危"②。屈原生活在这样的环境中,完全不受影响则是不可能的。他写了祭神的《九歌》,在《国殇》中云"身既死兮神以灵,子魂魄兮为鬼雄",确实为鬼神保留了一定的位置;这恰好与子思学派对待鬼神的态度不谋而合。但屈原对天命、鬼神似并不笃信,《卜居》中的一段话可以为证:"夫尺有所短,寸有所长。物有所不足,智有所不明。数有所不逮,神有所不通。用君之心,行君之意,龟策诚不能知事!"这是太卜郑詹尹的话,大概也与屈原的观点相符。《离骚》中亦有"欲从灵氛之吉占兮,心犹豫而狐疑"之语,既"欲从"又"狐疑",这便是屈原的态度。

8. 竹书中的"仁"、"义"、"礼"、"让"、"善"对屈原《大招》、《离骚》、《九章》的影响

竹书中好些篇都涉及的"仁"、"义"、"礼"、"让"等概念,亦在屈原作品中有所反映。《九章·怀沙》曰:"重仁袭义兮,谨厚以为丰(礼)。"《离骚》曰:"虽信美而无礼兮,来违弃而改求。"又曰:"夫孰非义而可用兮,孰非善而可服?"《大招》曰:"执弓挟矢,揖辞让只。"

《性自命出》曰:"未教而民恒,眚(性)善者也。"《语丛一》曰:"人之道也,或繇(由)中出,或繇(由)外内(入)。"屈原将这两句话的意思糅合到一起,在《九章·抽思》中曰:"善不由外来兮,名不可以虚作。"言"善不由外来",与孟子的"性善"之说不谋而合。

---

① 见《汉书·地理志下》。
② 见《汉书·郊祀志下》。

五 结 论

综上所述,可以看出,屈原完全符合郭店一号楚墓墓主的低级贵族身份及有关特征。墓中陪葬的竹书,据文字特征推断,当抄写于孟子学说在稷下流行之后,可能是公元前311年屈原出使齐国时从稷下带回楚国的。

从《语丛》到《老子》,盖稷下学宫一套由浅入深、循序渐进的教材,其中作品多为节选本。其内容包括:儒家经典基本知识,子思学派和稷下思孟学派基本观点,性情论,社会伦理道德,政治哲学和形上学宇宙论等。

《老子》甲、乙、丙三本乃经稷下思孟学派删节后的教材,以适合不同程度的学习者,其中不利于儒家的内容和不适合作教材的内容已被删去。

《缁衣》、《尊德义》、《六德》、《君子之于教》(原拟标题为《成之闻之》)、《鲁穆公问子思》五篇可能是战国中前期鲁国子思后学的作品。《忠信之道》、《五行》、《大一生水》、《性自命出》、《穷达以时》、《唐虞之道》六篇,可能是战国中期齐国稷下思孟学派的作品。《语丛》四篇则是子思后学与稷下思孟学派长期积累的语录体学习心得笔记的选编。

子思后学作品与传世的《礼记》中的《表记》、《坊记》等篇的写作时间大致相同,早于孟子生活的时代。稷下思孟学派的作品比传世的《管子》中的《水地》、《心术》、《白心》、《内业》等篇的写作时间略迟一些,虽早于《孟子》的成书时间,但与孟轲从事学术活动的时间相当;所以,这些稷下思孟学派的作品既受到孟子思想的影响,又影响到《孟子》一书。子思后学从鲁国来到齐国稷下后,与孟子及其后学融合,发展成为稷下思孟学派,盛行一时,直至齐愍王末年乐毅破齐,稷下学者离散。齐国的战乱导致稷下思孟学派文献多有散失。

郭店竹书中的这些子思后学和稷下思孟学派的作品,虽然谈不上"填补了孔子以后孟子以前的空白"(因为这一段并非空白,除了出土文物之外,还有许多资料保存在大小戴《礼记》等传世文献之中),却完全可以说是进一步补充了可供研究子思后学和稷下思孟学派的宝贵资料,使中国思想史上这段久已残缺破损了的环节,能够在一定程度上得到修复。

屈原试图把稷下思孟学派的政治理论引入楚国,变法图强;虽未能成功,却失败得很悲壮。在屈原的思想和作品中,可以明显看出其受到郭店竹书——稷下思孟学派文献的深刻影响。

1998 年 6 月初稿

2008 年 6 月改定

《王弼〈老子注〉研究》(On Wang Bi's *Commentary of Lao Zi*)

〔德〕瓦格纳(Rudolf G. Wagner)著,杨立华 译

南京:江苏人民出版社,2008 年 4 月第 1 版

据 State University of New York Press 英文版译出

作者瓦格纳早年师从伽达默尔学习解释学,多年来一直致力于中国思想史研究,是德国最具影响的汉学家之一。

全书分为三部分。第一编分析了王弼《老子注》所使用的解释学方法;第二编对王弼所用《老子》本及《老子注》本进行了批判性重构与翻译;第三编是对王弼语言哲学、本体论和政治哲学的研究。(孟庆楠)

《马克思主义之后的马克思：卡尔·马克思的哲学》(Marx after Marxism: the Philosophy of Karl Marx)

〔法〕汤姆·洛克曼 著，杨学功、徐素华 译
北京：东方出版社，2008 年 6 月第 1 版
据 Blackwell Publishers Ltd.,2002 版译出

"所有的书籍都有自己的历史"，它道出了认识历史上任何一位思想家及其思想的根本态度：要认识到时间为社会发展提供的新的可能性，要从历史的角度出发看待发展着的事物。为了应对历史性的侵蚀，本书作者提出了自己的方法：到文本中找寻作者的意图。因此，在新时期，要认识马克思的思想，我们仍然需要回到马克思的文本，也只有马克思的文本才能尽可能地呈现一个真正的马克思。本书深入马克思文本当中，研究马克思思想发展脉络。需要指出的是，本书特别强调了黑格尔对马克思思想发展的影响，并最终将马克思定位为一位黑格尔主义者，而其定位的缘由，依作者的话，就在于"用一种历史的承担者来说明历史发展的动因"。

本书对当今研究马克思、从多方面理解马克思思想很有参考价值。（荣　鑫）

《春秋左传诂》

[清]洪亮吉 撰，李解民 点校
北京：中华书局，2008 年 7 月

《春秋左传诂》是中华书局"十三经清人注疏"丛书中的一本，是洪亮吉晚年费时十载的心血之作。

《春秋左传》为我国现存最早的编年体史书，起自鲁隐公元年，迄于鲁哀公二十七年，是学习、研究先秦历史、哲学、文学和语言的必读典籍。清人洪亮吉在吸收前代学术成果的基础上，对左氏《春秋》经传作了详细的考据、校勘、训诂，本书是理解《春秋左传》诸多书籍中较为可信的一本。（曹润青）

荀子的经典之学

王 博

提 要：关注经典是儒家学派的共同特征，但儒门内部对于经典的解释方向并不相同。本文以荀子为例，从五经、近其人、隆礼、数和义等方面讨论荀子的经典之学。本文认为，先秦时期至少存在着五经和六经两个不同的经典系统，孟子和荀子都属于前者。但就对经典的解释来说，荀子和孟子之间有重大的区别。荀子"隆礼义而杀《诗》《书》"，以礼统经；孟子则是"顺《诗》《书》"，引出心性之学。荀子的经典之学对于汉代的经学发生了广泛而深入的影响。

关键词：五经 六经 近其人 隆礼 数与义

《汉书·艺文志》评论诸子，说儒家"游文于六艺之中，留意于仁义之际"，从两个方面准确地把握了儒家的特点。"留意于仁义之际"说的是该学派的核心价值，"游文于六艺（即六经）之中"说的是其经典体系。的确，儒门内部尽管有相当大的差异[①]，但在这两方面基本上是共同的。以经典体系

王博，1967年生，北京大学哲学系教授。
① 《论语》中就可见孔门弟子内部倾向的不同，典型者如《子张》篇的若干记载。《孟子》《荀子》都提到子游、子夏、子张氏之儒等，至于孟子与荀子的明显不同，更为学者所熟知。《韩非子·显学》篇说孔子死后，"儒分为八"，虽不必如此具体，但可见儒家内部的分化。

而言,在孔子的时代已经有了雏形。① 《论语》上记载孔子经常和弟子讨论有关《诗》《书》、礼、乐的问题,他也曾阅读过《周易》,并引用过恒卦九二的爻辞。② 孔门弟子中,对经典最熟悉的当推子游和子夏,孔子列他们为"德行、言语、政事、文学"四科中文学科的代表,而"文学"基本上就相当于后来所说的经学。郭店竹简所反映的战国早中期儒家中,后来流行的"六经"的经典系统已经初步形成,所以《六德》和《语丛一》中两次都提到《诗》《书》《礼》《乐》《易》《春秋》。但未必所有的儒家流派都接受这个系统,如孟子就绝口不提《周易》,但很看重另外的五部经典。③ 而且即便面对同样的经典,其理解和所得也不尽相同。本文想以荀子的经典之学为中心进行讨论,希望可以了解荀子所理解的经典体系及其诠释经典的特殊性,并对先秦儒家的经典之学有一个更深入的把握。

一 五 经

司马迁《孔子世家》曾经专门讨论孔子与六经的关系,按照他的说法,孔子对于六经都有整理和解释性的贡献。这种说法是否合乎事实,在学者中是颇有争论的。近年来的倾向,似乎肯定者居多,这在很大程度上是受到了出土文献尤其是马王堆帛书以及郭店和上博竹简的鼓舞。郭店竹简中虽然没有"六经"的说法,但很明确地把这六部书相提并论。《六德》以仁义、圣智、忠信为六德,并说此六德"观诸《诗》《书》则亦在焉,观诸《礼》《乐》则亦在焉,观诸《易》《春秋》则亦在焉"。明显地把《诗》《书》等视为一个整体。《语丛一》亦云:

《诗》,所以会古今之志也者;《书》,□□□□者也;《礼》,交之行述

---

① 《诗》《书》《礼》《乐》在春秋时期已经成为一个经典体系,在贵族教育中发挥着重要的作用。《左传·僖公二十七年》记载赵衰语:"臣亟闻其言矣,说礼乐而敦《诗》《书》。《诗》《书》,义之府也;礼乐,德之则也。"孔子以《诗》《书》礼乐教授弟子,例见《论语》。表面上看与春秋时期的贵族教育无异,但孔子对于《诗》《书》等的解读显然有着不同的意义,并奠定了儒家经典之学的基础。
② 《论语·子路》:"子曰:南人有言曰:人而无恒,不可以作巫医。善夫! 不恒其德,或承之羞。""不恒其德"八字,出《周易》恒卦。
③ 以宋儒为代表的后世儒者强调孟子与《周易》思想的贯通,但这是哲学解释的结果,不能改变孟子对《周易》不感兴趣的历史事实。

也;《乐》,或生或教者也;《易》,所以会天道人道也;《春秋》,所以会古今之事也。①

学者们据此认为六经的系统在战国中期前后已经形成,这是正确的。需要指出的是,在此时期的儒家内部,并非所有的人都接受六经的系统。争论的关键似乎是在《周易》,一些人出于不同的理由仍然把它拒之于门外。马王堆帛书《要》的有关记载颇能显示儒家对于《周易》曾经出现过的矛盾态度。根据《要》篇的说法,孔子老而好《易》,居则在席,行则在囊,这种态度引起了子贡的疑问和不满,以为违背了夫子他日的教诲。所以后文才引出了孔子一番关于《周易》的理解和辩护。② 再以孟子为例,他大量地引用《诗》《书》,讨论礼乐和《春秋》,却只字不涉及《周易》。这种对《周易》的漠视或者怠慢显然是故意的,它让我们相信孟子并不接受"六经"的经典系统,而只是承认五经的地位。于是,我们也许可以提出在先秦儒家中至少存在着"五经"和"六经"两个经典系统的不同。它们之间应该不是历时的关系,而是同时存在着。随着《周易》全面的儒家化以及时代背景的变化,六经的经典系统才得到最后和普遍的承认。这显然应该是汉代的事情了。

如果以此为前提来讨论荀子,会发现在这方面他和孟子的态度是比较接近的。荀子在正式提到经典系统的时候,只承认《诗》《书》《礼》《乐》《春秋》五经的地位,这在不同的篇章中都有体现。如《劝学》云:

> 学恶乎始,恶乎终? 曰:其数则始乎诵经,终乎读礼;其义则始乎为士,终乎为圣人。真积力久则入,学至乎没而后止也。故学数有终,若其义则不可须臾舍也。为之人也,舍之禽兽也。故《书》者,政事之纪也;《诗》者,中声之所止也;《礼》者,法之大分、类之纲纪也;故学至乎礼而后止矣。夫是之谓道德之极。《礼》之敬文也,《乐》之中和也,《诗》《书》之博也,《春秋》之微也,在天地之间者毕矣。
>
> 《礼》《乐》法而不说,《诗》《书》故而不切,《春秋》约而不速。

---

① 关于《六德》和《语丛一》的引文请参见《郭店楚墓竹简》,北京:文物出版社,1998 年;李零:《郭店楚简校读记》,北京:北京大学出版社,2002 年。
② 关于《要》篇的释文,读者可参见《道家文化研究》第三辑,上海:上海古籍出版社,1993 年。

又《儒效》云：

> 圣人也者，道之管也。天下之道管是矣，百王之道一是矣。故《诗》《书》《礼》《乐》之归是矣。《诗》言是其志也，《书》言是其事也，《礼》言是其行也，《乐》言是其和也，《春秋》言是其微也。

荀子有时候会只提到《诗》《书》《礼》《乐》，如《荣辱》篇"况夫先王之道，仁义之统，《诗》《书》《礼》《乐》之分乎！"以及"夫《诗》《书》《礼》《乐》之分，固非庸人之所知也"。这可能只是一种言说的方便，或者春秋以来的习惯使然，并不代表着《春秋》被排斥在经典系统之外。

但是《周易》在经典系统之外是确定的。荀子当然是知道《周易》的，现存《荀子》中有好几次引用或者讨论《周易》的例子。如《非相》篇："故《易》曰：'括囊，无咎无誉'，腐儒之谓也。"引用的是坤卦六四爻辞。《大略》云："《易》曰：'复自道，何其咎？'《春秋》贤穆公，以为能变也。"所引乃是小畜卦初九爻辞。但其对爻辞的解释很显然不同于《易传》。《象传》解释"括囊，无咎无誉"，以为是"慎不害也"。《文言传》说："天地变化，草木蕃；天地闭，贤人隐。《易》曰：括囊，无咎无誉，盖言谨也。"都发挥并肯定其谨慎一面的意义，荀子却以为是腐儒的象征，对"括囊"的态度嗤之以鼻。但《大略》篇还有如下的一段文字：

> 《易》之咸，见夫妇。夫妇之道不可不正也，君臣父子之本也。咸，感也，以高下下，以男下女，柔上而刚下。

学者早已经指出和《象传》对于咸卦的解释是一致的。《彖传》云：

> 咸，感也。柔上而刚下，二气感应以相与。止而说，男下女，是以亨，利贞，取女吉也。

两相比较，荀子承自《易传》的可能性是非常大的。[①] 其实还应该提到的是《序卦传》，其论咸卦云：

[①] 前辈学者对此多有讨论，如张岱年先生在《中国哲学史史料学》中就批评郭沫若的意见，认为《大略》篇的特点是抄录资料，纂辑成篇，因此应该是《大略》抄自《彖传》。见《张岱年全集》第四卷，石家庄：河北人民出版社，第291页。朱伯崑先生也有类似的看法，见《易学哲学史》第一卷，北京：昆仑出版社，2005年，第48—49页。

> 有天地然后有万物,有万物然后有男女,有男女然后有夫妇,有夫妇然后有父子,有父子然后有君臣,有君臣然后有上下,有上下然后礼义有所错。

这正是荀子夫妇之道为"君臣父子之本"说的根据。但这些都只是零碎的,就整体上来说,荀子和《易传》之间的距离相当遥远,这或许是荀子没有把《周易》纳入经典系统的最主要原因。

战国时期对于《周易》的解释,以郭店竹简《语丛一》"《易》,所以会天道人道也"和《庄子·天下》篇"《易》以道阴阳"两个说法最为重要。前者恰当地指出了其主要处理的问题,后者则进一步明确了易道的核心内容。以《易传》为例,主张天道的内容就是阴阳,人道在此基础之上得以建立。这里有三点是最重要的:第一,天道和人道是通贯的,三才之道之间有内在的一致性,所以才有《说卦传》"立天之道曰阴与阳,立地之道曰柔与刚,立人之道曰仁与义"之说。第二,此天道的内容,即是所谓的阴阳。道就是阴阳变易的法则,《系辞传》所谓"一阴一阳之谓道"是也。第三,就孟子和荀子都很重视的性和心的观念来说,性有时候还被提起,如《系辞传》:"继之者善也,成之者性也",以及《说卦》中"穷理尽性以至于命"之说。心在《易传》中基本上没有任何地位。复卦《彖传》有"复,其见天地之心乎!"的说法,但此处的心很显然和人心无关。如果我们把这三点和孟子与荀子的主张进行一个比较,就会发现,在第一点上,荀子是无论如何不能接受的,他最强调的就是"天人之分",天道和人道在他的哲学中断为两截,落实到人的领域,就是性和伪的断然的分别。因此会通天道和人道的易学宗旨和荀子的精神是矛盾的,这也是荀子批评孟子的重要前提。在第二点和第三点上,孟子是无法表示赞同的。孟子把天道理解为"诚","诚者,天之道;思诚者,人之道也"[1],并且提供了一个尽心、知性、知天的思路。实际上,孟子所谓的天道已经完全摆脱了外在的天象的影响,而落实到了生命内部的性和心上。但是《易传》不同,天对于性和心来说特别是对于心来说仍然是外在的对象。准此,则孟子和荀子把《周易》排斥在他们的经典系统之外,实在是因为当时关于

---

[1] 《孟子·离娄上》。

《周易》的理解和他们的思想矛盾的缘故,而他们也并没有热衷于发展出一个适合各自思想体系的《周易》诠释。

二 近其人

同样是注重经典,但其对经典的态度以及阅读的方法仍然可能有显著的区别。孟子曾经提出"尚友古人"之说,主张读书要知人论世和以意逆志。《万章下》云:

> 颂其诗,读其书,不知其人,可乎!是以论其世也。是尚友也。

又《万章上》云:

> 说《诗》者,不以文害辞,不以辞害志,以意逆志,是为得之。

读书并不是孤立地对文字的阅读,对经典的学习要和其作者的生命联系起来,并还原到经典和作者所处的时代中去。如此才能体会作者之志,了解经典的意义。其实这是儒家阅读经典时所采取的普遍做法,如《易传》关于《周易》的解释,强调"《易》之兴也,其于中古乎!作《易》者,其有忧患乎!""《易》之兴也,其当殷之末世,周之盛德邪!当文王与纣之事邪!"[①]就是力图把《周易》还原到文王和纣的时代,以及文王坎坷的人生际遇中去获得理解。在此基础上,荀子则进一步提出"近其人"和"好其人"的说法,《劝学》篇说:

> 学莫便乎近其人。《礼》《乐》法而不说,《诗》《书》故而不切,《春秋》约而不速。方其人之习君子之说,则尊以遍矣,周于世矣。故曰:学莫便乎近其人。

孤立地来看,那些经典都是灰色而没有生命力的。《礼》《乐》不过是死的僵化的条文与法则,而不是活的道理的言说;《诗》《书》是过去时代的产物,因此不会有切近的感觉;《春秋》也因为文字的过于简约,而失之于晦涩难明。单纯拘泥于经典的文字一定是不足取的,必须要近其人。这种对经典的态

---

① 《周易·系辞传》。

度颇有些反省的味道,荀子当然是看过《庄子》的,《解蔽》篇曾经批评过庄子的学说是"蔽于天而不知人"。他一定知道庄子学派对于儒家经典的嘲讽,《天运》篇曾经记载一个老子和孔子的寓言,作者借老子之口提出"夫六经,先王之陈迹也,岂其所以迹哉! 今子之所言,犹迹也,夫迹,履之所出,而迹岂履哉!"《天道》篇亦有轮扁议论桓公读书的精妙之言:

> 桓公读书于堂上。轮扁斫轮于堂下,释椎凿而上,问桓公曰:"敢问,公之所读者何言邪?"公曰:"圣人之言也。"曰:"圣人在乎?"公曰:"已死矣。"曰:"然则君之所读者,古人之糟粕已夫!"桓公曰:"寡人读书,轮人安得议乎! 有说则可,无说则死。"轮扁曰:"臣也以臣之事观之。斫轮,徐则甘而不固,疾则苦而不入。不徐不疾,得之于手而应于心,口不能言,有数存焉于其间。臣不能以喻臣之子,臣之子亦不能受之于臣,是以行年七十而老斫轮。古之人与其不可传也死矣,然则君之所读者,古人之糟粕已夫!"

在这段让轮扁免于桓公惩罚的话中,无论是迹与履的比喻,还是糟粕和不可传也之说,庄子学派都表现出一副对经典的不屑态度。这当然是针对儒家的。在《庄子》看来,经典只是某些表面东西的记录,真正的精华和圣人一起已经永远消失了。就这样,《庄子》成功地把圣人之言和圣人分裂开来。必须承认,这个区别是有其合理性的。这种合理性的最大根据就是文字和意义之间的距离。对于《庄子》来说,"道不可言,言而非也。知形形之不形乎,道不当名"①,已经决定了文字永远不能呈现意义。这对于重视经典的儒家来说当然是无法接受的。儒家一方面需要捍卫经典的地位,另一方面也要回应来自庄子学派的挑战。于是,强调经典和圣人之间的联系就成为一个不错的选择。

"近其人"的说法很显然是着眼于经典和人之间的关系。读书并非仅仅是面对文字,更是面对着人。近其人的"人",杨倞注"谓贤师也",郭嵩焘注"近其人"为"得其人而师之",考之于荀子的主张,他们的说法当然是有根据的。荀子极重师法,《修身》篇云:

---

① 《庄子·知北游》。

> 礼者,所以正身也;师者,所以正礼也。无礼何以正身,无师吾安知礼之为是也。礼然而然,则是情安礼也;师云而云,则是知若师也。情安礼、知若师,则是圣人也。故非礼,是无法也;非师,是无师也。不是师法,而好自用,譬之是犹以盲辨色,以聋辨声也。舍乱妄无为也。故学也者,礼法也。夫师以身为正仪,而贵自安者也。

《儒效》也说:

> 人无师法,则隆性矣;有师法,则隆积矣。而师法者,所得乎情,非所受乎性。不足以独立而治。性也者,吾所不能为也,然而可化也;情也者,非吾所有也,然而可为也。

但我们对于师却不能狭义地去理解,师不必就是当下的老师。比较而言,荀子更强调的是以圣王为师。如《解蔽》篇所说:

> 故学也者,固学止之也。恶乎止之?曰:止诸至足。曷谓至足?曰:圣也。圣也者,尽伦者也;王也者,尽制者也。两尽者,足以为天下极矣。故学者以圣王为师,案以圣王之制为法,法其法以求其统类,以务象效其人。

这里讲的相当明白,师法分别指的是圣王和圣王之制。"以务象效其人",也就是《劝学》中说的"方其人之习君子之说"。学者真正的老师只能是圣王,当下之师不过是通向圣王和圣王之制的媒介。《中庸》里说:"仲尼祖述尧舜,宪章文武",就是以圣王为师之义。经典的真正意义在于它们是圣王之道的体现,而这种道又呈现在圣人的生命之中,随时而变化。因此,传承着道的经典只有通过圣王的生命才能获得真正的了解。《儒效》篇说:"圣人也者,道之管也。天下之道管是矣。"圣人才是道的枢纽,圣人之道就体现在圣人的生命和生活之中。因此,必须通过文字并穿透文字,把经典还原为圣王的心灵,把固定的制度还原为道,把僵化的东西还原为灵动的东西。由此,荀子特别注重从人格生命的角度来描述所谓儒者或者君子的形象,这在此前的儒家文献中是少有的。《儒效》篇的意义也许就在于此,该篇开始就以

周公为例来呈现大儒的形象:①

> 大儒之效:武王崩,成王幼,周公屏成王而及武王以属天下,恶天下之倍周也。履天子之籍,听天下之断,偃然如固有之,而天下不称贪焉。杀管叔,虚殷国,而天下不称戾焉。兼制天下,立七十一国,姬姓独居五十三人,而天下不称偏焉。教诲开导成王,使谕于道,而能揥迹于文武。周公归周,反籍于成王,而天下不辍事周;然而周公北面而朝之。天子也者,不可以少当也,不可以假摄为也;能则天下归之,不能则天下去之。是以周公屏成王而及武王以属天下,恶天下之离周也。

这种大儒的形象是不可以用僵化的礼来规范的。如果以一般的"君君臣臣"之礼来衡量的话,"周公屏成王而及武王以属天下"也许是篡是越,是小儒俗儒等无法想象的做法。但正是这种行为保证了周的天下能够延续下来,衡之于当时的实际情况,这实在是最合理的选择。更重要的,周公并非有篡位的想法,原其心乃是"恶天下之倍周也",这从后来归政于成王看的非常明显。所以《儒效》篇继续说:

> 成王冠成人,周公归周反籍焉,明不灭主之义也。周公无天下矣;向有天下,今无天下,非擅也;成王向无天下,今有天下,非夺也;变势次序节然也。故以枝代主而非越也,以弟诛兄而非暴也,君臣易位而非不顺也。因天下之和,遂文武之业,明枝主之义,抑亦变化矣,天下厌然犹一也。非圣人莫之能为,夫是之谓大儒之效。

在屏与反之间,天下得以和,文武之业得以成,而枝主之义得以明。周公以自己活生生的经历向后人展示着礼的真谛。在看似错乱的表象背后,其实"次序节然"。这就是"变化"的能力,只有圣人和大儒才具有的能力,该篇继续说:

> 彼大儒者,虽隐于穷阎漏屋,无置锥之地,而王公不能与之争名;用百里之地,而千里之国莫能与之争胜;笞棰暴国,齐一天下,而莫能倾

---

① 周公在儒学中的地位奠定于孔子,孔子盛赞"周公之才之美"(《论语·泰伯》),又以不梦周公为凶兆,"甚矣吾衰也!久矣吾不复梦见周公!"(《论语·述而》)加之"吾从周"(《论语·八佾》)的宣言,使后世常以"周孔"并称。在这个"周孔"并称的过程中,荀子发挥了重要的作用。

也;是大儒之征也。其言有类,其行有礼,其举事无悔,其持险应变曲当;与时迁徙,与世偃仰;千变万变,其道一也;是大儒之稽也。

这是大儒的形象,也是"近其人"的"人"的形象。"与时迁徙,与世偃仰;千变万变,其道一也",真正的圣王不是守一不变者,而是持道应变者。这种形象无法单纯地从文字里学到,它是面对圣王生命时的理解与感悟。经典也许如《儒效》中记载的"客有道曰:孔子曰:周公其盛乎!身贵而愈恭,家富而愈俭,胜敌而愈戒"。这种普遍而抽象的道德教诲并非是错误的,相反,这应该是某些人必备的品质。但并不适合"持险应变"的情况,于是遭到了荀子断然的反驳:

是殆非周公之行,非孔子之言也。武王崩,成王幼,周公屏成王而及武王。履天子之籍,负扆而立,诸侯趋走堂下。当是时也,夫又谁为恭矣哉!兼制天下,立七十一国,姬姓独居五十三人焉,周之子孙,苟不狂惑者,莫不为天下之显诸侯。孰谓周公俭哉!

"近其人"的意义在这里才真正地呈现了出来。从人出发,而不是从文字或抽象的道理出发,才可以对经典有切近而深刻的理解。作为道的载体,经典需要和圣人的生命交融才能显示出其真正的意义和价值。经典是人所创造的,是人的经典,本着此种理解,在"近其人"的基础之上,荀子又提出"好其人"的说法:

学之经莫速乎好其人,隆礼次之。上不能好其人,下不能隆礼,安特将学杂识志顺《诗》《书》而已耳!则末世穷年,不免为陋儒而已。

如果说"近其人"还只是表达一种对经典和人之间关系的肯定,"好其人"则更进一步说出了学者对于圣人应该有的一种态度。孔子曾经有"君子有三畏"的提法,其中包含"畏圣人之言"[①]。对于圣人之言需要的是敬畏,但对于圣人本身则需要"好"的态度,需要如孟子所说的"中心悦而诚服"的状态,如七十子之服孔子,亦如孔子对于尧舜文武周公之态度。从根本上来说,这种"好"既拉近了圣人和作为读者的"我"的距离,同时又给对圣人之

---

① 《论语·季氏》。

道的效法提供了情感的基础。① 在这个基础之上,"法先王"或者"法后王"的提出就是很自然之事。② 无论学术界在这个问题上有多大的争论,都不影响这样的一个事实,即对先王或者后王的效法其实是"近其人"或者"好其人"态度的具体落实。后来者首先面对的是"王",是某些生命,然后才是体现在先王或后王世界里的"道"。在人与道的关系之中,人始终是绝对的主角,如孔子所说:"人能弘道,非道弘人。"③在这个基础之上,由人而道,隆礼的主题才会顺理成章地被提出来。这既是荀子整体思想的内在逻辑,也是其经典解释的逻辑。

三 隆 礼

按照一般的理解,六经中的每一部经典都有其特殊的内容和作用,这也就构成其特殊的解释方向。如前引郭店竹简《语丛一》的文字,或者《庄子·天下》篇所记载的"《诗》以道志,《书》以道事,《礼》以道行,《乐》以道和,《易》以道阴阳,《春秋》以道名分"等。荀子的问题是,在这些不同的内容和作用背后,有没有一个一以贯之的东西?答案当然是肯定的。这个一贯的东西不是别的,就是体现在圣人生命之中的圣人之道。前引《儒效》篇所说"圣人也者,道之管也。天下之道,管是矣;百王之道,一是矣。故《诗》《书》《礼》《乐》之归是矣",明确地指出圣王之道乃是《诗》《书》《礼》《乐》之所归,《荣辱》篇也几次提到了"先王之道,仁义之统,《诗》《书》《礼》《乐》之分",这是大本大根的问题。经典的精神只有在此基础之上才能获得理解。只见其分不见其合,或者只见其文不见其道都是不够的。什么是圣王之道呢?《儒效》篇说:

---

① "近其人"或者"好其人"的诠释态度,可以让我们想到陈寅恪先生比较早提到的"了解之同情"或者"同情的了解"的方法。二者的共同之处在于:它们并不把处理的对象看做完全外在的东西,或者与己无关之物,而是承认阅读者或者研究者与对象之间能够取得某种精神或者心灵的默契。陈说见〈冯友兰中国哲学史上册审查报告〉,《陈寅恪史学论文选集》,上海:上海古籍出版社,1992年。
② 荀子以"法后王"著称,同时也在某些情形下主张"法先王",这种看似矛盾的说法引起了学术界的争论。在我看来,后王不过是先王中的后王。从广义上说,后王也属于先王,是先王中时间较晚近者。
③ 《论语·卫灵公》。

> 先王之道,仁之隆也,比中而行之。曷谓中？曰:礼义是也。道者,非天之道,非地之道,人之所以道也,君子之所道也。①

道就是"中",就是礼义。这个想法,荀子在很多篇章中都讨论到了。《劝学》篇说"礼者,法之大分,类之纲纪也。故学至乎礼而止矣。夫是之谓道德之极"。《礼论》篇说"礼者,人道之极也"。因此,说得更明白一些,经典之归就是礼或者礼义。在此基础上,荀子提出了阅读经典时隆礼的重要性,《劝学》篇说:

> 学之经莫速乎好其人,隆礼次之。上不能好其人,下不能隆礼,安特将学杂识志顺《诗》《书》而已耳！则末世穷年,不免为陋儒而已。将原先王,本仁义,则礼正其经纬蹊径也。……不道礼宪,以《诗》《书》为之,譬之犹以指测河也,以戈舂黍也,以锥飡壶也,不可以得之矣。故隆礼,虽未明,法士也;不隆礼,虽察辩,散儒也。

学之经的"经"是"要"的意思,"好其人"最要紧,前文已有讨论。次要紧的就是"隆礼",这是经典的根本主旨。如果不能把握此点,那么终日颂《诗》读《书》也是无用的。荀子很明显地不满于儒家内部的经典阅读传统,这种传统既不能"近其人"和"好其人",又不能"隆礼",只能培养出"学杂识志"、顺《诗》《书》的陋儒。这里需要对"学杂识志"做一些说明,自从王引之提出"此文本作'安特将学杂志、顺诗书而已耳！'志,即古识字也。今本并出识、志二字者,校书者旁记识字,而写者因误入正文耳！'学杂志''顺诗书'皆三字为句,多一识字则重复而累于词矣。"②学者多从之。王说看起来当然很有道理,却未必确当。实际上,"学杂""识志"当分读,乃是一事的两方面。"学杂"是说不知统类,即是后面的"不道礼宪",荀子《非十二子》中批评子思和孟子说:

> 略法先王而不知其统,犹然而材剧志大,闻见杂博。案往旧造说,

---

① 我们仍然可以把这里的说法和《易传》进行比较,在那里,天道、地道和人道是一贯的,但是对于荀子来说,它们是割裂的。郭店竹简《性自命出》"所为道者四,惟人道为可道也"的说法,在字面上与荀子有接近之处。
② 转引自王先谦:《荀子集解》上,北京:中华书局,1988 年,第 15 页。

谓之五行。甚僻违而无类,幽隐而无说,闭约而无解。案饰其辞而祗敬之曰:此真先君子之言也……是则子思孟轲之罪也。

这个批评的中心意思就是"学杂"而不知其统,在荀子这里,统就是所谓的礼。这当然不是说思孟不讲这个"礼"字,而是说他们不了解"礼"是道德和人道之极,没有把它置于最重要的地位。一般认为属于子思学派的《五行》篇以"仁义礼知圣"为五行[①],仁圣是五行之始终,内中经常讨论到仁义和圣知的关系,礼却显得无关紧要。该篇一则言"圣知,礼乐之所由生也",再则言"仁义,礼所由生也"。把仁义、圣知看做是礼的基础,很显然与荀子的理解是不同的。至于"识志",更是现成的说法,而且是接着"学杂"来的。正因为不懂得礼的地位,因此才片面地强调"志"。这个"志",首先与所谓的"《诗》言志"有关。荀子虽然也说"《诗》言是其志也",但这个"志"不是独立的,而是志于礼的志。但思孟的解释《诗》,却由"《诗》言志"而发展出一套心性之学来,这在子思的《五行》和《孟子》中看得非常明显。《五行》篇云:"五行皆形于内而时行之,谓之君子。士有志于君子道,谓之志士。善弗为无近,德弗志不成,知弗思不得。"对于"志"的作用给予极大的肯定,由此发展出以"思"为主的内向工夫,并把道德秩序建立在心性的基础之上。对此种"识志",与"学杂"一样,荀子当然是不能接受的。在荀子看来,这都是"略法先王而不知其统"的表现。

因此重要的不在于是否阅读经典,而在于以什么样的态度阅读经典。必须以"礼宪"为中心,本着隆礼的态度,才算是了解了读书之要。在《儒效》篇中,荀子明确地把是否"隆礼义而杀《诗》《书》"看做是区别俗儒和雅儒的一个重要标准:

略法先王而足乱世术,缪学杂举,不知法后王而一制度,不知隆礼义而杀《诗》《书》,其衣冠行伪已同于世俗矣,然而不知恶者;其言议谈说已无以异于墨子矣,然而明不能别,呼先王以欺愚者而求衣食焉……是俗儒者也;法后王,一制度,隆礼义而杀《诗》《书》,其言行已有大法矣,然而明不能齐法教之所不及闻见之所未至,则知不能类也。知之曰

[①] 本文以下所引《五行》篇的文字,请参考李零《郭店楚简校读记》。

> 知之,不知曰不知,内不自以诬,外不自以欺,以是尊贤畏法而不敢怠傲,是雅儒者也。

雅儒虽然和大儒还有一定的距离,但与俗儒却是不可同日而语。若把这里对俗儒的评价与《非十二子》篇对思孟的批评对观,会发现二者基本上是一致的。思孟就是荀子心目中的俗儒,"略法先王而足乱世术,缪学杂举,不知法后王而一制度"即是"略法先王而不知其统……闻见杂博"。体现在对经典的态度上,就是"不知隆礼义而杀《诗》《书》"。"杀"是降、减,与"隆"刚好相反。我们试比较一下前文提到的"顺《诗》《书》"和这里的"杀《诗》《书》",其间的不同是非常清楚的。前者是被《诗》《书》所左右,后者则要确立阅读者的主体性。其实这不是读者的主体性,这是道的主体性,是礼义的主体性。"隆礼义而杀《诗》《书》"是说,《诗》《书》等经典仅仅是道的载体而不是主体,真正的主体只是道,是礼义。思孟似乎走了相反的路,他们虽然也是很重视《诗》《书》的,但从《诗》《书》中引出的并不是礼,只是"形于内"、"性善"之类的主张。以荀子的立场,这显然是不知统类的表现。

这样我们就可以了解《大略》篇所说"善为《诗》者不说"的真正意义。孟子曾经说过:"说《诗》者,不以文害辞,不以辞害意。以意逆志,是谓得之。"说《诗》者局限于诗篇的具体文辞意志之中,容易遗忘《诗》的大体。譬如孟子说《诗》的《凯风》和《小弁》,《孟子·告子下》云:

> 公孙丑问曰:"高子曰:'《小弁》,小人之诗也。'"孟子曰:"何以言之?"曰:"怨。"曰:"固哉,高叟之为诗也!有人于此,越人关弓而射之,则己谈笑而道之;无他,疏之也。其兄关弓而射之,则己垂涕泣而道之;无他,戚之也。《小弁》之怨,亲亲也。亲亲,仁也。固矣夫,高叟之为《诗》也!"曰:"《凯风》何以不怨?"曰:"《凯风》,亲之过小者也。《小弁》,亲之过大者也。亲之过大而不怨,是愈疏也。亲之过小而怨,是不可矶也。愈疏,不孝也。不可矶,亦不孝也。孔子曰:'舜其至孝矣!五十而慕。'"

这就是"说《诗》",对《诗》义辨析得相当细致。同样是亲之过,在什么样的情况之下应该怨,什么样的情况之下又不该。此种仔细的品味注重琢磨诗人的内心世界,对于强调"以意逆志"的孟子而言是正当的。但在荀子看来,也许就是"学杂识志"的证明。和孟子一样，荀子也很喜欢引用和解释《诗》。根据学者的统计，《荀子》中共引《诗》83次，在诸子中是最多的。但他对的《诗》态度以及从中引申出来的意义和孟子却有很大的区别。这种区别的核心就在于荀子始终把《诗》置于礼的标准之下进行讨论。先来看一个《解蔽》篇提到的例子：

> 《诗》云："采采卷耳，不盈顷筐，嗟我怀人，寘彼周行。"顷筐易满也，卷耳易得也，然而不可以贰周行。故曰：心枝则无知，倾则不精，贰则疑惑。

所引《诗》出自《周南·卷耳》，对此《诗》的解释，《毛诗》认为是"后妃之志也。又当辅佐君子求贤审官，知臣下之勤劳，内有进贤之志，而无险诐私谒之心"，《诗三家义集疏》记鲁说云"思古君子官贤人，置之列位也"，多是从"美其情"①的角度出发，肯定其心志。但荀子明显是走了另外的路。他批评诗中的人三心二意，因此不能专心致志，偏离了正道（"周行"）。这种评价的不同很显然是基于不同的宗旨，《毛诗》等是主情，荀子则是主礼。荀子在这个解释中明显要求以道来统率心志，这应该就是所谓"隆礼义而杀《诗》《书》"的一个明显例证。

荀子对《诗》的解读，确实是以礼义作为根本的标准。这从他对《风》《雅》《颂》等几个部分的评价中看得非常清楚。《儒效》篇说：

> 圣人也者，道之管也。天下之道管是矣，百王之道一是矣。故《诗》《书》《礼》《乐》之归是矣……故《风》之所以为不逐者，取是以节之也。《小雅》之所以为小雅者，取是而文之也。《大雅》之所以为大雅者，取是而光之也。《颂》之所以为至者，取是而通之也。天下之道毕是矣。乡是者臧，倍是者亡。

在荀子看来，《风》之所以好色而不淫，即这里的"不逐"，是有取于道而加以节制的结果。所以《风》体现的是道之节。以下依次地，《小雅》是道之文，《大雅》是道之光，《颂》是道之通。如我们知道的，荀子所谓的道，其内容就

---

① 郭店楚墓竹简《性自命出》语。

是礼或者礼义。廖名春认为"荀子对《风》《小雅》《大雅》《颂》价值的肯定，完全是以礼为标准的"①这种说法是成立的。并且也是依着礼的标准，对其价值的高下进行了论述。可以对比的是上海博物馆藏楚竹书的《孔子诗论》以及《左传·襄公二十九年》的有关记载。先来看《孔子诗论》的说法：

> 《颂》，平德也，多言后；其乐安而犀，其歌绅而逖，其思深而远至矣。《大夏》，盛德也，多言……也。多言难而怨怼者也，衰矣少矣。《邦风》其纳物也，博观人欲焉，大敛材焉。其言文，其声善。②

这里的关键词是"德"，《颂》是平德，《大雅》是盛德等，同时被关注的是与"思"相关的一些和心有关的字眼。《孔子诗论》以此为标准来衡量《诗》的各个部分的高下，与《左传·襄公二十九年》的记载有一致之处：

> 吴公子季札来聘，……请观于周乐。使工为之歌《周南》《召南》，曰："美哉！始基之矣，犹未也，然勤而不怨矣。"为之歌《邶》《鄘》《卫》，曰："美哉！渊乎，忧而不困者也。吾闻卫康叔、武公之德如是，是其卫风乎？"为之歌《王》，曰："美哉！思而不惧，其周之东乎？"为之歌《郑》，曰："美哉！其细已甚，民弗堪也。是其先亡乎？"为之歌《齐》，曰："美哉！泱泱乎，大风也哉。表东海者，其大公乎？国未可量也。"为之歌《豳》，曰："美哉！荡乎，乐而不淫，其周公之东乎？"为之歌《秦》，曰："此之谓夏声，夫能夏则大，大之至也，其周之旧乎？"为之歌《魏》，曰："美哉！沨沨乎，大而婉，险而易，行以德辅，此则明主也。"为之歌《唐》，曰："思深哉，其有陶唐氏之遗民乎？不然，何忧之远也？非令德之后，谁能若是？"为之歌《陈》，曰："国无主，其能久乎？自郐以下无讥焉。"为之歌《小雅》，曰："美哉！思而不贰，怨而不言，其周德之衰乎？犹有先王之遗民焉。"为之歌《大雅》，曰："广哉，熙熙乎，曲而有直体，其文王之德乎？"为之歌《颂》，曰："至矣哉！直而不倨，曲而不屈，迩而不偪，远而不携，迁而不淫，复而不厌，哀而不愁，乐而不荒，用而不匮，广而不

---

① 廖名春：《中国学术史新证》，成都：四川大学出版社，2005年，第512页。
② 《孔子诗论》最早发表在《上海博物馆藏战国楚竹书》（一），上海：上海古籍出版社，2001年。此段释文根据李零：《上博楚简三篇校读记》，北京：中国人民大学出版社，2007年。

宣,施而不费,取而不贪,处而不底,行而不流。五声和,八风平,节有度,守有序,盛德之所同也。"

可以看出,季札论乐的核心乃是"德"的观念,如《小雅》体现了周德之衰,《大雅》表现了文王之德,《颂》则是盛德之所同的气象等;同时辅之以"思"的心理状态,如《王风》是思而不惧,《唐风》是思深,《小雅》是思而不贰。这与《孔子诗论》有类似之处,但和荀子有着明显的区别。就《诗》学来说,先秦时期明显存在着至少两种不同的倾向。子思、孟子偏重在《诗经》解释基础之上的心性之学的阐发,《孔子诗论》近之;荀子则是注重礼义的弘扬。概括地说,孟子是以心性说《诗》,荀子则是以礼统《诗》。

四 数与义

从某种意义上来说,经典解释的过程实际上是经典话语权易手的过程。这些经典原本是由旧时代的知识权威——巫或者史所代表的王官——来控制的,他们当然有自己的经典意义系统,如《诗》之于宴享祭祀,或者《易》之于幽赞占筮等。到了战国时代,随着新的知识权威尤其是儒者对于经典的浓厚兴趣,以及一个新的解释传统的形成,他们迫切需要把自己与此前的巫史区别开来。以今天的视野来看,这显然是两个时代的区分,也是两个经典意义系统的区分。身处其中的儒者很清楚这一点,他们采取了一个说法来表现。这个说法就是把此前巫史的知识归结为"数",而把自己的理解称之为"义"。这样,经典旧义和新义的区别,就一变而为数和义的不同。这个说法并不是荀子的独创,但很显然,他接受了这一说法,并把它应用到对经典的理解活动之中。

在讨论荀子之前,我们也许可以提到马王堆帛书的《要》篇。这个解释《周易》的文献特别突出地区分了儒者和巫史等看待同一部经典的不同态度:

> 易,我后其祝卜矣,我观其德义耳也。幽赞而达乎数,明数而达乎德,又仁□者而义行之耳。赞而不达乎数,则其为之巫。数而不达于德,则其为之史。史巫之筮,向之而未也,好之而非也。后世之士疑丘

者,或以易乎？吾求其德而已,吾与史巫同涂而殊归者也。君子德行焉
求福,故祭祀而寡也；仁义焉求吉,故卜筮而希也。祝巫卜筮其后乎？

巫史和儒者同样面对《周易》,其间的差异何在？最简单地说,这个差异就是
数和义的不同。史是"数而不达于德",以孔子为代表的儒则是"观其德
义",于是造成了两者的"同涂而殊归"。在这个对立模式中,作为言说主体
的儒者很显然把巫史矮化了。"数"可以让我们想起"数术"类的古代的技
术,或者一些有形可见的形名度数,作为占筮著作的《周易》也确实和"数"
有着内在的关联[1],但这应该和此处的"数"无关。在和"义"相对的语境中,
"数"表达了一种去意义化的态度。在这个态度之下,巫史们所掌握的旧的
经典仅仅具有材料的价值,可以被"任意地"处置。我们当然知道这是一种
扭曲,巫史的经典并不是一个无意义的世界,只不过那个意义现在变成要放
弃和突破的东西,所以也就变得可有可无了。

荀子显然接受了"数"与"义"的区分模式,我们甚至可以感受到他对这
个区分的喜欢。《荀子·荣辱》篇称：

循法则、度量、刑辟、图籍,不知其义,谨守其数,慎不敢损益也,父
子相传,以持王公……是官人百吏之所以取禄秩也。

"官人百吏"就是所谓的王官,其身份恰如《要》篇提到的巫史,荀子说他们
是"不知其义,谨守其数,慎不敢损益",不过把书籍作为取禄秩的工具。拿
这话去找巫史们对证,他们肯定是不能服气。很显然,巫史有巫史的意义世
界,有他们解释经典的目的。但是,在新的诠释者面前,那些意义已经被
"数"化,即被材料化和知识化了。《君道》篇继续说：

法者治之端也,君子者治之原也。……不知法之义,而正法之数
者,虽博,临事必乱。……故械数者,治之流也,非治之源也。君子者治
之源也。官人守数,君子养原。

君子和官人的区分,不过是《要》篇儒者和巫史区分的另外一个说法。官人

---

[1] 《左传·僖公十五年》记韩简云："龟,象也；筮,数也。"其中龟指龟卜,筮指占筮。龟卜的基础在于象
（即兆）；占筮的基础在于数,因为象由数来确定。

所了解的,不过就是"法之数"。至于最重要的"法之义",那是一个仅仅属于君子的世界。《王霸》篇还有类似的说法:

> 若夫贯日而治平,权物而称用,使衣服有制,宫室有度,人徒有数,丧祭械用皆有等宜,以是用挟于万物,尺寸寻丈莫得不循乎制度数量然后行,则是官人使吏之事也。不足数于大君子之前。

君子的前面直接加上了一个"大"字,突出地显示着君子在官人面前的傲慢。这是"义"对于"数"的傲慢,或者新义对于旧义的傲慢。当然更全面地看,荀子并非完全地否认"数"的作用,它毕竟是引导我们进入"义"的必由之路。以荀子的理解,经典的阅读有数和义两个方面,如《劝学》篇所说:"其数则始乎诵经,终乎读礼。其义则始于为士,终于为圣人。"这两个方面当然不是割裂的,读书的过程就是一个由数而及义的过程,数有终而义无穷。"故学数有终,若其义则不可须臾舍也。"经典是有限的,可以很容易阅读完,但经典的意义却是无限的,任何时候都不能放弃。数的必要性仅仅在于它是通向义的阶梯,阅读的目的永远是"义"而不是"数"。

五 结 语

荀子的经典之学,一方面是先秦儒家经学的一部分,另一方面也在儒学内部开辟了一个新的境界。就其在历史上的地位来说,由于时间上处于战国到秦汉的转折之际,以及荀子尊经劝学的思想特点,使他直接成为汉代儒家经学的主要来源。我想引用汪中在《荀卿子通论》中的一大段文字来结束这篇论文,以见荀子在汉代经学成立过程中不可或缺的贡献:

> 荀卿之学,出于孔氏,而尤有功于诸经。《经典叙录毛诗》:"徐整云:子夏授高行子,高行子授薛仓子,薛仓子授帛妙子,帛妙子河间人大毛公,毛公为诗故训传于家,以授赵人小毛公。一云:子夏传曾申,申传魏人李克,克传鲁人孟仲子,孟仲子传根牟子,根牟子传赵人孙卿子,孙卿子传鲁人大毛公。"由是言之,《毛诗》,荀卿子之传也。《汉书·楚元王交传》:"少时尝与鲁穆生、白生、申公同受诗于浮丘伯。伯者,孙卿门人也。"《盐铁论》云:"包丘子与李斯俱事荀卿。"刘向叙云:"浮丘伯受

业为名儒。"《汉书·儒林传》:"申公,鲁人也,少与楚元王交俱事齐人浮丘伯,受诗。"又云:"申公卒以诗、春秋授,而瑕丘江公尽能传之。"由是言之,鲁诗,荀卿子之传也。韩诗之存者,外传而已,其引荀卿子以说诗者四十有四。由是言之,韩诗,荀卿子之别子也。《经典叙录》云:"左丘明作传以授曾申,申传卫人吴起,起传其子期,期传楚人铎椒,椒传赵人虞卿,卿传同郡荀卿,名况,况传武威张苍,苍传洛阳贾谊。"由是言之,左氏春秋,荀卿之传也。《儒林传》云:瑕丘江公受谷梁春秋及诗于鲁申公,传子,至孙为博士。由是言之,谷梁春秋,荀卿子之传也。荀卿所学,本长于礼。《儒林传》云:"东海兰陵孟卿善为礼、春秋,授后苍、疏广。"刘向叙云:"兰陵多善为学,盖以荀卿也。长老至今称之曰:兰陵人喜字为卿,盖以法荀卿。"又二戴礼并传自孟卿,《大戴礼·曾子立事》篇载《修身》《大略》二篇文,《小戴》《乐记》、《三年问》、《乡饮酒义》篇载《礼论》、《乐论》篇文。由是言之,曲台之礼,荀卿之支与余裔也。盖自七十子之徒既殁,汉诸儒未兴,中更战国、暴秦之乱,六艺之传赖以不绝者,荀卿也。周公作之,孔子述之,荀卿子传之,其揆一也。……刘向又称荀卿善为《易》,其义亦见《非相》、《大略》二篇。盖荀卿于诸经无不通,而古籍阙亡,其授受不可尽知矣。①

---

① 《荀卿子通论》出汪中《述学》补遗,此处转引自王先谦《荀子集解》,第21—22页。

荀子论"解蔽"再辨

陈文洁

提　要：在《解蔽》篇中，荀子所说的"蔽"是在政治实践中推行"道"的现实障碍；他提出"解蔽"，也是出于现实的考虑。为在实践上彻底解决"蔽"的问题，他既给出了"解蔽"的根本性方案，旨在以"知道"的理想方式完全去"蔽"；又提供了变通的现实性方案，使人在不能与"道"合一时仍可通过"学"而解"蔽"。这两个方案都体现了荀子持守"道"的信念立场。

关键词：荀子　蔽　解蔽　道

现代以来，荀子的《解蔽》篇一直受研究者重视。从哲学理论的眼光看，"解蔽"的说法较荀子的某些明显限于实用的观点更为亲切，《解蔽》的一些用语呈现出较强的理论色彩，且对于篇中的不少论说可作出与哲学认识论相契合的理解和诠释。这些都提供了就"解蔽"之说展开讨论荀子认识论问题的空间。不过，如果我们着眼于荀子自己关心的问题及其解决问题的思路，思考他在《解蔽》中所谈的"解蔽"的真正意蕴，就应对该篇作整体的理解——先秦的个人著述均以单篇的形式流传[1]，《解蔽》也明显是一篇完整而条理清晰的论说文。这种理解表明，荀子关心并提出"解蔽"的问题，是缘

陈文洁，1971年生，中山大学历史系博士后。

[1] 〔清〕章学诚：《文史通义·篇卷》。

于现实考虑;为从实践上解决这个问题,他提供了两种方案。第一种可看成是"解蔽"的根本性方案;在关于这种方案的论说中,荀子虽然有时表现出某种思考方面的一般性倾向和表达上的概念化特征,但并不具有明确的理论意图,而是始终将"解蔽"作为一项实践方面的工作。第二种方案受制于实施"解蔽"的实际条件,可视为"解蔽"的现实性方案;关于这种方案,荀子无论在论说方式还是具体主张方面都较前者有所不同,并给人一种异于从容的理论探讨的急迫印象。但这不意味着他降低了"解蔽"的标准。他提出的两种"解蔽"方案在本质上完全一致,都体现了其特有的信念立场。

一 "解蔽"作为一个问题的提出:"一曲"之"蔽"

《解蔽》开篇,荀子即指明"一曲"之"蔽"的性质及其现实性,从而暗示了他关心这种"蔽"的原因。

> 凡人之患,蔽于一曲而暗于大理。……今诸侯异政,百家异说,则必或是或非,或治或乱。乱国之君,乱家之人,此其诚心莫不求正而以自为也,妒缪于道而人诱其所迨也。私其所积,唯恐闻其恶也。倚其所私以观异术,唯恐闻其美也。是以与治离走而是己不辍也,岂不蔽于一曲而失正求也哉!

"大理"、"一曲"显然是理解此段的关键。荀书中,"理"例无抽象概念之用,作名词基本上指条贯、条理,作动词则意为治理、管理。① 二义相通。"理"作为条贯、条理,能够管理或整理事物,使之有序、和顺。② 所谓"大理",即至大之条贯、条理,杨柳桥解为"正大之理"③,近是。一事有一事之条理,至大之

---

① 如《臣道》:"礼义以为文,伦类以为理,喘而言,臑而动,而一可以为法则",其中"理"为名词,杨倞释为"条理"(王先谦撰,沈啸寰、王星贤点校:《荀子集解》,北京:中华书局,1988年,第256页);又,《王制》:"故天地生君子,君子理天地",此处"理"作动词用,文意显然。
② 段玉裁《说文解字注》卷一注"理,治玉也"曰:"……戴先生《孟子字义疏证》曰:'理者,察之而几微必区以别之名也,是故谓之分理,……得其分则有条而不紊,谓之条理。'"
③ 杨柳桥:《荀子诂译》,济南:齐鲁书社,1985年,第579页。

条理当能遍治万事万物,故"大理"即为治之理。① 这一点,从上引文也可证。荀子先言当时或治或乱,而乱者莫不求正;治乱相对,一正一反,可知乱者所求者本为治;既求治而不得治,是不知如何治(即"治之理")②;后文又谓乱者求治而与治相离("失正求"),原因在"蔽於一曲",即指其"蔽於一曲"而不知"治之理"。荀子用"岂非"二字肯定乱者"蔽於一曲而失其正求",从文气上看,正是承篇首"凡人之患,蔽於一曲而暗於大理"而言,认为乱者有"凡人之患"。据此,"大理"指"治之理"当无可疑。在荀子,"治之理"应是"道":"道者,治之经理也"③;本节引文讲乱者因背离"道"而不得"治",即暗示了这一点。这样,"一曲"与"大理"("治之理")相对,其含义就比较明白了。荀书中,"曲"字只有两用,一为"委曲"、"曲折";另一与"直"相对或与"邪"、"私"并用,意为"不正"、"偏邪"④。此处显然当取后义,上引文"蔽于一曲而失正求"是其证。⑤ 杨倞释"一曲"为"一端之曲说"⑥,正是用"曲"此义。由于此处"大理"即"治之理"(指"道"),"一曲"之为偏邪、不正,应是就"治"而论:不合"道",妨害于治,故为不正。从上下文看,"一曲"为被蔽之人受之于外者。且按荀子,"心居中虚"⑦,本无具体的内容,"是之则受,非之则辞"⑧,所涵有的一切见解或看法都从外习得。概言之,"一曲"即

---

① 此义可从荀子以下的论说得证:"故曰:诸侯有老,天子无老;有擅国,无擅天下。古今一也。夫曰:'尧舜擅让',是虚言也,是浅者之传,陋者之说也,不知逆顺之理,小大、至不至之变者也,未可与及天下之大理者也。"(《正论》)并参其《王制》:"天地者,生之始也;礼义者,治之始也;君子者,礼义之始也。……故天地生君子,君子理天地。君子者,天地之参也,万物之摠也,民之父母也。"又,段玉裁《说文解字注》卷一注"理,治玉也"曰:"《战国策》郑人谓玉未'理'者为璞,是'理'为剖析也,玉虽至坚,而治之得其理以成器不难,谓之理。凡天下一事一物,必推其情至於无憾而后即安,是之谓天理,是之谓善治,此引申之义也。"
② 故杨倞注"此其诚心莫不求正而以自为也"曰:乱者"本亦求理",王先谦:《荀子集解》,第386页。
③ 《荀子·正名》。
④ 前义如《天论》:"其行曲治,其养曲适"。后义如《臣道》:"不恤是非,不论曲直";《解蔽》:"天下不以是为隆正也,然而犹能分是非、治曲直邪?"《非相》:"类不悖,虽久同理,故乡乎邪曲而不迷,观乎杂物而不惑";《议兵》:"旁辟曲私之属为化而公,矜纠收缭之属皆为之化而调"。另,梁启雄认为《荀卿书》例'曲'字有'周遍'之意"(梁启雄:《荀子柬释》,上海:商务印书馆,1936年,第229页,并参第311页),其实不然,详细辨证可参拙著《荀子的辩说》,北京:华夏出版社,2008年,第100页,注④。
⑤ 梁启雄认为此处"曲"为"一部分"之意(梁启雄:《荀子柬释》,第290页),这种看法有一定代表性。不过,"曲"字虽可有此义,但在荀书中却未见此用;荀子常用的"不正"之意正合此处,何需另解?
⑥ 王先谦:《荀子集解》,第386页。
⑦ 《荀子·天论》。
⑧ 《荀子·解蔽》。

是有害于"治"的邪言,它所为之"蔽",在于蒙蔽人而使人暗昧于"治之理"("指"道")。可见,荀子讲"蔽于一曲而暗於大理",不是要阐明一个道理,而是指明了求"治"者所应戒惧之"蔽"。他说此"蔽"为人之共患,并非是一个在视"人"为"类"的前提下所作的普遍性的判断,当是暗指所有关心"治"的人,故上引文专论"乱国之君"、"乱家之人"①。这就指明"解蔽"是一个关于"治"的问题,旨在解除"一曲"之言对"治"的危害,使人明晓"治之理"(指"道")。② 同时,通过指出当时"诸侯异政,百家异说"的现实状况,并描述"乱国之君"、"乱家之人"受蔽于"一曲"而不得"治"的后果,荀子暗示了他关注"一曲"之"蔽"的现实动机,此动机决定了"解蔽"必然是一项针对现实的具体工作。这就要求对"一曲"之"蔽"的范围有比较明确的认识。

由于荀子反对其时诸家学说的一贯立场和激烈态度③,他讲"一曲"之"蔽"很容易让人以为在暗批这些"家言邪说"④,从而将《解蔽》看成另一类型的《非十二子》。如杨倞即谓"是时各蔽于异端曲说,故作此篇解之"⑤,似意指"一曲"为当时的各家异说。这种理解并非没有道理。荀子既以为诸子"饰邪说,交奸言,以枭乱天下,矞宇嵬琐使天下混然不知是非治乱之所存"⑥,且在《解蔽》开篇就提到"百家异说",当然是把诸家异说纳入"一曲"的范围。不过,若仅将"一曲"理解为指各种异说,则释之过窄,与后文不洽。《解蔽》只在谈"蔽塞之祸"时明确提到诸家异说,篇末略论"乱世奸人之说";并且,杨倞既以本篇目的在解除异说之蔽,又因篇中专门针对诸子的论

---

① 关于这一点,后文会进一步显明。按杨倞,"乱家之人"当解为"乱人"(王先谦:点校《荀子集解》,第386页),当是。《解蔽》后文针对诸子的论说不多,可见此处"乱家之人"不当据上文"百家异说"而断为诸子(荀子提"百家异说",主要是为解其所造成的"蔽")。并且,按文气,"乱家"当与"乱国"对言。先秦卿大夫有封邑,"家"也指其统治区域,故此处"乱家之人"指乱人,更详说是乱臣,此《解蔽》后文所以论"人臣之蔽者";并且,战国时诸家学者到处游说而求为仕,为人臣者也可能持某家之说,故乱臣所指较广,也可以包括诸家学者。关于先秦"家"的含义,可参《论语·季氏》:"丘也闻有国有家者,不患寡而患不均,不患贫而患不安";《孟子·离娄上》:"天下之本在国,国之本在家,家之本在身"。
② 故荀子言:"道者何也?曰:'君道也。'"
③ 参见《荀子·非十二子》、《荀子·天论》、《荀子·乐论》、《荀子·富国》等篇。
④ 《荀子·大略》。
⑤ 王先谦:《荀子集解》,第386页。
⑥ 《荀子·非十二子》。

说不多,故有时不解而强为解。① 据此,"一曲"作为与"治之理"对立的不正之言,其所指应不限于诸家异说。在当时的权力结构所决定的政治实践中,除"持之有故,言之成理"的自成系统的诸家异说外,一些随时可能出现的邪言也会使人暗昧于"道"("治之理")。因此,前引文论毕"乱国之君"、"乱家之人"求治而不得治后,荀子又横契一段文字:

心不使焉,则白黑在前而目不见,雷鼓在侧而耳不闻,况于使者乎!德道之人,乱国之君非之上,乱家之人非之下,岂不哀哉!

按俞樾说,"况于使者"之"使"当为"蔽"②,即承前引文论"蔽"而言,文意了然,如今已为通说。此处可与前引文"妒缪于道而人诱其所迫"对参。"妒缪于道"而"不役心于正道"③,则"德(即得)道之人"④在旁尤若未见,这正是"乱国之君非之上";若又被"他人诱以其所喜好者"⑤,就更不可能知用得道之人,此可谓"乱家之人非之下"。据王念孙,这即是《解蔽》后文所言"与不道人(小人)论道人(君子),则道人退而不道人进"⑥。乱人与乱君妄论"道人","妒贤害善"⑦,即一般所谓的"谗言"。荀子将"谗言"归为有害于"治"的"一曲",就历史记载看,自有其根据和理由;从理论的眼光看,就难免琐碎而不可信。但是,在荀子,"谗言"绝不是一个琐碎的小问题。他常论"尚贤",谓"明主急得其人"⑧,作《致士》又明"退奸进良之术",更在《成相》中专论"谗言"之蔽。《成相》开篇即言"世之殃,愚暗愚暗堕贤良",又言"远贤近谗,忠臣蔽塞主势移","谗夫多进,反覆言语生诈态","上壅蔽,失辅势,任用谗夫不能制",显然将"谗言"之蔽看成政治实践中的一个重要问题。按荀子对"谗言"的重视及其谈论"解蔽"的现实意图,他当然会尽可能周全地

---

① 如杨倞注"彼愚者之定物,以疑决疑,决必不当。夫苟不当,安能无过乎"、"故虽不在夏首之南,则无以异矣",谓指慎、墨之属(王先谦:《荀子集解》,第405、406页),皆比较突兀,难令人信服,显为强解。
② 俞樾:《诸子平议》(上),上海:上海书店,1935年,第275页。
③ 参见杨倞注"心不使焉",王先谦:《荀子集解》,第387页。
④ 按王念孙,"德道,即得道也",同上。
⑤ 参见高亨释"妒缪于道而人诱其所迫也",高亨:《诸子新笺》,济南:齐鲁书社,1980年,第175页。
⑥ 参见王念孙注"以其不可道之心,与不道人论道人,乱之本也",王先谦:《荀子集解》,第394页。
⑦ 见杨倞注"以其不可道之心,与不道人论道人,乱之本也",同上。
⑧ 《荀子·君道》。

考虑所有妨害"治"的言论,以便在"解蔽"方案中作出全面的回应。

既然"一曲"所包甚广,具有随机性,"一曲"之"蔽"就很难预测也无法具体指明。因此,荀子专对诸子学说采用过的论辩方式①不再适用于彻底解决"一曲"之"蔽"的问题,而必须采用一种更有涵盖力也更有弹性的办法。在荀子看来,解"一曲"之"蔽"的办法本来很简单。《解蔽》开篇指出"凡人之患,蔽于一曲而暗于大理"之后,接着就给出"解蔽"的原则:

> 治则复经,两疑则惑矣。天下无二道,圣人无两心。

关于"治",荀子有特定的标准:"礼义之谓治,非礼义之谓乱。"②此处"治则复经"即言"治世用礼义,则自复经常之正道"③。礼义即"道"④,故也为"治之理"("大理");用礼义即是合于"治之理",即是能通明于"大理"而无所谓"蔽"。据此,"治则复经"可看成是解决"一曲"之"蔽"的根本办法。礼义为正道,谓之一;"不知一于正道"⑤,是心中有"两"⑥,如此则疑惑不定,难免于"一曲"之"蔽"。可见天下必须定于一道,求"治"者应一心于正道,故荀子说"天下无二道,圣人无两心",即是要封闭"一曲"蒙蔽人心的可能性。但如他在《解蔽》中所言,当时"诸侯异政,百家异说,或是或非,或治或乱",政难定于一道,求"治"者也不能无"两心"。这一现实决定了"解蔽"必须分两种情形展开:若人有可能明白何为"治之理",当授之以"解蔽"的根本之方,即"治则复经";而当人正处"两疑则惑"之时,则需要应之以变通的方案。

二 "解蔽"之一:"治之要在于知道"

"一曲"之言本自是其所是,外在于人;唯当人接纳它,它才可能致"蔽"

---

① 可参见拙著《荀子的辩说》,第2章第2节。
② 《荀子·不苟》。
③ 见杨倞注"治则复经",王先谦:《荀子集解》,第386页。
④ 《荀子·强国》:"道也者何也,礼义忠信辞让是也。"又,《礼论》:"礼者,人道之极也。"
⑤ 见杨倞注"两疑则惑",王先谦:《荀子集解》,第386页。
⑥ 按李中生,此处"疑"当指"未定",与"两"义近,故"两疑则惑矣"即谓"如果有两心,不能定于一道,就会产生迷惑",参见李中生:〈读《荀子》札记〉,载《荀子校诂丛稿》,广州:广东高等教育出版社,2001年,第216页。

于人。据此,逻辑上讲,解除"一曲"之"蔽"可有两途,或外或内;具体地说,或者铲除"一曲"之言,或者教人拒受"一曲"之言。就荀子的谈说身份而言,"一曲"的随机性使前者不具有可操作性,且一切事物皆由外而内对人发生影响,所以荀子选择了后一种途径:"治心"。

在荀子看来,"心不可劫而使易意,是之则受,非之则辞"[①];要切断"一曲"之言进入人心的路径,必须先找到"心"以"一曲"为是的内在根源。这就意味着,"一曲"本身不再是论说的重点;"一曲"千差万别,攻之不尽,而"心"接受"一曲"而被"蔽"的原因,则既有普遍性又可具体化。因此,在后面的论说中,荀子不再提到"一曲",而是首先指出人心受"蔽"的原因:

> 故为蔽:欲为蔽,恶为蔽,始为蔽,终为蔽,远为蔽,近为蔽,博为蔽,浅为蔽,古为蔽,今为蔽。

按杨倞,此处列十种"为蔽之端"[②],即产生"蔽"的根源。这十项皆为人的所好或所知,荀子以两端(如欲与恶、古与今等)对举,意在表明"所知、所好滞于一隅"[③],就难免于"蔽"。具体而言,若心只知"古",则"一曲"以合"古"的面目蔽之;若心好色,则"一曲"蔽之以色。此即《解蔽》开篇所说的"诱其所迨"。这里,荀子的思路是,既然"为蔽之端"在人心,就应该找到并堵塞它们,以便斩断"一曲"之"蔽"的根——杨倞显然也注意到了荀子的这一思路。[④] 荀子这种追根溯源的思考方式显然有某种一般性特征,并由于"一曲"之"蔽"只是上述"为蔽之端"产生的诸种"蔽"之一(其他如感官之蔽等)[⑤],他的上述论说就很可能给人一种理论讨论的印象。但是,这种印象不仅与《解蔽》的现实目的和其中的不少论说[⑥]不合,也悖于荀子对待思考和论说的

---

① 《荀子·解蔽》。
② 王先谦:《荀子集解》,第387—388页。
③ 同上。
④ 杨倞注《解蔽》篇名曰:"蔽者,言不能通明,滞于一隅,如有物壅蔽之也",又释"一曲"为"一端之曲说"(同上书,第386页)。这即是注意到荀子本意在针对"一曲"之蔽,不过追溯至"为蔽之端"而解之,故ור"为蔽之端"使人"滞于一隅"而释篇名,但又不因此以"一曲"为"一隅"。
⑤ 严格地讲,"一曲"之"蔽"与感官之蔽在本质上是不同的,后者的客观标准有普遍性,而前者的判断标准("道")则建立在信念的基础上。不过,这个区别对荀子并不重要,在他看来,"道"就是普遍标准:"道者,古今之正权也。"(《荀子·正名》)
⑥ 如"析辞而为察,言物而为辨,君子贱之"。本文后文详之。

实用态度:"大智在所不虑","说不贵察"①。就解"一曲"之"蔽"的目的来看,荀子讨论"为蔽之端"很有必要,因为这些"为蔽之端"是其唯一的内在源头。不过,他的以上思路虽然很清晰,但从论说效果看,至此他还未能说明,"所知、所好滞于一隅"何以会产生有害于"治"的"蔽",因而也就不能有效地堵塞"为蔽之端"。于是荀子接着指出上述十端的害处:

> 凡万物异则莫不相为蔽,此心术之公患也。

此谓万物各不相同,若所知、所好滞于一隅,则不能周遍,必然知此物而不知彼物,好此物而不好彼物。如此则蔽于所知之物而不知所不知之物为可知,蔽于所好物而不知所不好之物为可好;按《解蔽》下文所举,前者如"墨子蔽于用而不知文",后者如"桀蔽于末喜、斯观而不知关龙逢"。通过例举墨子、桀等所知所好滞于一隅而有"心术之患"者无不陷于"蔽塞之祸",成汤、孔子等不滞于一隅而有"不蔽之福",荀子令人信服地证明了"为蔽之端"的害处,只不过,他用的是祸福的功利性标准而非正误的知识性标准,从而进一步表明他谈论"为蔽之端"的非理论性意图。

以大量笔墨历数"蔽塞之祸"与"不蔽之福"后,荀子给出了一个堵塞"为蔽之端"的断然之方:

> 圣人知心术之患,见蔽塞之祸,故无欲无恶,无始无终,无近无远,无博无浅,无古无今,兼陈万物而中悬衡焉。是故众异不得相蔽以乱其伦也。何谓衡?曰:道。

此处用了一个说服性的论证。荀子不止一次使用这种论证方式,如《礼论》:"人生而有欲,欲而不得,则不能无求;求而无度量分界,则不能不争;争则乱,乱则穷。先王恶其乱也,故制礼义以分之。"这个论证结构与此处非常类似,都是诉诸人的功利理性,通过借"圣人"、"先王"的权威,表明自己的主张在实践上的有效性,从而证明其正确性。这类论说与其说是论证,不如说是说服。此处荀子的目的显然在于说服人相信"中悬衡"对治"蔽塞之祸"的有效性。由于"衡"就是"道",某种意义上,"中悬衡"就不过是一种修辞

---

① 《荀子·天论》、《荀子·不苟》,并参《荀子·非十二子》。关于荀子对待知识的消极态度和对待理论的实用立场,可参拙著《荀子的辩说》第1章、第2章、第5章第1节。

性的说法,目的在统一于"道"(即礼义)①。这就是《解蔽》开篇提出的"治则复经"的"解蔽"之方,这种"解蔽"方法直接针对"为蔽之端",从根本上解决了"一曲"危害"治"的问题:

> 故心不可以不知道;心不知道,则不可道而可非道。人孰欲得恣而守其所不可以禁其所可?以其不可道之心取人,则必合于不道人而不合于道人。以其不可道之心与不道人论道人,乱之本也。夫何以知?曰:心知道然后可道;可道然后能守道以禁非道。以其可道之心取人,则合于道人而不合于不道之人矣。以其可道之心与道人论非道,治之要也。何患不知?故治之要在于知道。

荀子在这里用了一种绝对的区分方法。以"道"为标准,"道"之外,不论种类多少,皆是"不道";所以人只有两种,"道人"或"不道人",合于"道"为"道人",不合于"道"为"不道人"。"道"既是"治之理",则"道人"所言所论均合于"治","不道人"所言所论皆是有害于"治"的"一曲"之言。人"各求其类"②,知"道"则求"道人";与"道人"言,所闻皆合于"道"、益于"治";"与道人论非道人"③,"必能惩奸去恶"④,故不存在受"一曲"之"蔽"的可能性。据此,荀子所说的"知道"是一种预防性方案,是能够断绝"一曲"造成"蔽"的途径,无论是诸家异说还是随机性的各种邪言,都无法构成对"治之理"(即"道")的威胁。在此意义上,这种"知道"可说是解除"一曲"之"蔽"的根本之策,按《解蔽》开篇,不得"治"的原因在"蔽于一曲",因此就可明白,荀子何以就"与道人论非道人"证明"知道"为"治之要"。

如果荀子的论说仅止于阐明道理,指出"治之要在于知道"之后,就无必要再作展开。但是,他在《解蔽》开篇表明的现实意图,使他不可能满足于此,而必然会给出具体的实践之方:

> 人何以知道?曰:心。心何以知?曰:虚一而静。

---

① 杨倞注"何谓衡?曰:道。"曰:"道,谓礼义",王先谦:《荀子集解》,第394页。
② 见杨倞注"以其不可道之心取人,则必合于不道人,而不知合于道人",同上。
③ 按王念孙,"与道人论非道,谓与道人论非道之人",杨倞注显然也持此看法,同上书,第395页。
④ 见杨倞注"以其可道之心,与非道人论道,治之要也",同上。

此处承"治之要在于知道",故"人何以知道"一句的谈说对象,当是了解"治之要在于知道"而要求"知道"的人。据此,"知道"之"知"有特定的现实目的即"治",而非为知识而"知"。现代意义上的"知"一般为认知之知,虽并不一定以知识为最终目的,但认知对象总是某种"存在"。"道"作为荀子要求的"知"的对象,是否是一种"存在"?按荀子,"道"即礼义,而礼义生于"圣人之伪":"圣人积思虑,习伪故,以生礼义而起法度,然则礼义法度,是生于圣人之伪,非故生于人之性也;……夫感而不能然,必且待事而后然者,谓之生于伪;……故圣人化性而起伪,伪起而生礼义;然则礼义法度者,是圣人之所生也。"①礼义既生于圣人,就不是一种客观的存在;人天性中本无礼义,对之"感而不能然,必待事而后然",说明礼义不可能是一种主观的先验存在。可见,礼义是人为的设制,它作为"道"的绝对性来自其息争、养欲的实际效用②,故荀子说"道者,古今之正权也;离道而内自择,则不知祸福之所托"③,即谓"道"(礼义)是衡量祸福的行动标准。对一种人为设制的绝对行动准则,不存在现代认识论意义上认知的问题,而只能是学。关于"知道"之"知"的这一本质,荀子接着就作了提示:

> 未得道而求道者,谓之虚一而静,作之则。将须道者,虚则入;将事道者,一则尽;将思道者,静则察。知道察,知道行,体道者也。

此段接荀子对"虚一而静"的解释后,当承"知道"而言。按梁启雄引,此处"谓之"、"作之"都是命令性的动词,犹谓"立下法式准则"④,此说当是。据《解蔽》后文"虚一而静,谓之大清明",此处未得"道"者固不能称为"虚一而静"。故"虚一而静"当是荀子为"未得道而求道者"制定的求"道"之则,这也与前文所论——荀子指示"知道"之方的对象是要求"知道"的人——完全一致。求"道"即是学"道",此处"将须道者,虚则入;将事道者,一则尽;将思道者,静则察"显然都是学"道"之方。学"道"而得"道"即能合"道",可

---

① 《荀子·性恶》。
② 参《荀子·礼论》:"礼起于何也?曰:'人生而有欲,欲而不得,则不能无求。求而无度量分界,则不能不争;争则乱,乱则穷。先王恶其乱也,故制礼义以分之,以养人之欲,给人之求,使欲必不穷乎物,物必不屈于欲,两者相持而长,是礼之所起也。'"
③ 《荀子·正名》。
④ 梁启雄:《荀子柬释》,第298页。

谓"知道",本段"知道察,知道行"是其证。按《解蔽》,"心者,形之君也而神明之主也,出令而无所受令",此言"心"包含意志,故能出令而使人行动;但若"心"不合"道",则无合"道"之令可出,人也就不可能有合"道"之行。因此,"知道"即是"心"合于"道","心"又同时涵摄知、情①、意,"知道"就意味着可"道"、行"道"。② 按荀子,"知道"而处"大清明"的状态下,则无所谓"蔽":

> 虚一而静,谓之大清明。万物莫形而不见,莫见而不论,莫论而失位。坐于室而见四海,处于今而论久远。疏观万物而知其情,参稽治乱而通其度,经纬天地而材官万物,制割大理而宇宙里矣。恢恢广广,孰知其极!睪睪广广,孰知其德!涫涫纷纷,孰知其形!明参日月,大满八极,夫是之谓大人。夫恶有蔽矣哉!

此处通过描述身处"大清明"的知"道"者之所为所能,具体证明"治之要在于知道"。"大清明"的说法也见于《管子·内业》:"人能正静,……乃能戴大圆而履大方,鉴于大清,视于大明;敬慎无忒,日新其德,徧知天下,穷于四极";《管子·心术下》也有类似说法,皆谓内静则能清明、通达,"明人君能正静其心,有修于内,则足以制其外也"③。按本段引文,荀子所说的"虚一而静"之"大清明"与此相似。心知"道",则万物皆显而可见,皆见而论量之,皆论量之而不失其宜④,故能洞察万物,治乱了然于胸,理天地而万物不失其任,可谓是"治"之极致;如此"则通于神明,人莫能测也,又安能蔽哉"⑤,即谓他人既不能揣测为"治"者之所知所好,就无法以不正之言蔽之。最后还是回到了荀子关心的"一曲"之"蔽"的问题。

"虚一而静"指出了"心"合于"道"而达于"大清明"的途径,是"解蔽"的具体实践之方,但并不能保证"心"一于"道"而不外倾,因为,"心容其自

---

① 《荀子·正名》:"说、故、喜、怒、哀、乐、爱、恶、欲,以心异";"性之好、恶、喜、怒、哀、乐,谓之情。"
② 温海明认为,荀子所说的"知道"具有与"道"完全融合之意;并且,"知道"也即是"持守道的实践过程",参见温海明:〈荀子心"合"物论发微〉,载《中国哲学史》2008年第2期。
③ 张舜徽:〈管子四篇疏证〉之〈内业篇疏证〉,载《周秦道论发微》,北京:中华书局,1982年,第291页。
④ 参骆瑞鹤释"万物莫形而不见,莫见而不论,莫论而失位"(骆瑞鹤:《荀子补正》,武汉:武汉大学出版社,1997年,第141页)。杨倞注与此类,参王先谦:《荀子集解》,第397页。
⑤ 见杨倞注"夫恶有蔽矣哉",王先谦:《荀子集解》,第397页。

择也,无禁必自见,其物也杂博"①。于此,荀子论毕"大清明"即指出:

> 故曰:心枝则无知,倾则不精,二则疑惑。以赞稽之,万物可兼知也。身尽其故则美。类不可两也,故知者择一而一焉。农精于田而不可以为田师,贾精于市而不可以为市师,工精于器而不可以为器师。有人也,不能此三技,而可使治三官。精于物者以物物,精于道者兼物物。故君子一于道而以赞稽物。一于道则正,以赞稽物则察;以正志行察论,则万物官矣。

此谓一心不可两用,心知"道"而又为它事所引,则不能精一于"道"。天下之事虽多,但人各有职,事各有任,"道"为"治之理",为"治"者应一心于"道"而兼治万物,不必专任具体事务,如此则万物各当其任。为此荀子接着列举了古代贤君舜的例子:

> 昔者舜之治天下也,不以事诏而万物成。处一危之,其荣满侧;养一之微,荣矣而未知。故《道经》曰:"人心之危,道心之微。"危微之几,惟明君子而后能知之。

参照《大略》:"主道知人,臣道知事,故舜之治天下,不以事诏而万物成,农精于田,而不可以为田师,工贾亦然",此处文意显然。谓舜能精一于"道",不躬亲事务,委任众贤则垂裳而治。② "处一危之"、"养一之微"皆是承此言。荀子引"人心之危,道心之微"旨在"明舜之治在精一于道"③,心不外倾。据此就可理解荀子接下来所说的"治心之道":

> 圣人纵其欲,兼其情,而制焉者理矣,夫何强!何忍!何危!故仁者之行道也,无为也;圣人之行道也,无强也。仁者之思也恭,圣者之思也乐。此治心之道也。

至此,《解蔽》所论均与"治"有关,从"圣人纵其欲,兼其情,而制焉者理矣"看,此处也是承前面的主题而讲"治",故"何强!何忍!何危"当就"治"言。按骆瑞鹤,"仁者、圣人并谓能群居和一、治国平天下者","无为"谓"择任贤

---

① 《荀子·解蔽》。
② 见杨倞注"昔者舜之治天下也,不以事诏而万物成",王先谦:《荀子集解》,第400页。
③ 见杨倞注,同上。

能者以率百官,任万事,督其成功,是至简约而至佚乐","无强"即"行仁义治辨之道通达无碍,不自示其强,即不躬亲事务而与下争功"①。这个理解不仅切合荀子"明主尚贤使能而飨其盛"②的说法和"慎取相"、"急得其人"③的施政主张,也与前引文所暗示的"主道知人"而一于"道"的观点完全一致。可见,"治心之道"的核心在专一于"道",保证为"治"者始终浸润于"道"而须臾不离,从而成为"解蔽"的最周全的保障。

三　解蔽之二:学止于圣王

"治之要在于知道"作为"解蔽"的根本性方案,在《解蔽》中占了很大的篇幅,说明荀子对这一方案的重视。不过,这个方案有一定的对象范围,其基本条件是有求"道"之心。虽然在这个方案中,荀子借三种与治有关之人④的"蔽塞之祸"与"不蔽之福"予以警示,但亦非万全之策。按荀子作《解蔽》的现实动机,他必然会考虑人不能定心求"道"时的应对方案。这一点从《解蔽》开篇即注意到"两疑则惑"也可见。在《解蔽》篇末,荀子针对人处"两疑"的情形提出了现实的应对方案。如果忽略他的这一思路,就可能会将他的一些现实性的论说看成误窜的可怪之论。

当人正处疑惑未定之时,固可为此,固可为彼。此时最重要的是制止他们贸然作出决定。对心存疑虑的人,未可说以庄重之语,于是在第二种"解蔽"方案的开端,荀子使用了一种修辞性的论说方式:

> 凡观物有疑,中心不定,则外物不清。吾虑不清,则未可定然否也。……醉者越百步之沟,以为蹞步之浍也;俯而出城门,以为小之闺也,酒乱其神也。厌目而视者,视一以为两;掩耳而听者,听漠漠而以为咰咰,埶乱其官也。故从山上望牛者若羊,而求羊者不下牵也,远蔽其大也。从山下望木者,十仞之木若箸,而求箸者不上折也,高蔽其长也。

---

① 骆瑞鹤:《荀子补正》,第143—144页。
② 《荀子·臣道》。
③ 《荀子·君道》。
④ 人君、人臣与"治"有关自不待言;至于诸子之言,"起于救时之急,百家异趣,皆务为治"(张舜徽:《周秦道论发微·前言》)。

> 水动而景摇,人不以定美恶,水势玄也。……有人焉,以此时定物,则世之愚者也。彼愚者之定物,以疑决疑,决必不当。夫苟不当,安能无过乎?

此处诉诸人的日常生活经验,试图借助人们在日常经验上的共通性来达到论说目的。《解蔽》开篇"两疑则惑"即心中不定而不知一于正"道",与本段引文所举几种因"神"、"官"惑乱而作出错误判断的生活情形在结构上比较类似,而此前荀子一直在谈论与"治"有关的问题,并未表现出对解决日常生活问题的任何兴趣,因此,参照荀子在《解蔽》中的论说目的,可知他是用上述几种常见的生活情形类比篇首的"两疑则惑"。严格地说,"两疑则惑"与这几种生活情形在本质上并不相同。荀子"酒乱其神"等判断有客观的标准,而"两疑则惑"的说法没有客观性基础,因为"道"(礼义)是一种人为的设制;或者说,前者是基于事实的真假(或对错)判断,后者则是基于价值的好坏判断。不过,这种区别对荀子并不重要:"修辞学显然是确定信念的创造者,它是说服性的,而不是关于对错的一种指示。"[1]通过指出人在疑惑不定时会产生错误判断,而有生活经验的人都不会以疑决疑,荀子表明,"吾虑不清,则未可定然否也",并接着以一个寓言说明"以疑决疑,决必不当;夫苟不当,安能无过乎":

> 夏首之南有人焉;曰涓蜀梁。其为人也,愚而善畏。明月而宵行,俯见其影,以为伏鬼也;卬视其发,以为立魅也。背而走,比至其家;失气而死。岂不哀哉!凡人之有鬼也,必以其感忽之间疑玄之时正之。此人之所以无有而有无之时也,而己以正事。故伤于湿而击鼓鼓痹,则必有敝鼓丧豚之费矣,而未有俞疾之福也。故虽不在夏首之南,则无以异矣。

寓言作为一种论说方式,常见于先秦子书,《韩非子》、《庄子》中就有不少以寓言展开的论说。庄子更直接表示:"以天下为沈浊,不可与庄语,以卮言为曼衍,以重言为真,以寓言为广"[2];参照荀子其时的现实状况,庄子的这种态

---

[1] 柏拉图:《高尔吉亚》,455A,译文引自王晓朝译:《柏拉图全集》,第一卷,北京:人民出版社,2002年。
[2] 《庄子·天下》。

度显然有助于理解荀子在此处运用寓言的考虑。"以疑决疑,决必不当"这样一种空洞的说理方式,可能会在人的理智上留下某种印象,但未必会对人的实际行动产生有效影响。寓言则不同,它以故事诉诸人的想象力;而"灵魂的特性是,它在想象力的指引下就能感到确信或恐惧,于是变得更好或更糟"①。此处荀子用夏首之南的涓蜀梁以疑决疑至于失气而死的夸张故事,警示疑惑不定之时以己定事的恶果,并以"虽不在夏首之南,则无以异矣"暗示,涓蜀梁之事,处处皆有,当人不能定心于"道"时,就不应凭自己的偏好或倾向作出决定。

通过一系列修辞性论说制止人在"两疑则惑"之时自己作出决断后,荀子提出的方案是"学":

> 凡以知,人之性也;可以知,物之理也。以所以知人之性,求可以知物之理,而无所疑止之,则没世穷年不能徧也。其所以贯理焉虽亿万,已不足以浃万物之变,与愚者若一。学,老身长子,而与愚者若一,犹不知错,夫是之谓妄人。故学也者,固学止之也。恶乎止之?曰:止诸至足。曷谓至足?曰:圣王。圣也者,尽伦者也;王也者,尽制者也;两尽者,足以为天下极矣。故学者以圣王为师,案以圣王之制为法,法其法以求其统类,以务象效其人。向是而务,士也;类是而几,君子也;知之,圣人也。……传曰:"天下有二:非察是,是察非。"谓合王制不合王制也。天下有不以是为隆正也,然而犹有能分是非、治曲直者邪?

此处"物之理",不同于今所谓客观存在物之道理。"古人物、事同指"②,荀书中"物"也多指"事"③。以物为事,表示注重物的用途,即将物视为实用的对象而非知识的对象;荀子在其《赋》中言"蚕理"谓"冬伏而夏游,食桑而吐丝",言"针理"谓"既以缝表,又以连里",皆是明其用。这与他"于天地万物也,不务说其所以然,而致善用其材"④的主张完全一致。所以,这里"物之

---

① 〔古罗马〕普鲁塔克,包利民等译:《论神的惩罚的延迟》,《共和国精神的捍卫——普鲁塔克文选》,北京:中国社会科学出版社,2005年,第107页。
② 骆瑞鹤:《荀子补正》,第108页。
③ 如《尧问》:"士丑而后见问,见问然后知其是非之所在",杨倞注曰:"物,事也"(王先谦:《荀子集解》,第551页)。关于荀书中"物"指"事"的详细辨证,可参骆瑞鹤《荀子补正》,第108、137页。
④ 《荀子·君道》。

理"当指治物之条理,如田之理即治田事之理;知"物之理",就不含认知之意,而只能是求知,前引文说"农精于田"即谓其知"田之理"。这样就可明白,此处荀子谓虽知"物之理"亿万而愚者若一,正是与前一"解蔽"方案的"治心之道"同一意趣,皆是教求"治"之君子精于"道"而勿精于物,故其言学有所止。从"贯理焉虽亿万,已不足浃万物之变,与愚者若一"来看,荀子显然认为所学当能"浃万物之变",即能遍治万物万事,因此,他说学止于"圣王",应是说学"治"之方。不过,人处"两疑则惑"之时,心中不定,未能"虚一而静",故不可教之以"知道",而只能指点其学"道"之迹即"圣王之制"。荀书中,"圣王"一般指圣而有势者。[①]"圣人者,人道之极也"[②],"以是千官也,令行于诸夏之国,谓之王"[③],故荀子说"圣也者,尽伦者也;王也者,尽制者也;两尽者,足以为天下极矣"。据此,"圣王之制"即指圣王为"治"之制作:"生礼义而起法度"[④],循"道"(礼义)而定制度。"道"不可见,而"圣王之制"可见,故"圣王之制"可谓"道"之迹。就"圣王"的政治身份言,学此"道"之迹即是学"治"之方。这从"王制"的政治内涵也可见;按荀子,"天下之大隆,是非之封界,分职名象之所起,王制是也"[⑤]。所以,本段引文所说的学止于"圣王",目的在"治"。"圣王"本是内圣而外王,内不修则外不可王,本段引文以"士"、"君子"、"圣人"称学"治"者,应就其内修之名论[⑥];在荀子,内修而外治,德、位本应一体,且"君子役物,小人役于物"[⑦],故德之名也可用于评价为"治"者——这在荀书他篇中也可见。[⑧] 荀子此处教人学"王制"而为"士"、"君子"、"圣人",正是他"仕者必如学"[⑨]的主张的最好体现。

---

① 参《荀子·王霸》:"夫贵为天子,富有天下,名为圣王,兼制人,人莫得而制也";《荀子·非十二子》:"则圣人之得势者,舜禹是也";《荀子·彊国》:"夫桀纣,圣王之后子孙也";《荀子·性恶》:"今人之性恶,必将待圣王之治,礼义之化,然后始出于治,合于善也。"
② 《荀子·礼论》。
③ 《荀子·正论》。
④ 《荀子·性恶》。
⑤ 《荀子·正论》。
⑥ 参杨倞注此处"士"、"君子",王先谦:《荀子集解》,第407页。
⑦ 《荀子·修身》。
⑧ 《荀子·儒效》:"工匠不知无害为巧,君子不知无害为治";"彼学者,行之,曰士也;敦慕焉,君子也;知之,圣人也。上为圣人,下为士、君子,孰禁我哉!乡混然涂之人也,俄尔并乎尧禹,岂不贱而贵矣哉!"
⑨ 《荀子·大略》。

"王制"既有迹可寻,就可据之以为标准去诸家异说之"蔽":

> 若夫非分是非,非治曲直,非辨治乱,非治人道,虽能之无益于人,不能无损于人;案直将治怪说,玩奇辞,以相挠滑也;案强钳而利口,厚颜而忍诟,无正而恣孳,妄辨而几利;不好辞让,不敬礼节,而好相推挤,此乱世奸人之说也,则天下之治说者,方多然矣。传曰:"析辞而为察,言物而为辨,君子贱之。博闻强志,不合王制,君子贱之。"此之谓也。

此段可与《非十二子》对参。按《非十二子》,荀子批它嚣、魏牟,言其"纵情性,安恣睢,禽兽行,不足以合文通治";批墨子,谓之"上功用、大俭约而僈差等";批惠施、邓析,称其"好治怪说,玩琦辞";并总称诸子学说为"奸言":"辩说譬谕,齐给便利,而不顺礼义",为"圣王之所禁"。据此可见,如杨倞所言,此处"乱世奸人之说"即是针对诸家异说而发。① 荀子教人以是否合"王制"为标准辨之,"广焉能弃之矣,不以自妨也,不少顷干之胸中",则"治乱可否,昭然明矣"②,正与《非十二子》同一旨趣:"上则法舜禹之制,下则法仲尼子弓之义,以务息十二子之说。如是则天下之害除,仁人之事毕,圣王之迹著矣。"可见,荀子论学"王制"时仍着意于去"一曲"之"蔽",并通过立"王制"为标准,解除诸家异说之"蔽"。但正如前所论,荀子说的"一曲"不限于诸子学说,还有一些随时产生的邪言。由于"王制"为"道"之迹,学"王制"者但知"道"之迹而未得其精微,故不能浸润于"道"而"以可道之心与道人论非道人"以禁谗言。为此,荀子提出了一个补救之方:

> 周而成,泄而败,明君无之有也。宣而成,隐而败,暗君无之有也。故君人者周则谗言至矣,直言反矣;小人迩而君子远矣!《诗》云:"墨以为明,狐狸而苍。"此言上幽而下险也。君人者宣则直言至矣,而谗言反矣;君子迩而小人远矣!《诗》云:"明明在下,赫赫在上。"此言上明而下化也。

---

① 见杨倞注"……此乱世奸人之说也,则天下之治说者方多然也",王先谦:《荀子集解》,第409页。
② 《荀子·解蔽》。

这段曾被怀疑是误窜的文字①,显然与荀子解"一曲"之"蔽"的主题非常相谐。《正论》篇首也驳"主道利周",但角度不同,重在讲"主道明则下安"。此处再谈同一主题,目的在解谗言之"蔽"。荀子论"君人者宣而成",教人君拒谗言而近君子,正是针对"得道之人,乱国之君非之上,乱家之人非之下"的问题,并与第一种"解蔽"方案所说的"与道人论非道人"②同一意图,阐明解除谗言之"蔽"的办法。据此,既可见"谗言"在荀子所说的"一曲"范围中有比较重要的位置,又可明了他确实将"解蔽"视为一个极为现实的问题,以致在每一种解决方案中都尽可能周全地考虑应对之策。

通过对《解蔽》全篇的梳理,荀子所论的"解蔽"的本质已比较清楚:"蔽"是不能通明于"道","解蔽"即是使人通明于"道"。无论是他提出"解蔽"问题的动机还是他给出的两种"解蔽"方案,都反映了他推行"道"的努力,都有一个明确的信念背景。③ 从荀子对"蔽"的理解及其信念立场看,当诸侯异政、百家异说之际,推行"道"的过程就是一个解蔽的过程,他自己就曾身体力行地对各种异端学说和观念进行批评以澄明大"道";《解蔽》所做的也是同样的工作,只不过更加周全、现实,并把"解蔽"的具体任务交给个人,荀子自己则充当了导师的角色。他教导的"解蔽"之方虽着眼于现实,在表达上却可能予人理论化的印象。这其实也不奇怪,用朴素的语言辨析深奥之理,用玄妙的语言谈论单纯具体之事,本都在情理之中:前者意在使人明理,后者意在使人重视所论之事。

---

① 梁启雄认为本段引文"与本篇之旨不相蒙,疑是《君道》篇之错简"(梁启雄:《荀子柬释》,第309页)。此说当由其解"曲"为"一部分"所启,而杨倞、王念孙等注意到《解蔽》谈及"谗言"问题的注家均未表示过类似怀疑。
② 杨倞注曰:"必能惩奸去恶",并参王念孙说,王先谦:《荀子集解》,第295页。
③ 参《荀子·非相》:"人之所以为人者何已也?曰:以其有辨也。……故人之所以为人者,非特以其二足而无毛也,以其有辨也。夫禽兽有父子而无父子之亲,有牝牡而无男女之别。故人道莫不有辨,辨莫大于分,分莫大于礼,礼莫大于圣王。"

"子学"的特征与命运

陈战国

提　要：子学形成于春秋战国时期，中国文化从本质上讲是先秦子学的传承和演变。在"圣王不作，诸侯放恣"的社会局面下，先秦子学形成了自由、独创、实用的鲜明特征，中国文化的精神生命全在子学。自汉武帝实行"罢黜百家，独尊儒术"的政策之后，中国进入了思想专制的经学时代，先秦之后的子学也逐渐失去了自己的特征，中国文化中的子学精神便被窒息了。

关键词：子学时代　经学时代　自由性　独创性　实用性

中国古人一般把书籍分为经、史、子、集四个部类，根据这种分类也就有了中国学术上的经学、史学、子学和文学。中国最早的图书分类大概始于汉代的刘歆。哀帝命刘歆整理国家的藏书，刘歆"总括群篇，撮其指要，著为《七略》：一曰集略，二曰六艺略，三曰诸子略，四曰诗赋略，五曰兵书略，六曰术数略，七曰方技略"。曹魏时期，秘书监荀勖著《中经新簿》，则把国家所藏的典籍分为经、史、子、集四部。当时虽然也有人把书籍分为五类或七类，但自唐代之后，四部分类法便成了中国书籍和中国学术的基本定式。

在中国古代，无论是图书分类，还是学术分类，人们都习惯把经学置于

陈战国，1944年生，北京市社会科学院哲学研究所前所长。

首位。这一方面说明经学在古人心目中具有极为崇高的地位,另一方面也反映了中国人"信而好古"的心态。然而事实上,不是经学,而是子学才真正体现了中国文化的精神,确立了中国文化的发展方向。关于这一点,宋儒程颐早已意识到了。他说:"学者当以《论语》、《孟子》为本。《论语》、《孟子》既治,则'六经'可不治而明矣。"①二程和朱熹对《论语》和《孟子》格外尊崇,并把《礼记》中的《大学》、《中庸》两篇文章独立出来,与前者并称为"四书"。《论语》和《孟子》(包括《大学》和《中庸》)在先秦时期均属子学,后来虽被纳入了"十三经",但在程朱的心目中它们还是有区别的。在他们看来,"四书"集中体现了儒家的精神,"六经"不过是为"四书"的形成提供了一些思想和文化资源而已。

程朱是新儒家,所以他们只谈《论语》、《孟子》。当代学者则进一步认识到,不只是儒家,而是先秦诸子共同构筑了中国文化的格局和生命。李泽厚先生常讲,中国文化的基本格局是儒道互补,而所谓的"儒道互补"又不仅是儒、道两家的互补,而是以儒、道两家为主干,又融合了法家、阴阳家在内的各种思想的互补。他说:"前者(宗教性道德)由孔、孟到宋儒发展为个体人生境界的儒道(释)互补的准宗教性的追求,而为理学所大力倡导,津津乐道。后者(社会性道德)则由孔子而荀子而与道家、法家和阴阳家合流互补,而成为一整套儒法互用的伦理——政治的规范、法则,支配了中国历史两千年。"②也就是说,中国文化从本质上讲是先秦子学的传承和演变,而不是"六经"的传承和演变。

子学形成于先秦时期。冯友兰先生把孔子所生活的春秋末年到淮南王所生活的汉代初年这段时期称为子学时代,把董仲舒所在的汉中叶至康有为所在的清末这段时期称为经学时代。也就是说,子学形成于上古,而经学形成于中古;子学在先,而经学在后。这种划分显然与传统的划分不同。冯友兰先生为什么认为子学在先、经学在后呢?这与他对经学和子学的理解有关。在古代的图书分类中,无论是荀勖的《中经新簿》、谢灵运的《四部目录》,还是后来的《四部丛刊》、《四部备要》、《四库全书》,都无一例外地把

---

① [南宋]朱熹:《四书章句集注·读〈论语〉〈孟子〉法》,北京:中华书局,2005 年,第 44 页。
② 李泽厚:《论语今读·前言》,北京:三联书店,2004 年。

"五经"及与之有关的著作录为经学,而把先秦与各时期诸子的著作录为子学。然而实际上在先秦时期并没有所谓的"五经"。《诗》、《书》、《礼》、《易》、《春秋》只是古代流传下来的五部典籍,甚至可以说这五部典籍并不是什么学术著作,而只是政府的"政教典章"。《书》是"古之号令";《春秋》是史家记录的"事";《礼》和《乐》是政府发布的典章制度;即使是《诗》,在当时也不是作为文学存在,而是礼乐制度的组成部分。这种情况在春秋战国时期仍然如此,先秦诸子也没有把它们叫做"经",而是叫做《诗》、《书》、《礼》、《乐》、《易》、《春秋》。最早把它们称做"经"的是《庄子·天地》和《荀子·劝学》,这时已是战国末年了。[①] 所以说,在先秦诸子之前,只有几部"政教典章",并没有所谓的"五经",就更没有什么"经学"了。

自春秋末年起,中国进入了子学时代。是时,诸子蜂起,百家争鸣,许多思想家争相著书立说,以干时政。所谓"家",按《汉书·艺文志》所说有两个意义:一是指某个思想家及其著作,如说"儒五十三家"、"道三十七家"、"阴阳二十一家"等。在这个意义上,先秦诸子有百家之多。二是指学派,如说"儒家者流,盖出于司徒之官","道家者流,盖出于史官"等。在这个意义上,先秦诸子主要有十家,即儒、墨、道、名、法、阴阳、纵横、农、杂、小说。据《汉书·艺文志》统计,秦火之后所存书籍尚有诸子之学189家、4324篇(这还不包括《论语》和兵家)。在这189家之中,大多数人和大多数著作都出自春秋战国时代,可见"诸子百家"之说并非虚言。

先秦时期何以会形成这样的局面呢?孟子说:"圣王不作,诸侯放恣,处士横议。"(《孟子·滕文公下》)孟子认为,天下之所以出现"处士横议"的局面,是由于失去了圣王的统治,诸侯各自为政,各行其是;这是从政治上讲的。庄子说:"天下大乱,贤圣不明,道德不一,天下多得一察焉以自好。譬如耳目鼻口,皆有所明,不能相通。犹百家众技也,皆有所长,时有所用。虽然,不该不遍,一曲之士也。判天地之美,析万物之理,察古人之全,寡能备于天地之美,称神明之容。是故内圣外王之道,暗而不明,郁而不发,天下之人各为其所欲焉以自为方。"(《庄子·天下》)庄子认为,这种局面的形成是由于"贤圣不明","内圣外王之道,暗而不明,郁而不发";这是从思想上讲

---

① 《庄子·天地》为庄子后学所作,应在战国末年以后。

的。《汉书·艺文志》说:"诸子十家,其可观者,九家而已。皆起于王道既微,诸侯力政,时君世主,好恶殊方。是以九家之术,蜂出并作,各引一端,崇其所善。以此驰说,取合诸侯。"《汉书·艺文志》的作者认为,诸子之"蜂出并作",是由于时君世主"好恶殊方"的推动。先秦诸子中持这种看法的人很多,例如墨子就曾说过:"昔者晋文公好士之恶衣,故文公之臣皆牂羊之裘,韦以带剑,练帛之冠,入以见于君,出以践于朝。是其故何也?君说之,故臣为之也。昔者楚灵王好士细要,故灵王之臣皆以一饭为节,胁息然后带,扶墙然后起,比期年,朝有黧黑之色。是其故何也?君说之,故臣能之也。昔越王勾践好士之勇,教驯其臣,和合之,焚舟失火,试其士曰:'越国之宝尽在此。'越王亲自鼓其士而进之,士闻鼓音,破碎乱行,蹈火而死者,左右百人有余。越王击金而退之。"(《墨子·兼爱中》)墨子认为,无论多么困难的事情,只要国君"悦之",就会有人去做。"兼相爱,交相利"并不是难以做到的事情,就看国君是否喜欢并推行这种主张。国君喜欢了,人民就会照着去做。韩非子则是从消极方面表达了同样的意思。他说:"故曰:君无见其所欲,君见其所欲,臣自将雕琢;君无见其意,君见其意,臣将自表异。故曰:去好去恶,臣乃见素,去旧去智,臣乃自备。"(《韩非子·主道》)韩非子主张君主不要表露自己的欲望和意志,以免他人投其所好。更有甚者如商鞅,竟然准备了几套不同的货色供时君世主选择。可见先秦诸子大都认为,诸侯的好恶决定着不同思想的创立和推行。

冯友兰先生则认为,"时君世主,好恶殊方"确实是先秦时期思想发达的原因之一,但这并不是最终的原因。最终的原因是"时君世主,好恶殊方"背后的社会大动荡、大变革。他说:"自春秋迄汉初,在中国历史中,为一大解放之时代。于其时政治制度,社会组织,及经济制度,皆有根本的改变。"在政治上,上古为贵族政治,诸国有为周室所封者,有为本来固有;国中之卿大夫皆为公族,皆世官世禄;所谓庶人皆不能参与政权。但自春秋之后,贵族政治开始崩坏,"孔子本宋之贵族,而'为贫而仕','尝为委吏矣','尝为乘田矣';此贵族之降而为民者也。如是阶级制度,逐渐消灭,至汉高遂以匹夫而为天子,此政治制度及社会组织之根本的变动也"。[1] 在经济上,与贵族政

---

[1] 冯友兰:〈泛论子学时代〉,《中国哲学史》上,上海:华东师范大学出版社,2003年,第19—20页。

治相连带的经济制度,即所谓井田制度。在上古封建制度下,天子、诸侯及卿大夫,在政治和经济上皆为人民之主。例如周以土地封其子弟为诸侯,即使其子弟为其地之君主兼地主;诸侯再以其地分与其子弟,其子弟再分与庶人耕种;庶人不能自有土地,故只能为其政治和经济的主人作农奴而已。"史谓商鞅'坏井田,开阡陌……王制遂灭,僭差无度,庶人之富者累巨万'。此农奴解放后'民'之能崛起占势力为大地主者也。所谓井田制度之崩坏,亦当时之普通趋势,不过商鞅特以国家之力,对之作有意识的、大规模的破坏而已。"①冯友兰先生认为:"此种种大改变发动于春秋,而完成于汉之中叶。此数百年为中国社会进化之一大过渡时期。此时期中人所遇环境之新,所受解放之大,除吾人现在所遇所受者外,在中国以往历史中,殆无可以比之者。即在世界以往历史中,除近代人所遇所受者外,亦少可以比之者。"②

冯友兰先生指出:在一社会之旧制度日趋崩坏的过程中,自然有倾向于守旧之人,目睹"世风不古,人心日下",遂起来为旧制度辩护,成为旧制度的拥护者,孔子就是这种人。不过在旧制度尚未动摇之时,只凭其是旧的,便足以引起人们的尊重。如果已经动摇,其拥护者就必须说出一套理由来,才能使时君世主及一般人信从。为旧制度提供理论上的根据,这就是孔子和后来的儒家所做的工作。孔子之后,有人起而批评或反对旧制度,有人要修正旧制度,有人要另立新制度取代旧制度,也有人反对一切制度。这是过渡时期旧制度失去了权威,新制度尚未建立,人们在徘徊探索中必然要发生的事情。儒家既然已建立起拥护旧制度的理论,与儒家意见不合的人,要想让人们信从自己的主张,也必须建立一套理论作为自己主张的根据。这就出现了荀子所说的,十二子之言,皆"持之有故,言之成理"的局面。

"大解放时代"所产生的子学必然地具有几个突出的特征:

第一个特征是思想和言论自由。孟子所说的"处士横议"和庄子所说的"各为其所欲焉以自为方",都是指当时的知识分子在思想上和言论上具有高度的自由。"处士"即没有当官的知识分子,"横议"即随心所欲地发表议论。"各为其所欲焉以自为方"即每个人都可以按照自己的愿望建立自己的

---

① 冯友兰:《泛论子学时代》,第21—22页。
② 同上书,第22页。

学说。春秋战国时期,周天子的天下已经分崩离析,诸侯各自为政,原有的制度和思想已经失去了权威,而新的权威还没有出现。在这种局面下,知识分子在行动上和思想上都获得了充分的自由。他们可以任意思想,任意言说,任意著述。当他们的主张在一个国家行不通时,还可以到另一个国家去游说,他们的来去是完全自由的;他们的思想和言论也是完全自由的。孔子、孟子就曾经带着学生周游列国,到过许多国家;他们的主张虽说没有得到哪个时君世主的认同,但却得到了足够的尊重。由于有了充分的自由,才有了先秦时期百家争鸣的局面。子学的形成得益于自由,同时也体现和推动了自由的发展。

第二个特征是思想的独创性。司马谈说:"《易·大传》:'天下一致而百虑,同归而殊途。'夫阴阳、儒、墨、名、法、道德,此务为治者也,直所从言之异路,有省不省耳。"(《史记·太史公自序》)先秦诸子都以治天下为己任,他们面对的虽然是同样的问题,但由于立场不同、所见不同,其主张也各自不同。"阴阳之术,大祥而众忌讳,使人拘而多所畏;然其序四时之大顺,不可失也。儒者博而寡要,劳而少功,是以其事难尽从;然其序君臣父子之礼,列夫妇长幼之别,不可易也。墨者俭而难遵,是以其事不可遍循;然其强本节用,不可废也。法家严而少恩;然其正君臣上下之分,不可改矣。名家使人俭而善失真;然其正名实,不可不察也。道家使人精神专一,动合无形,赡足万物。其为术也,因阴阳之大顺,采儒墨之善,撮名法之要,与时迁移,应物变化,立俗施事,无所不宜,指约而易操,事少而功多。"(同上)司马谈对诸子的评价大体不错。从他的评价中可以看出,诸子百家各有所得,亦各有所失。但他们的思想都是独立的创造,决不重复别人,也决不依傍别人;并且,诸子的思想在许多方面都是原创性的,诸如孟子的"四端说",荀子的"化性起伪",墨子的"兼爱"、"非攻",老子的"自然无为",庄子的"齐物"、"逍遥",法家的"综合名实",阴阳家的"世界图式",名家的"辨名析理"……这些思想在中国历史上都是第一次出现。诸子虽然也经常引用《诗》、《书》等古代典籍中的话,但目的是为了更好地阐明自己的思想,而不是解释古代典籍,也不是依傍古代典籍而立说。

第三个特征是思想的实用性。牟宗三曾说,《论语》的精义是践仁、知天,《孟子》的精义是尽心、知性、知天。好像先秦儒家也和宋明儒家那样只是在谈天道性命。其实并非如此,先秦诸子(包括儒家在内)倾心关注的是实际的社会问题,诸如分裂的天下如何重新统一,动荡的社会如何重新安定等等。他们的学说都是为了解决这些实际问题而创立的。孔子主张"为政以德","道之以德,齐之以礼";孟子主张"仁政",认为"不嗜杀人者能一之(统一天下)";荀子主张"隆礼敬士"、"尚贤使能";墨子主张"尚贤"、"尚同"、"兼爱"、"非攻";法家主张"务法不务德","任数不任人";老子主张"无为";庄子主张"在宥"。他们所讨论和关注的无一不是社会实际问题。就连被人视为不着实际的名家,也是为了"正名实以化天下"。

从春秋末至汉代初,子学时代延续了四百余年。"'自武帝初,立魏其武安侯为相,而隆儒矣。及仲舒对册,推明孔氏,抑黜百家,立学校之官,州郡举茂材孝廉,皆自仲舒发之。'(《前汉书·董仲舒传》)自此以后,以利禄之道,提倡儒学,而儒家又须为上所定之儒学。于是'天下英雄,尽入彀中';春秋以后,言论思想极端自由之空气于是亡矣。"[①]董仲舒之主张行,而子学时代终;董仲舒之学说立,而经学时代始。把汉武帝之后的时代称为"经学时代",并不意味着在这个时代中只有经学,而是说这个时代的学术思想都要受制于经学。"春秋战国时期是诸子百家争鸣的时期。各家各派,尽量发表各自的见解,以平等的资格,同别家互相辩论。不承认有所谓'一尊',也没有'一尊'。这在中国历史中是思想自由、言论自由、学术最高涨的时代。在经学时代,儒家已定为一尊。儒家的典籍,已变为'经'。这就为全国老百姓的思想,立了限制,树了标准,建了框框。在这个时代中,人们的思想都只能活动于'经'的范围之内。人们即使有一点新的见解,也只可以用注疏的形式发表出来,实际上他们也习惯于依傍古人才能思想。好像是两腿有病的人用拐杖支着才能行走,离了拐杖,他的腿就不起作用。"[②]

魏晋玄学是道家对独尊儒术政策的反弹,也可以说是子学对经学的反弹。魏晋时期,王弼、郭象等人诠释《老子》、《庄子》,使道家重新崛起,史称"新道家"。新道家反对名教,崇尚自然。因此许多人都说,魏晋是一个解放和自由的时代。实际上这种反弹从一开始便受到了来自各方面的打压,魏

---

① 冯友兰:〈泛论子学时代〉,第25页。
② 冯友兰:《三松堂全集》第一卷,郑州:河南人民出版社,2000年,第187页。

晋时期的"自由"与先秦时期的自由是无法比拟的。刘义庆《世说新语·文学》说:"王辅嗣弱冠诣裴徽,徽问曰:'夫无者,诚万物之所资,圣人莫肯致言,而老子申之无已,何邪?'弼曰:'圣人体无,无又不可以训,故言必及有;老、庄未免于有,恒训其所不足。'"《世说新语·言语》说:"孙齐由、齐庄二人,小时诣庾公。公问齐由何字,答曰:'字齐由。'公曰:'欲何齐邪?'曰:'齐许由。'齐庄何字,答曰:'字齐庄。'公曰:'欲何齐?'曰:'齐庄周。'公曰:'何不慕仲尼而慕庄周?'对曰:'圣人生知,故难企慕。'庾公大喜小儿对。"魏晋名士由衷敬慕老子、庄子等人及其思想,但却不敢把老、庄置于孔子之上,还须在表面上称孔子为大圣,称老、庄为中贤。更有甚者,由于"非汤武而薄周孔","越名教而任自然",嵇康被司马氏借故杀了头,阮籍被逼佯狂,向秀被迫"容迹"……试想,比他们更为"放肆"的庄子何曾遭到过这样的迫害?庄子生活的时代天下尚未统一,汤武周孔尚未被奉为圣人,儒家还未被定为一尊,因此他可以自由地想,自由地说。魏晋时代是天下一统、儒家一尊的时代,在这种情况下,他们虽然仰慕老庄、向往自由,但最终还须萎缩在名教中寻求"乐地"。由于失去了思想和言论自由,魏晋玄学一步步沦为清谈。① 所谓"清谈",也就是谈论一些不着实际的话题,诸如养生、言意、声无哀乐等。所言不着实际,使名士们可以避免政治迫害,但自八王之乱以后,他们又开始被追究清谈误国的责任。

宋明道学属于儒家。按道理说,在独尊儒术的时代儒家应该有充分的自由,而实际上儒家的思想也受到了限制。汉儒董仲舒适应时代的需要,一方面鼓吹国家的大一统,另一方面又大讲灾异、谴告。大一统思想符合统治者的口味,他因此也受到了景帝、武帝的尊敬;谴告说企图以神权制约王权,于是他便被打入了冷宫,吓得躲起来不敢再说话。自董子之后,没有哪个儒者胆敢再对政治、伦理等带有原则性的问题说三道四了。不敢谈外王,只好谈内圣,于是宋明道学便去讨论孔子所罕言的"天道"、"性命"。然则,魏晋名士尚清谈实属不得已,宋明道学家空谈心性似乎是他们的自觉。朱熹就曾告诫他的学生:"今自家一个身心不知安顿去处,而谈王说霸,将经世事业

---

① 王弼的"崇本举末"论和郭象的"名教出于自然"论谈的还包含有政治和伦理的意义,后来的玄学则纯属清谈了。

别作一个伎俩,商量讲求,不亦误乎?"①"愿以愚言思之,绌去义利双行、王霸并用之说,而从事惩忿窒欲、迁善改过之事,粹然以醇儒之道自律。"②不谈王说霸,不讲经世致用,这就是他们心目中的"醇儒",程、朱、陆、王等人就是以这样的"醇儒"自居的。

冯友兰先生指出:经学时代的学术,其思想上的基本特征就是依傍前人,如董仲舒之依傍孔子,魏晋名士之依傍老、庄,宋明道学家之依傍孔、孟。他说:"在经学时代中,诸哲学家无论有无新见,皆须依傍古代即子学时代哲学家之名,大部分依傍经学之名,以发布其所见。其所见亦多以古代即子学时代之哲学中之术语表出之。此时诸哲学家所酿之酒,无论新旧,皆装于古代哲学,大部分为经学,之旧瓶内。"③为什么会如此呢?冯先生分析说:"盖人之思想,皆受其物质的精神的环境之限制。春秋、战国之时,因贵族政治之崩坏,政治、经济、社会各方面,皆有根本的变化。及秦汉大一统,政治上定有规模,经济社会各方面之新秩序,亦渐安定。自此而后,朝代虽屡有改易,然在政治、经济、社会各方面,皆未有根本的变化。各方面皆保其守成之局,人亦少有新环境,新经验。以前之思想,其博大精深,又已至相当之程度。故此后之思想,不能不依傍之也。"④

虽说是依傍,但经学时代的学术较子学时代还是有进步的。例如:王弼所讲的"以无为本",就把老子的宇宙生成论改造成了宇宙本体论;他讲的言不尽意,也比《易传》、《庄子》更清楚;他的"圣人有情论"甚至可以说是天才的创造。宋明道学所讲的天道性命之学,也要比孔子、孟子、《易传》、《中庸》更深刻、更系统。孔子讲尧舜,董仲舒、朱熹、王阳明讲孔子;"但实际上,董仲舒只是董仲舒,王阳明只是王阳明。若知董仲舒之《春秋繁露》只是董仲舒之哲学;若知王阳明之《大学问》只是王阳明之哲学,则中国哲学之进步,便显然矣"⑤。

不过这些进步大多属于与社会实际不相干的领域,在政治、伦理等实际

---

① 〔南宋〕朱熹:《朱子大全》卷四十七,《答吕子约》。
② 同上书,卷三十六,《答陈同甫》。
③ 冯友兰:〈泛论经学时代〉,《中国哲学史》下,第3—4页。
④ 同上书,第4页。
⑤ 冯友兰:《中国哲学史》上,〈绪论〉,第15页。

问题上,经学时代的子学实无多大进步。孔孟讲王道、仁政,后儒依然讲王道、仁政;汉儒讲三纲五常,宋儒依然讲三纲五常。这种局面一直持续到清朝同光时期的"中体西用"。形成这种局面的根本原因在于中国社会的长期停滞。不过我们也应该看到,中国社会长期停滞,使得新的政治思想不曾再出现,甚至使得不同的政治思想也不曾再出现。诸如春秋战国时期,社会背景虽然一样,但诸子百家的政治思想并不一样:儒家主张仁政、德治,法家主张法治,墨家主张尚贤、尚同,道家主张无为而治。除了道家之外,其他各家的思想均能与当时的社会相关联。由此看来,这种局面的形成,除了中国社会的长期停滞这个主要原因,与汉武帝制定的"罢黜百家,独尊儒术"的思想原则也有很大的关系。"罢黜百家,独尊儒术"导致了儒家思想在中国社会中长期处于独尊的地位。到了唐代,韩愈又搞出了一个孔孟道统,致使后来的宋明道学不再关注外在的事务,而像佛教和后期道家那样把精力都收缩到个人心性中去了。汉武帝提倡独尊儒术,本意是要以思想上的大一统维护政治上的大一统,不料这种思想成了一种巨大的势力,到了后来,就连历代的帝王也无法控制它了。有些帝王想富国强兵,名义上还得说这是"以霸道行王道"。有些帝王想对原有的体制做少许的变革,在传统势力的反对下也实行不通。自唐宋之后,不用说其他思想不被容忍,就连儒家自身中有关"外王"、"事功"的思想也被视为"异端"。如此一来,中国的子学精神便被窒息了。

当然,在中国历史上并非完全没有不同的声音,不过,这种声音往往都很微弱,而且会不时遭到统治者和正统思想家的联合讨伐。诸如王船山、顾炎武、黄宗羲、李贽等人,哪一个不是躲在深山中悄悄地呻吟呢?现代人不了解他们的真实处境,以为他们的思想在当时也一定非常辉煌,岂不知他们是在冒着杀头的危险拼死一搏呢!

冯友兰先生说,至康有为止,中国的经学时代便告结束了。其实,一个时代的结束,并不像一个人死了那样一了百了。冯友兰先生自己在《中国哲学史新编》第七册《自序》中就曾说过:"在写第八十一章的时候,我确是照我所见到的写的。并且对朋友们说:'如果有人不以为然,因之不能出版,吾其为王船山矣。'"冯先生的担心说明经学传统的余威尚存,它还在潜移默化地阻碍着中国学术的发展和进步。

《月令》思想纵议

——兼议中国古代天文学向占星学的转折

章启群

提　要：汉代有"月令明堂"之学，后绝传。今人关于《月令》的专门论文几乎不见于典册。本文在简单梳理《月令》文本形成过程的基础上，试图论证《月令》是中国古代天文学向占星学转折时期的作品，既展示了中国上古农耕生活的宇宙观，又具有强烈的阴阳五行和占星学色彩，在中国思想史上具有独特的价值和意义。

关键词：月令　《逸周书》　中国古代天文学　中国古代占星学

《月令》现存于《吕氏春秋》、小戴《礼记》之中。《淮南子·时则训》与《月令》内容基本相同，略有增删。《逸周书》存《月令》篇目。[①]

汉代有"月令明堂"之学，后绝传。今人只是把《月令》作为与古代天文

章启群，1956年生，北京大学哲学系教授。
[①]　黄怀信先生认为："《月令》虽本在(《逸周书》)七十一篇书中，但既被编于《礼》书，流传自广，后之抄《周书》者无烦再抄，故致于'佚'。前人或以《周书》之《月令》亡于汉，实为未妥。"(《逸周书校补注释》，西安：三秦出版社，2006年，第59页)

历法相关的文献看待。但《吕氏春秋》与《淮南子》属于帝王书一类[①],《逸周书》作为史书,实质上具有《尚书》的性质,它们都把《月令》收入其中,尤其是《吕氏春秋》将之作为"十二纪"之首,由此可见《月令》与当时统治思想理念之间的内在相通。后来《月令》收入小戴《礼记》,在汉代就成为儒家经典,也表明它在思想史上的重要地位和价值。

本文试图就《月令》的思想史意义进行初步探索,并对其文本形成时间进行简单梳理,有关话题也涉及中国上古天文学的性质及其向占星学的转折。

一 《月令》与《逸周书》

《吕氏春秋》"十二纪"之首篇与《礼记·月令》文字几乎完全相同。所不同者如《礼记·月令》"某日立春",《吕氏春秋》作"某日乃春","帝藉"作"藉田","大"作"太"等,不害其义。《淮南子·时则训》则有增删,而前两个文本的不同文字在《淮南子·时则训》中各有同异。由此可以判定,这三个文本基本上属于同一来源。

《吕氏春秋》为吕不韦在世之时其门客所编纂,成书于秦统一之前,《礼记》为汉儒生编纂,因此,学界历来认为《月令》本属《吕氏春秋》,而《礼记》抄袭之。[②]《淮南子·时则训》成书时间不会早于前二者,这是定论。

《吕氏春秋》被认为是辑存古代典籍最重要的书,它的最大特点就是"殷周佚说,赖以谨存,尤可宝贵"[③]。遍观《吕氏春秋》,不难发现,它除了对于儒、墨、道、法、刑、名、兵各家进行整合、阐发之外,没有任何新的思想和学说

[①] 《史记·十二诸侯年表序》称吕不韦效仿孔子、左丘明等人作《春秋》、《左氏春秋》,"亦上观尚古,删拾《春秋》,集六国时事,以为……《吕氏春秋》。"《礼记正义》疏:"吕不韦说十月之令谓为春秋,事之伦类,与孔子所修《春秋》相附近焉。《月令》亦载天地阴阳四时日月星辰无行礼义之属,故云相近也。"(王利器:《吕氏春秋注疏》,成都:巴蜀书社,第17页)《淮南子·要略》陈述编纂者的意旨:"故著书二十篇,则天地之理究矣,人间之事接矣,帝王之道备矣。"胡适说:"《淮南王书》与《吕氏春秋》性质最相似,取材于吕书之处也最多。"(《中国中古思想史长编》,合肥:安徽教育出版社,2006年,第109页)

[②] 《十三经注疏·礼记正义·月令》陆曰:"此是《吕氏春秋·十二纪》之首,后人删合为此记。"

[③] 李慈铭:《越缦堂日记》第十册,《受礼庐日记》下册。引自王利器:《吕氏春秋注疏·序》,第18页。今人王利器对此多有考证,王范之《吕氏春秋研究》(呼和浩特:内蒙古大学出版社,1993年)则有专门研究。

出现。因此,我们也可以推断其中的"月令"不可能是它的原创作品,《月令》一定还有更早的文本来源,而且还应该是相对完整、基本定型的文本。

从这个推论出发,我们必然想到有《月令》存目的《逸周书》。今《逸周书》十卷,篇目70,《序》1篇,合71篇,文存59篇,有孔注者42篇。《逸周书》长期被认为是伪书,不为学界所重。但根据最新研究,《逸周书》最早的文本应该是西周王室文件的汇编。它经过历代战乱,虽有散乱、佚失,也有后人增删、补阙,但其中存在部分原始文本是可能的。

黄怀信先生研究发现,最早引用《逸周书》见于《墨子》、《战国策》。此外,《韩非子》、《吕氏春秋》等书亦有引文。当时人称《周书》,《左传》引文称《周志》或《书》,晋碑《齐太公吕望碑》称汲冢竹简中有《周志》。司马迁、郑玄、马融、王符、杜预、郭璞《山海经》注等称《周书》,许慎《说文解字》、郭璞《尔雅》注称《逸周书》。他得出结论认为:《逸周书》71篇编订时间大约在公元前522—前339年之间。①

罗家湘先生大致梳理了《逸周书》文本的流传路径,认为:"《逸周书》是以春秋早期编成的《周志》为底子,在战国早期由魏国人补充孔子《尚书》不用的材料以及当时流行的兵书等,编为《周书》。刘向整理的《周书》有71篇,晋孔晁为之作注,唐代仅存45篇,唐后又佚3篇。西晋时汲冢出土《周书》,见载于《隋书·经籍志》等,唐后人将剩下的42篇孔注本与汲冢本参并为一,称为《汲冢周书》。明以后,逐渐改称《逸周书》。"清修《四库全书》名之以《逸周书》,沿用至今,这就是今天《逸周书》书名的来历。② 由于今本

---

① 《墨子·七患》:"国无三年之食者,国非其国也;家无三年之食者,子非其子也。"与《逸周书·文传解》引用《夏箴》语略同。《战国策·秦策·田莘之为陈轸说秦惠王章》:"《周书》有言:'美女破舌',……《周书》有言:'美男破老。'"语见《逸周书·武称解》。(见黄怀信:《逸周书校补注释》,第39页)

② 罗家湘先生还认为:现存《逸周书》中《世俘》、《商誓》、《皇门》、《尝麦》、《祭公》、《芮良夫》是西周作品;《糴匡》、《大匡》第十一、《程典》、《宝典》、《酆谋》、《寤儆》、《和寤》、《大匡》第三十七、《文政》、《武儆》、《五权》、《成开》、《大戒》、《本典》、《官人》、《史记》等训诫书是春秋早期作品;其他多作于春秋时代,《文传》有战国中期的文字编入,《器服》可能是汲冢战国遣册混入其中。古文尚书》原有《成武》,后亡佚。其中82字为《汉书·律历志》引,得存。此文与《逸周书·世俘》几乎全同。学界很多人认为《世俘》就是《武成》。郭沫若认为《世俘》最为可信(见罗家湘:《逸周书研究》,上海:上海古籍出版社,2006年,第86页)。按:汲冢竹书发现于晋太康二年(281年)或咸宁五年(279年)或太康元年。荀勖、和峤认为墓葬主人是魏襄王(前318—295年在位),卫恒、束皙认为是魏安釐王(前276—254年在位)。

《逸周书·器服》基本上确认为是记载汲冢主人随葬品的遣册(清单),因此也可以确定现存《逸周书》与汲冢竹书之间的联系是不可分割的。汲冢墓主是战国时期魏王,由此可知,现存《逸周书》至少有部分文本的年代最晚不晚于战国。

这些结论给我们寻找更早的《月令》文本提供了可能。

其实,关于《逸周书》与《月令》的关系,东汉蔡邕《明堂月令论》就有断论:"《周书》七十一篇而《月令》第五十三,秦相吕不韦著书,取《月令》为《纪》首;淮南王安亦取以为第四篇,改名曰《时则》,故偏见之徒或云《月令》吕不韦作,或曰淮南,皆非也。"①他的看法很明确,《月令》的最早文本存于《逸周书》,《吕氏春秋》、《礼记》、《淮南子》皆抄录此本。而且蔡邕认为《逸周书》的作者是周公,因此,他也明确地说:"《月令》周公所作。"②

又《隋书·牛弘传》曰:"今《名堂月令》者,郑玄云:'是吕不韦著,《春秋十二纪》之首章,礼家钞合为《记》。'蔡邕、王肃云:'周公所作。《周书》内有《月令》第五十三,即此也。'"这些观点宋代王应麟在《困学纪闻》亦有所述:"《汉书·艺文志》:'《周书》七十一篇。'刘向云:'周时诰誓号令,盖孔子所论百篇之余。'隋唐《志》系之汲冢,然汲冢得竹简书在晋咸宁五年,而两汉已有《周书》矣。……马融注《论语》引《周书·月令》,皆在汉世。"③可见两汉时期不仅《周书》流传,而且《月令》还在《周书》之中。

但问题在于这个《周书》与汲冢《周书》以及今本《逸周书》是什么关系?考蔡邕等人记述,汉代《周书·月令》与《吕氏春秋》、《礼记》中的《月令》也是同一文本。据此可以得出两种推论:第一,《汲冢周书》有《月令》,后来与汉代《周书》整合,即为今日所见之《月令》。这样《月令》的文本至少可以上

---

① 转引自黄怀信,前引文献,第25页。
② 蔡邕:《月令章句》,见马国翰:《玉函山房辑佚书》第一册,上海:上海古籍出版社,1990年影印版,第914页。
③ 《困学纪闻》卷二,沈阳:辽宁教育出版社,1998年,第48页。关于《月令》是周公所作之说,亦属臆断。《礼记注疏》孔颖达疏:"按郑目录云:'名曰《月令》者,以其纪十二月政之所行也。本《吕氏春秋》十二月纪之首章也,以《礼》家好事抄合之,后人因题之名曰《礼记》,言周公所作,其中官名、时、事,多不合周法。此于《别录》属《明堂阴阳记》。'"孔颖达:《月令》有"大尉"之官,周无而秦有之,《月令》以十月建亥为岁首,此合秦历而不合周历,证明《月令》本不属于周法(见[清]孙希旦:《礼记集解》,北京:中华书局,1989年,第399页)。

推至战国魏安釐王（前276—254年）时代。第二，《汲冢周书》没有《月令》，现存《逸周书·月令》或是汉代流传《周书》中的《月令》，或是汉儒后来的编纂。如果属于汉儒编纂，那么，它的源头又重新回到《吕氏春秋》。

现在还没有直接的证据肯定上述哪一种结论。从历代史书"艺文志"对于《逸周书》的记载情况，我们虽然不能得到明确的判断，但觉得得出第一种结论的可能性很大：

《汉书·艺文志·六艺略·书类》："《周书》七十一篇，周史记。"

《隋书·经籍志·杂史类》："《周书》十卷，汲冢书，似仲尼删书之余。"

《旧唐书·艺文志·杂史类》："《周书》八卷，孔晁注。"

《新唐书·艺文志·杂史类》："《汲冢周书》十卷；孔晁注《周书》八卷。"

《宋史·艺文志·杂史类》："《汲冢周书》十卷，晋太康中于汲冢得之。"

元马端临《文献通考·经籍考》二十二："《汲冢周书》十卷。晁（公武）氏曰：'晋太康中汲郡与《穆天子传》同得。'晋孔晁注：'盖孔子删采之余，凡七十篇。'"

这里有两个系列：一是汉代流传的《周书》8卷71篇，孔晁作注，现存42篇，其中没有《月令》；二是《汲冢周书》10卷。《新唐书》同时记载二者，证明当时二者并存。《宋史》只存《汲冢周书》10卷。前述罗家湘先生认为，唐以后人将剩下的42篇孔注本与汲冢本参并为一，称为《汲冢周书》。但元代马端临引南宋晁公武说仍称《汲冢周书》10卷出于汲冢。说明宋代《汲冢周书》完整存在仍有可能。此外，《汲冢周书》的卷数一直多于汉代流传的《周书》，也没有任何记载说它的哪些篇目少于汉代《周书》。因此，完全否定《汲冢周书·月令》存在的根据还没有出现。而且，这也是至今发现《月令》最早文本的唯一可能。

以上推论固然还缺乏充分的证据，但从逻辑和思想发展的线索来看，基本上是可以成立的。这样，《月令》文本成型至少在魏襄王或安釐王时代。那么它的上限为何时？

现存《月令》中已有阴阳五行学思想,音律之学亦颇精致。可见西周初期不可能出现《月令》这样完整的作品。顾颉刚先生说:《月令》"把十二个月的天象、地文、神道、祭祀、数目、声律、臭味、颜色、政事、禁忌……一切按五行方式分配的,和汉人的《洪范五行传》相同。"而这一切都是受邹衍的影响。① 胡适则明确认为《月令》是《吕氏春秋》采自邹衍的"机祥度制",他说:

> 故我们用《月令》来代表邹衍的机祥度制,大概是不错的。《吕氏春秋》采邹衍的五德终始论,不提他的姓名;采《月令》全部,也不提及来源,这大概是因为吕氏的宾客曾做过一番删繁摘要的工作。从邹子的十余万言里撷取一点精华来,也许还稍稍改造过,故不须提出原来的作者了。……更到后来,这分月的机祥度制竟成了中国思想界的公共产业,《淮南王书》收作《时则训》,《礼记》收入《明堂阴阳记》一类,即名为《月令》,而伪造的《逸周书》又收作《时训解》,于是蔡邕、王肃诸人竟认为此书是周公所作了。从此以后,《月令》便成了中国正统思想的一部分,很少人承认它是秦时作品,更无人敢说它出于"齐学"了。②

尽管胡适的看法没有证据,我还是大致同意他的推测:首先,《月令》与邹衍的关系应该非常密切;第二,《月令》的完整文本应当完成于战国中晚期。但是,我不认为现存的《月令》文本完全是邹衍所作,它不可能是出于一人之手。因为,《月令》中的某些思想体现了上古中国最深厚、最原初的一种思想,源远流长,它的形成过程也是漫长的。

二 《月令》与《夏小正》、《诗经·豳风·七月》

现存描述四季物候和农耕生活的先秦文本,除《月令》外还有《夏小正》

---

① 顾颉刚:《中国上古史研究讲义》,北京:中华书局,1988年,第48页。按:钱穆认为邹衍年代约为公元前305—前240年(见钱穆《先秦诸子系年》,北京:商务印书馆,2001年,第697页)。也有人认为《月令》属于战国时期的占星家甘德的星名体系(见武家璧:《观象授时——楚国的天文历法》,武汉:湖北教育出版社,2001年,第96页)。

② 胡适:《中国中古思想史长编》,第15页。后来徐复观先生也认为《月令》与《吕氏春秋·十二纪》、《逸周书》以及邹衍的阴阳五行思想之间具有内在的关系。详见徐复观:《汉代思想史》第二卷《吕氏春秋》及其对于汉代学术与政治的影响》,上海:华东师范大学出版社,2001年。

与《诗经·豳风·七月》。

《夏小正》现存大戴《礼记》中,《隋书·经籍志》首次单行著录,注明戴德撰写,别出当在齐梁间。《夏小正》全书463字,文字古奥,错乱残缺不可避免。《四库全书总目提要》云:"《小正》文句简奥,尤不易读。"现存戴德的《传》可以在一定程度上帮助我们理解。在很长时间里人们忽视《夏小正》的价值。① 当代专治"三礼"的沈文倬先生说:"《夏小正》一书(就其经文言)应与《尚书》《诗经》一样,看做是我国最古的文献资料之一;因它被收入《大戴礼记》中而贬低其价值是不对的。"他认为,"只要有部分真实,仍不失为研究夏后氏的重要材料"②。

孔子曾主张"行夏之时,乘殷之辂,服周之冕"(《论语·卫灵公》)。"行夏之时"就是行夏代历法。《竹书纪年》语云:"帝禹夏后氏元年壬子,帝即位居冀,颁夏时于邦国。"这说明有一种"夏时"即夏历存在并流传。此外,甲骨卜辞属于商代中后期,虽然没有明确农事季节的名称,但对于年月日与农事关系的记录描述已经相当精确,并且相当稳定。可以推论,在这种比较成型的历法之前应该有一种更原始、更简易的历法。夏历的存在应该是不容置疑的。

《礼记·礼运》记载:"孔子曰:我欲观夏道,是故之杞,而不足徵也,吾得夏时焉。"郑玄注:"得夏四时之书也。其书存者有《小正》。"《史记·夏本纪》云:"孔子正夏时,学者多传《夏小正》云。"沈文倬先生认为,杞国是夏后裔,夏代的历法在传说中保留一些下来,到春秋时始被录成书,这是可能的。战国中叶,这类书大多被收入"记"中。"记"是当时儒者阐述前代政典即《经》的著作,后来汉儒加一"礼"字,为《礼记》。《礼记·夏小正》很可能保留了一些夏代的历法材料。因此,沈文倬先生明确肯定《夏小正》是《月令》的前身或源头:

---

① 据沈文倬先生研究,自汉至宋,《夏小正》只有卢辩的注。宋代有傅崧卿和金履祥的注释,清代形成整理《夏小正》为研究天文学动植物的专门科学,先后有二十多家。校勘以卢文弨、黄丕烈、孙衍星、叶大壮最著名,注释有诸锦的《夏小正诂》、孔广森的《夏小正补注》、毕沅的《夏小正考注》、王聘珍的《夏小正解诂》、朱俊声的《夏小正补传》、王筠的《夏小正正义》等(见沈文倬:《菿闇文存》,北京:商务印书馆,2006年,第1001—1002页)。
② 沈文倬,前引文献,第1001—1002页。

后来的《月令》、《吕氏春秋·十二纪》等书所反映的事物更多，更为系统，都是《夏小正》的发展，只是由于当时已经进入阶级社会，本来由公社抽出一些人担任的事务，到此变为皇帝的明堂布政。①

许倬云先生说："以《夏小正》与《礼记》中的'月令'对比，前者代表了朴素简单的原型。《礼记》'月令'之中，颇多插入战国时代的资料；因此，'月令'中的岁时行事，不能作为西周生活的依据。"②陈遵妫先生说："《夏小正》相传是夏代的历法。……尽管这书作于西周至春秋末叶之间，也可能为春秋前期杞国人所作或春秋时居住在夏代领域沿用夏时者所作，但其中一部分确信是夏代流传下来的。"他认为，《夏小正》根据天象、物候、草木、鸟兽等自然现象，定季节、月份，还记有各月昏旦伏见南中的星象，并指明了初昏斗柄方向和时令的关系，这可能是后代每月斗建的起源。③

李学勤先生也认为，由戴德最后编订的《夏小正》极可能依据夏代传下的历法（夏时）。他说：

> 可见从晚周到汉代，人们都认为《夏小正》确与夏代有关。学者认为《夏小正》是"我国现存最早的，具有丰富物候知识的著作"，是合乎实际的。……其经文不会像一些学者所说的晚到战国时期。④

冯友兰先生则认为《月令》来源于《夏小正》和《管子·幼官》。⑤

我们先节录其中一个月，直观地了解一下《夏小正》：

三月：参则伏。摄桑。委杨。羊韭（原为一个字）羊。縠（原字中

---

① 沈文倬：《菿闇文存》，第1000页。因此，《礼记》后来又有"月令"、"明堂"学问之说。《月令》除历法之外还包括明堂制度。刘向《别录》："《月令》属《明堂阴阳记》。"《路史·余论》卷二《唐书月令》："顷见郭京《易举正序》言：'我唐御注《孝经》，删定《月令》。'以知唐室尝改古之《月令》矣。中见斗南于世家获唐版五经首帙为贶，其本既《礼记》以为先，而《月令》冠篇，《曲礼》次之。……此即《唐志》御定《礼记月令》一卷者，……"（见王利器：《吕氏春秋注疏》，第23页）"明堂"学内容后来亡佚，"月令"古学也在魏晋时亡佚。
② 许倬云：《西周史》，北京：三联书店，2001年，第283页。
③ 陈遵妫：《中国天文学史》第一册，上海：上海人民出版社，1980年，第200页。
④ 李学勤：〈夏小正新证〉，载《古文献丛论》，上海：上海远东出版社，1996年，第212—222页。詹子庆先生说：《夏小正》是"我国现存的一部最古老的月令。它是按十二月顺序，详细地记载了大自然包括天上星宿、大地生物和与之相应发生的变化，形象地反映了上古先民对时令气候的认识"（见詹子庆：《夏史与夏代文明》，上海：上海科学技术文献出版社，2007年，第32—33页）。
⑤ 冯友兰：《三松堂全集》第七卷，郑州：河南人民出版社，2000年，第430页。

"米"为"虫")则鸣。颁冰。采识。妾子始蚕,执养宫事。祈麦实。越有小旱。田鼠化为鴽。拂桐芭。鸣鸠。①

其中内容包括：

物候:摄桑(桑叶嫩,聂合未张),委杨(杨树茂盛),羊韦羊(羊相逐),𪎮(蟋蚱)则鸣,田鼠化为鴽(鹌鹑),拂(击)桐芭(葩),鸣鸠。

气象:越(于时)有小旱。天象:参则伏(隐藏不见)。

农事:采识(即藏,一种草),妾(蚕妾)子(女子)始蚕,祈麦实。

政事:颁冰(分冰给大夫)。

可见《夏小正》不是单纯的关乎四季日月星辰运行的历法,它把天候物象与农业生产联系起来,通告什么时候适宜和不适宜各种农业工作,与农政相关,像是农书。这一点正是它的主要内容和目的。清代学者王筠解释《夏小正》的"正"字,以为是"政之古文,非正朔之正"②。

与农耕生活相关的上古文献还有《诗经·七月》：

> 七月流火,
> 八月萑苇,
> 蚕月条桑,
> 取彼斧斨。
> 以伐远扬,
> 猗彼女桑。
> 七月鸣鵙,
> 八月载绩。
> ……
> 五月斯螽动股,
> 六月莎鸡振羽。
> 七月在野,

---

① 〔清〕王聘珍:《大戴礼记解诂·夏小正第四十七》,北京:中华书局,1983年。张汝舟:《二毋室古代天文历法论丛》无"执养宫事",杭州:浙江古籍出版社,1987年。
② 见沈文倬:《菿闇文存》,第1001—1002页。

八月在宇，

　　九月在户，

　　十月蟋蟀入我床下。（《七月》节选）

作为中国最早的一部诗歌总结，《诗经》不仅是诗歌史和文学史的宝藏，也是社会学和思想史的宝藏。现代学者一般认为《豳风·七月》的产生年代大约是西周初期，即公刘处豳时期。[①] 这首民歌，不仅描述了一年之中每个月具体的农事，描述了劳动者生动鲜活的思想情感，包括春日里的欢快、秋收的喜悦、酒宴上的欢庆、肃穆的祭祀活动以及对于统治者的抱怨和无奈，还记述了天象与季节农时的关系，是我们见到的最早的描述季节与农耕生活的可信文献。但它只是素朴地描写四季物候和农家生活，还没有涉及神道、声律、臭味、政事、颜色等。

再看看《月令》：

　　孟春之月，日在营室，昏参中，旦尾中。其日甲乙，其帝大皞，其神句芒，其虫鳞，其音角，律中大蔟。其数八，其味酸，其臭膻，其祀户，祭先脾。东风解冻，蛰虫始振，鱼上冰，獭祭鱼，鸿雁来。天子居青阳左个，乘鸾路，驾苍龙，载青旂，衣青衣，服仓玉，食麦与羊，其器疏以达。是月也，以立春。先立春三日，大史谒之天子曰："某日立春，盛德在木。"天子乃齐（斋）。立春之日，天子亲率三公、九卿、诸侯、大夫以迎春于东郊，还反，赏公、卿、诸侯、大夫于朝。命相布德和令，行庆施惠，下及兆民。庆赐遂行，毋有不当。乃令大史守典奉法，司天日月星辰之行，宿离不贷，毋失经纪，以初为常。是月也，天子乃以元日祈谷于上帝。乃择元辰，天子亲载耒耜，措之于参保介之御间，帅三公、九卿、诸侯、大夫躬耕帝藉。天子三推，三公五推，卿、诸侯九推。反，执爵于大寝，三公、九卿、诸侯、大夫皆御，命曰劳酒。是月也，天气下降，地气上腾，天地和同，草木萌动。王命布农事：命田舍东郊，皆修封疆，审端经、术，善相丘陵、阪险、原隰土地所宜，五谷所殖，以教民道，必躬亲之。田事既饬，先定准直，农乃不惑。是月也，命乐正入学习舞。乃修祭典，命

[①] 参见《汉书·地理志》："公刘处豳，……故豳诗言农桑衣食之本甚备。"颜师古注："谓《七月》之诗。"

山林川泽,牺牲毋用牝。禁止伐木。毋覆巢,毋杀孩虫、胎、夭、飞鸟,毋麛,毋卵。毋聚大众,毋置城郭。掩骼埋胔。是月也,不可以称兵,称兵必天殃。兵戎不起,不可以从我始。毋变天之道,毋绝地之理,毋乱人之纪。孟春行夏令,则风雨不时,草木蚤落,国时有恐;行秋令,则其民大疫,猋风暴雨总至,藜、莠、蓬、蒿并兴;行冬令,则水潦为败,雪霜大挚,首种不久。(节录"孟春之月")①

比较一下可以发现《月令》、《夏小正》、《豳风·七月》的关系:《七月》是纯粹的农事诗,但已经把天象当做农事的必备元素;《夏小正》比《七月》更系统、细致地描述了天象、气象、季节与农事的关系,还记述历法与祭祀的关系,但没有阴阳五行思想;《月令》则不是简单的纪年纪月纪日,它把一年十二个月分春、夏、秋、冬四季,分别对应五行之木、火、金、水,每季又分孟、仲、季三月,每月之下记其星、日、帝、神、虫、音、律、数、味、臭、记、祭。取一年中居中一日为中央土,亦记其星、日、帝、神、虫、音、律、数、味、臭、记、祭。它不完全是历法,而是以十二律为经、五行为纬构成的一种天人模式。② 这里,五音、无色、五味、五方、十二律与天地日月、山川草木、鸟兽鱼虫、鬼神祖先、男女老少等交互一体,与季节发生特定的关联,同时对于帝王后妃、文武百官与士农工商的生活与劳作也逐一安排,展示了中国当时社会生活的全景图。很明显,其中五行思想得到十分成熟和充分的表现。冯友兰先生说:在《月令》中,"阴阳五行家以传统的术数为资料,以五行观念为基础,用以解释他们所日常接触到的一些自然现象和社会现象。他们由此虚构了一个架子。在他们的体系里面,这是一个空间的架子,也是一个时间的架子,总起来说,是一个世界图式。"③

以上所述,表明《月令》与《夏小正》、《诗经·七月》之间具有一种思想传承关系,《豳风·七月》可以说是《月令》的最早形态,《夏小正》居中,《月令》在某种意义上则是《豳风·七月》的终结形态,而且成了一种模式,一种

---

① 引文出自孙希旦:《礼记集解》,第400—421页。
② 参见王锦民:《古学经子——十一朝学术史新证》,北京:华夏出版社,1996年,第149页。
③ 冯友兰:《三松堂全集》第七卷,第437页。

上古天人关系的模式。①《月令》作为一种专门之学,除了在历法方面对后世产生很大影响,而且作为一种宇宙观和意识形态,对汉人产生了深刻影响,汉代经学打上了这个模式的深深印记,并且影响了整个中国古代思想。②

为什么在中国上古会形成这样的天人模式呢?

三　中国上古生活与天文学

《诗·豳风·七月》起首句"七月流火"。"火"指大火星,后来被称为心宿二,现在通称为天蝎座α星。此句意为:在七月的黄昏时,大火星开始由南偏西向下降行。它不仅表明当时人们认识大火星,还表明这个星与日常生活密切相关。③《夏小正》则把天象与农耕生活更直接地结合起来。例如,《夏小正》:"五月,初昏大火中,种黍菽糜。"④如果说《豳风·七月》只是一种民间歌谣,吟唱先民日出而作、日落而息的农耕生活,那么,《夏小正》就是一种历书的雏形,用来指导先民的日常生活。

上古先民在描述天象和星辰的时候,总是与农耕生活内容相关的。农耕生活决定着当时的天文学内容和性质,或者说决定着当时人们的宇宙观。《左传》昭公十七年记梓慎言曰:"夏数得天。"《逸周书·周月解》亦云:"夏数得天,百王所同。"说明夏历比较适合农时、符合天象。现代考古学证明,中国大约在一万多年前就出现了农业。⑤ 这种早熟的农耕文明无疑是决定早期中国天文学形态的根本因素。就像古代埃及人根据尼罗河水的涨落来

---

① 《夏小正》虽然有夏代历法材料,但混杂了春秋时期的一些思想,成书可能较晚。《七月》可以基本确定为西周作品。
② 可参见徐复观:《汉代思想史》第二卷载《〈吕氏春秋〉及其对于汉代学术与政治的影响》。
③ 张汝舟先生发现中国上古天文学中的几个概念"中"、"流"、"伏"、"内(入、纳)",表明不同月份中星宿在天际显示的不同位置和状态。例如:"昏火中"(《月令》六月记),"流火"(《诗经·七月》),"辰则伏"(《夏小正》八月记),"内火"(《夏小正》九月记)(见《二毋室古代天文历法论丛》,第16页)。
④ 后人考察《夏小正》的说法符合农事规律。宋书升《〈夏小正〉笺疏》曰:"五月中气黄道日躔柳十六度九分,昏之中星,当距日一百七度,日距心前一百一度二十分,故大火中。心中,种黍菽糜时也。……《尚书·考灵曜》云:'主夏者,心星昏中,可以种黍'是也。又言菽者,《尚书·大传》云:'主夏者,火星中,可以种黍菽。'又言糜者,《开元占经》引《神农书》云:'大岁在四仲夏至,可种糜。'此正夏至种糜之据也。"(转引自沈文倬:《菿闇文存》,第1001页)
⑤ 详见袁行霈等主编:《中华文明史》第一卷,北京:北京大学出版社,2006年,第31—34页。

决定历法一样,中国原发形态的农耕文明决定我们的先人必然由"观象授时"来制定历法。① 这是中国古代天文学的一个本质特征。

因此,中国的历法一开始就不是单纯地纪日、纪月、纪年,每一天,每一月,都有具体的农事。这种历法可以说是"农时"的代名词,也就是后来的农书。对中国古代天文历法有精深研究的张汝舟先生说得很明确:

> 中国古代"天文"与"历法"是一回事,它的观察对象虽也是天文,这与西方天文学是一致的,但观察的目的却是"观象授时",这与西方天文学又有所不同了。两者不应混淆,混淆是有害的。②

现存的中国早期天象资料可以清楚地说明这一点。

由于中原地区四季分明,古人最早注意的天象,除了日月风雷雨雪,最早观测的星大概是北斗七星。也有人说是红色亮星大火。传说颛顼、尧时就有火正,负责观测大火,指导农事。③ 据推算,公元前2400年左右,黄昏时在地平线上见到大火,正是春分前后的播种季节。此后白昼越来越长,进入农忙季节。④ 殷商武丁时期,初昏大火星在正南方的时间是仲夏之月,这与《尚书·尧典》记载的"日永星火,以正仲夏"是一致的。⑤ 说明大火星的观测历史远在上古。

夏代可能用立杆测影法来计量年月日。昼夜变化成日,寒暑变化成年。冬至后两月为孟春,作一年之始。干支记日一轮正好两个月。⑥《夏小正》中有十二月,节气有启蛰(惊蛰)、夏至、冬至,不仅对农业和物候关系观察十分仔细,而且《夏小正》正月记"越有小旱",四月记"越有大旱",七月记"时有

---

① 古代人们传说关于"观象授时"的历史是从三皇五帝开始的。《史记·历书》云:"黄帝考定星历,建立五行,起消息,正闰余,于是有天地神祇物类之官。"《尚书·尧典》云:帝尧"乃命羲和,钦若昊天,历象日月星辰,敬授人时"。
② 张汝舟:《二毋室古代天文历法论丛》,第13页。
③ 《国语·楚语》:"颛顼受之,乃命南正重司天以属神,命火正黎司地以属民。"《史记·历书》有同样记述。《左传》襄公九年:"陶唐氏之火正阏伯居商丘,祀大火,而火纪时焉。"陶唐氏即帝尧,"火正"就是观测大火星的官员,说明帝尧时已有历象天文"观象授时"的官员。比较可靠的是夏商周三代都设有天文官员。西周称冯相氏、保章氏,还有执掌漏壶的挈壶氏。
④ 中国天文学史整理小组编著:《中国天文学史》,北京:科学出版社,1981年,第10页。
⑤ 见常玉芝:《殷商历法研究》,长春:吉林文史出版社,1998年,第403页。
⑥ 见殷玮璋、曹淑琴:《中国远古暨三代科技史》,北京:人民出版社,1994年,第95页。

霖雨",已经把直接影响农作物生长的重大气象情况记述出来。《国语·周语中》云:"《夏令》曰:'九月除道,十月成梁。'"表明夏代历法与人们农业生产生活的密切关系。有人认为,《夏小正》产生的时代,正处于自然历(以观测物候定农时)向观象授时(以观测天象确定农时)的过渡阶段。① 在这个阶段,古人用肉眼观测容易见到的参、大火、北斗、织女等星象,看它们于日出日落前后在天空的方位,来确定月份和季节,再参照气象、自然景物和物象来制定历法。例如,《夏小正》载:"正月,鞠则见,初昏参中,斗柄悬在下。"在黄昏时看到参星正好在正南方的上空,北斗的斗柄又指在正下方,就可以知道这是正月了,将月份与具体天象联系起来。

殷商时代,现存殷墟甲骨文中有月、日、年字,甲骨卜辞每条都记有日期。记日用干支,甲骨文中有完整的干支表。② 记月用数字一、二、三……十二月一年,闰月为十三月。但季节只有"春"、"秋",没有"冬"、"夏"。甲骨文中有连续10天的气象记录,为当时世界之最。卜辞中有对风雨、阴晴、雷、霾、雪、虹、霞的记载,其中关于风有分大风、小风、大骤风、大狂风的不同,而卜雨的卜辞数量最多,据统计共有344条。③ 除"雨"、"乃雨"、"亦雨"、"帝令雨"、"不雨"等,也有"大雨"、"多雨"之分。另外,殷墟甲骨中有不少卜辞卜问"旱"的情况,还有大量卜问"立黍"(商王是否要亲自莅临视察种黍或种黍)、"受(帝授)年(成)"、"受禾"、"保(帝保佑)年"等卜辞,以及大量关于耕耘、收割、节气与农事活动的卜辞。④ 根据常玉芝的研究,"殷人将一年分为春、秋两季。春季相当于殷历的十月到三月,即夏历的二月到七月,即农作物的播种、生长时期;秋季相当于殷历的四月到九月,即夏历的八月到一月,即农作物的收获时期。"据此,"气象卜辞证明殷历岁末岁首的

---

① 见中国天文学史整理研究小组编著:《中国天文学史》,第3页。
② 可能盘庚迁殷(约前1300年)之前已经采用干支纪日。《春秋》记载的第一次日食发生在鲁隐公三年(前720年)二月己巳日,这次日食已被证实,日期准确。由此证明从春秋一直到清宣统三年,干支纪日2600余年,没有一日差错。天干地支的起源,有学者认为天干与羲和生十个太阳、地支与常羲生了十二个月亮的神话有关(见黄金贵主编:《中国古代文化会要》,杭州:西泠印社出版社,2007年,第65页)。
③ 见常玉芝:《殷商历法研究》,第386页。
④ 例如:"贞:帝不降大旱。九月。"(《合集》10167)"月一正曰食麦。"(《合集》24440)(见常玉芝,前引文献,第409—422页)

交接是在夏季;殷历的岁首一月是种黍和收麦之月,即相当于夏历五月;殷人以'大火'(即心宿二)昏见南中的夏历五月为岁首,即殷正建午。但由于殷人尚处在观象授时的历史阶段,还没有掌握置闰的规律,或是建巳,或是建未。"①可见,殷代历法是以与农作物的生长、收获季节相符合为依据的。

一般认为,《尚书·尧典》关于四仲中星的说法与二分二至相关。《尧典》曰:"日中星鸟,以殷仲春;日永星火,以正仲夏;宵中星虚,以殷仲秋;日短星昴,以正仲冬。"这里的仲春、仲夏、仲秋、仲冬,即是春分、夏至、秋分、冬至。就是说,在黄昏时候,星鸟(心宿一)正好出现在南方中天,就是春分,这时昼夜长度相等;大火(心宿二)出现于南方中天就是夏至,这时白昼时间最长;虚(虚宿一)出现于南方中天则为秋分,这时昼夜长度相等;昴出现于南方中天则为冬至,这时白昼时间最短。用四组恒星黄昏时在正南方天空的出现来规定季节,而且知道这四气在仲春、仲夏、仲秋、仲冬月份之中,这种知识最晚在商代末期形成。因为甲骨文中就有用来描绘春天南方中天初昏时天象的鸟星。这大概是古人春夏秋冬四季星象的最早思想。②《尚书·尧典》:"期三百有六旬有六日,以闰月定四时成岁。"表明一年366日、"四时

---

① 常玉芝,前引文献,第425—426页。她的结论也完全证明了关于夏代建寅、商代建丑、周代建子的"三正说"只是汉儒的臆造,纯属子虚乌有。杨向奎先生的研究也表明,商代历法的岁首实际上是不固定的。他说:"我国早期历法中,虽然季节月名有基本固定的关系,但岁首有一定的摆动。因此认为:商代历法的岁首很可能在主要农作物收获前后的秋季,即建申、建酉,含有立秋至寒露、霜降三个月中,这不仅符合武丁纪月的月食考订,也能解释许多纪月与季节有密切关系的农事、气象卜辞。"(杨向奎:《宗周社会与礼乐文明》,北京:人民出版社,1997年,第244页)张汝舟先生经过对比,发现《夏小正》、《诗经·七月》和《月令》皆用殷正,《尚书·尧典》用的是夏正(见张汝舟:《二毋室古代天文历法论丛》,第597—598页)。

② 中国天文学史整理小组编著,前引文献,第11页。也有人认为"日中"、"日永"、"宵中"、"日短"指二分二至(见徐传武:《中国古代天文历法》,济南:山东教育出版社,1996年,第50页)。有学者认为:"战国秦汉间的四季仲月初昏中星,据《礼记·月令》与《吕氏春秋》记载,是弧矢、亢宿、牛宿、壁宿。这是战国秦汉间的天文历法现象,当时人抬头即见,容不得任何人作伪。而《尧典》四中星却是星宿、大火、虚宿、昴宿,它与战国秦汉四中星相比,各星向西后退了大约三十度。……中间就要经过2152.5年,这正是帝尧到战国秦汉之间的年数。由此可知,《尧典》中的历法材料,一定就是当时的历法天文材料,而不是战国秦汉人的作伪。"(郑慧生:《星学宝典〈天官历书〉与中国文化》,开封:河南大学出版社,1998年,第24页)竺可桢曾认为《尧典》四仲中星是殷末周初时候的天象。还有人认为四仲中星是公元前2100年左右的天象(见江晓原:《占星学与传统文化》,桂林:广西师范大学出版社,2004年,第58—59页)。据《左传》记载,我国最早的冬至时刻的测定,是在春秋时代鲁僖公五年(前655年)正月辛亥,和鲁昭公二十年(前522年)二月己丑两次。是用圭表测定的(见申先甲:《中国春秋战国科技史》,北京:人民出版社,1993年,第82页)。

成岁"以及闰月的概念已经十分明确。

西周不仅对年月日有明确区分,还用十二地支来计时,把一天分为十二个时辰。干支纪时是秦汉以后,在古代十二辰基础上建立的。大概在周以前就发明了计时的仪器漏壶。《诗经》有很多诗篇将星辰的出没与季节变化和农业生产生活结合起来,例如《豳风·七月》、《召南·小星》、《陈风·东门之杨》、《唐风·绸缪》、《郑风·女曰鸡鸣》等。周人对于月亮盈亏变化规律的认识也相当清楚,用"初吉"、"既生霸"、"既望"、"既死霸"来描述月相。有关月相记录的甲古和青铜铭文很多,例如牧簋铭文:"七年三月既生霸甲寅。"周代已经发明了用圭测影的方法,能确定冬至(正午日影最长)和夏至(正午日影最短)。此前只能利用昏旦中星以及北斗的斗柄指向来定季节,这说明人们已经进入观象授时的阶段,能够将太阳的周年视运动与星空背景直接联系起来,认识回归年的精确长度,准确制定二分二至等重要节气。

周代的历法还能够定出朔日。《诗经·小雅·十月之交》:"十月之交,朔日辛卯,日有食之,亦孔之丑……"据推算这一天是周幽王六年十月初一,这是我国第一次明确记载日食的记录。周代还渐渐发现了二十八宿,即是把沿着天球赤道和黄道附近的星象划分为28个部分,是由间接参酌月亮在天空的位置来推定太阳的位置而设立的。因为星象在四季出没的早晚是不同的,反映了太阳在天空的运动,于是就可以通过测定月亮的位置以推断太阳在星宿中的位置,从而确定一年的季节。①

春秋时期,人们发现木星约十二年(实际11.8年)绕天一周,便以木

---

① 二十八宿的说法西周时期还没有完善。现已证明这个体系至迟是在战国早期完善起来的(参见张汝舟:《二毋室古代天文历法论丛》,第16页)。其中部分星宿名称在《诗经》和《夏小正》中有记载。《周礼》中的《春官》、《秋官》中都有二十八宿之说。到《吕氏春秋·有始》才最早给出了自角至轸的全部名称。竺可桢、钱宝琮、夏鼐认为,建立二十八宿的目的是为观测月亮运动。正如《吕氏春秋·圜道》所言:"月躔二十八宿,轸与角属,圜道也。"月行于天,约二十七日又三分之一天而一周,约日旅一星,经二十七日余而复抵原星,故二十八为宿舍之数,以记月亮所在位置。中国、印度、阿拉伯、巴比伦古代都有二十八宿之说。陈遵妫和日本学者新城新藏认为中国起源最早,与四季相关。新城新藏说:"二十八宿是在中国周初或更早的时代所设定,而在春秋中期以后自中国传出,经由中亚细亚传于印度,更传入波斯、阿拉伯等地方。"印度古代分冬春夏雨秋露六季,现在还分寒暑热三季,与二十八宿不配合。根据岁差的计算表明,距今3500年之前,冬至在虚,夏至在星(七星),春分在昴,秋分在房,天球赤道正好与二十八宿中大部分星宿的位置相符合,即二十八宿大部分处于赤道附近。后汉时代,我国黄道坐标概念才得以形成(见申先甲,前引文献,第70页)。

星每年所在的位置纪年,称岁星纪年(因此称木星为"岁星",又名摄提、重华、应星、纪星)。① 后来又用太岁纪年,即假想一个与木星运行速度相等、方向相反的行星"太岁",以它每年所在的位置纪年。②《左传》僖公五年记载僖公于冬至那天登台观看云色,并说当时"凡分、至、启、闭,必书云物,为备故也。"分是春分、秋分,至是夏至、冬至,启是立春、立夏,闭是立秋、立冬,说明当时已经知道这八个节气了。《吕氏春秋·十二纪》明确在孟春、仲春、孟夏、仲夏、孟秋、仲秋、孟冬、仲冬八个月中,分别安插立春、日夜分、立夏、日长至、立秋、日夜分、立冬、日短至这八个节气,这是每年二十四节气中最重要的八个节气。春秋后期出现了四分历,回归年的长度为365.25日,并用19年7闰为闰周。这是当时世界上最精确的历法。③

在这样的情况下,中国历法中的二十四节气的产生应是水到渠成。第一次把二十四节气全部列出是《淮南子·天文训》(公元139年),次序与今天完全一致。但这不是最早的文本,因为《吕氏春秋》已有二十四节气的大部分名称,战国古六历包含了节气概念,秦统一时制定的颛顼历把历元定在立春,也证明二十四节气产生在秦统一之前。此外,《夏小正》中节气有启蛰(惊蛰)、夏至、冬至。《逸周书·时训解》记二十四节气,次序与今亦完全相同。这些可以说明,它的出现远在汉代之先。④

二十四节气,即从冬至日开始,将一回归年等分为二十四分,以反映太阳在黄道上视运动的二十四个特定位置,从而反映出气候变化的情况。这是根据太阳的运行变化制定的,与月亮运行无关。这种特殊的历法,不仅表明古人观测天体视野的广阔,更重要的是反映了农业生产在古人心中的优先地位。因为,二十四节气最根本的用处和意义是在农业生产方面。二十四节气是上古中国历法思想最典型、最集中的体现。中国早期的宇宙观和

---

① 金木水火土五星中最先被人们认识的是木星。可能与它在一年中被人们看到的时间很长而且明亮有关。有人认为:大约在公元前20世纪以前,人们就知道木星是颗行星,12年绕天一周。周初已经用推算木星的位置来占卜(见申先甲,前引文献,第74页)。用木星进行占卜是巫术,与后来的占星学具有本质的不同。占星术也不同于古代的天地日月之神的崇拜,与这些祭祀活动有根本区别。
② 东汉建武三十年(54年)以后用干支纪年(见黄金贵主编,前引文献,第65页)。
③ 中国天文学史整理小组编著:《中国天文学史》,第23页。
④ 参见白寿彝总主编:《中国通史》第三卷上册,上海:上海人民出版社,1994年,第583页。

哲学意识也就自然生长于其中。正因为如此,明末清初的顾炎武《日知录》云:"三代以上,人人皆知天文。'七月流火',农夫之辞也;'三星在户'妇人之语也;'月离于毕',戍卒之作也;'龙尾伏辰',儿童之谣也。"

中国早期历法的这种根本性质贯穿在整个中国古代社会,同时也决定了古代任何帝王在试图通过历法强调自己的统治理念时,也不能无视这种根本性质。① 而更为通常的手段则是,在天文历法中把农耕生活内容与帝王的统治理念结合起来,这自然就形成《月令》这样的天人模式。这样,除了农耕生活内容,《月令》中还包含有统治阶级的意识形态,这些思想与阴阳五行学说和占星学具有密切的关系。

四 中国古代天文学向占星学的转折

中国上古天文学的主要目的是指导农耕生活,后来才与帝王统治的合法性相关,即从"治历明时"到"占星祈禳"。这个转折大约以邹衍的阴阳五行学说和中国占星学的出现为标志。

关于中国古代占星学的出现及其形成,是一个涉及中国上古思想史和学术史的重大问题。中国天文学史学界的权威们对于这个问题一直没有明

---

① 上古重农思想与皇权意识在历法中似乎是一体的。许倬云先生认为:"古代文献资料中,'藉'是与农业有关的行事,其来源可能甚早。《夏小正》中的藉,列在正月,可算是农事之始。""藉"也见于金文铭辞中。《国语·周语》有王室藉礼的详细说明:"在立春前九日,太史即当将时令报告农稷官,庶几周王及有关臣工,都及时筹备藉礼。立春前五日,'瞽'(……)感觉春风微动了,周王必须住入斋宫,君臣都斋戒三日。到了立春那天,先举行祭礼,然后在稷、膳夫及农正的赞襄,太史引导周王在'千亩'行藉礼。'王耕一(土发),班三之,庶民终于千亩',象征周王与公卿都亲自参与耕作。藉的收获,存储在专用的神仓,作为祭祀之用。藉礼之日,也举行飨礼,上下都共享酒食。'毕,宰夫陈飨,膳宰监之,膳夫赞王,王歆大牢,班尝之,庶人终食'。"另,《诗经·七月》"三之日于耜,四之日举趾"可能不仅记载单纯下田工作,也可能指涉田耕的仪礼。最后的"跻彼公堂"就是祭祀和飨礼(参见许倬云:《西周史》第284—283页)。《诗经》中《小雅·甫田》、《小雅·大田》、《周颂·载芟》、《周颂·良耜》、《周颂·臣工》、《周颂·噫嘻》都描写田间生活,包括王公大臣。统治者不仅认识到不违农时,而且在农忙时候采取措施保护耕作,不兴土工,不作师旅,庶民"不冠弁、娶妻、嫁女、享祀"等(参见《吕氏春秋·上农》,白寿彝,前引文献,第594页)。占星学出现以后这种思想有了改变,比较一下可以看出其中的变化。

确的界说,很多学者把中国上古天文学与占星学笼统地混淆一起。① 而近期江晓原先生又尖锐提出中国古代"政治天文学"的观点,认为中国古代天文学始终就是占星学。② 我认为,厘清这个问题对于推进本领域的学术研究是十分必要的。

在农业出现之前远古人类的渔猎和采集生活中,日月星辰只有纪日和标识方向的功能。中国仰韶文明的彩陶上就有太阳纹、月亮纹、日晕纹、星座纹。新石器时代半坡遗址中的房屋就已经都有一定的朝向。到了农耕社会,太阳比月亮和其他星辰对于生活就更重要了。山东大汶口遗址出土5800年前的彩陶上刻有"旦"字的图案,意味着太阳的升起。《山海经·大荒西经》说帝俊妻子常羲"生月十二",《山海经·海外东经》说"汤谷上有扶桑,十日所浴⋯⋯九日居下枝,一日居上枝",可以解释为十二个月太阳和月亮升落的不同方位。郑州大河村仰韶文化遗址出土的一件复原陶钵肩部,有十二个太阳图案,也可以作这样解释。

现存最早的与农耕生活无关的中国古代天文观测资料,似乎都是很单

---

① 陈遵妫先生说:"我国大概在商代以前,占星术就已经萌芽了。由于奴隶主阶级的提倡,占星术得到了迅速发展,商代的许多甲骨片就是占卜用的,其中有不少天象纪事,正是占星术发达的证明。古代史籍中常见的巫咸就是商代著名的占星家。到了周代,占星术不仅为统治阶级所把持,而且明显地在为其服务了。春秋时代占星术更为盛行,从《左传》和《国语》的记载,可以看到占星术在公元前七世纪及公元前六世纪的兴旺景象。占星术的基本内容是,凭着那时看来是反常或变异的天象,预言帝王或整个国家的休咎以及地面上灾祸的出现,从而尽了提出警告的责任,使之预先有所警戒或准备。"(见陈遵妫:《中国天文学史》第一册,第194页)其实,甲骨文中的占卜与占星学是两回事。另一部权威的《中国天文学史》(中国天文学史整理小组编著)则笼统地认为中国占星学出现于阶级社会:"到了阶级社会,原始迷信和神话传说的成份却变成相当细致的占星学。"(该书第3页)冯时先生说:"东西方的天文学在尚未摆脱神学影响的时代,都或多或少地染上了占星术的色彩。西方的占星术⋯⋯认为,日月众星对人体具有的某种作用,如同铁在磁场中受到磁力作用一样,而中国人则更相信天人感应和天人相通,⋯⋯因此,中国的占星术并不像西方那样完全根据人出生时日月五星在星空中的位置来预卜人的一生命运,而是把各种奇异天象看做是天对人间祸福吉凶发出的吉兆和警告。显然,中国的占星术更多地为统治者所利用,这与中国天文学官营特点是密切相关的。"(冯时:《中国天文考古学》,北京:社会科学文献出版社,2001年,第69页)

② 江晓原先生认为中国古代的天文学实质就是占星学,主要不是为农业生产服务的。他用《汉书·艺文志》关于"天文"一词的解释来说明古代天文学的性质,即"天文者,序二十八宿,步五星岁月,以纪吉凶之象,圣王所以参政也。"因此,他认为"历代官史中的《天文志》,皆为典型的占星学文献,这类文献最早的,在《史记》中名为《天官书》,天官者,天上星官所呈之象,即天象,尤见'天文'一词之原初遗意。今人用'天文'去对译西方 astronomy 一词,其实是大违'天文'的中文本意的。"(见江晓原:《占星学与传统文化》,第193—194页)

纯的天象资料。例如，有关夏代的两条天文记录，第一是关于五星聚的：《太平御览》卷七引《孝经钩命诀》："禹时五星累累如贯珠，炳炳若联璧。"今日学者推算在公元前1953年2月中旬至3月初，黎明时分的东方地平线上，土星、木星、水星、火星和金星排成一列。26日，五大行星之间的角距离小于4度。这是迄今五千年中最难得的一次五星聚（纬合宿）。古人观此异常壮丽的天象，难以忘怀，将此记忆代代流传下来，而且只是一种纯粹的天象记录。第二是关于仲康日食：《左传》昭公十七年引《夏书》："辰不集于房，瞽奏鼓，啬夫驰，庶人走。"此记载被认为是世界上最早的日食记录，除了认为日食是一种自然灾害以外，没有其他寓意。①

据研究，在出土的甲骨文中，发现由"星"字组成的词有"其星"、"不（或毋）其星"、"大星"、"鸟星"、"新星"（或"新大星"）。其意义一是指天晴，一是指星辰。殷墟甲骨文记载的月食有五次，这是定论。② 其中是否有日食的记载还在争论之中。③《诗经》、《春秋左传》、《国语》等记载的关于日食、月食的现象，基本为学界所认同。现在已经发现春秋战国以前很多天象记录，包括日食、月食、太阳黑子、彗星、木星、恒星、新星甚至超新星，这些基本上属于单纯的天象记录。④ 例如，《春秋》记载的年代是公元前722（鲁隐公元年）—前481年（鲁哀公十四年）共242年，记录日食37次。这37次日食是

---

① 今人考证得出这次日食可能发生在洛阳地区4种时间：公元前2043年10月3日，公元前2019年12月6日，公元前1970年11月5日，或公元前1961年10月26日（见夏商周断代工程专家编著：《夏商周断代工程1996—2000年阶段成果报告》简本，北京：世界图书出版公司，2000年，第80—81页）。《史记·夏本纪》与古《尚书·胤征》也记录关于夏代日食的事情，但《尚书·胤征》语前多出"乃季秋月朔"一语。"辰"为日月会次之名，"房"是星宿名，"集"通"辑"，意为：日月会次，不相和辑，而掩蚀于房。"瞽"是乐官，奏，进也。古人伐鼓用币救之。啬夫是小臣，汉代有上林啬夫。庶人即百役（参见《书经集传》蔡沈注本，北京：中国书店，1994年，第64页）。这与下文所述《春秋》鲁庄公二十五年、鲁庄公三十年、鲁文公十五年记有"鼓，用牲于社"一样，是古代对待日食的办法，就像大旱求雨的仪式一样，与占星学有本质区别。
② 参见常玉芝：《殷商历法研究》，第9—20页。
③ 参见冯时：《中国天文考古学》，第232—250页。
④ 据徐振韬、蒋窈窕先生研究："1974—1977年，中国科学院、教育部和国家文物局的有关部门和学校，以及各省市的有关图书馆和博物馆等，大约一百多个单位和三百多人按计划对古代天象记录进行普查。查阅古籍总数高达15万卷，收集到的天象记录1万多条。其中包括太阳黑子、极光、陨石、日食、月食、流星、流星雨、彗星、新星和超新星、月掩行星、日月变色、异常曙暮光和雨灰等。1988年，以《中国古代天象记录总集》为名，由江苏科学技术出版社出版。"（见徐振韬、蒋窈窕：《五星聚合与夏商周年代研究》，北京：世界图书出版公司，2006年，第57页）

确实无疑的观测记录,年月日基本相符。① 其中有经无传26条。经文记载几乎都是"某月某日,日有食之",只有鲁庄公二十五年、鲁庄公三十年、鲁文公十五年记有"鼓,用牲于社"。这是古代对待日食的办法,就像大旱求雨的仪式一样。涉及占星学内容只有鲁昭公七年、二十一年、二十四年、三十一年四次,其中梓慎的讨论两次,他并不完全赞同占星学。② 这些记载基本表明,上古人们看待日食月食虽然也是灾异,但就像刮风下雨打雷下雪等一样,是一样的自然破坏力,与战国以后的占星学具有质的区别。从《左传》可以看出,占星学在鲁昭公以后才开始进入人们的视域之中,引起人们关注,但还没有形成强势。

这里还有一个有意思的现象,中国古代星辰命名最早的一部分,都来自生活中的用具及其相关事物、动物和神话传说,与占星学毫无关系。例如营室(房屋)、壁(墙壁)、箕(簸箕)、毕(捕兔小网)、井、斗、定(锄类农具)等属于用具,牵牛、织女、参、商等属于神话传说。③《诗经》中出现的星宿有:火(心)、箕、斗、定(室、壁)、昴、毕、参、牛、女等,还用"天汉"指银河,用"启明"、"长庚"、"明星"来指金星。《小雅·大东》:"维南有箕,不可以簸扬。维北有斗,不可以挹酒浆。"直接把星辰与用具进行有意思的比较,反映了古人天真的心理状态。④ 二十八宿的名称,以及后来用来命名的岁星纪年的十二次,例如星纪、析木、大火、寿星、鹑尾、鹑火、鹑首、实沈、大梁、降娄、娵訾、玄枵,也没有后来的占星学色彩。这说明至少在春秋以前的中国天文学,目的主要是为农业生产服务,表达了一种农耕社会的宇宙观,基本上没有受到阴阳五行学说和占星学的影响。⑤

---

① 参见张培瑜:〈《春秋》、《诗经》日食和有关问题〉,载《中国天文学史文集》第三集,北京:科学出版社,1984年。
② 见杨伯峻:《春秋左传注》,北京:中华书局,1981年。
③ 《左传》昭公元年:"昔高辛氏有二子,伯曰阏伯,季曰实沈,居于旷林,不相能也,日寻干戈,以相征讨。后帝不臧,迁阏伯于商丘,主辰。商人是因,故辰为商星。迁实沈于大夏,主参,唐人是因,以服事夏、商。……故参为晋星。"
④ 现在某些地区还有"犁星"、"水车星"、"轱辘把星",沿海地区有"南挂星"、"三枝桨星"等(见中国天文学史整理小组编著:《中国天文学史》,第42页)。
⑤ 《诗经》中描绘天象的诗有不少,如前所述,内容都是描述农耕生活与星辰的一般关系,唯《小雅·十月之交》不仅描绘了日食和月食,还有"日月告凶,不用其政"之说。我认为,不管这首诗写于何时,仅此一首诗绝不能说明在那个时期系统的占星学理论已经建立。

大约从春秋末战国初开始,中国天文学发生了一个根本的转折:试图论证人间帝王统治的合法性,用天象反映人间社会的等级制度。因此,这期间的天文学把星叫做"星官",凡星都是"官"。《史记·天官书》唐代司马贞索隐曰:"星座有尊卑,若人之有官曹列位,故曰天官。"这就在"四象"之后,出现了"分野"、"三垣"的说法。

"四象"是把二十八宿分为四组,并以动物形象名之,故曰四"象",即东方苍龙、西方白虎、南方朱雀、北方玄武(龟)。人们发现,每组的星象确实与以之称名的动物很像。有人认为,《尚书·尧典》关于四仲中星的说明,产生了把周天恒星分为四群以分别表示春夏秋冬四季星象的思想。因此人们很容易想象:"春分前后初昏时当朱雀升到南方中天(上中天)时,苍龙的房宿正处于东方的地平线附近;白虎的昴宿正处于西方的地平线附近;而龟蛇的虚宿正处于地平线下与朱雀的七星相对的北方(下中天)。这是就定东、西、南、北四个方位的由来,它是以古代春分前后初昏时的星象为依据的。"[1]"四象"说法由此发展而来。可以看出,四象说还属于比较纯粹的天文学,与占星学没有明显的关系。陈遵妫先生认为,"四象"的出现应在二十八宿之前。因为角、心、尾就是东方苍龙的龙角、龙心、龙尾。"四象"的名称来源可能更早。[2]

"分野"是用天上的列宿对应地上的封国。《左传·昭公元年》所说的高辛氏长子阏伯迁于商丘,主辰,故辰为商星,次子实沈迁于大夏,主参,故参为晋星。可见星辰与地域已有关联。后来共有十二分野之说,几乎每一列国对应天上一个星宿。这个观念一般认为出现在二十八宿之后。[3]《周礼·春官·保章氏》曰:"以星土辨九州之地所封,封域皆有分星,以观妖

---

[1] 申先甲:《中国春秋战国科技史》,第66页。
[2] 见陈遵妫:《中国天文学史》第二册,第330页。《礼记·礼运》曰:"麟凤龟龙,谓之四灵。"《十三经注疏》云:"前朱雀而后玄武,左青龙而右白虎。"后来把麒麟换为白虎,有人称与孔子作《春秋》到获麟为止相关。"麟为周亡天下之异。"所以后人以山兽之君虎代替。《礼运》孔疏引:"龙东方也,虎西方也,凤南方也,龟北方也,麟中央也。"西方为白虎,麟在中央。湖北随县曾侯乙墓(前433年左右)中有一漆器箱盖,会有二十八宿图案,东方绘有青龙,西方绘有麟。可见在汉代麟才换成白虎,而二十八宿在当时已是很普遍的知识,"四象"的知识可能还会更早。
[3] 徐振韬、蒋窈窕先生认为,十二次分野大概是在战国时代形成的(见徐振韬、蒋窈窕:《五星聚合于夏商周年代研究》,第20页)。

祥。"可见分野已经与占星有关。

如果说"四象"中有一些苍龙、麟、凤这样神话中的动物,实质上还是关于天象的纯粹描述,"分野"把星辰和地域联系起来,表明一种天人生活同构的雏形,而"三垣"则完全反映了统治阶级的观念。"三垣"即紫微垣、太微垣、天市垣,把位于二十八宿以内的恒星分为三大块。紫微垣是天上皇宫的意思,其中有帝星、帝后星、群妃星、三公星、太子星等;太微是天上政府的意思,有将星、相星、诸侯星;天市是天上都市的意思,有主管秤权交易和商人的宦者星、宗正星、宗人星、客星等。紫微垣和天市垣在《开元占经》辑录的《石氏星经》中有,大约出现于战国时代。太微垣初见于唐初的《玄象诗》。[①]这就是我们现在所称的名副其实的占星学。

那么,春秋战国之际,中国天文学界为什么出现了这样的现象?《史记·历书》云:

> 幽、厉之后,周世微,陪臣执政,史不记时,君不告朔,故畴人子弟分散,或在诸夏,或在夷狄……

《汉书·律历志》所载与此略同:

> 三代既没,五伯之末史官丧纪,畴人子弟分散,或在夷狄,故其所记,有黄帝、颛顼、夏、殷、周及鲁历(即所谓古六历)。

就是说,东周以降,天文历算学者从周王室分散外流。各国诸侯却因争夺称霸,招揽人才,因而重视天文学的观测与研究,导致天文学蓬勃发展。在当时的天文学中,以巫咸、甘德、石申三大学派影响最大。巫咸传说是殷代大臣,《巫咸星经》为我国最早星表,据说含33座共144星,原本亡佚(后世存本列齐、赵国名,显然不属于殷代文本)。甘德或为楚人,或为鲁人,作《天文占星》八卷。魏国司星石申的活动约在前4世纪,作《天文》八卷。后世将甘

---

① 参见郑慧生:《认星识历——古代天文历法初步》第三编第五章,开封:河南大学出版社,2006年。

石著作合称《甘石星经》,原著亡佚,从《史记》、《汉书》和引文中可知一二。①这时候的天文学家实质上已成为占星家,他们要用天象知识为各国国君服务,占星内容涉及用兵、立嗣、农桑、祭祀等众多国家大事。中国古代天文学出现的这种状况,与此时出现的邹衍阴阳五行学说构成一种共生的现象,它们之间的关系应当是很复杂的。②

从《左传》、《国语》等典籍的记载中,可以看到占星学的发展轨迹。《左传》昭公十七年记申须语"天事恒象",《国语·周语》亦有"天事必象"之说,即天的意志一定要通过天象表达出来。《国语·楚语》说:颛顼"乃命南正重司天以属神,命火正黎司地以属民,使复旧常,无相侵渎,是谓绝地天通。"这里是说让重和黎分别负责天上星辰和地上人民的事务,不让老百姓直接和天上星辰交往、沟通。意思是把上天的意志垄断起来,不让老百姓知道。《左传》襄公二十八年记载,梓慎发现当年的岁星应在星纪,却到了玄枵(实际是由木星运行的误差所至),这即是春行夏令,他预言郑国和宋国要发生饥荒。《国语·晋语四》说晋国史官董因根据天象预测重耳可以成功继承君位。《国语·周语下》还说到武王伐纣的天象有利,故能成功。汉代《淮南子·兵略》也说到这件事,其实都是附会。这种情况到了战国末期就很严重了。秦始皇的阿房宫就是按天上的星象建造的。《月令》也是按天象给天子设计每月移动的住处。日食这样的天象,这时已经被占星学家说得玄乎其玄。据《开元占经》记载:"甘氏曰:'日始出而蚀,是谓无明,齐、越受兵,一曰

---

① 西周巫咸学派为宋国司星继承,子韦是代表,《庄子·天运》中有"巫咸祒",子韦名祒。石申把全天恒星分为二十八宿及中外官星座,应用"度数"给出这些星的坐标。包括"去极度"(该星与北极星的角距离),二十八宿的"距星"(各宿中选定的作为测星标志的星)的"距度"(相邻二宿的距星的赤经差)和黄道内外度;还有中外官的"入宿度"(该星与其西邻一宿距星的赤经差)和黄道内外度;"度"以下的小数还用"太、半、少、强、弱"等表示。《石氏星经》所载共包含二十八宿和中外官星120座,含星121颗。这些内容可能有汉人修改和加入。至西晋武帝时,吴国太史令陈卓将石氏、甘氏、巫咸氏三家所著星经综合一起,编写了包含283各星座1465颗恒星的星表,绘成星图,成为中国古代的一个标准星图(见申先甲:《中国春秋战国科技史》,第58—59页)。唐时瞿昙悉达《开元占经》中有大量巫咸、石申和甘德的占星理论,真伪难辨。

② 有些学者也持这种看法。陈遵妫先生说:"宗教在中国殷代,还是相当的原始,没有形成一种系统的思想体系;到了殷末周初(公元前十二世纪前后),形成了所谓阴阳五行说,它一方面对当时天文学的发展有所促进,但另一方面,它的迷信唯心的伪科学,长期地统治着人们的思想,使我国的天文学以及其他自然科学的进展比较缓慢。"(见陈遵妫:《中国天文学史》第一册,第83页)他所推断的时间与本文不同。

亡地.'甘氏曰：'日中而蚀，荆魏受兵，一曰亡地，海兵大起.'甘氏曰：'日将入而蚀，大人出兵，赵燕当之，近期三月，远期三年.'"[1]都涉及兵灾和亡国之大事。

在占星家的理论中，除日食之外，关于五星的观念很有代表性。金木水火土五星，又被称为五纬，与东南西北中的方位相连，很明显这些观念都应该在阴阳五行说之后才能产生。前述夏代关于五星相聚的记录没有这些说法。《汉书·天文志》云："古历五星之推，亡逆行者，至甘氏、石氏《经》，以荧惑、太白为有逆行。夫历者，正行也。古人有言曰：'天下太平，五星循度，亡有逆行。日不食朔，月不食望.'……甘、石氏见其常然，因以为纪，皆非正行也。"说明甘、石对于五星规律的观测有着重要发现，同时，他们关于五星的占辞也很多。例如：

> 甘氏曰："五星主兵，太白为主。五星主谷，岁星为主。五星主旱，荧惑为主。五星主土，填星为主。五星主水，辰星为主。五星木土以逆为凶，火以钩已为凶，金以出入不时为凶，水以不效为凶。五凶并见，其年必恶。"

> 石氏曰："五星不失行，则年谷丰昌。"

> 石氏曰："五星行二十八舍星七寸以内者及宿者，其国君死。五星舍二十八宿，王者诛除其国。五星犯合宿中间星，其坐者在国中，犯南为男，犯北为女，东为少，西为老。五星逆行去宿虽非七寸内而守之者，其国君被诛刑死，顺而留之，疾病死。"[2]

占星家们把五星的运行状况，看做国家兴亡的预兆，这些观念影响深远，后来史家经常以此附会。为了给刘汉王朝罩上神秘色彩，《汉书·高帝纪上》云："元年冬十月，五星聚于东井，沛公至霸上。"其实五星聚合的天象是在第二年五月。《史记·天官书》亦云："汉之兴，五星聚于东井。"《史记·张耳

---

[1] 刘韶军编著：《古代占星术注评·开元占经》，北京：北京师范大学出版社、桂林：广西师范大学出版社，1992年，第132页。

[2] 《开元占经》卷十八。见刘韶军编著：《古代占星术注评·开元占经》第142、144、145页。另：马王堆出土的西汉帛书《五星占》和《云气星象杂占》表明，当时对于五星会合周期的了解已经相当准确。其中《五星占》，包括占文和表格共6千多字（详见袁行霈等主编：《中华文明史》第一卷，第350页）。

陈余列传》仍说此事:"汉王之入关,五星聚东井。东井者,秦分也,先至必霸。楚虽强,后必属汉。"

战国以降的这种与阴阳五行说合为一体的占星学在汉代达到全盛。司马谈《六家要指》把阴阳家列为六家之首,称之以"阴阳四时、八位、十二度、二十四节各有教令","大祥而众忌讳"。《汉书》首立《五行志》。《史记·天官书》则是最早全面系统描述全天星官的著作,也可谓集占星学之大成。①司马迁对于盛行的占星学作了总论性质的概括:

> 自初生民以来,世主曷尝不历日月星辰? 及至五家、三代,绍而明之,内冠带,外夷狄,分中国为十有二州,仰则观象于天,俯则法类于地。天则有日月,地则有阴阳。天有五星,地有五行。天则有列宿,地则有州域。三光者,阴阳之精,气本在地,而圣人统理之。……
>
> 夫常星之变希见,而三光之占亟用。日月晕适,云风,此天之客气,其发见亦有大运。然其与政事俯仰,最近(天)人之符。此五者,天之感动。为天数者,必通三五。

司马迁还从上古梳理出一个占星家的谱系:"昔之传天数者,高辛之前,重、黎;于唐虞,羲、和;有夏,昆吾;殷商,巫咸;周室,史佚、苌弘;于宋,子韦;郑则裨灶;在齐,甘公;楚,唐昧;赵,尹皋;魏,石申。"这显然是穿凿附会。②尽管如此,司马迁还是把《天官书》和《历书》分开,表明占星与历法之间仍然是有区别的。当然,历法从此也受到阴阳五行学说和占星学的影响,所谓历三统、易正朔就是由此而来。③

---

① 《史记·天官书》把整个天空分为五个区域,北极附近的中宫为"太一常居"的宫阙组织,中央为帝星(小熊座?),在它周围有太子(小熊座?)、正妃(勾陈一,小熊座?)等,外面还有相当于帝车的北斗七星,以及表示上将、次将、贵相、司命、司中和司禄的六星组成的作为天府的文昌宫等。其他四个区域即东宫苍龙、南宫朱鸟、西宫咸池、北宫玄武。与"三垣"不同,与"四象"也不同。这都是后来天文家所起的星名,春秋以前没有这种现象。
② 由此再看看司马迁"究天人之际,通古今之变"的"天",其占星学的含义在所难免。
③ 三正之说始见于《左传》昭公二十七年。谓夏以建寅为正,殷以建丑为正,周以建子为正。王朝正朔,成为头等大事(参见张汝舟:《二毋室古代天文历法论丛》,第103页)。《史记·历书》、《汉书·律历志》有相同记述。根据最新的研究,关于夏代建寅、商代建丑、周代建子的"三正说"只是汉儒的臆造,纯属子虚乌有(见常玉芝:《殷商历法研究》,第425—426页)。汉武帝元封七年即太初元年(公元前104年)制定了三统历颁行全国。第一部完整留下文字记载的历法是西汉末年的《三统历》,是刘歆根据《太初历》改造而成的。全部文字见于《汉书·律历志下》。

自此以后,中国古代占星学异常繁荣。查《隋书·经籍志》,所载天文书共 97 部,675 卷;历书 100 部,263 卷。可见一斑。

以上大略论证了在春秋末战国初发生的中国天文学向占星学的根本转折。由此可见,江晓原先生把中国古代天文学称为"政治天文学"的观点是不能成立的。[①] 了解这个转折,我们不仅可以知道中国古代天文学与占星学的基本界限,同时还会发现上古思想发展的一个重要轨迹,更为重要的是,我们还可以由此探索这种思想史的转变对于当时中国学术的影响。

我们发现,经过汉人整理的古代典籍有些明显留下这种占星学和阴阳五行学说的印记。汉代经学中不但程度不同掺杂了这种占星学与阴阳五行混合的思想,甚至在根本上受到占星学观念的支配,其中"观象于天,法类于地"的占星学思想成为《易传》的核心观念,而《春秋》公羊学大家董仲舒把先秦儒学与阴阳五行学说结合起来,提出天人感应学说,在中国历史上影响巨大而深远。

但是,思想界反对这种占星学的声音从来不绝,当时的代表人物为荀子和王充。荀子说:"天行有常,不为尧存,不为桀亡。""星坠、木鸣,国人皆恐。曰:是何也?曰:无何也,是天地之变,阴阳之化,物之罕至者也,怪之可也,而畏之非也。夫日月之有蚀,风雨之不时,怪星之党见,是无世而不常有之。"(《荀子·天论》)王充的《论衡》对于日食、月食作了专门讨论,把"阴阳符验"、"天人感应"之类斥之为"虚妄"。这些思想观点应该是上古中国朴素天文学思想的延续,非常难能可贵。这些思想家与占星学理论的冲突交锋,构成了中国古代思想史发展的另一条重要线索。

中国古代天文学与占星学的关系,是一个非常重大而复杂的问题。我的上述论证试图在这些复杂的关系之间梳理出一些线索。然而,对这些问题作出完整而彻底的回答,还需进一步的论证,这里谨作抛砖之言。

[①] 应该说,江晓原先生所说的都是战国以后的中国天文学,春秋以前的中国天文学与此完全不同。他所用的材料也都是战国以后的。确切地说,在邹衍的阴阳五行说出现之前,中国天文学主要是为农业生产服务的。不了解这一点,大概不能把握中国古老文明的一种本质。

五 《月令》的思想史意义简述

中国上古农耕社会的宇宙观和历法意识形态，在春秋末叶至战国时遭遇占星学的强势攻掠，出现转型，天文学渐渐成为一种为统治者服务的神秘知识——占星学。即便如此，后来中国古代的天文历法学依然或多或少地保持着与农耕文明的姻缘关系。然而，在春秋战国之交这个转变之际，虽然占星学其势如火如荼，天文历法中古老的农耕社会意识形态仍然在延续，两种思潮不免冲撞，相互激荡交汇。处于变革之中的中国天文历法学，左右逢源，纷呈杂说，形成了一种独特面貌，《月令》就是这种交汇融合的产物。可见《月令》天人模式的出现，是中国思想史特定发展阶段的一个标识。

确切地说，《月令》既有上古农耕社会的意识形态和宇宙观，也有战国时期与阴阳五行说合一的占星学的色彩。因此清人孙希旦这样评价《月令》：

> 愚谓是篇虽祖述先王之遗，其中多杂秦制，又博采战国杂家之说，不可尽以三代之制通之。然其上察天时，下授民事，有唐、虞钦若之遗意。马融辈以为周公所作者固非，而柳子厚以为瞽史之语者亦过也。①

这种看法是非常有见地的。

不仅如此，处在这个变化时期的其他作品无疑也烙上了同样的印记。《尚书·洪范》说到五行："水曰润下，火曰炎上，木曰曲直，金曰从革，土爰稼穑。"这是最早见到的五行说，它与邹衍的学说是什么关系，难以厘清，但其中包含的农耕思想十分明显。《尚书·吕刑》云："伯夷降典，折民惟刑；禹平水土，主名山川；稷降播种，农殖嘉谷。三后成功，惟殷于民。"稷是周的宗神，伯夷是周的婚姻氏族姜族的宗神，他们与大禹三者并列，由此可见刑名与农耕之间的微妙联系。《尚书·尧典》："在璇玑玉衡，以齐七政。""七政"即是日月加五星。"璇玑玉衡"和"七政"的说法都应该在战国以后。《逸周书·周月解第五十一》在说到"改正朔，变服殊号""以垂三统"之后，又说"至于敬授民时，巡狩祭享，犹自夏焉。是谓周月，以纪于政"，就是古老的农

---

① 〔清〕孙希旦：《礼记集解》，第399—400页。

耕思想的遗留,是新的观念与古老思想的融合。这些关于民生和农事的时风时旸时雨之说,与上古纯粹的农耕思想不尽相同,也与后来史书载者有异。把天象气候既与农业生产联系起来,也与阴阳五行联系起来,既是国家政事,也是神学政治。

因此,《月令》在中国古代思想史上具有一种里程碑的意义。它标志着纯粹代表上古农耕社会宇宙观和意识形态的终结,标志着中国上古天文学向占星学的转折,同时还体现了农耕思想与阴阳五行学说和占星学思想的结合。《汉书·律历志·次度》把《月令》、《夏小正》、十二次和二十四节气的内容结合一起,不知是否与这种思想史的认识偶合?①

以《月令》作为标志,以后的中国古代天文学基本上一分为三:占星学、历法学、农政学。② 三者之间呈现出相互交叉的关系:

占星学展示的是一种天上人间的格局,代表统治阶级的意识形态。《开元占经》是其代表性著作。

历法学由历算变成一种政治工具。从战国至秦汉出现了古六历、易正朔、历三统的说法以后,改历易正是改朝换代的一个标志。因此,汉代以后的历法改革虽然与天文历算相关,但必须具有政治理由。

农政学只与农业生产相关,与政治几乎没有关系。例如,东汉崔寔的《四民月令》(已亡佚,散见于《齐民要术》),仿效《月令》,细致地逐月安排应该做的事情;韩鄂的《四时纂要》,按照四季,收集前人资料,分月列举农家应做之事。③ 还有后来贾思勰的《齐民要术》、《农桑辑要》、王祯《农书》、徐光启《农政全书》,包括宋应星《天工开物》中的部分内容,以及陆羽《茶经》这一类的书籍等,大概属于这一类。

在占星学和历法学中,阴阳五行说仍然是核心观念。后来中国的历法

---

① 例如:星纪:初,斗十二度,大雪;中,牵牛初,冬至;终于婺女七度。《旧唐书·历志三·大衍历·步发敛术第二》中有二十四节气与七十二物候对照表,与《月令》基本相同(见江晓原:《占星学与传统文化》,第168页)。
② 陈遵妫先生说:"从我国历史来讲,天文学实际是研究星象和气象两门知识。"这与西方古代的天文学不同,他们主要是星象学(陈遵妫:《中国天文学史》第一册,第2页)。我认为星象方面可以分为占星和历法,气象属于农政。
③ 作者大约是唐末到五代初人,该书北宋后失传,1960年在日本发现明万历十八年(1590年)朝鲜刻本。

也基本是太阴历。而农政学几乎没有阴阳五行思想,二十四节气依照太阳历,与月亮运行的周期无关。因此它与我们今天使用的阳历几乎完全一致。

当然,《月令》中还有音律的思想,这与上古的音乐观念和阴阳五行相关;《月令》的"明堂"之学,早已不传。相关的这些内容,本文就存而不论了。

《康德传》(Kant: A Biography)

〔美〕曼弗雷德·库恩(Manfred Kuehn)著,黄添盛 译
世纪出版集团 上海人民出版社,2008年4月

作者曼弗雷德·库恩,以研究康德、休谟以及他们之间思想关系的作品而著称于世。他对启蒙运动、德国古典唯心论在德国、法国和大不列颠的传播和发展拥有广博的知识,同时也从事伦理学和宗教哲学方面的研究。人们通常以为,康德只是个单纯的思想家,终其一生都在普鲁士偏僻一隅过着离群索居、机械一般规律的生活,既没有故事也没有历史。库恩教授的这部传记则终于打破了这一神话。库恩教授指出,康德的生平本身就相当有趣。与以往只着重于康德晚年的传记不同,本传记着重于正在构思《纯粹理性批判》的年轻哲学家,再现了一个多面向、真实的康德形象,从而打开了我们了解康德其人及其时代的有趣视野。

本书作为一部哲学家的传记,把康德的生活故事与其作品的哲学意义整合起来,从哲学与历史的观点来看都言之有物,因而被誉为"五十年来最全面的康德传记"。(雷思温)

人己中道：杜威与儒家

温海明

提　要：孔子与杜威的对话可以说是从人己的中道关系开始的，而群己之间的源初性是伦理和政治关系缘发性[①]的起点。在先秦儒家和杜威关于社会政治的讨论中，人与己的关系是家庭、社群以及社会正义和民主的基石。从先秦儒家关于人己之间源初性的蕴涵出发，文章探讨了杜威关于社群与民主的观点对儒家人己关系的借鉴意义。在这一对话中，日常人伦是人己关系的基础，自我融合其间并与他人发生源初创生的关联，而家庭、社群和社会都是始自个人这种扩展其缘始创生的关联性。人在与他人的源初构成中消解了人之为"己"，而逐步扩展为"人—己。"自我的成长是"己"的边界在"人—己"之间交融激荡的过程。

关键词：杜威　孔子　儒家　中道　关系

从 1919 年 5 月杜威踏上上海的土地开始，中国儒家和美国效用主义两个思想传统之间的对话就拉开了帷幕。20 世纪初，中国思想家努力寻找救

温海明，1973 年生，北京大学哲学系博士后，人民大学哲学院讲师。
本论文是国家博士后科研基金项目："中道哲学与和谐社会的伦理建设"的阶段性成果，项目编号：20060400006。
① 用"缘"及由其构成的相关术语请参考张祥龙：《海德格尔思想与中国天道》，北京：三联书店，1996 年；《从现象学到孔夫子》，北京：商务印书馆，2001 年。

国图强之路,从"民主"与"科学"的角度解读西方学说,美国效用主义自然也进入了中国知识分子的视野。20年代,杜威的效用主义思想的影响主要集中在教育领域。随着杜威返美,国人对理论的好奇迅速被如何将国家从混乱状态中解救出来的民族运动所取代。今天,对走向现代化的中国来说,效用主义哲学仍是可资借鉴的思想资源。近年来关于儒家思想的研究与美国文化的影响相辅相成。可以这么说,古老的儒家又尝试着跟相对年轻的美国效用主义思潮进行对话。本文通过孔子与杜威关于人己中道思想的比较沟通,或许可为儒家的人己观念提供一个新的视角。

一 杜威论日常经验的源初性

杜威认为,个人与他人关系的根本出发点在于日常经验的源初性。这就是说,在日常事务中,人通过关联创生的交往来行动和认知。人的经验是共同创生的实践过程,人之心性与其生活其间的世界形成不断变化的交流关系。人的意识一刻也不能离却作为其活动实践的关联之物。换句话说,意识每时每刻都与不断重构的新生经验之境相关联。人们通过延展和重复意识活动,将其创造自身的冲动实化,延伸其意识,将其化为日常事务。

当杜威谈及日常经验的源初性之时,他觉得哲学当指向日常生活经验及其困境,诠释并使之对我们而言更有意义,更有启发性,从而使我们处世更有成效(LW1:18)。[①] 对杜威而言,日常经验就是意义之源,它开启了我们的生活并帮助我们生活得更好。正是日常经验的人己源初性向我们揭示出世界的意义。经验之流的方向指向未来,而经验之境仍基于过往。恰如杜威所言,世界充满着众多的冒险、偶然性和不规则性,因而,日常经验是在"精炼的经验形式如艺术品与公认构成我们日常经验的事件、经历、遭际等"之间的关联关系(LW11:3)。

杜威视个人经验与自然连通一体,他说:"经验不是将人与自然相隔离

---

① 本文引用杜威著作依照惯例,EW表示《早期著作集》,MW表示《中期著作集》,LW表示《晚期著作集》,南伊利诺伊大学出版社,1983年。

的面纱,而是一种融贯、深入刺向自然心脏深处的途径。"① 杜威所谓"融贯"(continual)和"深入"(penetrating)是针对人类而言——人类不是他们的心与所在之世本身,而是彼此之间相互性的身份构成,人类通过身份的构成融贯地跟自然相通,可以说,人的日常经验是通过其与世界的交融而生成的、主客连贯的经验之流。

在这个意义上,杜威的自我是在与他人发生关系的过程中不断建构起来的,个人的动机、判断的独立性是社群生发的原点。个人在关系中与其情境相通融,并通过其社会联络开拓其创生力、提升他们的生命。这种关联缘发性是自我修身、推己及人的起点。杜威认为,自我修养的延伸是一个交互反思的过程,其间作为不同类型人物的他者不应作为自我与其所在之世之间的阻碍。对杜威而言,自我是通过与他者的融通关系而建构起来的,并在与其情境的不断有效交流中熔铸成形。

杜威认为,我们应当回到事件分别之前的原始经验之域,他认为这种群己源初之点是充沛的创生力源泉。从更加广阔的意义上说,宇宙并没有中心。或者说,每件事都可以成为其他事物的中心,而与此同时,又作为其他事物的关联境域的一部分。从这种焦点—场域视角来看,每一社会事件都可以被当做世界的中心,如火苗照耀他物,与此同时,每一火苗都是其他火苗之总体背景的一部分。人己关系可以通过这种焦点—场域关系来加以理解,在一定程度上,每一自我都是一个焦点,而成片的他者连通成此一自我的关联场域。杜威对个人的重新建构包含了自我在社群中的积极参与,个人之间彼此分享独立完整的经验:这种分享是一种完美实现——动态的社会组织之每个繁杂层面都彼此沟通,并因此允许每个人的能力和能量充分修养和成长。

儒家的社会安排浇灌了日常经验生发的土壤。杜威强调共同经验的维度:在完满的社群之中,个人彻底与社会交织一体。孔子与杜威都同意适当地将我们的意向意义化以改变世界,同我们周围变化的事物共同形成交流的精神实体。孔子与杜威对话的一个明显特征是我们的意念随世调节,而与此同时情境中的人不断实现,其自我控制力与周围作为实化意念的事件

---

① Dewey, *Experience and Nature*, p. x.

相关联。对詹姆斯和杜威来说,人类自我与外在世界相融不分。詹姆斯认为,较为"广阔的自我"可以理解为"外在的宇宙"①,它可以被视作支持自我的一连串意识之流中的活生生的存在物。对杜威来说,世界是从自我延伸出去的世界,通过自我与世界的沟通,意义和价值生发出来,并成为"自我的内在部分"②。依杜威的看法,价值从人与其情境的沟通中产生,而不是从人的思想产生:"衡量人真正的价值在于他做了什么,而不在于他有意识地想什么或说什么,因为只有做是实际的选择,它是思考的完成。"在杜威看来,实践是思想的实化,而且这是人在其生命中成就的尺度,"人格、自我、主观性都是与复杂的机体沟通共同生成的,它们是有机的、社会性的自我个体,在简单事物上有其基础与条件"。

在杜威关于自我与他人的理论中,自我存在于他人的关系之中,因此自我比孤立的个体更宽广。杜威注意到,自我通过行动而生成,对与他人的关系有信心,使个体成为更加充分而广泛的自我,比起那些与世隔绝地成长或在与他人的目的或需要相对抗中成长要好得多(LW7:302)。正是在这个意义上,儒家的自我修养与杜威关于人通过与他人关系来提升自我的思想是相通的。

从杜威的角度看,知人是知己的一种方式,"对他人的意识越明晰,对自我的认识就越确定"(MW7:340)。人类通过与人沟通而知人。自我与他人之间的沟通过程让杜威得出一个结论:人是一个生成的过程,是"有待创造的个体",在这个过程之中,"旧的自我不断消退,而新的自我不断生成,其最终构成的形态取决于冒险的一种不可见的结果。没有不摈弃旧世界就能发现新的"③。因此,变动主体不再是传统意义上的主体,而是在情境中消融了自身的主体。这种主体观同样体现了杜威认为自我"属于一个相连事件的融通系统,它加强活动,形成一个自足的、不断顺其倾向、满足其需求的世界。"(LW1:188)人是在情境中活动,并因其行动而得到扩展。

这样说来,就自我的源初生成性来说,自我在情境中发生,自我修养始

---

① James, *Pluralistic Universe*, p. 139.
② Dewey, *Art as Experience*, p. 104.
③ Dewey, *Experience and Nature*, pp. 244-245.

于人之意识与社群之间的和谐关系。对杜威而言,就是环境与其机体之间的交流,而节奏从相互交流中发生。自我能够欣赏并运用情境的力量,吸纳事物运动的内在之势,然后把见识运用于变化的事物并与之融通。

二 杜威与儒家论"个体"的创生性

在人与己不断交融激荡的过程中,如何维持自我的同一性成为问题。人的同一性来自人意识到自身的经验不能为他人的经验所替代。如詹姆斯所言:"我们彼此的经验通过多种不同的方式互相关联,但你的仍然是你的,你的与我的从来不能交换。"(ERE:25)[1]这样说来,"我"构成我的经验,而且并不与"你的经验"构成的"你"相关。个人不只是"主体,"而是"变化情境中的主体"(agent-in-changing-context)。对詹姆斯来说,意识的融通性是人类身份的重要组成部分。如果按照西方近代以前的神学传统,人是依照上帝的模样塑造的,那么人就是被决定的,也就不具有独立的个体性。在近现代西方哲学家看来,人重新被赋予了主动性,能够在一定的情境中行动,成为在不断变幻的环境中前进的主体。

主体与情境之间的动力,导致了时间之流中的身份问题,依据所罗门(Solomon)的观点,关于人的同一性有两个维度:一个是历时性问题,它指向的是在时间流变中什么构成了同一个人;另一个限于一时的维度,它指向的是什么构成了新的经验,和他人的经验。[2] 所罗门主要回答历时性的问题。对特定的人而言,身体的存在是变化过程中的关联性存在方式。在人有同一性之前,人们试图理解他身居何处,即人们倾向于了解他们所在之处。通常来说,"位"蕴涵着"身之位",人的身体占有一定的空间,而能够占据这个位置的能力是身体的延伸。某人的身体是他与他者关系的中心,而身体的联系是主体运动的基础,周遭的事件是附属于身体的。人之生成情态好比

---

[1] James, *Essays in Radical Empiricism* (*ERE*), New York: Longmans, Green and Co, 1912, Reprinted in Lincoln and London: University of Nebraska Press, 1996.
[2] Robert C., Solomon "The Cross-Cultural Comparison of Emotion", in *Emotions in Asian Thought: A Dialogue In Comparative Philosophy*, ed. Joel Marks and Roger T. Ames, Albany: State University of New York Press, 1995.

花草树木生长在不同的地方,其周遭的情境变幻不定。

任何两个存在者之间的区别形成了特定背景下的情境不平等。对不同个体来说,求生的本能与能力意味着它应当尽力在持续的过程上行动。在这些过程中,身体通过彼此互补的行为来行动。因此,个体的生成情态是通过不断实现在指向事件充分生发的良好生存境况与使得事物不能充分生发的不良生存境况之间的平衡状态来实现的。

可以这样说,心灵并不占据任何空间,它没有形式也没有位置,比如詹姆斯指出人有好多自我,因为某些人认得他,并在他的思想中持续其影像,因此伤害其中任何一个影像都是在伤害他。身体的位置是由物质的身体所限制的,而且不能超越身体自身的边界。但是,心灵的位置是无形的,它存在的有意识运动是在共通情境之下与他心一同运动,于是,位于意念背景下的、自我敞开的、自我判断的多维聚合体之中。这种自我同一的过程正如杜威所言:每个行动者都将行动之主体与他者相联。可见,詹姆斯和杜威都否认存在本质性的不变自我。对他们来说,人不断地创生,并融入不断变化着的社会中。

儒家的修身也将自我放在更加广阔的视野里审视。"与天地参"是儒家修身的理想情境。正如身的观念之存在于社会情境一样,儒家的家庭关联性不仅是私人的,而且也是公共的,而这正是为什么传统社会可以通过"孝"来治国。在一定意义上,孝的情感构成了儒家自我的源初生发之域。这种在家庭成员之间的源初生发的关系自然地延伸到他人,而他人被视为大家庭的一员,如果家庭如此巨大,以致可以延伸到社群与国家,那么"大家"就需要在"所有人"的意义上加以理解。

在儒家经典中,"家"被认为是人类存在的基本方式。儒家的家庭观念顺着自然之序,人类社会的形象也是从"天"或自身的始祖那里延续下来而形成的。儒家的家庭观念关涉社群中的所有人。在甲骨文里,房子里有猪就是人家的标志。《易·杂卦传》说:"家人,内也。"《周礼·小司徒》说:"上地,家七人。"注曰:"有夫有妇,然后为家。"这是以夫妇为家的基本结构。《诗·周南·桃夭》注道:"室为夫妇所居,家谓一门之内。"这都说明先秦家庭观念没有很大变化,而且一直是哲人思考的中心问题之一。

然而西方哲人很少谈及家庭,即使谈及家庭,比如亚里士多德和黑格尔,他们的观点多以西方的自主个体为基础。儒家传统中基本没有西方经典自由主义的个人观念。儒家哲人们认为,人首先归属于家庭和国家,群体中个体之间的关系比个体身份更加重要。比如,儒家传统中婴儿首先是家庭的成员,他与其他成员之间是不断延伸的、因生存而创生发展的关系。

尽管杜威并不如孔子那样重视家庭,但对他来说,自我从本质上说是社会的,个体不是孤独的,环境从最根本的意义上说就是人类社群(EW3:335)。因之,杜威将人类团体理解为组织性的,无论这一团体是家或国,而个人的身份是通过与社群的交流来实现的。杜威重新界定了"个体"(individual)观念,用它来说明社群中的个人,其间人们彼此沟通,在交流中成长,并为每个个体提供机会。进步的社会珍视个人的变化,因为个体的成长可以映现出社会的发展(MW9:315)。①

依杜威之见,社会的概念不是单维的,没有任何一件事物可以主宰"社会",社会有很多,而且彼此形成了联结(LW7:324)。在杜威看来,个体是"社会关系中的个体",并不是在一个遥远的"社会"实体中成长,而是彼此关联的。在这个意义上,社会更近于社群的概念,也就是一种分享,其意义被提升、深化并在社群的意义上稳定下来。社群的沟通与民主的意义紧密相连(LW1:159)。杜威认为,民主的环境就是沟通的社群,其间人们彼此扶持,并分享经验。"自然的联系是社群存在的条件,社群加强了沟通的功能。其间情绪和思想相互分享、共同构筑。"(LW13:176)个人与他人一起参与不断变化的经验之流,因之,个人的身份与其情境不可分离。然而,人们仍保有其人与己的观念,而且其自我同一性通过与他人交流来实现。

孔子用类似的方式看待个人与群体的同一性。在孔子看来,个人首先是一个家庭的成员而有其个体意味。孔子希望君子和圣人可以将时代从礼崩乐坏中解放出来。圣人在其作为天与地之间的共创这个意义上说,是通过道德智慧来体验并实现的。儒家的道德观也是"不断发展变化的过程,而非固定的成就",如杜威认为,道德成长是"不断完善、成熟、精炼我们习惯的过程"(*RP*, MW12:181)。

在此意义上,杜威说:"坏人是那些无论过去有多好,但如今开始要堕落

---

① Dewey, "The Individual and the World", *Democracy and Education*.

的人。好人是那些无论过去在道德上有多坏,但他已经力图变得更好的人。"(RP,MW12:180-181)相应说来,这种意义上的君子小人之分也似于儒家一贯的标准。恰如孔子在《论语》中所言,君子与小人是为了表达极端的、偏离正常的、公民性的状态。学者们通常不注意大多数人的身份,比如《论语》中的"民"和"庶人"所示。历史上大多数儒家教诲都倡导如何在人的家庭和社群中成长为"君子"。儒家教导有助于劝诫普通民众安于他们的社会阶层,而阶层是由家庭延伸而来。

另一个诠释儒家家庭信条的方式是通过其等级性的结构。孔子认为,在统治者与常人之间要有交往沟通,但他在乎的不是权力之源和如何帮助一般人进入统治阶层,而是人文化成(文—化)及其关系,尤其是以礼为代表的文化内在化。所以他把孝与悌关系推演成社会基础。这样一来,代代儒者都集中讨论如何成人,如何在家庭中扮演正面的角色以影响家庭外的社会角色。

从当代社会的角度看,自我修养正是将自己扩展到家庭之外、社会之中的过程。杜威同意人类经验的集合这个概念,他认为,即使在人们参与并与他人交流的意义上说,个体仍然是独特的,美国人的身份感主要来源于个人主义。他认为人类的社会性自然而然,所以不认同个人主义,而认为人们天生愿意群居并与他人交流,只有通过与他人的联系,人才能真正地达到自我实现。

类似的,儒家也提倡通过关系和关联来实现个体性。儒家的"个人"修行他们与"社会"的一致性,并力图与之和谐。杜威说自由并不意味着任何个人可以放纵其冲动,从而反对他们之作为社群一员的福利。(MW8:297)杜威反对任何可能伤害他人的自由观。在他看来,自由是一种成长和实现,而不是源初性的占有。自由必须通过个人参与到社会群体而不是通过影响、减少、消除他人的利益来达到(LW3:103)。杜威这种关于个人与社会连续的思想致引他认为社会组织是"创造个体的手段"(MW12:191)。他写道:"只有当个体参与其与他人共同的事件时,人性才开始发展,人也因此聚合成各种群体:家庭、公司、政府、教堂、科学组织等等。"(MW12:199)这样,人是通过与他人共在来创造自我的。并在一个共同创生的社会中发展其自由。用杜威的话说,"自我是关联的、有关的活动"(EW2:210,216)。进一步说,杜威声称存在"未完成的以及先行的个人观念"①。米德(Mead)用同样的方式来思考心灵。他认为心灵不是个体意识,而是社会行为。在这个意义上,自我是一连串生活情境和遭遇的连续体。②社会创生力是通过人类实践在人与社会之间的交流中产生的中介成果。

人们生活在不断创生的社会之中。他们是社会整体的动态部分:"身份危机即社会危机"③,我们与周围的环境分享我们的生活,通过他们和我们来影响社会。人们作为一个阐释的焦点来参与社会,于是活着就成了连续的生成过程,一个与社会关联的不断行进的过程。"那些束缚我们身份的事实既非固定,又不为主体所决定。它是由社会诠释的,它取决于我们的情境,以及他人常常是恶意的动机。"④在这个过程中,我们来了又去,并努力做成我们想做的。比如,杜威的"自我的哲学关照似乎是从社群的角度得以充分地表达"⑤。我们不但表达,而且记录我们不断生成的情感。我们不但与环境交流,而且留心与依存情境之间的对话。不但在社群中公开我们的思想,而且为了让社群维系下去,试图让我们的思想存在得更长久,比如人们有时小心谨慎地处理每个瞬间,希望让周围的人记住他们的存在。正是在这样一种交流中,身份的危机产生了。这种身份的危机是"我们共同诠构彼此个人身份而无法避免的结果"⑥。我们希望人们可以通过我们留下的生活经验的记录来分享我们曾经的生活。这样一来,我们的生命是力图创造持续之在的过程,不论我们一生的遭际如何。

经验与社会的连续情境之和谐引导人们在理想的、充分生发的社群中成为人,并与社会政治力量和谐共处。其中的关键是让社群既保持平衡,又有一定的弹性,也就是说不用某种强加的意志,而是由社群的背景集合的意志来主导社群的发展,同时尽可能将各种倾向和谐化。社群的领袖需要考虑集体的意向,力图使之和谐而不是压制他们。社群的领导人需要欣赏个

---

① John Dewey, *Essays in Experimental Logic*, p. 69.
② Herbert W. Schneider, *A History of American Philosophy*, Columbia University Press, 1963, p. 470.
③ Robert Solomon, "Recovering Personal Identity", in *The Joy of Philosophy*.
④ Ibid.
⑤ Richard Shusterman, *Practicing Philosophy: Pragmatism and the Philosophical Life*, Routledge, 1997, p. 54.
⑥ Robert Solomon, "Recovering Personal Identity", p. 183.

人的整体情境而不是仅仅考虑小圈子的喜好。

杜威反对将社群利益凌驾于它的成员之上。他运用婚姻和合股公司股票持有人的例子来说明他的观点。在组织中的参与者有些特征,比如权力、权利及责任,可能与在其他组织中的人的特征不同。虽然如此,"个人不可以走到与他们不可分割的组织的对立面。而组织也同样不可反对他的不可分割的成员"①。对杜威而言,民主是"道德与社会信念"的唯一形式,它"不仅仅是由于经验在一定意义上必须是主观的,但同时它又有外在控制的其他形式,以致诉诸在经验过程之外的某种权威。"②

可见,杜威与孔子都认为人与己的关系是一个连续体。在中国历史与社会中,不易找到与西方相对应的"公民"或"公民性"的观念,而"民"往往指由君统治的一群人民。在历史上,一个可能的沟通方式是通过实用理性来发展民与君共通的人性基础。在 20 世纪,君与民的不明区分依然继续,而儒家意义上的公民性尚未得到完全发展。在传统上,民与君关系的重要问题在于二者之间缺乏真正的交流。今天,为了发展公民社会,就需要提倡社群之间的沟通。

因此,杜威与儒家之间的中道观是关于人的存在状态的哲学对话。也就是说,人可以通过更好地理解个人与他人的共生来创造有价值的关系。这一哲学中道观有助于振兴不断衰弱的儒家传统,而且指向中美之间新的哲学对话。总之,杜威与儒家的对话当基于关系的源初性,而群己之间的源初性是伦理和政治关系缘发性的起点。在先秦儒家和杜威关于社会政治的讨论中,人与己的关系是家庭、社群以及社会正义和民主的基石。今天,杜威关于社群与民主的讨论对儒家人己关系仍有借鉴意义。在这一对话中,日常人伦是人己关系的基础,自我融合其间并与他人发生源初创生的关联,而家庭、社群和社会都是始自个人这种扩展其缘始创生的关联性。人在与他人的源初构成中消解了人之为"己",而逐步扩展为"人—己。"自我的成长是"己"的边界在"人—己"之间交融激荡的过程。

---

① Dewey, "The Individual, the Associated, and the Social".
② Dewey, "Creative Democracy—The Task before Us". LW14:229.

哲学门（总第十八辑）
第九卷第二册
北京大学出版社，2009年2月

如何思考自身

——帕斯卡式的对"我"的反思

文森特·德贡布

提　要：在这篇论文中，笔者试图探究现代人如何思考自身这个问题。因此，我们无须澄清这个思考的方式。为此，笔者首先区分了三种不同的自我思考方式：个人主义的、个体主义的和自我中心这三种不同的方式。进一步，笔者指出了笛卡儿我思概念中所包含的纯粹哲学自我与在世界中个体之间的紧张关系。帕斯卡的自我概念最终意味着脱离世界的禁欲个体。为了综合孤立的个体和在世界中的个体，笔者试图证明一个自传式的个体同一性，并以此作为现代自我的构成。

关键词：自我主义　个体主义　自我中心　自传同一性

一　我

我把下面的思考称为帕斯卡式的，因为我将根据帕斯卡的一段文本来提出关于"我"的问题，他曾这样讲道：

　　我是什么？

文森特·德贡布（Vincent Descombes），生于1943年，当代法国哲学家，现任教于法国巴黎雷蒙·阿隆政治研究中心（隶属于法国高等社会科学研究院），以及芝加哥大学社会思想委员会。

一个人依在窗前注视过往行人,我正好路过,我能认为他在窗边是为了看我么?不能,因为他没有特别地想到我。而喜欢某人的美丽,就意味着喜欢这个人么?不,因为天花可以仅摧毁美丽而不夺取生命,他仍是他,却不再被人喜爱。

如果有人欣赏我的判断,我的记忆力,那么他喜欢"我"么?不,因为我可以丢失这一切而仍是我自己。那么,这个"我"在哪里,如果它既不在身体,也不在灵魂中?喜爱身体或灵魂,难道不仅仅是为了那些可以丢失,因而不属于我的性质么?难道人们会喜欢一个抽象的灵魂实体么?这不可能,也没有根据。所以人并不爱人,而只爱性质。于是就不必嘲笑那些因职权而自以为荣的人,因为人对人的喜爱只依据那些被借来的性质。(布伦茨威格,323,Lafuma 688)

这段文字的有趣之处在于它为我规定了一种通过他人对我可能的思考而思考自我的方式。

这一段经典文本提出的第一个问题是关于实体性事物的:"我是什么?"17世纪以来,法语世界的哲学家们——正如在英语和德语世界中一样——开始使用人称代词"我"(或者拉丁文中与之相应的ego),就像一个可以被定冠词规定的普通名词。帕斯卡的文本为该用法提供了许多例子。在这里,"我"同样和指示代词连用:"这个'我'在哪里?"但我们同时也注意到,"我"也在通常的意义上作为代词被使用:"他并没有想到我"、"他喜欢'我'么?"由此我们首先要问的是:作为代词和作为被定冠词限定的名词的我之间,在日常的我和哲学的我之间有怎样的差别?

在就语言学的差异展开讨论之前,我们应先把它置于为其提供哲学意义的语境中,即历史哲学的语境。

二 历史哲学

19世纪是众多历史哲学的伟大世纪,它们希望把人类的过去作为整体而囊括。实际上,这并未完全做到,因为不可能把所有不同人类社会的过去统一到人类历史的单一演变中。这也是为什么19世纪的哲学家们实际上选择将普遍的历史建立在单一的进化,即单一文明的历史中,其他文明则被排除在历史之外。

而今天,由于我们称之为"全球化"的特殊的历史事实,哲学第一次可以就人类历史提出"普遍"的问题,因为全球化的事实意味着:所有当代社会、当代文明都同时遭遇着现代性的考验。这也是为什么现代性的构成是一个普遍问题,因为它触及日常生活中所有的人。

众所周知,黑格尔在他关于普遍历史的哲学中为一个哲学片段保留了一个中心位置:笛卡儿在"思考自我"的行为中发现了一切知识和自由的基础,即"我思"(cogito)。是否存在一种首要的、不容怀疑的真理,能够成为其他真理的基础呢?按照笛卡儿,确实有这样的真理:我知道我存在,因为我不可能(为了问我是否存在)想到自己而又不确定自己是否存在。至少我能作为我的思想的拥有者而存在。

这就是我们反思"思考自身"这一问题的语境。我们的问题于是变为:一个现代人如何思考自身?在这一关于历史的哲学问题背后,有着更为一般的问题:是否只有一种思考自身的方式?我认为有许多种。为了指明这点要引进一些区分。我会从不同术语的考察出发,这些术语自18世纪就已出现在所有的欧洲语言中。

三 自我主义

我从"自我主义"这个词开始。利特雷字典指出该词于18世纪后半叶才被收入字典,利特雷补充道:"17世纪人们说自爱。"自我主义是一个新产生的哲学词语。在18世纪,哲学语言区分了形而上学的自我主义和实践的或道德的自我主义。形而上学的自我主义就是今天所说的唯我论:即悖论式地认为自己是世上唯一的存在者。道德上的自我主义就是认为自身利益先于总体利益,因而先于他人利益。人们今天只在道德的意义上谈论自我主义。

四　个体主义

"自我主义"一词刚刚进入法语,就出现了另外两个术语,他们指示着不同于道德自我主义的思考自身的方式。第一个术语是个体主义,对此我们有托克维尔珍贵的证词。"个体主义"于复辟时期进入了法语的政治词汇,并通常在道德层面被理解为带有贬义的,和道德的自我主义是同一回事。但托克维尔敏锐地指出:如果它是一个新词,就指示了新的观念。

> 个体主义这一表达因新的观点而产生,我们的父辈只知道自我主义。
> 自我主义是对自己偏激而夸张的爱,它让人把一切都归为自己,爱自己胜过爱一切。
> 个体主义则是带有反思的平静的观念,它使公民远离和其相似的群众,随其家人、朋友从大的社会中抽身,形成一个适合他的小团体。

过去和将来都会有自我主义者,但并非总会有个体主义者,也即那些不认为抽身而去应当受到谴责的人。独立于他人而自由地生活,恰恰是今天的公共道德最为推崇的。个体主义作为新的观念不同于自我主义,或更准确地说,作为新的价值:随人人平等的原则而来的是彼此之间的独立。

托克维尔的分析是社会学的。他比较两种社会,传统的(他称之为贵族的)和现代的(他称之为民主的)。在传统社会中,不平等是彼此依赖的结果。人人都依靠他人:弱者需要强者保护,强者需要弱者的服务。但民主社会的人并没有弱者可以保护,也没有强者需要服侍,他只考虑自身就够了。至少从原则上说,完全个体主义的社会应排除成员之间的种种的关联。实际上,任何社会都不可能是彻底个体主义的,否则便会立刻解体,因为并非全部成员都能以他们各自的方式独立生存。托克维尔注意到个体主义的人倾向于和家人一起脱离社会。实际上,老人和孩子是无法独立生存的。托克维尔因此把个体主义视为"理想状态",因而在定义上就无法全部转化为现实。这是完全现代式的理想。

五　自我中心

另一个需要考虑的词是"自我中心"。人们感到有必要说"自我中心"，因为"自我主义"已不能表达其中的含义。利特雷这样解释其中的差别：

> 自我主义是一个法语词汇，指过分的自爱；自我中心是英语词汇，指谈论自我的怪癖。

自我中心最先被理解为贬义的，它指示了一种缺点，一种怪癖，一种需要避免的自我表达的方式。但其含义随即发生转折，从司汤达的作品中就能看到这一点。

司汤达自 1832 年 7 月起草拟自传性的文章，其题目是"自我中心的回忆录"，但工作几个星期之后便放弃了。他在《回忆录》的开头写道，这部作品的目的是要回答"我是怎样的人"。这一问题对司汤达意味着：我是能够幸福的人，还是注定了不幸？怎样回答这一问题呢？他写道，就是要"用笔来检审良知"。司汤达便通过讲述其回忆来发现自己是谁。但"用笔来检审良知"，即自传，同时也是"自我中心"的：写自传无法不说自己、不以第一人称表达。一旦理解了自我中心首先是文学风格，一种强迫使用"我"这个词语的表达，就不难看出如何实行自我中心却同时避免自我主义和自负。实际上只有当从第一人称的角度自我检审时，人才能不断提高道德上的自我认识，这样的自我认识意味着人们对自身性格的认识。

根据利特雷，如我指出过的，"自我中心"一词从英语进入法语。不过，一位 18 世纪的英国作家把该词的来源追溯至法国，或更准确地说，追溯至冉森主义，即帕斯卡的朋友圈。实际上，亚狄生在一篇引人注目的文章里（在 1714 年 6 月 2 日出版的由他主编的《观察者》杂志中）这样解释该词：被冉森主义者禁止的写作风格。我们有必要引用他的解释：

> 波尔·罗亚尔的先生们的学识与人格在法国无人能及，他们认为第一人称只是虚荣心和过高的自我评价的结果，因而在作品中将其彻底废除了。他们为了表明其厌恶，将那种写作方式称为"自我中心"的，一种古代作品所没有的修辞。

实际上,阿尔诺和尼古拉——波尔·罗亚尔经典逻辑学的两位作者——正是把关于第一人称用法的修辞学规则归于帕斯卡。这条规则可以被称为"帕斯卡规则",它认为一个"诚实的人",或一个友善的人,"应当避免称呼自己,甚至避免使用'我'这个词"。不过,阿尔诺和尼古拉承认不可能永远遵守这一规则。在很多情况下,比如自我评价(或检审良知),不得不使用第一人称。而我们应牢记的是"自我中心"不同于"自我主义",因为后者首先并不是一种说话的方式,并不是一种表达思想的风格。

六　入世个体

我区分了三种思考自我的方式:自我主义、个体主义和自我中心的。由这些区分我们回到现代人的问题上。如果希望就我们当下的历史做哲学思考,就应当提出现代人自身同一性的问题。这就意味着让其检审自身,并向自身提出自我中心的问题:"我是怎样的人? 我在什么地方和传统的人不同?"

托克维尔告诉我们,现代人和同类保持距离。的确,但历史为我们展示了两种方式:传统的和现代的。和同类保持距离,在一个传统社会中意味着像隐士、修士或智者那样退隐。传统的退隐意味着抛弃一切世界之中的重要职位:放弃公职、权利与财富。并从此全心投入到自我的完善中。退隐意味着从此与别人互不相欠。相反,托克维尔所讲的民主的人完全没有放弃社会身份,而是希望获得事业的成功,变得富有,使家族兴旺。但这一切,他想依据独立生存的理想状态而自己完成,并只靠自己。

为了更好地理解两种个体主义间的反差,我想引用宗教社会学里的一个区分。马克思·韦伯制定了人类宗教的类型学,他为此使用了两组明显的对立:第一组在苦行主义(其原则是主动地拒绝世界)和神秘主义(即被动地拒绝世界)的姿态之间,另一组在朝向彼岸(人的目的在世界之外)和关注此世(人的目的在世界中)的姿态之间。路易·杜蒙在《关于个体主义的随笔》中指出出世和入世的姿态之间的差别如何能帮助我们理解产生了西方现代性的历史转换。根据这一分析,现代人把自己理解为个体,不过是一个处于世界之中的入世个体。

我想从帕斯卡的另一个思考中借用"入世个体"的画像。

七　市民阶层和作家

下面引用帕斯卡的一段话：

> 有些作者谈论他们的作品时会说："我的书，我的评论，我的历史等等"。他们散发着市民阶层的味道，这些人有自己稳定的位置，嘴上不停地说着"在我这儿"。他们应该说"我们的书，我们的评论，我们的历史等等"，因为这些通常来自于别人的财富，而不是他们的。（布伦茨威格，46，Lafuma 1000）

在17世纪，市民阶层指那些有着房子和商店的城市居民。他们显然都很体面，但也有可笑之处，正如莫里哀的喜剧《贵人迷》（直译为《市民绅士》）所展示的。帕斯卡所描绘的是另一出喜剧的场景，或许可以称之为《市民作家》。不难理解一个作家，如帕斯卡所说，大概不愿自比于为物质的成功而自豪的市民阶层。但帕斯卡的嘲讽是公正的。实际上，这里所刻画的作家正带有市民阶层的念头和举止，他也有"在我这儿"，他通过"在他那儿"而在世界之中，因为他希望在他的书里成为主人。但正如帕斯卡所说，作家不该说"我的书"，如果这被理解为把一切归功于作者而不关他人。事实上，作品中包含的所有思想往往令作者本人获益匪浅。帕斯卡认为观念的次序里没有"在我这儿"。

我们能从帕斯卡的言论中看到对现代个体主义历史的贡献。实际上，入世的个体主义从18世纪下半叶开始分为两条线索，分别对应于帕斯卡所展示的两种形象。一方面是市民阶层的"主有的个体主义"，那些有着好房子的人。我在此重提麦克弗森关于自由主义的政治理论。主有的个体主义由洛克首次在其关于财产的自然权利理论中提出。另一方面是查尔斯·泰勒所讲的表现主义现代性的理想，即浪漫主义作家和艺术家的"表现的个体主义"。

八 哲学的我

现在把帕斯卡展示的这两种人物,市民阶层和作家,和第三种相比较:即哲学上的"自我"或"我"。这是一种完全不同的思考自我的方式。为了避免和前面所说的自我中心相混淆,我把这种思考自我的方式称为"自我学式"的。正如这一术语指出的,自我学是关于自我或我的哲学理论,它把代词"我"当做实体来处理。为理解这一含义,就有必要回溯至自我学的本原,即洛克之前的笛卡儿。

笛卡儿相信在思考自我的行为中找到了第一位的、不可动摇的确定性:即使其他一切存在都是不确定的——比如物理的身体、他人以及上帝的存在——我作为一个思想着的、怀疑着的思考者,当我一旦思考时就确定是存在的。这是笛卡儿"我思"的经典证明。可以说:笛卡儿式的"我思"被看做能不依外在世界而证明我的存在,如果"外在世界"被理解为独立于我的表象的实在。

这一证明有效么?我很怀疑这点,但现在不能就此讨论。无论怎样,如果证明是有效的,它确立了我,作为拥有我的思想的思想者,其存在是通过自身被绝对给予的。这意味着思想主体能够作为思想主体证明自身,而不需借助于任何对事物的知识。如果笛卡儿的"我思"是有效的,它为思想者的存在提供了内在性的保证,也就是说保证其存在,不必离开思想的行动,不必援引他以外的事物,因而不通过"外在性"。这一其存在被思想本身确认的思想者,就是哲学的自我学所称的"我"。很明显,自我学的我不同于自我中心的我。再一次假设"我"思的论证是有效的,这个论证是否证明了"我"的存在呢?它是否真的涉及到我,即这个活着的个体,这个你们眼前的人?并没有,"我思"的证明就我所是的那个人没说任何事情,而是谈论着那个拥有当前思想的主体,并仅仅谈论这一主体。这也是为什么笛卡儿紧接着问道:

> 我存在:这很显然,但多久呢?和我思想的时间一样长,因为很可能当我停止思想的同时也停止了存在。(第二沉思)

衡量一下哲学的我和作为人类个体的我之间的差别。人的存在不随思考而停止,比如睡觉的时候。睡着的人并不思考,但他还是人。相反,思想主体如果停止了思想,就不再是思想主体。不过并没有被证明的是:哲学家每次重复"我,我思考,我存在"时,那个意识到自身存在的思想主体是同一个。思想者的历时同一性并未由"我思"得到保证。而这恰好是笛卡儿在根本上没有解决的困难。笛卡儿没有给"自我"以实体的身份,没有在其连续的思想行为中保证历时同一性。

九　入世个体如何思考自身存在？

帕斯卡的两种自我中心的人有着共同的自我学主体。市民阶层说"我的房子",作家说"我的书",我们能就他们入世个体的"我思"区分出两个版本:

1. 一方面是市民阶层的"我思":我是我房子的所有者,所以我存在;
2. 另一方面是作家的"我思":我是书的作者,所以我存在。

不过,这些表述足以区分纯粹思想的我和想在世界中独立的个体。于是,帕斯卡的市民阶层作为和他者不同的个体的人,只有通过在世界中的位置才可确立,他凭借该位置而能说出"在我这儿",并由此认为自己以无可置疑的方式存在。他的"我思"并不是哲学的,因为他从外部寻找自身存在的证明。市民阶层并不像一个纯粹思想着的自我那样思考自身。他希望自身的个性能通过人人可见的外部事物来保证,而这一外部事物又以物质财富的形式出现,以便他能由此获得所有权。这便是主有的个体主义的动力。

同样,作家确保其个人存在的方式是在世界中指示他的作品,并声称:这是我的书,这本书中能找到的是我独有的思想。

入世个体是"主有的个体主义"的,他通过对主有形容词的使用表示自身。但如何通过自己外部的事物来证明自身的个体独立性呢,无论是通过物质财富还是公众认可的作品?这似乎是入世个体主义固有的矛盾。现在我来解释个人如何让他的房子或作品进入对其自身同一性的规定中。在此我们可以借帕斯卡的"什么是我"的片段来澄清问题。

十　他人怎样理解我？

我们回到帕斯卡论述我的片段。这段文字首先说的是：他人有两种思考我的方式，于是我对自身的思考也有两种方式。如帕斯卡所说，我可以"抽象"地想到我，即那个在不同时间中同一身份的保持者。或者我也能以"传记"的方式想到我在一个特定历史片段里，并处于某种状态中，有着或者没有某些性质。帕斯卡引导读者把这一区分用于自身，并得出具有道德含义的结论：即如果自身被抽象地思考，就没有任何可爱之处。希望被喜爱，就是接受因自己所不是的事物而为人喜爱。

帕斯卡的证明分三步。在第一步中，帕斯卡设想了一个场景，他人之于我在此有两种行为。

> 一个人依在窗前注视过往行人，我正好路过，我能认为他在窗边是为了看我么？不能，因为他没有特别地想到我。

某人在窗前注视行人，我从窗前路过。他看到了我，并因此看到了他想看到的。没错，但他想看的究竟是什么？他因怎样的意图来到窗前？一个区分在此显得十分必要，这里实际上有两种逻辑上不同的可能性：

1. 一个人来到窗前因为他希望看到我经过；
2. 一个人来到窗前因为他希望看到有人经过，无论是谁。

对于第二种情况，帕斯卡说：这人没有特别地想到我。于是，是这个人的想法带来了差异。我们今天用意图的逻辑来表达这种差异。这一逻辑使我们能澄清朝向对象的心理活动所具有的差异。一个行为的意图，是这个行为给予自身以对象的方面。为了更好地理解意图带来的差异，我们设想窗前有两个人，一个希望看见我经过，我们称这个人为 A，另一个人只希望看见行人，称此人为 B。意图的逻辑使我们能在这两个人见我经过并声称看到某物时，能够通过确定其相应条件而区分他们的意图。满足他们意图条件分别是：

3. A 希望看到我经过，他的意图因看到我而满足；
4. B 希望看到某人经过，他的意图因看到经过的某人而满足。

帕斯卡证明第一阶段的结论是：在窗前看到我经过的人，在这样做时可以特别地想到我这个人，或者他也可以只想到一个一般的行人。在后一种情况中，并不是我自身作为独特的个体，而是"我是行人"这一性质引起了他的注意。

十一　人因什么而为人喜爱？

在证明的第二步中，帕斯卡提出我因什么而为他人喜爱的问题。他回答说：是我的性质。但什么是性质？帕斯卡写道：

> 如果有人欣赏我的判断，我的记忆力，那么他喜欢"我"么？不，因为我可以丢失这一切而仍是我自己。

这里需要在词语上予以澄清。文中所讨论的爱并不是恋人之间的感情。从定义上说，恋人的感情是排他而无条件的。帕斯卡所说的喜爱是对某人怀有的挚爱与尊敬。喜爱某人，就是喜爱他某些方面，就是发现他某方面的可爱之处。这也是为什么帕斯卡最后能比较喜欢某人的原因和尊敬某人的原因：

> 于是就不必嘲笑那些因职权而自以为荣的人，因为人对人的喜爱只依据那些被借来的性质。

在这个意义上，"喜爱"和"尊敬"、"以某某为荣"是一样的。荣誉只由头衔获得，比如，作为国家的重要人物。帕斯卡这里所说的喜爱也是一样，喜欢某人是因为他具有某种性质。

这里，帕斯卡所使用的仍是意图的逻辑。他把"喜爱"用作一个意图式的动词，这意味它的宾语必须通过明确对象令人喜爱之处获得，因此指示了对象的性质。

不过你会说：为什么人们不能通过喜爱我具有的性质而喜欢我？是什么将人和使其为人喜爱的性质对立起来？这里的障碍是形而上学的。实际上，帕斯卡将一个经典形而上学的区分引入了对自我的思考中。亚里士多德在《形而上学》中，列举了一个形而上学问题的例子："坐着的苏格拉底和苏格拉底是不是同一个?"回答要通过本质和偶性的区分来完成,这一区分来自对变化的思考。在苏格拉底身上哪些事物的改变不会同时改变苏格拉底的同一性?比如我们可以问坐着的苏格拉底能不能站起来,即苏格拉底的自传中能不能有"苏格拉底站了起来"这一片段?回答当然是苏格拉底可以站起来。苏格拉底可以停止坐着而不停止是苏格拉底。于是苏格拉底的同一性并不要求坐着而不是站着或其他什么姿势。只有死亡会使苏格拉底改变而不再是苏格拉底。

帕斯卡用自我中心的方式表述了这一形而上学区分。我们可以想象苏格拉底以自我中心的风格说:"我可以停止坐着而不停止是我,但我不能停止是我而同时不停止存在。"同样帕斯卡的读者应当对自己说:我可以丢失某些性质而不丢失自己。在当代哲学的话语中人们或许不会说丢失或维持自身,而会说丢失或维持其同一性。帕斯卡论证第二步的结果是:一个人的美丽或智慧的性质并不是他同一性的一部分,它们在一个人一生所具有的历时同一性之外。

十二　自身的定义

现在是证明的第三步。迄今为止的思辨讨论终结于一种灵性的精神修炼,即个体自身对自身的工作,它通过纠正对自身的错误认识而完善自身。

读者应当设身处地去理解两种思考自我的方式。如果从我被别人喜爱的角度看,我是以历史的方式思考自身,即带着那些使我为人喜爱的性质,它们可以改变因而是历史的。但我如果思考我之为我,即只依据我的历时同一性,这一思考就是抽象的。如你们刚看到的,这些性质并不构成我的同一性。如果你希望为别人所喜爱,你就要接受他们并不喜欢你这个人本身,因为他们喜欢的是你的性质,而这些性质并不构成你的同一性。

帕斯卡因而邀请读者"放弃所有权"。帕斯卡的论证基于如下事实,即人的性质都有特定的历史:比如一个女人的美丽有着历史,它不是这个女人的历史,因为美丽可以被疾病摧毁而这个女人依旧活着。从变化的角度思考自身,就是记得自身的性质可以损坏。读者应当停止把那些可以损坏的性质占为己有,而应当把它们看做是在某种意义上已经丢失的。如帕斯卡所说,该把它们视为"借来的性质"。

帕斯卡的精神修炼属于苦行的道德,它就爱与尊敬的问题拒绝对世界的主动介入。这样一种苦行主义期望脱离世界获得自由(通过放弃所有权),而不是改变世界。因此,帕斯卡式的苦行主义仍是前现代的个体主义。这样的个体所关注的是放弃在世界中为人所知。

那么现代的个体主义是怎样的?即我们前面随路易·杜蒙指出的入世个体?它能否通过前现代的个体形象得出?我相信是可以的,帕斯卡的证明恰为我们提供了理解这类个体的钥匙。

帕斯卡指出了为什么个人的历时同一性不能持有历史的性质。而入世个体恰好希望通过其性质来确定其同一性,比如以物主和作家的性质。他怎样能产生这一意图?他能够做到是因为持有拒绝主动进入世界的姿态,只不过把方向掉了过来。传统的苦行主义通过放弃所有权来完善自身,现代个体则通过相反的占有来完成这一过程。

要注意的是,如果没有在先的占有,就谈不上放弃所有权。我不能放弃不属于我的事物,而只能放弃我曾经拥有的,不论对错。帕斯卡式的放弃所有权在于和能够通过性质而定的同一性决裂,和相信能把性质归为己有的同一性决裂。但帕斯卡在文中只考虑到自然性质。如果他得出结论认为人的同一性不含有历史,那是因为他选择了自然优势作为例子(比如身体美丽或心灵强大)。这些性质不经任何努力就可获得。

但我们不妨思考一种个人通过自身行为而能获得的性质,比如作者身份。作者身份这一性质能否损坏?当然,一本书的作者可以失去想象力而不能继续写书。但他失去的是另一些书的作者身份,这些书,根据假设,他原本很希望写出却不再能够写出。而他写过的书终究已经被写出了,并且由他写出,他总是自己的书的作者。如果这本书无关紧要,他就永远是一本无关紧要的书的作者。如果是一本好书,他就永远是一本好书的作者。通过写一本书,他就永远占有了一种构成其同一性的性质。公众对他的书的所有评价也同时指向他,而不指向一种外在的、被借来的性质。

入世个体因此正好颠倒了出世个体。他们都希望将自身界定为独立的存在。帕斯卡式的我是历史之外的人的同一体,他通过脱离世界获得自由而完成自身。能不能在概念上由出世个体的我过渡到入世个体的我呢?这需要将帕斯卡放弃所有权的活动掉转为占有活动。为此,需要假设个体能将同一性建立于性质之上,即将偶然的性质囊括到同一性之中。因此就需要既是偶然的又是不朽的性质。

　　如我试图指出的,存在这样的性质。这些是个体通过表现行为而能占有的性质。如何理解作家"我的书"的想法和帕斯卡的嘲讽?可以理解为:一本书的作者的性质并不构成我的"历时同一性",因为我很可能没写这本书,它构成的是我的"自传同一性",因为任何事情都不能使我丢掉这一性质。我们由此通过帕斯卡的出世个体,进入了现代个体。或者,由剥夺的苦行进入占有的苦行。我们获得的形象确实是一个通过在世界中的行为而获得其自身定义的个体。这种个体正是黑格尔所谈到的:"主体,是他的一系列行为。"

(译者:张小星,法国巴黎高等师范学校硕士生)
(审校:刘哲博士,北京大学哲学系)

康德伦理学的"幸福"(Glückseligkeit) 概念

刘宇光

提　要：康德伦理学界向来都不把康德的"幸福"(Glückseligkeit) 概念视为主要课题，这既误解了康德道德哲学排斥对幸福的追求，又将康德伦理学有关"幸福"的讨论简化为只是"圆善"(höchste Gut) 的"德福一致"问题。本文目的是希望对康德伦理学"幸福"概念的意义作出较完整的系统分析，藉以澄清上述误解。本文分四节，依序讨论幸福与道德之间的各种关系：第一节是"幸福"概念的分疏；第二节是"幸福"在伦理学原理论中的消极角色；第三节是"幸福"作为自然目的；第四节是"幸福"作为道德的手段。

关键词：康德伦理学　幸福

导　论

康德伦理学界向来都不把康德的"幸福"(Glückseligkeit) 概念视为康德伦理学的主要课题。这方面的评论从来只集中在两点：(1) 认为康德道德哲

刘宇光，1964 年生，上海复旦大学哲学学院副教授。

学排斥对幸福的追求。这种观点在康德在世时,席勒(Schiller)就已有提出①,在当代,法兰克福学派(Frankfurt School)哲学家阿多诺(T. Adorno)及霍克海默(M. Horkheimer)仍这样认为。②(2)认为康德伦理学中有关"幸福"的讨论就只是"圆善"(höchste Gut)的"德福一致"问题。第一点很大程度是一种误解,第二点则是对"幸福"概念之理解过于简化,有欠全面与完整。本文目的是希望对康德伦理学"幸福"概念的意义作出较完整的系统分析,以此澄清上述误解。

本文的一手资料包括康德伦理学的主要著作,如《道德形而上学基础》(*Grundlegung zur Metaphysik der Sitten*)、《道德形上学》(*Metaphysik der Sitten*)、《实践理性批判》(*Kritik der praktischen Vernunft*)及《单在理性界限之内的宗教》(*Religion innerhalb der Grenzen der Blossen Vernunft*)。其次亦涉及部分《纯粹理性批判》(*Kritik der reinen Vernunft*)、《判断力批判》(*Kritik der Urteilskraft*)及较少人注意的《实用人类学》(*Anthropologie in pragmatischer Hinsicht*)、《伦理学讲义》(*Eine Vorlesung Kants uber Ethik*)及《宗教哲学讲义》(*Vorlesungen uber die philosophische Religionlehre*)。③ 但在二手研究资料上,若与康德伦理学其他热门课题相比,现有的"幸福"概念研究大部分都只是在处理被视为更核心的伦理课题时,附带地开出一章或数节来讨论,以书的篇幅专题处理"幸福"的研究颇为有限。学界似乎亦未见对"幸福"课题形成任何较完整的理论诠释,自然更不会有不同的诠释模式之间因分歧而引发的学术辩论。这种局面与"幸福"概念在康德伦理学中的重要性之间存

---

① G. Patzig 著,李明辉译:〈当前伦理学讨论的定言令式〉,收于康德著,李明辉译:《道德底形上学之基础》,台北:联经出版社,1990 年,第 110 页;李明辉著〈康德道德情感理论与席勒对康德伦理学的批判〉,《揭谛》第 7 期,台湾嘉义:南华大学哲学系,2004 年,第 38—76 页。
② M. Jay, *The Dialectical Imagination*, Toronto: Litte Brown Publ. 1973, p.52.
③ 为同时顾及康德哲学研究的国际规格及较为普及的英译本,本文的批注将同时有标准版的德文页码及英译本页码。德文版康德著作除《纯粹理性批判》外,皆以普鲁士皇家学院版《康德全集》(*Kants Gesammelte Schriften*, Preussiche Akademie der Wissenschaften, Berlin 1900-1942)为据。主要著作收编于当中的 III, IV, V, VI, VII 册(Band)。而《纯粹理性批判》也是据 R. Schmidt 的德文版。英译本方面所用的版本请参考书目,页码则放在德文版页码后。批注中所涉的康德著作缩写如下:*GMS*《道德形上学基础》(Bd. IV);*MM*《道德形上学》(Bd. VI);*Rel*《单在理性界限之内的宗教》(Bd. VI);*KpV*《实践理性批判》(Bd. V);*KrV*《纯粹理性批判》(Bd. III);*KdU*《判断力批判》(Bd. V);*Anth.*《实用人类学》(Bd. VII)。

在着很大程度的落差,这与第一段所提的两种偏见有关。本文有四节,第一节是"幸福"概念的分疏,第二到第四节是依理论的发展次序,讨论幸福与道德之间的各种关系:

一、"幸福"概念的分疏;
二、"幸福"在伦理学原理论中的消极角色;
三、"幸福"作为自然目的;
四、"幸福"作为道德的手段。

一 "幸福"概念的分疏

本节是预备性的清理工作。在正式进入批判期康德伦理学内部来探讨"幸福"在体系内的哲学意义前,必须先清理与"幸福"概念相关的各种背景问题。"幸福"不单在康德伦理学里是一种有多层次意义的理论,"幸福"概念本身就有相当歧义,必须逐一区别出相关、相似但并不相同的意涵。本节子题有三:(一) 幸福:感性状态与智性状态的分疏;(二) 幸福:经验概念与构想力理念的分疏;(三) 简述前批判期康德伦理学对"幸福"概念的理解。

(一)"幸福":感性状态与智性状态的分疏

首先,让我们看一下康德在其不同著作中对"幸福"所下的定义:"道德幸福是长期持续不退却地向着善作坚定的前进,就像习惯一样实在"(*Rel.* s. 67;p. 61);"幸福是世间理性存在者生活的一切皆顺利如意的情况"(*KpV* s. 124;p. 129);"幸福是一个存在者能活着及拥有其福祉"(*GMS* s. 395;p. 63);"幸福是拥有权力、财富、荣誉、健康的完全福祉,并对自己这些状况感到满意"(*GMS* s. 393;p. 61);"道德幸福是向善前进的意识"(*Rel.* s. 75;p. 69n);"物质幸福是长久地对自己物质处境的满足"(*Rel.* s. 67;p. 61)。

从上述各种定义中可以看出,尽管"幸福"基本上是指获得满足及欢悦的状态,但因由于对象的差异而使"幸福"一词不只有单一的含义。依据来源性质之差异,"幸福"可分作两大类:第一类可称为感性状态的幸福,指自然性好获得感性上的满足欢悦;第二类可称为智性状态的幸福,主要指道德生活上的满足。但是,因为依据康德在批判期的划分,他将所有情感

(Gefühl)视作感性(Sinnlichkeit),而感性又与理性(Vernunft)作二元对立。无论称之为感性、智性,都不是就这满足及其欢悦之情本身来说。就上述"幸福"作为一种满足及欢悦的情感而言,必然同属感性,感性、智性的划分却是根据引发这一感受之来源的不同性质而作的定义。

1. 感性幸福

幸福是感性性好及欲望之满足。而"性好"(Neigung)[①]是意志依循于感性而指向引发愉悦的行动对象。有鉴于人类只是一有限的理性存有者(vernunftigs Wesen),故尽管它一方面是目的王国(Reich der Zwecke)的一员,但另一方面又同时作为自然王国(Reich der Natur)的一分子,而人类的"本性"(指自然之性)亦不得不对感性环境有所依赖,根本不能理解会没有对感性对象的性好或欲望的需求,人类放弃对感性幸福满足之追求自然也是不可能设想(Rel. s.46;p.42n)。这种对身处自然世界中,作为感性生命的续存、福祉之获得,及其间的物理性满足状态亦可称为"自然之善"(KdU s.450;p.339)或"物理之善"(Rel. s.67;p.61)。不论是感性幸福、自然之善或物性之善都是联系于感性性好来说,与理性无关。唯独在追求性好的满足之际,若与义务发生冲突(GMS s.405;p.73),或发出"是否值得获取幸福"之问题,感性幸福才会与理性有所交涉。

另一有关性好满足及感性幸福的疑问是:性好的满足是否指一总数全体?因为康德对"幸福"的定义总常提及,甚至强调量上的全体、总数。例如他说:"幸福是我们所有欲望的满足"(KrV A806/B834),"幸福是所有性好满足的总和"(KdU s.434n;p.322),"幸福的理念是绝对、最高整全的福祉"(GMS s.418;p.85),"幸福是所有性好结合的总和"(GMS s.399;p.67)。这些句子明显指出"幸福"是量上的绝对:所有、全体、总和、绝对。

问题是,如果感性幸福所期望的如果真像上述引文所表达的是量的总体,则这恐怕难以与康德对幸福之本质的界定相协调。理由在于:"幸福的概念是不确定的,我们不能确实地指出幸福到底是什么?以致尽管每人皆希望得到它,但没人能肯定及一致地说出它是什么。因为属于这概念的所有要素,全是从经验中取得的。"(GMS s.418;p.85)"而经验是唯一真正有

---

① 性好(Neigung):康德的人类学概念,指性格上的感受性(pathologishen)倾向、爱好。

助于选择合乎性好所追求的幸福方式"(*MM* s.216, Bd. VI; p.216)。但问题是:性好及其对象皆是在经验世界中不断变易,因而"性好"因应其对象的变化也无法确定,并且个别性好能否在经验世界中被满足,都是既不可知,也不可尽得的,从而不能真正确定作为所有性好总和的幸福的满足(*GMS* s.418-419; p.85)。这是康德指出若对幸福的期望是带有这种量上总数的特性时,这种对幸福的期望是无法彻底满足及确定的。

康德认为性好及其满足在不同阶段会因应情况形成不同的优先性,这当中的次序并不是以一个抽象的"幸福"概念来决定的,而是以具体以及在时间上有明显可等待性来安排不同性好间的优先次序。既然存在次序上的安排,则不可能是指量上的全部,因为系统性与量上的总体恐怕是不能相容的。故康德所说的"全体"实际上应该是指在一系统与全体之间可能并不必然会矛盾,因为理论上可以存在着包括量上全体的系统。不过康德已明确否认了这个可能性:"幸福是对所有性好形成一相当和谐的系统的满足"(*KpV* s.73; pp.75-76),又"幸福是自然性好在一和谐的整体中"(*Rel*. s.58; p.51)。故幸福是指性好作为一个系统的满足,而不是性好作为量上项目的满足。

而在一个"幸福"系统中,层级或优先次序的决定标准在于"欢悦"(Lust)的强度,亦即在多于一个对象被选择时,是以"欢悦"来决定不同性好之间,或不同性好的对象之间的关系,即"幸福原则是将欢悦/不欢悦的意志的决定根据置于对象之中的原则"(*KpV* s.22; pp.20-21),"由对象所带来的快乐的大小来决定"(*KpV* s.23; p.22),"所以,幸福是指那常使人乐于拥有的东西"(*KpV* s.115; p.111)。康德并不在意于精细地建立幸福及欢悦之间的联系,他主要只是想说明幸福原则是建基在对对象的欲求及其所带来的欢悦之上。总而言之,感性幸福是指性好获得满足,及从中所得的欢悦,那是一种在自然王国中的感性状态,故幸福是透过对象来决定意志,所以是感性的。

2. 智性幸福

严格而言,尽管智性的幸福与感性的幸福同样都带着期望实现后的满足欢悦之情,但整体上双方并不是真正同质,因而就情感本身来说皆同属感性,但另一面双方同称"幸福"却仅是一种模拟上的相似(这一点在本节稍后再有交待)。康德所说智性状态的幸福主要是指实践道德行为后的满足感。这实际上属于康德道德情感(moralische Gefühl)中的一项。

康德用"自我满足"(selbszufriedenheit)、"道德满足"(moralische Zufriedenheit)或"道德幸福"(moralische Gluckseligkeit)来说明这种智性的幸福。在前批判期,康德一度不采取后来将感情等同感性,然后又将感性与理性作二元对列的观点,所以曾将包括道德满足感在内的道德情感视为理性的,而不是感性的,故在先批判期的早期手稿中有"幸福不是感性,而是思维的对象"(Bd. XIX, s. 282; pp. 129-130 P. A. Scholpp)的观点。但进入批判期后,道德幸福或道德满足感被视为依附于先天的理性道德法则为根据所产生的情感,康德承认尽管这情感本身是感性,但其来源是与智性或道德法则有着直接关系,然而二者却又绝非同一,其因果次序也是不可倒置的。因为康德指道德情感应被视为法则加诸意志之后的主观结果,而道德情感绝非法则的原因,反而是其结果(GMS s. 460; p. 128)。

从道德满足感属于道德情感的其中一种表现方式来说,我们可以依据"道德情感"的特性作为背景来理解道德满足或道德幸福。康德指出:"道德情感是愉快或不快的感受,源自我们对行为及道德法则之间的服从或违背的意识"(MM s. 399; pp. 60-61)。另外在《实践理性批判》中康德说:"我们必须将我们义务的重要性及道德法则的尊严视作具有优先的重要性,以及因遵从道德法则而在自己眼中具有直接价值,才能在其服从法则的意识中感觉到那种满足,并在违背法则时感到自责……而且如果人类意志由于自由而能直接受道德法则所规定,并常可依此为据而行动时,最终会在主观方面产生'自我满足'的情感。建立并陶冶这种情感(道德情感)是一项义务"(KpV s. 37; p. 38)。根据李明辉教授的整理,康德伦理学自 1785 年进入批判期阶段后,对"道德情感"一概念的使用,可分为下列几类:

I. 对法则或义务的"敬畏"(Achtung);

II. 与服从义务相关连结的满足或愉快,以及与违反义务相连结的痛苦或不快;这底下又可再分为二小类:

a. 意志活动符合或违反法则时而有的愉悦或不悦感,

b. 因实际上已服从或已违背义务而有的愉悦或不悦感。①

　　尽管康德本身并没有对道德情感的不同类型作标题化的划分,但依照康德所述而作的整理却清楚地显示道德情感的功能有多种,不可以混为一谈。例如 I 所指的那一类情感是在行动之前发生,而 IIb 却是在行动之后才发生。而所谓"自我满足"或"道德幸福"只属于 IIb 当中的一项,即"实际上已服从义务之后而有的愉快"。诚如先前所述,对康德来说,"道德幸福"或"自我满足"就其本身作为一种情感来讲,永远只是感性的,尽管引发此一情感的是道德理性法则。故康德说:"道德幸福是自相矛盾的虚构"(*MM* s. 377；p. 33)、"道德幸福包含矛盾"(*MM* s. 387；p. 45)及"智性情感是矛盾"(*KpV* s. 117；p. 121),因为"一切情感皆是感性的"(*KpV* s. 72；pp. 74-75),"情感无论是什么所引发的,皆属感性的"(*MM* s. 377；p. 33)。但是另一方面,康德仍然强调"道德幸福"一定要有别于一般的幸福,"智性满足"又不应与"感性满足"混为一谈,"因为道德幸福这种情感只由理性所产生"(*KpV* s. 76；p. 78)。所以康德也多次使用这些看似自相矛盾的字眼来描述道德幸福。例如称为"智性愉快"(intellektuelle Lust)(*Anth.* s. 230)、"智性满足"(intellektuelle Zufriedenheit)(*KpV* s. 118；p. 122)及"智性满意"(intellektuelle Wohlgefallen)(*KdU* s. 271；p. 131),这是因为作为道德情感当中一分子的"道德幸福",尽管它本身仍是感性情感,但它所据以产生的却是理性,所以康德才将其称为"特种的情感"及"模拟的幸福"。

　　要注意的是"特种"及"模拟"二字在康德伦理学中不是一般的泛泛用语,而是具有特别意涵。康德专门用来指理性能施之于感性身上的作用的结果,其间所构成联系被称为特种因果。因为不单这因与果之间的联络如何可能是不可解的,更根本的是因果系统本是一个只用于两个经验现象间的范畴,但在这里却不是用在一般感性现象之间,而是用在理性作用于感性的因果联系上,不是一般意义下的因果性,故才称为特种或模拟的因果性。

　　道德幸福或智性幸福,乃至道德自我满足等,与一般感性幸福之间就是

---

① 李明辉:〈孟子四端之心与康德的道德情感〉,收于《儒家与康德》,台北:联经出版社,1990 年,第 111—112 页。又见李明辉:〈康德道德哲学之出发点:康德哲学中道德情感问题之研究〉,台北:台湾大学哲学研究所,1981 年,第四章;李明辉著:《康德哲学中道德情感问题之研究》,台北:台湾大学哲学研究所,1981 年。

一种模拟的关系。即单就满足感作为情感、同属感性这一点来说,智性及感性幸福是相似的,但就造成满足感的原因而言,完全是异质的,一者是具有先天必然性的道德法则,另一者却是感性性好及其对象。前者具有自律性、普遍性,后者却没有。因为理性在追求它自身的目标时,它确实能把握它自身的满足,这种特有的满足是通过理性完成,由理性自身所决定的目标,并同时完全忽略性好时才可达成(*GMS* s. 396; p. 64)。

因此尽管表面上有点相似,但是这模拟所强调的,其实不是幸福之间有什么本质上的相同,反而是要强调二者在根源上的重大差异。康德通过对比,将道德满足清楚地与感性满足区分出来,因唯有前者才表现为遵守道德法则的自由意识(*KpV* s. 117; p. 122)。

另一个差异是,智性幸福与感性幸福对性好有着相反的关系。智性幸福是实践理性排开、超越及自觉地独立于性好之外实现其自身时,所产生的主观意志后果。但感性幸福却刚好相反,通过依从于性好才得以实现。

康德说:"一个有教养的理性越是致力于追求生命与幸福的享受,人就离真正的幸福愈远。"(*GMS* s. 395; p. 63)这一句话充分显示出了"幸福"在智性、感性间的重大歧义。总而言之,严格地说,"智性幸福"、"道德幸福"、"自我满足"等,其意义可谓根本完全无关乎感性幸福,二者间仅只具有表面上的相似性。康德只是借用"幸福"一概念来证明智性幸福应有别于感性幸福。"智性幸福"是一种理性上、精神自由上的实现或解放后的喜悦。真正合于讨论智性幸福的康德伦理学课题是"道德情感"(moralische Gefühl),那与本文的主要工作是不同的。

(二)幸福:经验概念与构想力理念的分疏

将幸福区别为经验概念与构思力理念,其实预示了在以下第二、三、四节中所要处理的课题。即在什么意义下及在哪一层面的关系下,道德法则与幸福之间存在着不同的关系。依照康德对有限理性者意识动机所据法则的划分,可分为定言令式及假言令式两种,前者是先天、普遍、必然、形式及自律的,后者是经验、质料、他律及概然的。而假言令式又依据欲求对象之差异再分为两种:实然的(assertorisch)及或然的(problematisch)。或然令式以任何个别对象为目的,实然令式则以幸福为其对象。"幸福"是作为一个先验预设而存于每一个体中(*GMS* s. 416; pp. 83-84),于是这有限理性者之间的共同目标,便看似有了名目上的普遍性。但问题是:幸福是个实质内容极不确定的概念,因人、时、地而不断变易,无法确定其所指的是什么(*GMS* s.418;p.86),这都只能依赖于经验,从而不存在普遍必然性。"幸福"作为一个经验概念,它有的只是经验上的概然性,并不能作为决定道德行为的必然根据。这正是"幸福"的经验性实况。

但康德却进一步指出,"幸福"只是经验概念的实际情况却不为一般人所洞察。反之,一般人却视"幸福"为一"绝对整体",因为幸福是"在我目前状况及一切未来状况中的最大福祉"(*GMS* s.418;p.86),是"生命中快乐的最大总和"(*KdU* s.208;p.49),是"快乐的全体总和"(*KdU* s.209;p.43),就此点而言,那已是将之目为一"理念"。据康德对"理念"(Idee)的定义,那是指:"一个必然的理性概念,它没有相对应的对象能在感觉中被给予"(*KrV* A327\B383)。

但是"幸福"作为一个理念时,是"构想力的理想"(Ideal der Einbildungskraft)而不是"理性的理想"(Ideal der Vernunft)(*GMS* s.418;p.86)。原就理性的理想来说,"理想"(Ideal)一方面是理性借着理念的某种完整性,使那经验地可能的统一不断地更接近系统的统一性(*KrV* A568\B593),从而产生作为规约原则的实践能力,并形成活动(指认知)的可能圆满性的基础(*KrV* A569\B597)。但另一方面,"理念"更为远离客观实在性,以致没有理念能具体表象于其中的现象可被找到,亦没有可能的经验知识能达到这种完整性,亦从未使经验可能的统一性完整地达到此系统的统一性(*KrV* A568\B596)。故作为真正的"理念"或"理想"(此即指"理性的"),它只是一无涉于经验的先天(a priori)规约的原则。在这种明确的限制下,理性的理念才具有使用上的合法性。

但问题是,"幸福"作为理念时,尽管一方面它也有全体性,但另一方面,它的组成却是有经验成分的。故康德称幸福为"理念",依一些研究者的观点,那是假借义,而不是理性的理念。① 因为尽管幸福作为理念是指"所有爱好的总和与满足,且在外延上是多样性,在内容上是持续性"(*KrV* A806\B834),从而有了"全体性"的倾向;并不止于单纯的本能或性好,但它实质

---

① 李明辉:〈从康德幸福概念论儒家的义利之辨〉,收于《儒家与康德》,第 166 页。

的组成是：

> 人自己设计这个理念，并且是借由构想力和感觉相纠缠的知性，以极其不同的方式去设计。他甚至经常改变这个概念，致使自然纵使完全任其支配，但还是绝无任何特定的普遍法则可言以吻合于幸福这个游移不定的概念。（KdU s. 430；pp. 317-318）

故幸福作为理念，是由感觉、构想力及知性（Verstand）共同组成的，由于幸福的起点来自感性经验，所以具有现实经验上的确定性，而构想力据这点经验效果为个体设立目标（KdU s. 431；p. 318），试图达到无限的串连（GMS s. 419；pp. 86-87）。由于幸福感原是基于爱好之满足，故这是感觉上有经验依据，并亦仍属自然本能的范围内。但就它也涉及构想力与知性而言，则似乎已不仅只自然本能可及。[1] 因为当人将对幸福的追求设定为目标时，那已运用上知性了，而世上唯有人类才有为自己去设定目的的能力（KdU s. 431；p. 318），这种自我的设定已超乎本能的自然机械反应之上。另外，"构想力"是指纵使没有对象呈现于知觉之前，亦能透过直观，创生地（productiv）或重现地（reproductiv）显现对象的能力，前者是先于经验而发生，后者是将原先已有的经验直观地带回心中（Anth. s. 169）。

构想力的"创生"不是"创造"（schopferisch），因"创生"不是创造材料（Materie），材料是来自感觉能力。所以幸福作为构想力的理念时，其所具有的绝对全体性当然不可能是来自经验直观，而是来自"创生的构想力"（Anth. s. 169）。然而那其实也是投射。但构想力是借助感觉与知性所作的投射而产生的理念，尽管有普遍、必然性之名，但却只是以偶然为实；虽有理念之表，但以经验为里，只是应性好之需求去设计浮游不定的虚假目标，并不真具任何先天的普遍必然性（KrV B4），即使偶然在个别事件上，具有表面上的相似，但也全不足作为决定行为的稳固基础。故人皆有追求幸福的欲望并不因而蕴涵幸福所具有的真正原则的普遍性。[2]

康德分疏"幸福"作经验实况与构想力理念，实际上是预示了他一方面

---

[1] 李明辉：〈孟子四端之心与康德的道德情感〉，见《儒家与康德》。
[2] 同上书，第166—173页。

反对将幸福作为道德法则,但同时却又接受幸福从属于道德法则,追求幸福成为义务,所以康德伦理学不是排斥幸福。因为康德在伦理学原理论中排斥幸福并不等于伦理学不应讨论幸福问题。故"幸福"不是道德的基础或原则,所以幸福作为理念并不能成立,但"幸福"却是道德法则所必然要求蕴涵的。

(三) 前批判期康德伦理学的"幸福"概念

本节第一、二两子题所讨论的康德对"幸福"概念的分疏,即智性与感性、概念与理念,都是就已成型的批判期伦理学来说的,但康德哲学在前批判期也曾经历过摸索阶段的种种转折。《道德形而上学基础》在 1785 年出版,标志着批判期伦理学的出现。在此之前,他曾五次在康尼斯堡大学教授伦理学,最后一次在 1780 年,被学生编成讲义笔记。在更早的阶段,即 1760 年之前,他根本不专题讨论伦理学,之后才开始将伦理学作为独立的课题来讨论。1760 年对康德伦理学思想的发展历程来说是重要的,因为伴随着他对形而上学及认知论思考的转变,他在伦理课题上也起着相应的变化,一方面是开始摆脱莱布尼兹(W. Leibniz)的理性主义形而上学,同时在伦理学上也在怀疑建基于上述形而上学的伦理学原则概念"圆满性"(Vollkommenheit)。并且开始接近英国苏格兰道德情感学派的伦理学,于 1762 年出版了他的第一部伦理学专著。

康德并没有在他的前批判期伦理学中专门地讨论幸福,因为那一阶段他仍然集中于摸索伦理学的首要核心课题:道德法则的性质及结构,由于对此一基本问题仍未确立,故没有讨论包括幸福在内的其他伦理问题。

然而,康德在讨论道德情感与道德法则间的关系时,也大体作了区分:"第一种原则以一切爱好之满足为目标,此即感性情感。第二种原则以对道德的爱好之满足为目标,因此以智性的爱好为据。"[①]这里已大体预示了日后对道德善是智性满足、自然之善是感性满足(幸福)之分。也许唯一的例外是著名的《杜伊斯保札记六号》(*Loses Blatt Duisburg 6*),有数条这样的草稿:

---

① I. Kant, translated by L. Infield, *Lectures on Ethics*, New York: Harper & Row Publ. 1963, p. 45.

1. 幸福的质料是感性的,但它的形式却是智性的;
2. 幸福必须要源自先验(a priori)的理性基础;
3. 幸福不是感性而是思维的。也不是取自经验的思想,只有思想才可使这些经验可能。……只有藉由先验条件才能有幸福;
4. 人有在欠缺舒适的生活下创造幸福的能力,而这是幸福的智性侧面……故幸福是人类理性的产物;
5. 幸福源自人对道德状态的满足,幸福源于理性的先验基础,这对幸福是必要而不可分的,没此即无幸福可言……幸福是理性的产物。(Bd. XIX, s. 282; pp. 129-130)

在这些手稿札记中,康德以道德来定义幸福,幸福与道德之间无明显的划分,道德行为所产生的满足——"自我满足",是幸福的条件。"幸福"如果涉及"自我满足",即已涉及理性及道德,则不再是感性的层面。

这种突然的不一致,一度曾引发康德研究专家们费尽心思去解释,例如贝克(L. B. Beck)将手稿定在1781年后,其时刚出版了《纯粹理性批判》,而阿德克斯(E. Adickes)则将之定在1780年到1789年之间,即皆视为前批判期的想法,华人学者李明辉亦同意无法从理论上说明康德主要观点与此之间的不一致如何消除,故亦只能说"康德不太重视此,只能看成是一时的灵感"。由于这是康德在该问题拥有这个立场的唯一文本证据,而且还是定型前的前批判期手稿,后来在批判期的大量证据说明康德明确划分幸福与道德满足感。故只能视之为不具代表性或摸索阶段的意外观点,不必仅基于此而作过当的推论。更何况,手稿札记中亦没有将二者混为一谈。诚如威克(V. Wike)指出,康德只是说幸福不可能在欠缺"自我满足"下发生,但没有进一步说幸福就是道德自我满足。[①] 同时前批判期授课讲义的《神哲学讲义》中也有一个有关"幸福"的小节:"自我满足及幸福是必须作出划分的,且这也是重要的。自我满足肯定与幸运无关……它是起源自道德,在人世上,有德与有福并不是有联系的,幸福主要是依赖于感性状况……"[②] 这一

---

① V. Wike, *Kant on Happiness in Ethics*, New York: SUNY 1994, p. 17.
② I. Kant, translated by A. Wood, *Lectures on Philosophical Theology*, Cornell University Press 1986, pp. 129-130.

段实可充分支持之前的观点。

二 "幸福"在伦理学原理论中的消极角色

视康德伦理学为"忽视或排斥人类对幸福之追求"的那种广泛而通俗的偏见,若说其于康德伦理学文本上仍多少有点(断章取义式的)根据的话,则它主要就是与本节所讨论的课题,即康德伦理学原理论及"幸福"在其中的消极角色有关。在进入本节的细部讨论前,也许应开宗明义地先标明以下一点:康德的确在伦理学原理论的层面,将"幸福"问题搁置一旁,但问题是,这种有关原理问题上所采取的暂时性消极态度并不能进一步被引申或推论为康德伦理学排斥任何涉及"幸福"的讨论。康德认为《实践理性批判》的"分析论"的首要任务是划分道德与幸福(KpV s. 92; p. 95),因为"德性与幸福之格准是完全异质的"(KpV s. 113; p. 117),但道德与幸福只是在伦理学原理论上"分",在伦理学整体上却是"不离",故二者是"分而不离",因为康德伦理学其中一个重大课题就是:人如何才配有(或值得)"幸福"?故道德问题不可能不联系着"幸福"问题(KrV A809)。本节将说明在道德原理的水平上,何以幸福不能作为伦理学的最高水平。

如前所述,幸福是指欲望的满足,意志原则所基于的是意志自身以外的质料对象,故与道德原则极为不同。康德用"定言令式"(kategorischer Imperativ)及"假言令式"(hypothetischer Imperativ)两个不同的概念来表示两种不同动机或意志原则之间的差异,即绝对的无条件性及相对的有条件性。简而言之,两种令式间的关键分歧可归纳如下:

首先,假言令式的对象并不是明确的,因为它有赖于对经验对象的选择,但对象的质料实非人所能全知或完全掌握,这种有条件性不具有必然性。其次,若依照假言令式原则决定道德行为时,道德就只是作为获得目的之工具,并不符合道德法则本身就是终极目的之要求。第三,假言令式以质料来决定法则,但定言令式却是以形式来决定法则,因而要先天地加以理解,故其有效根据亦非来自经验。第四,依据佩顿(H. J. Paton)的观点,他认为假言令式及定言令式都可以具有必然性,但二者分属不同领域。假言令式属于自然必然性之下的理论必然性,但定言令式是实践上的客观必然性。[①] 前者提供组织知识的原则,后者是道德原则。

在区分了定言令式与假言令式,并预备要进一步深入分析幸福不可能作为道德原则前,我们还要对假言令式的分类稍作补充,理由在于:尽管"幸福"原则是假言令式,但假言令式中分为两大类,在两大类中所涵盖的,分别涉及欲望、性好、功效考虑及幸福等在具体内容上仍存在差异的不同意志活动方式,尽管在伦理学原理上同列他律,但仍不同。

所谓"假言令式"是指"对行动对象感性效果的兴趣,使理性者因于个别的意欲对象而决定意志"的行动决意方式(GMS s. 414;p. 82)。假言令式将建基于被欲求的目的或对象上。就目的或对象的性质差异,又可使假言令式分为两类,第一种是以可能目的为对象的或然实践原则(GMS s. 415;p. 83),又可称为"技术性规则"(GMS s. 416;p. 84),本令式是一不直接涉及主体利益的原则,它只是要说明一被意欲所求的具体对象与可获得此一对象的有效手段之间是分析命题的关系,即"目的"一概念必然分析地涵含"要求获得目的之手段"一概念,尽管到底哪个个别的特定手段可获得目的是一个综合问题(GMS s. 417;p. 85)。第二种是以现实目的为对象的"实然性实践原则"(GMS s. 415;p. 83),但对象的内容随感性欲求的变化而有所改变。上述二者同属假言令式,它们都是因欲求对象而起的意志原则,随对象的内容而变异,故皆非道德原则,因"一个出于义务的行为,其道德价值不在于由此会达到的目标,而在于此行为据以被决定的标准,因此不系于此行动对象之实现,而仅系于意欲之原则,即行为据以发生的原则,但不考虑欲求的一切对象"(GMS s. 399-400;p. 68)。因为道德价值判断根据"并不在于我们看到的行为,而在于行为之后看不到的内在原则"(GMS s. 407;p. 75)。

康德在处理伦理学原理论时,首先区分行为的原则与行为的对象,道德价值的着眼点是在行为的意志原则,但要注意的是这里的所谓"原则",并不是一个泛泛的统称指任何原则,而只是专指先天、纯粹、普遍、形式的道德原则,故任何基于质料的原则并不是此"原则"一词所指涉。所以严格而言,康德在区分了原则及对象后,还进一步区分道德原则与质料法则。正如他在

[①] I. Kant, *Groundwork*, p. 135.

《实践理性批判》中开卷就说:"唯一的道德原则独立于一切欲望对象的质料性法则之外"(*KpV* s. 33;p. 33),"所有质料原则皆完全不合于作为最高道德法则"(*KpV* s. 41;p. 41)。基于"质料"一概念指的是经验对象的性质,而经验原则与真正的先验道德原则之间,如上所言,是既穷尽又排斥的此消彼长关系:"给予这些概念(道德法则)多少经验成分,也就必然除去等量的(理性)作用及等量的行为价值"(*GMS* s. 411;p. 79),可见"经验",不论是作为个别欲望对象或作为原则,若作为伦理学原理论,皆严重损害道德的纯粹性,在此"经验"与"对象"二词基本上是可交换使用的:"所有以欲望的质料对象作为意志决定之基础的实践原则,皆无一例外是经验的,从而不能作为实践法则"(*KpV* s. 23;p. 21)。因此基于质料对象的原则是可定性为经验原则,而道德原则不能是经验的情况下,质料对象自然并非道德根据。康德在探讨何为道德基础时,常常用"原则"及"对象"(或"目的")的对扬来说明前者才是道德根据所在,正如先前澄清"原则"一词时已指出,康德不是泛指任何法则皆可为道德之本,而只专指先天、纯粹者;同样,康德认为"对象"、"目的"不应是道德所据时,他亦不是泛指任何"对象",而是专指"经验"对象。所以,康德所谓真正道德原则并不预设"对象",其实是专指不预设经验对象或经验目的,但却绝对不是排除所有目的,因为当理性者作出一道德立法时,他是以道德法则本身作为法则的目的或"对象",故道德法则的第二项特性中才有法则是"目的自身"的提法,所以"对象"或"目的"可以是理性的,"依据对象特性来裁定原则分类……原则所根据于其上的对象可分为两类":"经验及理性"(*GMS* s. 441-442;p. 102);又道德原则是建基于对象,而对象又分为两类:"主观"(经验)及"客观"(理性)(*KpV* s. 39-41;pp. 40-41)。故此真正的道德法则仍然是有它的目的或对象,那就是法则制定者——理性者本身,因此"对象"概念并不能等同"经验"概念。进而言之,康德在原理论的工作中,所谓将对象原则作分离,其实是专就"质料(经验)对象"与"形式(先天)原则"来说。

上述的讨论清楚说明"幸福"不能建立道德原则的原因是它以质料、经验事物为对象:"所有属于幸福概念的元素无一例外地皆是经验的"(*GMS* s. 418;p. 87)。就经验原则而言,康德作了以下的分类:教育、文化建制、物性感受及道德感四种(*KpV* s. 40;p. 41)。其中只有"物性感受"(physiches

Gefühl)一项与"幸福"有关。据此,我们可以推断幸福原则只是经验原则的一种。就物性感受来说,由于幸福是指性好欲望的满足,而性好欲望又以"自我爱好"为中心,于是"性好是联系于经验"(*KpV* s. 69;p. 71),而"自我爱好中的一切皆隶属性好"(*KpV* s. 74;p. 76),因此与"幸福"同基于经验原则。若意志的决定根据是经验的,则这意志及其原则皆属于"幸福的追求"(*KpV* s. 93;p. 96)。因此,总结来说,这些全都围绕着个体主观的"自我爱好"(*KpV* s. 22;p. 20)。

不论性好、自我爱好或幸福,皆"在内部的需要及爱好中感觉到一种强大的抵制力量(Gegengewicht)反对义务的一切命令"(*GMS* s. 405;p. 73),使意志在抉择行为原则时,充分显示出人类两面性的内在张力。

上述的探讨大体已从各种角度说明何以建基于质料对象与经验性好之上的"幸福"原则不足为道德根据,但是道德原则与"幸福"之间的关系仍待进一步安顿,因为单纯否定掉幸福可作道德原则并不能使二者在原理论上充分协调。到底道德原则与幸福是互不相干地各自独立还是相互冲突?

"独立"与"冲突"是两种不同的关系模式,因为"冲突"可能意味着"幸福"不仅不能当道德法则,甚至它是不应或不能存在的事物,否定程度更高。根据康德文本来看,视道德原则与幸福之间是各自独立的段落广泛散见于《道德形而上学基础》及《实践理性批判》多处:"德性的标准与幸福是完全异质的"(*KpV* s. 112;p. 117),"道德法则是完全独立于,及不受影响于感性条件"(*KpV* s. 30;p. 29),"理性决定意志而不用服侍于性好"(*KpV* s. 25;p. 24),"义务行动可完全搁置性好的影响"(*GMS* s. 400;p. 68),"理性发出义务令式时,是完全漠视性好的"(*GMS* s. 405;p. 73)。

另一方面康德有时也说二者是"对反"(Widerstand)(*KpV* s. 124;pp. 91-92)、"冲突"(Streits)(*KpV* s. 147;p. 152)、"相与冲突"(in Gegensatze mit)(*KpV*, s. 73;p. 76)、"相障碍"(*KpV* s. 74;p. 77)、"抗斥"(Widerstrebung)(*KpV* s. 92;p. 95)、"秘密对抗"(*KpV* s. 86;p. 89)。显然二者间又不只是上段所说的各不相干,而是存在着"对立"(*GMS* s. 405;p. 73)。在康德其他的伦理学著作中亦一再出现类似的提法:"道德法则命令每一个人

不重视其性好"(*MM* s.216; p.15)、"规范会对反于性好"[1]等。

对于这一疑问我们可理解如下:首先,人作为有限理性者在身份上有双重性,即同时具有道德原则与幸福原则,而且各有不同的目的,当中没有任何一方可化约或取消另一方,二者皆属于人类必然会追求者,在这一意义上二者是独立的,因为二者所据的是完全异质的原则。然而,就二者的关系不可相互化约及异质原则两点上来说二者又是独立的,但那不表示二者完全无关,因为二者中仍然唯有道德原则才是最高实践原则,而幸福是道德原则下所被肯定值得去作为间接义务而被追求的,因此幸福与道德原则是有着协调的排列,即幸福原则是在不与道德原则冲突的范围内的性好满足。幸福在此是已接纳道德法则的凌驾性所造成对它的规范之性好满足。故实际上,那是指有了阶次上的安排后的满足。所以才能理解唯有幸福在这意义下,才不会与道德的"反题"(antithesis),而只是在不服从规范的情况下,可能威胁道德法则。从康德将幸福列为间接义务及最高善的其中一项成分,可知前文所说的"冲突"恐怕是指罔顾道德法则与幸福之间阶序的自我爱好,或性好与道德法则之间的冲突。

当然,即使是出于性好而去行动时,仍然可能偶然地作出在行为的现象上合乎道德的活动,即活动上具有合法性。不过,上述所指的冲突完全不是就个别的、行为现象上的角度来说,而是单只在动机或意志原则上来说,故"冲突"根本上是专指道德意志及非道德意志(主观),或道德原则与非道德原则(客观)在道德动机问题上的冲突,所以即使一个有合法性、合乎道德的行为,就其所据的原则来说仍是与道德法则冲突。

总的来说,这里的"冲突"主要是指意志是否以道德原则立法,即立法所据原则的冲突,而不是指以道德原则立法后,感性意志明知故犯地不服从令式时所生的冲突。故冲突是立法根据上的原理冲突,而不是指立法后在服从执行上类似"天人交战"的冲突。从理论上来讲,前一种冲突是更根本、更原则性的,后一种冲突是属于实践的。二者是不同层次的课题,不能混为一谈。因为即使实践上能一贯地服从法则,但若法则本身仅是基于非道德而成时,则充其量只能具有偶发的合法性:"对法则的直接意识及将对它的遵

---

[1] I. Kant, translated by L. Infield, *Lectures on Ethics*, p.37.

从视作义务,才是行为的真正动机;否则,行为只具合法性而不具动机意向上的道德性。"(*KpV* s. 151; p. 155)"若有任何行为,它不仅只是合法,而且还是道德的话,则它必得直接以对法则的意识为其决定根据。"(*KpV* s. 118; p. 122)

因此,幸福不配作真正道德法则,根本上来说,就在于它充其量也只能有合法性(Legalität)而完全没有道德性(Moralität)可言,它有的顶多只是道德行为的皮相,却不是道德精神的真正所在,即动机问题。幸福若作为道德原则时,它是以质料对象为基础,则"若欲望对象成实践法则可能性之条件时,便产生他律抉择"(*KpV* s. 33; p. 34),"那永远不是道德令式"(*GMS* s. 444; p. 112)。

小结来说,即使以为康德排斥幸福的人,某种意义上并不是全错或毫无根据的,问题在于他们没有将分寸拿捏得恰到好处,康德固然是在伦理学原理论中排拒幸福原则,但那不表示康德伦理学排斥幸福,幸福在伦理学原理论中不能担当任何积极角色,却不能等同为它在伦理学中也要受到全面的忽视。康德对幸福的搁置是专门限定在原理论,即动机之基础上而已。

而康德文本中对幸福的排斥,大部分是在《道德形而上学基础》及《实践理性批判》〈分析部〉内,因为它们都是以建立普遍必然法则为主题,不涉及道德活动的内容等问题,故幸福的经验性质自然不被视为相关。康德在处理伦理学原理论时,是首先划分质料目的与形式原则,将活动所根据的意志法则及活动所具体关连之对象分开,表面上,这确有排斥之嫌,但事实上区分二者并不是要二者相互排斥,故"幸福不是道德原则"不应被误解为幸福不能是道德法则下的内容,并且这种区分只是一种理论上、抽象上的澄清,目的在于使二者的关系在真实的应用中更见协调与一致。这种划分并不具有伦理学整体上的内在对立,否则脱离质料的纯粹形式原则是不能实践的,同样没有原则的伦理活动也是无道德基础的。

三 幸福作为自然目的

本节将探讨康德伦理学"幸福"概念的内容、角色及意义,在上节及后面几节中,都将幸福置于与道德之间的关系来考虑,本节则是分析幸福及与幸福相关的其他概念,揭示"幸福"即使从道德课题的脉络中抽出来后,仍然存在着一定的相对独立性,即幸福尽管与道德相协调时具有更大的意义,但单就它本身来说,仍然有其不可被抹杀的特殊意义。本节分述三个主题:(一)幸福、本能、感性性好;(二)道德不能抵消幸福:有限理性者的双重身份;(三)感性满足与道德恶无直接因果关连。

(一) 幸福、本能、感性性好

诚如在本文开头所说,康德以感性上的满足所产生的愉悦来定义什么是"幸福",但是愉悦并不完全等同于幸福,康德区分了由审美而来的愉悦(*KdU* s. 210; p. 44),尤其是道德上的"自我满足"(moralische selbszufriedenheit)是不依于经验原因,是人克服诱惑去完成艰难义务时的意识,自身处在一种满意及心灵平静中,是对自身人格及道德品行之满意。而这不是感性,无关乎性好的快乐(*MM* s. 377; p. 33)。

反之,幸福明显是因为感性,故"幸福"是"持续的福祉,愉快的生活,对一种处境的完全满意"(*MM* s. 480; p. 149),是"有福祉地活着,而且是自然物性的美好"(*LE* 8),是"指能得到自然给予我们的一切东西"(*TP* 50n, 283),"并对自己这状况感到满意"(*MM* s. 387; p. 45)。而这些愉悦必然是欢悦(Lust)的情感感受(Gefyhl),亦即是欲望获得欲望对象后的主观满足经验。

与追求幸福目的的过程关联的其他概念还包括有"欲望"(Begierde)、"性好"(Neigung)、"自爱"(Selbstliebe)、"本能"(Instinkt)、"感性"(Sinnlichkeit)及"感受"(Gefyhl)等。"欲望"是指希求能引起愉悦及满足的对象,和嫌恶引起不快及痛苦的对象的作用(*GMS* s. 401n; p. 16n),而"感受"是指因于欲望是否获得满足而经验痛苦或愉快等的主观能力(*MM* s. 212; p. 9),当欲望成为一种持续的习惯,便是"性好"(*MM* s. 212; p. 9),因而"事实上亦是在我们的整个生命中最大的欲望,也是为幸福而奋斗的力量"(*MM* s. 482; p. 480)。所以综合而言,我们对一特定对象的兴趣是建基于上述这些欲望、感受与性好,由此来作为原则去决定意志及行动,康德称此对对象所产生的动机或兴趣就"完全只是感性地(pathologische)被决定"(*GMS* s. 413n, 460n; p. 38n, 122n)的意志。"感性的"或"感性地"一词原文 pathologische,依照现代的意思是指"病理学的",例如 psychopathology"心理病理学"或 physiopathology"生理病理学",即有关疾病发展的研究。不过,康德用这一词时与此完全无关,不是指欲望或性好有什么病态,而是指当欲望或性好,在获得满足或不获得满足时,所出现的身心现象(psychophysical phenomena),乃至由此而引发的意志与活动。[①] 当然这一切活动又都是以自我的利益追求或满足为出发点,构成服务于自己的动机,这也就是"自爱"(Selbstliebe)。

因此,获得感性对象后使欲望或性好得以被满足,就所追求之对象的性质来说,它是质料性的,即是经验的,而以对质料对象感兴趣为法则所引起的动机或意志亦必属感性的,故此这是"意欲"(Wollen)。故幸福作为意欲的对象,与道德法则本身作为意志(Wille)对象是两种不同性质的意向(Willkur)与目的(Zweck)关系。所以意欲的对象并不等同于意志的对象。当然康德在使用"意向"(Willkur)一词时,常有着表面上看来是不同,甚至是相反的定义,例如"意向(Willkur)的目的是质料的"(*MM* s.380;p.37),但另一方面却又说"自由是意向的对象"(*MM* s.384;p.42)或"道德义务的自由法则是意向的对象"(*MM* s.385;p.43)。这种分歧不是存在着不一贯,而只是表示,当意识未经反省,因而尚未分出不同类的动机及不同类的原则(即道德与非道德)时的笼统状态。基本上"意向"是根据不同原则发动的动机,即意欲及意志的混杂统称。

由于现在要讨论的是"幸福"问题,故暂搁不议意志及其对象,而只讨论意欲及其对象。意欲在此指的是欲望及性好,性好与其对象之间,是:"希望透过行动去直接拥有事物"(*Rel.* s.6;p.6n)的关系。故性好或意欲是一种趋向拥有对象事物的功能,当这欲求对象被成功拥有,使欲求获得满足时便是幸福。但问题是到底哪一种具体事物会引发欲求而成其追寻的对象却只能依赖于经验才能知道,亦即我们不能先验地知道哪些事物会带来幸福之感,而必须在经验中才能作判断,但不论是选取对象或获得对象,人作为有限,但毕竟理性的存在者,都远不是如动物般只通过本能来完成。尽管本能与人类追求幸福,就本质上来说都属感性,但不同的是有限理性者都懂得动用理性去服务于感性,以理性为工具去获得感性满足,故追求幸福不只是本

[①] R. Sullivan, Immanuel Kant's Moral Theory, Cambridge University Press, 1990, p.31.

能活动。

由于感性欲求的对象不断出现及改变,而且欲望性好亦会随着这千变万化的对象而不断变化。对于这种无秩序的状态,若不作出某种协调安排,而任由它无序混乱下去,它极有可能因而陷入自相竞争、冲突的矛盾地步,最终会出现"自我挫败"(self-defeating)的场面。问题是:尽管人类与动物同具感性的部分,亦同样要满足欲望,但人类欲望的复杂程度,已远远超过动物,故并不可能像动物般单靠本能就可作出有效的行动。人类即使追求自然之善或幸福,乃至于一般的欲望、性好的满足时,理性已参与去服务于欲求。理性在此的作用有二:一是设定目标,去决定何者方为对象,同时当设定某一特定事物为对象时,即意味着其他欲求对象必须被搁置或压抑,使得欲望及欲望对象形成一个有一定目标及先后次序的层级系统,即所谓具有一种体系上的和谐协调,而不是一堆盲目混乱、顿号杂乱无章的欲望。

除了决定欲望目的外,理性在服务性好欲望时的另一项功能是:透过精审计度,同时决定用什么工具或手段可有效地获致这些被决定的目的。而这两项功用之间是一分析的(analytische)关系,意即当决定了欲求目标时,同时亦必定决定了对获取目标的手段的寻求,若理性对欲望目标的规定不同时包含对手段的寻求时,欲望目标的设定只成为一空头的愿望。唯有已预先包含了"期求欲望对象同时也是对手段的期求"这一原则,在具体情境中根据经验去抉择特定手段才是一项有意义的活动。①

就上述两种作用来说,已显示出人类对欲求的满足远非"本能"所能胜任,故尽管它本质上是感性的,但却要有理性参与,不过理性在此只被视作工具、手段以服务于"自爱"及幸福。若理性在此运用得宜,使欲求能有效地被满足时,康德称这种聪明为"机灵"(Privatklugheit)及"世故"(Weltklugheit)。

就设定可获取幸福的对象,并透过安置对象的次序来安排欲望成一系统来说,理性在此是以它自己"设定对象"及"提供规定"两项作用来参与欲望的追求,但它不是以理性自己为目的,而是以欲望、性好的满足为目的,大体上那已是韦伯(M. Weber)所说的"工具理性"。问题是,在康德哲学中,理

---

① R. Sullivan, *Immanuel Kant's Moral Theory*, pp. 33-34.

性作为一种工具来使用时,它已不再是真正的理性本身,故康德尽管同意理性在欲望中这种工具或手段的角色不必然违反道德,因为幸福本身不必然违反道德,但理性一定不能以这种角色作为它自己的特性,这种运用的方式是将理性片面化,故康德虽然同意在利用理性追求幸福时,理性的确以片面的方式参与,但他不愿以"理性"(Vernunft)来称之,而以"机灵"(Klugheit)来称之。

不论是上述哪一种功能,理性都是以"因果"范畴为中心去追求欲望或幸福。因为不管是欲望对象的决定还是掌握获取对象的手段,皆是以"目的(果)—手段(因)"的方式来做规定,并且以是否获得预期目的(果)来判断手段(因)的正确或客观有效与否,因而基本上是以理论理性为支撑,但以经验为检验根据。然而无论是理性或经验,在此都只是欲望的工具,因为从动机及其原则上讲,追求幸福或感性满足就是源自欲望或性好。[1]

康德特别提出上述的问题,其目的不是要反对幸福或欲望的追求,而是要指出即使有理论理性的参与,还是不能保证幸福必可获得满足,理性在此的正面积极作用只是提出有经验的相对根据的建议,因为任何经验对象,不论作为目的还是手段皆变化不断,我们不能形成任何确定而一贯的理解或掌握它以作为追求恒久而有保证的幸福。当然,前节已说过,康德更关心的是不能以幸福作为道德之根据。而这亦是本文在第一节子题二中提到康德区分幸福作为经验概念与作为一个构想力的理念之间的分别,前者具有相对的普遍性或经验上的有效性,但后者只具有虚幻性,前者可以用在追求感性满足的领域中,尽管它没有任何先验的保证。但后者不但夸大了幸福的确定性,甚至要虚构出可作为道德根据的绝对性,这是康德极力要避免的。对于相对有效性与虚幻之间的分别,康德曾作过明确的划分,不能混淆。康德在《纯粹理性批判》〈辩证论〉中指出,概然的真理尽管"只依不充分的(经验)根据而被知,但它却不因这不圆满或缺憾而成为欺骗的"(*KrV* A293\B349),而所谓虚幻,就是有欺骗性,故幸福作为构想力的理念时,这理念所示的必然性是一种欺骗与幻象,因为"判断的主观根据窜进来而混作客观真理,并使客观根据脱离其真正功能"(*KrV* A294\B351)。

---

[1] R. Sullivan, *Immanuel Kant's Moral Theory*, pp. 35-36.

（二）道德不能抵消幸福：有限理性者的双重身份

康德伦理学当中，并无太多笔墨用于幸福作为单纯的自然善目的上。但当自然之善作为道德实现于经验世间的工具时，康德却十分重视，后者是下一节的主题。然而，即使如此，康德却从不认为单纯的感性满足（幸福）之追求是可以甚至是应被否定或漠视的。遗憾的是，从康德在世时到当代，不论是康德哲学研究者或是其他哲学家，都在这一主题上误解康德。以康德哲学研究者们来说，认为康德排斥幸福的大有人在，较严厉的指摘者有早期的凯尔德（E. Caird）及尤因斯（A. C. Ewings）[1]，乃至近年的格林（T. M. Greene）[2]及泰勒（R. Taylor）[3]，后者指责康德在幸福问题上简直罔顾人性。即使是客气一点的如佩顿（H. J. Paton），尽管他与贝克（L. W. Beck）指出德国大诗人席勒（Schiller）对康德的嘲讽是建基于误解[4]，但佩顿本人仍然认为康德在幸福问题上是"混乱而矛盾的"[5]。除了康德研究者外，西方哲学史上，就此问题对康德的批判者可谓比比皆是，据西尔伯（J. R. Silber）的研究席勒及叔本华（A. Schopenhauer）是哲学家行列中，对康德"幸福"理论作批评的始作俑者[6]，叔本华在其《伦理学的两个基本问题》（*Die Beiden Grundprobleme der Ethik*）即详细讨论了这个问题。[7] 但除叔本华等外，事实上从者甚众，自黑格尔、马克思到当代，尤其以着重从经验或具体入手讨论哲学者都不断作类似的批评，有西方马克思主义之称的法兰克福学派哲学家阿多诺（T. Adorno）及霍克海默（M. Horkheimer）如是，甚至连维也纳学圈（Vienna Circle）逻辑实证论（Logical Positivism）的莱辛巴赫（H. Reichenbach）亦在其《科学哲学的兴起》（*The Rise of Scientific Philosophy*）[8]一书中通过攻击康德定言令式的先天抽象普遍性来间接批评康德伦理学漠视幸福。

---

[1] V. Rossvaer, *Kant's Moral Philosophy*, Oslo: Universitets forlaget 1979, p.11.

[2] T. M. Greene, "The Historical Context and Religious Significances of Kant's Religion", in *Kant's Religions Within the Limits of Reason Alone*, New York: Harper, 1960, lxiii.

[3] R. Taylor, *Good and Evil*, Macmillan Publ. 1970, Ch. 8.

[4] H. J. Paton, *Categorical Imperative*, Hutchinson University Lib. 1947, p.48.

[5] H. J. Paton, *Categorical Imperative*, p.87, 106n.

[6] J. R. Silber, "The Ethical Significance of Kant's Religion", in *Kant's Religion Within the Limits of Reason Alone*, New York: Harper, 1960, cxii-cxiii, n85.

[7] R. Sullivan, *Immanuel Kant's Moral Theory*, p.35-36.

[8] H. Reichenbach, *The Rise of Scientific Philosophy*, University of California Press 1951, Ch. 17.

本文不打算在此对诸家批评一一作出反驳,但我认为这些持续数百年的批评绝大部分只是捕风捉影,建基于误解或片面理解之上。随手举一个例子来说,叔本华之批评的缺点是他只读过《道德形而上学基础》便以为那就是康德伦理学的全部,但对诸如《道德形而上学》及《实用人类学》都懵然不知其存在。诸如此类不胜枚举。

在康德的芸芸著作中,将性好、欲望、自然之善作较系统讨论者,其实只有《实用人类学》,"人类学"(Athropologie)一词对康德而言,既不是今天的人类学,也不是今天的哲学人类学,亦不是经验心理学,而是指对有限理性者感性部分的哲学讨论,尽管依康德见解,这一部分是感性的,但康德的经验方法及立场都并不见得是现代社会科学意义上的经验方法。但无论如何,康德毕竟还是在这部书中深入讨论了欲望、感觉、感官知觉等课题。我在本节并不打算详细地重复康德的观点,只是提出一个有关感性欲求的根本问题:对感性欲望满足(幸福)的追求是否有违道德?

与上述大部分研究者及哲学家积习甚深的偏见相反的是:即使单纯出于为了享受的动机去追求满足,就其本身只作为一种活动来说,基本上是不会与道德原则有任何冲突。而且这种不矛盾性还要从人最根本的存在结构上来做说明。康德认为,人是理性但却有限的存有者,因此人具有理性与感性的双重身份,虽然就理性的部分来说,人具有自我立法并以法则本身为目的的绝对独立性,即理性具有自发性(Selbst-trtigkeit)及规则性,但人同时也是感性的。所谓感性,是指受纳性(Rezeptivität),即有接受甚或是依赖外来作用的能力,而感性的受纳性实际上也是相对于理性的自发性(Spontaneität)来说的,理性因而是自足的;但感性显然就不是自足的,而当人作为理性但又是有限的存有者时,就表示他的二元身份使感性成为根本结构的一环,所以感性的欲求获得充分满足后,个人或人作为群体或族类才得以存在下去,因为人事实上的确有属于感性世界的部分。人之被康德称为有限,指的就是人不能在感性上自足,而必须得依赖于感性世界去满足。人的感性身份使得人类有各种各样的需求与欲望,人要通过满足它们才能生存得或活得更好,这就是人"既予的有限性"(*KpV* s.25)。故人类追求欲望之满足乃一不可免的需求,某些欲求必须获得适度的满足,幸福因而是指合理及真正的需要之满足,毕竟人是置身于感性世界中,有感性需要的存在者;故这些涉及生活水平的感性需要的满足实可称为"福利"(Wohlleben)。反过来讲,当理性者将本来只具有相对性的"福利"概念转变为不只是经验普遍,而是具有先天的必然性之构想力的理念时,这种绝对的渴求感性欲望之满足,却正好反映在现实中,这些欲望是不可能被完全实现,因而同时也反映了这些理性者在感性上是有限的,即他永远是有感性需求,而又不能绝对地被满足。[1]

我们可以在康德的文本中发现,康德其实一再强调追求幸福是一个自然而不可或缺的目的,作为自然目的,幸福是具有价值的,不应亦不能放弃,更非邪恶的:"自然目的是所有人寻求的,此即幸福"(*GMS* s. 430; p. 98);"追求幸福是每一个理性但却有限的存有者之所欲"(*KpV* s. 25; p. 24);"作为有限存有者,其本性就在于依赖感性环境"(*Rel.* s. 46, Bd. VI; p. 41);"幸福构成人不可避免的希求的其中一环"(*Rel.* s. 134, Bd. VI; p. 125);"对人性而言,求取原幸福是不可缺少的"(*MM* s. 387; p. 45),上述诸条引文分别来自康德四部主要伦理学著作,立场都十分一贯,而这些引文实际上只是当中一小部分,但也已充分说明康德从未对幸福作为自然欲求的对象有过视之为邪恶,应该诅咒之的态度。

要注意的是,康德并未多着笔墨讨论幸福作为单纯的自然目的时的自然价值,甚至他亦指出追求自然之善不是一项道德义务。但这不应被理解为康德在谴责自然欲求,说"行某事不属道德义"并不同于说"行某事应被鄙视、放弃",强调义务并不等于含有敌视欲求幸福之意。

基本上,追求道德与追求幸福是层次不同、对象不同的两码子事,道德无疑是以限制的方式凌驾于幸福之上。但道德既不能也不应抵消或取代对幸福的追求。在幸福与道德不冲突的情况下,追求幸福或感性满足是一种"非道德"(non-moral)的活动,即一种中性的活动,甚至是可期望的:"理智、机敏、判断力及其他可称为精神才能者,又或勇气、刚毅、坚决这些气质,无疑是善且值得期望的。"(*GMS* s. 393)事实上,康德认为若我们单纯为了追求这些的时候,当然不能是一种道德义务,但没有道德价值或不是道德的善并不就是全无价值,甚或就是邪恶的,康德明确指示出自然之善仍是一种价

---

[1] R. Sullivan, *Immanuel Kant's Moral Theory*, p. 31.

值,尽管它不具有道德所具的绝对性:"纯粹实践性不要求我们放弃对幸福的追求"(*KpV* s.93; p.96),即使在"服从义务时,那也只是离开了幸福,但并不是弃绝(entsagen)对自然目的'幸福'之追求"(*TP* s.278; pp.42-43)。康德在《纯粹理性批判》中就曾举过一个例子说明单纯的自然目的的满足(维持能力)既不是无价值或无意义的,更不是有反面价值的(*KrV* A851/B879)。故道德与幸福之间,在现实中可以是不必然相矛盾冲突的,性好欲望满足本身在道德上是中性的,但在不侵犯道德法则的规范内,却是好的、善的,尽管这善是自然善而非道德之善。反之,若性好之满足即使在不冒犯道德的范围内仍受到否定时,这一种处理是会"造成伤害及要被谴责的"(*Rel.* s.58, Bd.VI; p.51),故道德对于性好欲求,是一种使之顺化,成一和谐的关系,但不是要否定、排斥自然性好。当康德说"追求自然性好不是一项义务"时,他不是在否定性好、欲望,因为欲望、性好所求的是愉悦、享受,总不能将追求享受理解成义务般地带有超越一切限制的强制性那么"荒谬"吧!(*KdU* s.208-209; pp.42-43),也许正因如此,康德才会被人误解为在鄙视追求幸福。

总结而言,性好、欲求的满足对有限的理性存在者(即人)来说,是其感性身份所必需的。尽管康德将各种层次的感性满足统归于"幸福"名下,但他却同意作为生存所必需的满足与作为趣味的追求之满足是不尽相同的。同样地,幸福既然只是有可能成功争取到的东西,就表示它不是必然的,而是偶然的,因而也没有任何持久快乐的保证。因此幸福一方面是人所需要的,甚至是必需的,但另一方面却又带有人所无法掌握的虚幻性。再者,幸福作为感性欲求的满足,当然是一种感受,也是一种活动。幸福的这种无法确定性,甚至从这词语的组成上反映出来,德文"幸福"一词是Glückseligkeit,当中Glück一字是"运气",就是带有短暂、偶然之意,同样英文Happiness一词的hap亦是偶然、碰运气的意思。作为双重身份的有限理性存在者,人生活在感性世界中时,幸福就是一种必需的追求、但不必然实现、甚至必然不恒久实现的目的。[①]

---

① D. O'Connor, "Kant's Concept of Happiness", *Journal of Value Inquiry*, No.16, 1982, pp.189-192.

（三）感性满足与道德恶无直接因果关系

我们已经澄清了幸福（自然之善）与道德（道德之善）之间并不存在许多哲学家所严重误解的排斥或矛盾关系，或者更精确地说，并不存在本质上非此即彼的逻辑矛盾。感性如果一方面是人类必不可少的部分，但另一方面又必然会与理性相冲突时，那么人类岂不是成了一种不可理解的存在者？康德明确地否认感性、性好是罪恶的原因，罪恶的原因不是来自于人类的感性成分（*Rel.* s.34；p.30）。既然对幸福的需求及追求是不可或缺的，则欲求幸福的机能——即性好、欲望并不直接联系于罪恶，罪恶的根据不是来自于感性或幸福。性好、欲求只是当意志在面对道德法则的命令时，构成一种可能会使意志不依从道德法则的潜在威胁而已（*Rel.* s.58；p.51）。本小节的目的不在于详细剖析道德恶，但旨在扼要说明性好、幸福与罪恶之间存在着的仅是间接的关系。之所以只是"间接"，乃是因为意志不必然会在性好欲求的诱惑中迷失，而是会直接威胁到对法则的遵守。

如前文所言，性好或幸福所追求的是自然之善，与道德之善根本分属不同层次。明确地讲，道德所处理的是善恶问题、幸福所处理的是祸福问题，若说求福必与求德不相容则实际上混淆了两个不同的领域。推得彻底一点来说，即使一个人有且常常或持续地有某一特定的欲求、性好，则不论它被道德法则反对或支持，单就该欲求本身来说，是既非可被道德地嘉许，亦非应被道德地谴责[1]，而道德恶的根源也不是在此一欲望上，性好欲望本身并无道德与否可言，它就只是实然的。问题反而是在于：若人仅是自然存有者时，它毫无道德问题，但因人具有双重身份，除了作为自然者外同时又是一个理性者，而这两种身份合在一起时便使得人成为有限的理性者，这种身份上的二元性导致人在道德课题上有一种恒常的内在张力，于是对这种理性者道德生活的解释便一方面要考虑在义务上应该发生，但又要考虑在实际上不必然发生的事，而"恶"、"道德恶"则是在这应然与实然、道德与幸福的交界点上发生的，若只有一层的性好（如自然界的动物）或单纯的道德理性（如上帝），则根本不存在道德恶的问题。故恶不是源于性好欲望，而只是源自当欲望所求已踰越道德界限时，意志仍然选择依从性好而违抗道德法则

---

[1] R. Sullivan, *I. Kant's Moral Theory*, p.119.

的命令，使自然性好对道德法则的潜在威胁变成真正的冲突。故其根源是意志决定向性好让步以求满足其欲望，并罔顾理性具有凌驾于性好之上的优先性及独立性，当意志在这种情景中决定不道德地（immorally）活动时，性好才真正地冒犯着绝对的道德法则（GMS s.397, 413; pp.8, 37-38）。但假如意志最后决定服从道德法则，它只是"不理睬"（absondern）性好及其对象施之于意志上的影响，使性好对道德的潜在障碍无从实现（GMS s.400; p.18）。可见意志作了不当的选择才使得理性与感性、道德与幸福、道德善与自然善之间的关系出现冲突的，二者并不是本质上就不相容的。不过这是从理论上讲，但在经验中，由于人的存在结构使得人永远处在这种意志必须持续抗拒性好诱惑的内心斗争中，因而才产生感性本身是道德恶的原因之错觉[①]，不过实际上唯有在法则应当发生，但事实上没有发生时，性好才构成道德恶的条件。况且更重要的是性好不但不必然抗拒道德，甚至有些性好若得满足时，更是有利于道德实践，这便带引出下一主题，即幸福作为道德实践的工具。

在结束本节前还要补充的是，有关道德恶的问题，其复杂性远不是本节的讨论所能涵盖，本节的目的仅在指出幸福性好不需为道德恶负责。其实康德更深入区分了由于气质上的软弱，使得意志不依从它应该依从的道德法则，与把非道德的幸福原则当成是道德原则两类。不过，真正的道德恶并不是前者，因为那不是否认应然的道德，而只是有心无力，唯有后者将道德原则颠倒才算得上更彻底的冲突。不过，康德另外再论述一种以"邪恶"、"魔性"、"绝对恶""根本恶"来称谓的道德恶，那才是恶的真正根源，故不能说幸福或追求性好的满足是道德恶的直接原因（Rel. 27, 29; 36, 38）。[②]

四 "幸福"作为道德的手段

在上一节，我们讨论了幸福或感性欲求的满足，从原则上讲，道德与性

[①] R. Sullivan, *I. Kant's Moral Theory*, p. 120.
[②] 李明辉：〈康德的根本恶说：兼与孟子性善说相比较〉，收于《康德伦理学与孟子道德思考之重建》，台北："中研院"中国文哲所，1994年，第118—131页。

好并不存在本质的、必然的、矛盾性的（既不同真又不同假）冲突。从理想的但只是消极的意义上来说，在二者主次排序明确的情况下，确实可以各行其是，互不相干；但若就积极意义而言，幸福的获得可以并不仅只是自然之善，而与道德还有着另一层更密切关系，在这情况下的幸福性质就有较大的意义转变。简单来说，在上一节，幸福并不作为一项义务，但在本节，幸福的追求将作为一项道德义务，即，我们有间接义务或责任，去求取幸福。所谓将"追求幸福视为间接义务"，其实有两个要点：第一，不再如上一节般将性好的满足视为目的，而是将之视为手段，用以求得其他目的；第二，由于自然欲求获得满足可能有助于实践道德义务，故满足此一欲望，并藉此去助成另一项义务。康德在《道德形而上学基础》、《伦理学讲义》、《实践理性批判》及《道德形而上学》四书中都有论及间接义务，其中《基础》及第二《批判》则明确地论及幸福的追求作为间接义务。这些论述与上一节的差别在于，当幸福作为一个单纯的自然之善时，它可在与道德没有冲突的前提下是一个独立的活动领域，然而在本节我们会见到道德与幸福更可积极地合作，因此这是从另一个更主动的侧面去反驳很多康德研究者与哲学家们对康德伦理学的不满，据他们说，康德伦理学是排斥幸福的（详见上一节，不再重复）。就"幸福的追求作为一项间接义务"（不论是对己或对他人）来说，似乎连不少康德专家都完全忽略，或起码是重视得不够彻底，前者如贝克（L. W. Beck）及奥纳（B. Aune）。奥纳认为，康德在主张"我们没有义务去获得自身的幸福"[①]，这显然是将幸福作为自然之善与幸福作为间接义务混为一谈的误解。至于后者佩顿（H. J. Paton）、西尔伯（J. Silber）及阿特韦尔（J. Atwell）都是这一类。[②]

事实上，本节的论题一定程度预示了德福一致的圆善课题，当然德福一致在康德哲学中是伦理学、道德神学及目的论之间的桥梁，但就将自然之善纳入道德之善的系统中这一点来说，是本节"幸福作为间接义务"与圆善的

[①] B. Aune, *Kant's Theory of Morals*, Princeton University Press, 1979, pp. 36, 189, 190.

[②] H. J. Paton, "Kant's Idea of the Good", *Proceedings of the Aristotelian Society* 45 (1944-1945), pp. xx-xxi; H. J. Paton, *Categorical Imperative*, University of Chicago Press 1948, pp. 57, 172; J. Silber, "The Ethical Significance of Kant's Religion"; J. Atwell, *Ends and Principles in Kant's Moral Thought*, Dordrecht, 1986, p. 119.

共同议题。其差别有两点：一、本节谈的是自然性好之善如何支持道德善，圆善则是谈道德善如何值得有自然善；二、本节只单纯讨论伦理学中道德与幸福间的合作，圆善则引申出基督教信仰中的神学课题去解决德福间关系的不协调之处。

当将自然之善视作道德善的助力或手段时，它同时将自然善转化为间接的道德善，这一转化使幸福有了一个可容身于道德世界中的角色，并且在道德实践的过程中起着重要的辅助作用，深具教化上（pedagogical）的鼓励效用。

"幸福"作为间接义务而与道德达成合作关系，使幸福本身也因而具有了间接的道德价值。但仔细分析可见，即使同作为间接义务，幸福与道德间的合作关系仍可以有不同的方式，大体可分为两类，第一类可称为消极性的或防范性的合作关系，其目的在于减少诱惑或艰难所造成的障碍，使意志更易于摆脱歧途去服从道德法则。第二类可称为积极或实现性的合作关系，其目的是在于使善的意志并不只流于一种空头的善良愿望，而是讲究善的意志力图使它的行动目的或效果可实现于经验世界中。第一类是为着免于诱惑、减少障碍；第二类却要实现对世界的道德改造。这二者都是顾及有限的理性存在者的双重身份的需要，而不将人类意志只看成是纯粹的意志。

就第一类的"幸福作为间接义务"，即作为"有助于克服道德的障碍之工具"来说，这当中的"幸福"自然是指各种感性需要皆获得满足，即拥有诸如灵巧、健康、富裕、名誉等自然善，乃至于指拥有或掌握获取、保有这些自然善对象的能力。而所谓"幸福作为工具"中的"工具"或"手段"（Mittel），依康德的定义，是指："仅包含一个行为可能性的根据者"（*GMS* s. 427；p. 94），即幸福作为一项工具，可以使一行动成为可能。故幸福是获取其他目的时的途径，它是一种辅助、支持性质的东西，使意志的活动有可能实现其活动目的。

在这一类型中，幸福的主要作用是，预防在诱惑下意志出轨行上歧途："在某些情况下，满足一己的幸福甚至能够是一义务，那是由于它（指幸福）包括了灵巧、健康及富裕等，故它包含了实践义务的手段，并且若果欠缺幸福（例如：穷困）会导致受不住诱惑而背弃义务。不过，当然一己的幸福追寻并不是一项直接的义务，更不可能是义务所据的原则"（*KpV* s. 93；p. 94）。从这一段引文即可清楚看到幸福对有限理性者在双重世界的拉扯中艰苦地实践道德有着不可忽视的辅助上的重要性,它尽管不能取代道德意志,也不能真正使人免于诱惑,但它的确能使意志更有实力去服从道德法则。一般人常有一种误会,以为康德主张抽象、普遍的道德理性,而漠视现实上在实践时的难易分别,因而视康德为不近人情、不通世务。这种批评大体上是误会,因为康德是用"理性"的概念去维护道德的普遍必然性及自律性,而用感性概念去解释在现实上何以道德的服从存在着广泛的差异,康德不是否认这种差异的存在,只是这种差异的由来不应从理性中找其根源。而现实中意志对道德法则有不同程度的服从或拒绝服从,在一定范围内是与获得幸福满足的支持有着一定的关系,康德在他其他的伦理学著作中亦一再提及上述的论点,试看《道德形而上学》其中一段:

> 厄运、痛苦及缺乏皆是巨大的诱惑使人背弃义务。因而一般的坚毅、健康及福祉可反制这些影响,故既可视为目的,但同时又可是一义务,意即改善一己的幸福可以是一义务……不过在这种情形下,幸福本身就不再是目的,反而道德才是,幸福则退而成为步向道德过程中的合适工具去克服障碍……追求幸福本身不直接是一义务,但若为着免于不幸及免于易受引诱,则它就变得很可以是一义务。不过,不是我的幸福是目的及义务,而是为着保障我的道德尊严才是目的及义务。(*MM* s. 388;p. 46)

同样的,在《道德形而上学基础》一书中亦有类似的观点:

> 确保自己的幸福至少是一项间接义务,因在诸多忧虑压力及需求的不能满足之状态中,对自己处境的不满可能极易成为一去背弃义务的诱因。(*GMS* s. 399;p. 67)

不过要注意的是,幸福存在与否所影响的,只是服从理性法则时有不同的艰难程度,却不是理性本身,因此缺乏幸福所形成对理性实践的障碍永远只是从概然上来说,并且亦不能以此去将对义务的背弃合理化,欠缺幸福只是使人在面临道德抉择或坚持时较易失足,但却不必然失足,故道德意志从根本上来讲,还是绝对自主的。当然,"幸福"并不只用来指外在的物质世界的满足,同时也可指具有某些能力或品性,这些品性与道德实践之间的关系是不能一概而论的,可以是有助,也可以是障碍。举例来说,康德其实从没有如一些人所认为那样排斥人性,即当依道德法则去作行动时,康德没有认为不能或不应同时存在着性好,只要这类性好不与道德法则相冲突,进一步来说,若这是一种可能有助于服从道德法则的性好(例如天生的好心肠)时,则不单这种性好是一种自然之善,甚至因而间接有道德善,故是一间接义务去充分培养,使之让人更能自如地服从道德法则,它扮演的是一辅助性的角色,故它不会因而取代道德并威胁其绝对尊严(*GMS* s.398;p.66),但同时它"尽管不值得尊敬,却还是值得被赞美与鼓励"(*GMS* s.398;p.66)。道德限制着幸福,不容它被误作有绝对性.(*GMS* s.401;p.69),但二者不单不应是对立,并且虽然道德单凭其本身便完全足以立法,可是若性好能使意志更易于服从法则时,则性好的附加或辅助角色决不应是坏事。性好、欲望、品性、才能尽管皆属主观性的非道德原则,可是既然它可能有益于意志与道德法则间的一致时,则康德认为不应排斥而应重视之,因为道德法则在经验世界作真实应用时,如何能在复杂现实中保持其目标或纯粹性,免于诱惑的干涉而造成失足,则是要完全配合人的性好才能"在引诱中锻炼其判断力"(*GMS* s.389;p.57),并使性好更熟练地服务于道德,使意志更具道德实践上的坚定(*GMS* s.394;p.62)。因为在区分了道德与幸福的主从关系后,道德在实际作用时仍要考虑人性配合才能充分发挥作用,故康德非常重视二者间的协调关系。在上述种种考虑下,对性好作合理的满足便从一种单纯自然善的目的转变为道德善的手段,成为间接义务:"确保一己的幸福起码是一项间接义务"(*GMS* s.399;p.67),"追求财富本身不是一项直接义务,但间接来说却很可以是义务"(*MMS* s.388;p.46),故人没有直接以义求财,因财富本身不具备道德价值,但人作为有感性身份的存在者,物质生活是必需的,而当物质生活缺乏时,他便因物质需求不满足的压力,较易受不住诱惑而背弃义务,故为着有效地实践一种有道德的生活,他从而有了追求适度财富的责任,尽管有了财富并不直接而必然地保证他不背弃义务。由于幸福作为间接义务时,它只是辅助性质,而不是直接保证道德必定被遵行,故康德用的都是一些不绝对确定的弹性字眼:"它(幸福)甚至能是一项义务"(Es kann sogar...Pflicht sein)(*KpV* s.93;p.96),或"间接地,它(幸福)也许很可是一项义务"(indirekt kanneseine solche wohl sein)(*MM* s.388;p.46)。

补充一点,康德认为理性者有间接义务去追求幸福,但鉴于幸福本来就不确定,故并不保证幸福必可获得,因为那全是落在经验自然中的。幸福作为间接的道德义务对象,实将自然世界与道德世界连成一个系统,因自然世界被人作道德改造,使之不再只是自然世界,而是整合于道德世界内的一个角色。不论是消极地、内在地防范意志背弃义务,还是积极地、外在地在经验世界中实现道德,道德法则都必须借助内在的(心理的)及外在(物理性)自然法则的配合才可能充分实现,因而获取这种能力或满足这些需要都是间接义务,因为它们可以"支持"(befordere)、"培养"(beforden)、"改进"(befordert)、"预备"(vorbereitet)直接义务的实践。总结而言,康德尽管视道德法则是唯一独立的绝对善,道德善的根源,但他从没有认为道德善是善的全部或唯一的善①,所以道德法则对有限理性者而言,是必然期望能够在经验世界中实现其预期的后果,法则必然指向对后果能够实现的要求,使法则圆满地在有限理性者的双重世界中开展,故对幸福的追求有了道德上的必然性,否则人类道德只成一空洞期望,"善的意志的确不只是一愿望,但却是召集力量与工具的意志"(GMS s. 394; p. 62),若欠缺自然世界的合作,道德善是不可能在人类世界获得圆满的实现(尽管它还是可以有悲剧英雄式的孤军作战)。② 道德法则在经验世界中得考虑各种经验条件,目的不在于让步或妥协,而在于更有效地达到行动对象的实现于各种千变万化的经验世界特殊处境中,而幸福的适度追求与获得,就是道德在现实世界中得以周全地实现时所不可或缺的辅助手段。

五 总 结

上文已充分说明康德并不是在其伦理学中排斥幸福的追求,而只是要建立与道德生活相配的幸福追求,更不是只在圆善问题中才讨论德与福的关系。本文基本上是将"幸福"视为一个独立概念来讨论。所谓"独立",是指将幸福视为因果范围的概念来理解,不涉及在德福关系下,幸福作为圆善

---

① Paton, *Groundwork*, p. 134.
② Ibid., p. 137.

(höchste Gut)中与道德有因果联系的问题来理解。我们将幸福隔离在圆善的德福一致问题外来作探讨,在这一意义下所讨论的称为一般所讲的幸福。基于在本文开宗明义已说明讨论限制在伦理学内,故以下只简略地说明康德是如何解决此一德福问题异质联系的疑难,说明我们为何不讨论圆善或德福一致课题下的幸福。由于幸福是自然界范围内的事,受独立于道德意志之外的自然法则所规定,从而使幸福秩序扩大为自然秩序,为了使德福间必得和谐一致及必获得实现,因此康德需要预设"一个不同于自然的,并作为自然全体之原因的存在,同时,这被预设为存在的原因,同时也包含了德福间联系的根据,即:包涵了德福充分和谐的根据"(KpV s. 125; p. 129)。其论据是:而这秩序全体得有一"自然最上的原因,就是为着圆善之因而须被预设",它"是一智思体,理性者","这存在透过知性与意志就是自然的原因,因此也就是创造者,即:上帝"(KpV s. 125; p. 129)。康德在此是为了统一德福间上述的异质,于是预设上帝作为幸福与道德的统一原因。上帝是在因果系列中,作为第一因,以其意志作出创造,使上帝成为决定全体自然的原因,决定、改变、支配自然,使之符合有德者的需要,将幸福作符合于道德所值的分配。意即自然是为着理性者而存在,故上帝创造自然的目的不是,或应说不只是为了理性者一般幸福,而是为了"圆善",即配得幸福。德福关系间的协调最后是通过预设上帝,及他对自然作创造性的介入从而使得配有幸福的道德者获得上帝改变自然以实现有德者的愿望,使有德者获得与德行成比例的幸福分配。

就德福关系来说,无疑要谈的还有很多,但一旦"上帝"这个概念被提出后,问题的性质就完全改变了,德福问题已不再处在伦理学的脉络中。尤其继上帝之后康德又提出"灵魂不朽"的形而上学、神学及目的论的论说时,已将原先伦理学的意涵盖过。因此严格来说,在现代的伦理学脉络,康德"圆善"论提出的"上帝"恐怕不见得是道德哲学所要议论的课题。这是以伦理问题为引子,提出基督宗教信仰上的神学问题,即康德所谓"道德神学"(moralischer Theologie)。[1] 康德在伦理学提出此一问题,却又不是伦理学所

---

[1] 王志铭:〈道德神学在道德上是必然的吗?〉,《台大哲学论评》第二十九期,台北:台湾大学哲学系,2006年,第65—98页。

可解答,"圆善"论课题横跨康德哲学的伦理学、神学及目的论三大领域,因而"圆善"的问题是康德哲学从单纯的伦理学过渡向神学及目的论的转折点。并且康德本人在这些问题上的观点充满着内部分歧及无法协调的议论,其状况之复杂,使得不少注疏家索性拒绝认真地看待"圆善"有任何理论重要性。故限于主题及篇幅,本文的讨论完全限制在单纯的伦理学内,圆善问题有待将来有讨论康德神学的机会时再作探讨。

《古典学的历史》(Geschichte der Philologie)

〔德〕维拉莫威兹(Wilamowitz - Moellendorff)著,陈恒 译

北京:三联书店,2008年6月

在传统漫长的古典学研究历史中,维拉莫威兹无疑是其中最伟大的人物之一。他的研究大大促进了音韵学、铭文学、纸草学、地形学和文本批评的发展,也同时把多个学科的研究与传统的古典学研究结合起来,承先启后,使古代研究成为一门新学科,并培养了大批弟子。与许多篇幅浩繁的著作不同,作为维拉莫威兹的代表作之一,《古典学的历史》中对于古典学的态度旨在把古代世界作为一个整体来研究。这本著作便是按照这种观点而对古典学研究史简明扼要的勾勒。在维拉莫威兹看来,古代文学、艺术具有如此的魅力以至于它强烈的吸引力在每一代都可以吸引一些人,不管一个时代在流行什么,都是如此;因此,只要任何种类的历史研究继续存在的话,古典世界的历史,我们直接的祖先,就不会遭到忽略。因而通过这本著作,维拉莫威兹希望借助回顾研究历史得以提高我们对古代世界的整体理解,从而使我们对于古典世界的理解并不局限于某些专门而狭窄的研究领域。(雷思温)

《经学通论》

[清]皮锡瑞 撰

北京:中华书局,2008 年 6 月

《经学通论》一书是清人皮锡瑞从今文经学家的立场出发,对《易经》、《尚书》、《三礼》(《周礼》、《仪礼》、《礼记》)、《春秋》等儒家经典的撰述流传、内容要义及历代考订注疏的得失、读者治学研究的门径等问题的细致梳理及扼要阐述。该书是皮锡瑞的代表性著作,无论对初学者还是专家学者都极富参考价值。

该书于 1954 年由中华书局出版,现时隔 50 年之久再次由该社付梓发行,对推动学术界重新认识清人的学术成果具有深远的意义。(曹润青)

权威的经验与经验的权威

——论《薄伽梵歌》与现代"宗教经验"的对话

肯尼斯·华裴

提　要：《薄伽梵歌》是绝大多数印度教传统中的重要宗教典籍，本文将其视为在方法论意义上培养人们"宗教经验"的手段，并以此开始努力挖掘《薄伽梵歌》与后现代重构主义的关联性。为此，本文试图处理权威与宗教经验之间的张力，笔者认为张力的最终解决是个人与《薄伽梵歌》的言说者薄伽梵奎师那合一。在这种合一中，无论是正常的经验，还是超常的经验，都让位于一种永恒的经验，即奉献（献身性的沉浸）。

关键词：《薄伽梵歌》　宗教经验　后现代　瑜伽　毗湿奴派　印度教圣典

导　言

《薄伽梵歌》（Bhagavad-gita）是古代印度梵文史诗《摩诃婆罗多》（Ma-

肯尼斯·华裴（Kenneth Valpey），1950年生，香港中文大学文化及宗教研究系助理教授。
译者张雪松，1980年生，香港中文大学文化及宗教研究系博士生，现任中国人民大学哲学院佛教与宗教理论研究所讲师。

habharata)中的一小部分,从 18 世纪晚期,便在西方世界获得了广泛的声誉。①《薄伽梵歌》的英译,与《圣经》和《道德经》的翻译,被西方文化界公认为最重要的三大翻译作品。1901 年至 1902 年,威廉·詹姆士(William James)在吉福德讲座(后来整理出版为名著《宗教经验之种种》)②中曾经引用《薄伽梵歌》,以此考察早期印度典籍如何向它的古代、现代读者与听众提供一种方法,用来有系统地培养现代人所谓的"宗教经验"。尤其值得注意的是,这种对宗教经验的渴求,成为一种重要的当代文化信号,在风行世界的各种各样的瑜伽练习中随处可见,而这些绝大部分的瑜伽信条都根源于《薄伽梵歌》。或许有人会问,这部前现代的、有着强烈东方色彩的瑜伽典籍,在今天要向我们表达什么? 或者,这部典籍的内容,是否有助于阐发或丰富现代或后现代社会中所谓的"宗教经验"概念?

而我有一个更大的计划,力图将《薄伽梵歌》置于后现代重构主义者之中,致力于"捍卫(被后现代解构主义者抛弃的)世界观这一概念,……重构这一概念,并设法避免前现代及现代主义所犯的错误"③。本文只简要阐述了这一计划的一个重要方面,即《薄伽梵歌》如何理解权威与宗教经验的概念,以及两者之间的关系。我做这样一番探索的动力,在于权威与经验这对概念之间,存在假定的或真实的张力,就大约是从威廉·詹姆士的时代开始的,现当代关于宗教经验的讨论,被置于掌握宗教权威的宗教机构的对立面。④

---

① 我非常感谢赖品超和谭伟伦两位教授好意邀请我参加此次学术会议(2007 年 12 月在北京举行的香港中文大学—北京大学"比较与对话视野中的宗教经验"学术研讨会)。《薄伽梵歌》首次从梵文翻译为英文是由查尔斯·威尔金斯(Charles Wilkins)完成的,1785 年出版。
② 詹姆士在他的演讲中只引用了《薄伽梵歌》一次,在第十四讲和第十五讲"论圣徒性之价值"(这两次演讲在《宗教经验之种种》一书中合为一章,即"论圣徒性的价值",《薄伽梵歌》仅在本章中出现过一次。——译者注),用来阐述他的观点:真正的圣人不需要极端禁欲主义的修行实践。"正如《薄伽梵歌》所说的,只有内心还留恋世俗的行为的人才必须舍弃这种事情。假如一个人实在不恋于行为的结果,他可以安心地与世人混在一起"。参见 James, William, *The Varieties of Religious Experience: A Study in Human Nature*, New York: Mentor Books, 1958, p. 280.
③ 尼古拉斯·吉尔(Nicholas Gier)在他著作中表现出来的写作意图,启发我做这种尝试。但是在他的著作中,印度传统被过于局限在前现代,而我要说《薄伽梵歌》迈出了印度思想中的重要一步,至少显现出了我们称之为"后现代重构主义"的萌芽。参见 Gier, Nicholas F., *The Virtue of Nonviolence: From Gautama to Gandhi*, Albany, NY: State University of New York Press, 2004, p. 44.
④ 《薄伽梵歌》确实可以被视为早期印度的一座重要的里程碑,它试图弥合当时社会中的新思潮与婆罗门典籍日益对立(当然也根源于其中)的观点。

实际上,现当代关于宗教经验的讨论,都以宗教权威作为个体的中心,换言之,一个典型的假设是,这些宗教经验的核心是宗教权威,宗教权威以不同程度、不同形式进入个体,被个体所获得。《薄伽梵歌》作为印度教毗湿奴派最重要的哲学/神学典籍,在个体概念上给人们留下了深刻的印象。相信只有个体才能自我修炼,个体经验与被称为终极宗教权威的奎师那(Krishna)相关,而奎师那就是这部典籍的言说者。

虽然现代人关于宗教经验的概念都隶属于个人层面,但是我在本文则要指出,《薄伽梵歌》中的经验有强烈的群体性倾向。它所论述的作为宗教的经验(或经验的宗教),是在其特有的宇宙秩序(法)的观念系统之中的。同时《薄伽梵歌》还坚持这样的一种假设,所有个体通过与无限的"经验者"一如,最终都有获得精神圆满的潜力。从某种程度上说,这一假设是针对当代读者的,因为它或许有助于我们重新发现前现代及现代主义中所蕴涵的价值,消除前现代、现代以及后现代主义"所犯的错误"。尽管《薄伽梵歌》显然源自前现代,但它毕竟属于雅斯贝尔斯(Karl Jaspers)所谓的前基督教"轴心时代",从中我们仍可辨别出现代乃至后现代主义的雏形。[1]

这或许是一个历史的讽刺,《薄伽梵歌》对于今天的许多人(不仅是印度人或有印度教背景的人)仍然作为一种修炼宗教经验的权威典籍而起作用。但同时它还提醒我们,典型的(如果不是所有的)宗教经验之所以能产生,都会与(被确信的)一种或者几种被"宗教经验者"的群体视为权威的典籍相关。

在简介《薄伽梵歌》中指称经验的一些方法之后,我将讨论神圣的和个体的权威概念,最后简单阐述这部典籍中的重点"奉爱"(bhakti)即"完全的相互性"(total reciprocity),并以此为视角来讨论《薄伽梵歌》在当代流行的瑜伽文化与后现代重构主义中的作用。

---

[1] Jaspers, Karl, *Vom Ursprung und Ziel der Geschichte*[历史的起源与目标](1st ed.), München: Piper Verlag, 1949.

一　三种类型的经验

《薄伽梵歌》巧妙地结合了数论派和吠陀哲学三个本体性概念 prakrti（原质，旧译自性）、purusha（神我）以及 brahman（梵，终极实在），并主要区分了由这三个概念所产生的普通的经验和超越的经验。普通的经验以二元为特点：作为自我中心的结果，人本身及其境界会用成对的概念来形容，例如喜爱与厌恶、欢喜与悲伤、期待与绝望、荣耀与羞耻等等。[①] 这种对立的二元性给个体带来的困扰，在《薄伽梵歌》中得到了戏剧性的夸张，集中体现在人间著名的勇士阿周那（Arjuna）身上，他和他的兄弟们即将同他们的堂兄弟交战，但战争中的职责问题困扰着他。[②] 他向自己的朋友、战车的驾驭者奎师那征询意见，后者的回答构成了七百颂的《薄伽梵歌》。

在《薄伽梵歌》中，日常的经验是自我由于疏忽而迷失终极实在后的产物，超越的经验是自我通过瑜伽或"合一的训练"（discipline of yoking）达到自我合一后的产物。瑜伽（yoga）这个术语是与"合一"（yoke）同源的，既包括了英文中"经验"这个词的第一种含义，即（1）通过练习或背诵而拥有的知识或技能，又包括了第二种含义，（2）由外物刺激而主观直接接受的体验。

《薄伽梵歌》中的教导大体上说是致力于引导个体，从暂时的、有限的、二元的、普通的经验，到永久的、自由的、合一的、超越的经验。[③] 正如我在前文已经提到的，强调个体的改善与自我修行，是所谓"轴心时代"典籍中展示现代主义雏形的一项重要指标，这种自我修行的精神气质，当然有利于典籍在当代的流行。

值得注意的是，在个体普通的经验和超越的经验之外，《薄伽梵歌》还提出了第三种类型的经验，它是由独一至上的有情存在者所享有的经验。《薄伽梵歌》的言说者奎师那，用各种不同的词来定义这独一至上的有情存在：梵（brahman）、最高我（paramatman）、薄伽梵（bhagavan）、无上神我（purusot-

---

[①] 例如《薄伽梵歌》2.14；2.45；2.64；7.27。
[②] 阿周那面对战争的场面产生了极度的苦恼，见《薄伽梵歌》1.28—2.8。
[③] 有几颂中是特别讲述这一要旨的，见《薄伽梵歌》7.1；9.2；14.1—2。

tama)。与个体的普通经验与超越经验不同,这一超凡之我,不受意念、时空的限制,也不局限在个人的身体之中。[1] 这就强烈地暗示出它与文本主题的相关性,特别是经验的权威建立在无上的有情存在者的基础之上,个体也参与其中。我们后文还将讨论这一话题。

二 权威、个体以及世界秩序

《薄伽梵歌》教导的中心,是要解决贯穿于《摩诃婆罗多》中两套观念系统里两种不同类型的权威之间的张力。一个是"此世"中进取的或行动(pravrtti)的观念系统,与之相反的是"彼岸"中超脱的或无为(nivrtti)的观念系统。前者设计了一个由法(dharma)支配的世界,宇宙运行原理的特征,是居于永恒世界规则的中心地位的祭祀(业)的等级结构和规范,并强调每个人在世界规则中都有自己的地位。于此,经验的物件是欲(kama)、利(artha)和法(dharma)。与此相反,在后一种观念系统(nivrtti)中,将在法(dharmic)规则运行下的暂时的世界视为虚妄,转而屈从于坚定的禁欲主义的生活(sannyasa),这种生活以关于梵、终极至上存在的知识为主导。真正的或超越的宗教经验,在第二种观念系统中,毅然决然地同世界隔绝开来,而导向解脱(moksa)。

这两种观念系统的张力,至少在某种程度上是由个体化的悖论(paradox of individuation)引起。在世间行动,必须完全遵从法,最终排斥掉作为个体的我,而成为与社会协调的理想公民,自我归于消亡。然而出世而追求作为自主存在的我,或许会以获得个性为补偿,但却成为孤独的缺乏活生生面目的存在物:十足的禁欲主义者就是十足的陌生人,他者的身份是完全由他者性构成。[2] 或许有人会将最极端形式的行动(pravrtti)观念系统,当做是前现代社会的核心议题,宣称彻底的秩序是以牺牲自我为代价的,而极端形式的无为观念系统与此相反,它是现代社会核心问题的回响,表现为自我的孤芳

---

[1] 参见《薄伽梵歌》4.5—6;7.26;13.2;13.13;13.22;13.32;15.15。
[2] Olson, Carl, *The Indian Renouncer and Postmodern Poison: A Cross-cultural Encounter*, New York: Peter Lang, 1997, pp.49-71.

自赏,以与世隔绝为代价。①

《薄伽梵歌》力图解决这一悖论,主要的办法是通过重新定义"等式"(equation)的双方——一方面重新定义法(dharma),另一方面重新定义克己(renunciation);与此相联系的是,宇宙权威从原则(法)复归到终极经验的、关切的神,神成为一切经验的基础(bhoktr)②以及世界秩序的创立者(dharma-samsthapaka)。③ 奎师那教导阿周那,法(dharma)要通过行动(业)去认知和执行,行动是依据神的意愿或者说是终极位格化权威来支配④;克己则被理解为,从人的行动所产生出来的或善或恶的果报中解脱出来的超然态度。这部典籍重新定义了业瑜伽(karma-yoga),即"行为的整合训练"(integrative discipline of action)。《薄伽梵歌》以业瑜伽这个概念为基础,进行了概念重塑,即根据《薄伽梵歌》中最完满正确的概念即奉爱(bhakti),或者我们可以称之为"完满的宗教经验",重新理解了数论派、瑜伽、吠陀哲学传统中的关键术语。

三 当下的解释学(The Hermeneutic of Immediacy)

通过瑜伽练习,产生与神一如经验的原理,是《薄伽梵歌》反复强调的重点;在简要讨论完下面两个更为重要的问题后,我们还将继续这个议题。第一个问题是,《薄伽梵歌》认定个体的不可毁灭性,与此相关的第二个问题,我们可以称之为《薄伽梵歌》"当下的解释学"。第二个问题的一个例证,以及后者如何构成前者的观点,是出自于奎师那关于身体变化的一个有名的比喻,用来证明永恒之我的存在:"如性灵于此身兮,历童年、少、壮、老衰;如是而更得一身兮! 智坚定者于斯不疑。"⑤这一论述针对了身体随时间变化的常识(common sense),肯定有事物没有变化。奎师那以全知的权威的论

---

① Gier, Nicholas F., *Spiritual Titanism: Indian, Chinese, and Western Perspectives*, Albany, NY: State University of New York Press, 2000.
② 《薄伽梵歌》5.29。
③ 《薄伽梵歌》4.8。
④ 《薄伽梵歌》10.8,即"智者殷心如是兮,礼'我'唯敬念是凭"。
⑤ 《薄伽梵歌》2.13。

述,总结了由普通(我敢说是普遍)的经验引发的常识,接着还继续讨论了永远不可分割、不可破坏的身体持有者(dehin)。我们知道《薄伽梵歌》这些颂中的教诲,在反佛教论战一开始时便被引用①;关于诸多永恒的个体经验之"我"的论述,还有利于这部典籍在今日的传播。

"当下的解释学"更明显地表现在《薄伽梵歌》另外几章中,更值得我们注意。尤其是它们都采用了简单比喻的形式,从熟悉的事物扩展到不熟悉的事物,让我们领会理解。这种比喻的方法有时会用于教导关于超凡之我的神学抽象概念;也会用于说明瑜伽修炼,通过个体之我的经验,最终与超凡之我融合。例如当乌龟遇到危险时,习惯于将腿缩到壳中——这是任何好奇的男孩都熟知的场景。《薄伽梵歌》用它来说明瑜伽修炼者如何控制感官,"诸根退于根境兮"获得更高境界的瑜伽经验。② 另一个重要的例子是《薄伽梵歌》借用了数论哲学传统中的一个常见的比喻形象,即将身体比作"田"(kshetra),并把它与"知田者"(kshetra-jna)区别开来,而且还将它同我区别开来,而关联上超凡之我。超凡之我"遍诸田处",是经验所有田的知田者。③

在《薄伽梵歌》第十章中,奎师那还使用了排比举例,其作用类似于排喻,用来说明超凡之我是如何出现,也就是如何感知这个世界的。例如奎师那说:"'我'是静定位之雪域高峰(Himalaya)","诸树中'我'是菩提树","人群中'我'是皇王"。④ 排喻中表达出来的持久信息:是在此世人类经验到的典型的事物中,卓尔不群的、超越的经验或对象表现;或者是对终极指称物的微言大义。因此,奎师那让他的读者/听众,依据他所谓的超凡至上之我,扪心自问,回味他们的所见、所闻、所感。

结论:权威的经验与经验的权威的一如

将普通的经验引入超越的经验之中,是《薄伽梵歌》中的一种技巧,给听

---

① 《薄伽梵歌》坚持认为有诸多实体性的"我"永久存在,反对佛教"无我"(anatma-vada)的观点。
② 《薄伽梵歌》2.58。
③ 《薄伽梵歌》13.2。
④ 《薄伽梵歌》10.25;10.26;10.27。

众带来的不仅是一种感官的转化，而且是对超凡之我的直接体验与一如。《薄伽梵歌》第四章中一个重要的观点，有助于说明上述看法。"人［一个个作为个体的人］如是其就'我'［超凡之我］兮，'我'亦如是而佑之；苍生遍是遵'余'之道兮。"①在这里一如是指，个体自由决定了其要选择的或与之互动的特殊道路，而这特殊的道路即是无限互动的终极之我。读者还须注意，《薄伽梵歌》的言说者所谓的"道"上的一切都是属于他（奎师那，神）的。这是一种保证，通过接受各自的责任，人们能够立刻获得个体价值的保证，最终能够进入卓越的非凡之我的非凡经验之中。

最后，回到我们的主题——宗教经验与跨宗教对话。像许多早期梵文哲学作品一样，《薄伽梵歌》向我们呈现的是（奎师那与阿周那）对话形式，引导它的听众，像阿周那那样迫切知道它要讲述的内容。②《薄伽梵歌》这部典籍，要让人从个体的经验升华到与超凡之我相关的经验，而典籍本身就是指导人们完成这一经验目标的权威，让读者像阿周那在对话中表现的那样，承认《薄伽梵歌》的权威地位。奎师那告诉阿周那："尔心独契于'我'兮，修瑜伽以'我'为依。"③阿周那听到了这部典籍的指示，现代读者也超越时空参与了同样的对话。

再次回到当今面临的问题，如果不是彻底拒绝神圣权威，用内在的宗教经验代替外在的宗教权威；而是认为《薄伽梵歌》强烈地、坚定不移地主张，投入到一位至上的神圣者，一切生命和万物都臣服于其脚下④，我们就会对《薄伽梵歌》为什么在现代（或后现代）还如此流行产生疑问。我希望本文已经提供了一些线索，从宗教经验的视角切入去探讨《薄伽梵歌》，有助于理

---

① 《薄伽梵歌》4.11。
② 参见 Schweig, Graham M. *Bhagavad-Gita: The Beloved Lord's Secret Love Song*. New York: Harper San-Francisco, 2007, pp. 255-256, 关于《薄伽梵歌》中对话结构层次的设计。
③ 《薄伽梵歌》7.1。
④ 对于现代听众来说，《薄伽梵歌》还有一个更潜在的"罪过"，即怀疑——经验是更高级真理的基础。不过《薄伽梵歌》交给读者的任务是"奉爱瑜伽"（bhakti-yoga，又译为信瑜伽、敬爱瑜伽），奉爱瑜伽，既意识到了经验的重要性，又具有群体性，而不是个人的、由主观产生的。或许对现代读者信奉《薄伽梵歌》更潜在的危害，不是奎师那说一不二的独断论，而是他表现出来的令人恐惧的惊人破坏力（见第十一章）。作为受过良好训练的勇士面对巨大的破坏，应该变不惊，但根据《薄伽梵歌》的描述，甚至勇士阿周那都对此不知所措（这无疑是鲁道夫·奥托"既令人害怕又令人神往的神秘感"这一宗教经验概念的典型代表）。

解这部典籍如此流行的原因,以及它是如何服务于后现代重构主义的,后现代重构主义与古代印度瑜伽原则是相融的。

(张雪松　译)

更正声明

《哲学门》第十七辑〈书评《思想避难:全球化中的中国古代哲理》〉一文的作者应是"庄振华",而非"王珏",特此更正,并向原作者表示歉意。

佛教真佛宗的宗教经验之研究

谭伟伦

提　要：很多学者注意到在过往的非犹太/基督教的传统中宗教经验的研究，多忽略超自然现象（诸如灵媒、神迹、各种超自然的能力等）的研究。与宇宙最后真实的合一往往被认为是宗教经验的最高形态，因而忽略甚至忽视其他宗教经验形态之研究。本文选取一个当代新兴民间佛教宗派——真佛宗作为研究对象的原因之一便是，它把超自然现象当作宗教经验的一部分来看待。此外，它亦融合了佛教、道教与中国民间宗教的传统；正好给我们提供一个以中国宗教为处境去研究宗教经验课题的机会。更重要的是，它帮助我们了解人的身体在宗教经验中所担当的角色。西方宗教中的灵肉二分，哲学思想上继承的笛卡儿的身心二分观看来有重新检视的必要。与之相反，中国传统思想中的身心不二、性命双修等身心一体之整全观，便很值得我们注意。

关键词：宗教经验　神秘经验　真佛宗

---

* 本文是课题"佛教感应故事的研究：以马来西亚真佛宗为例"的阶段性成果，该课题得到了香港特别行政区研究资助局直接拨款（the Hong Kong Research Grant Council Direct Allocation 2007-2008［C001-5540178］）的支持。本文原以英文撰写，由张雪松先生协助翻译成中文，谨此致谢。

谭伟伦，1959年生，香港中文大学文化及宗教研究系教授。

一 导　言

在中文里，"宗教经验"与"宗教"两组词语同属舶来语。美国哲学、心理学家威廉·詹姆士(William James)是最早引起学者对"宗教经验"产生广泛兴趣的人，并将其作为理解宗教的一个核心概念。[1] 库比特(Cupitt)则认为现代人对宗教经验感兴趣，是出于护教的心理。在各种宗教上的现实主义和超自然主义被普遍否定的潮流下，他们希望能藉宗教经验对宗教信仰提供一种经验上的证明。[2] 施莱尔马赫(1768—1834)的"绝对的依赖感"，便为上帝存在提供了心理上的证明。如是，宗教经验便成为一切宗教的基础和源泉。

与西方文化根植于犹太/基督教传统不同，在中国文化中，上帝存在的经验证明并没有那么重要。研究中国文化中的宗教经验，我们不能将自己限定在对上帝的经验之中，而应该扩展到对一切超自然存在的感应——有时被称为"神秘经验"。涅托(Nieto)坚持要严格区分宗教经验和神秘经验，在他看来，神秘经验是对"合一"的体验，神秘经验的核心是"与无限的存在合一"，并包含个体自我的丧失和时空的消解。[3] 宗教经验却是在正常的时空心理秩序中发生的，主体能够意识到个体自我、上帝以及时空。宗教经验受到时空的规约，并有人神对话和响应的空间，人神作为两个截然不同的个体。由此可见，对话与响应是宗教经验最基本的要素；而一切形式的神秘经验的核心是一种合一的体验。[4] 涅托对宗教经验和神秘经验的区分，显然有着强烈的犹太/基督教背景。他本人也指出，神秘经验和宗教经验之间有许

---

[1] Mircea Eliade ed. *The Encyclopedia of Religion*, New York: Macmillan Publishing Co., 1987, s. v. 'Religious Experience' by James Alfred Martin, Jr., p. 324.

[2] Don Cupitt, *Mysticism after Modernity*, Oxford: Blackwell Publisher Ltd., 1998, pp. 2 & 36.

[3] José C. Nieto, *Religious Experience and Mysticism: Otherness as Experience of Transcendence*, New York: University Press of America, 1997, pp. 143 &157.

[4] Ibid., pp. 110-111.

多共同之处。① 我们在研究非犹太基督教传统时,需要更宽泛的定义,而不是将神秘经验从宗教经验中分离出来。

心理学家拜特-海拉米(Beit-Hallahmi)和阿盖尔(Argyle)为我们区别神秘经验和宗教经验提供了一个更好的选择。他们在研究宗教经验时,定义了两种宗教经验:超越的宗教经验和内在的宗教经验。② 超越的宗教经验,例如鲁道夫·奥托(Rudolph Otto)③对令人既畏惧又依赖的"神圣"个体的接触和对之有"神光"(numinous)的经验。内在的宗教经验,则如沃尔特·斯特斯(Walter Stace)所描述的与"万物合一"的神秘经验。④ 因此,神秘经验是一种内在的宗教经验。

神秘经验和神秘主义是很多不同的宗教经验和行为的总称,例如包括萨满教中的亢奋经验、附身术、超常心理现象如预知术、出神、通灵术即视现象(déjà vu)、巧合、濒死经验以及奇迹等。拜特-海拉米和阿盖尔指出,巫术现象经常在宗教经验中被忽视。⑤ 在其对神秘主义进行的跨文化研究中,霍伦贝克(Hollenback)还批评以往神秘主义研究者普遍对超常的特异现象重视不足。他们基于实证主义或心理学偏见的立场,将千里眼、心灵感应、出神、幻梦或幻视等现象都看成是来自神秘者潜意识当中所产生的幻觉⑥,遂将这些巫术现象排除在宗教现象之外。还有一种普遍的倾向,即想当然地将不可说、无形相的神圣存在的体验,与对宇宙绝对的一之直观即所谓"零经验"(zero experience)⑦,看做是理所当然的最高形式的神秘经验或宗教经

---

① 涅托提出了宗教经验的六个特点,此外他还提出神秘经验的七个特点,但其中四个是相同的,它们是超越的宇宙认知,纯粹理性的内容,平和的认知与价值观。见 Nieto, *Religious Experience and Mysticism: Otherness as Experience of Transcendence*, p.140。
② Benjamin Beit-Hallahmi and Michael Argyle, *The Psychology of Religious Behaviour, Belief and Experience*, London and New York: Routledge, 1997, p.76.
③ Rudolph Otto, *The Idea of the Holy*, London: Oxford University Press, 1917, tr. 1923.
④ Walter Terence Stace, *Mysticism and Philosophy*, Philadelphia: J. B. Lippincott, 1960.
⑤ Ibid., p.77.
⑥ Jess Byron Hollenback, *Mysticism: Experience, Response, and Empowerment*, Pennsylvania: The Pennsylvania State University Press, 1996, p.20. Hollenback 把 James Leuba 看成是将神秘和超自然体验实证化的典型代表。见 James Leuba, *The Psychology of Religious Mysticism*, New York: Harcourt, Brace & Co., 1925, p.27。
⑦ Agehananda Bharati, *The Light at the Center: Context and Pretext of Modern Mysticism*, Santa Barbara, Calif.: Ross Erikson, 1976, p.25. 人类学家巴拉提(Bharati)将神秘经验视为零经验,即人对宇宙绝对、普遍的母体,或各种神学及冥想世界系统的本质,多元一体的直观。

验。霍伦贝克对此的看法可以说是恰如其分的：如果我们将自己严格限定在极其抽象和完全摆脱了所有的形相、形式和尘世情绪，与神圣者合一或完全沉浸于瑜伽这类状态中，那么我们对神秘经验或宗教经验的理解，将是极度贫乏的。① 约翰·希克（John Hick）在最近的一部著作中，专门有一章讨论什么是宗教经验。他认为宗教经验的定义应该包含以下四方面：(1) 对自然界的一种独特经验，(2) 对上帝、神灵、周边环境或内在于自我的超自然实体临在的感受，(3) 宗教的超常视听，(4) 与上帝或终极合一的经验。②

在本文中，我们要研究现代中国佛教运动中的一个新教派：真佛宗。这个教派不仅将追求宗教经验（他们称之为"感应"）置于极其重要的位置，而且将超常心理现象作为他们宗教经验的一项重要内容。我们在后文将要看到，真佛宗的神学资源来自佛教、道教和民间信仰，也就是，来自中国宗教传统的各个方面，就这种意义说，真佛宗这个教派是一个融合体。因此，真佛宗为我们在中国的背景下，研究宗教经验，提供了一个案例。尤为重要的是，真佛宗的宗教经验，有助于我们理解人的身体在宗教经验中的角色；这就让我们反思在西方宗教思想中占主导地位的身/心或灵/肉二元论，这种二元论将重心放到了灵魂问题，而不是肉体问题上。③

真佛宗有丰富的自传性质材料，描述真佛宗创始人的宗教经验，这为我们的研究带来了方便。真佛宗的创始人已经写了两百多本小书，④记录了他的神疗、神算、堪舆、通灵。这些都是分析真佛宗宗教经验的珍贵材料。

---

① Jess Byron Hollenback, *Mysticism: Experience, Response, and Empowerment*, p. x.
② John Hick, *The New Frontier of Religion and Science: Religious Experience, Neuroscience and the Transcendent*, Britain: Palgrave Macmillan, 2006, p. 29.
③ 《罗马书》8:6. 体贴肉体的就是死，体贴圣灵的乃是生命平安。参见《加拉太书》5: 17。见 Carole A. Rayburn, "The body and Religious Experience" and Ralph W. Hood Jr. ed. *Handbook of Religious Experience*, Birmingham: Religious Education Press, 1995, pp. 476-494.
④ 笔者依据卢胜彦早期的教义，即他作品集中的前四十本书，已经撰文探讨过这位真佛宗创立者得证的经验。见 "Enlightenment as Hope According to the True Buddha School" in Daniel L. Overmyer & Lai Chi Tim ed. *Interpretations of Hope in Chinese Religions and Christianity*, Hong Kong: Christian Study Centre on Chinese Religion and Culture, 2002, pp. 155-180; 本文笔者则使用该宗派最新的材料，即截止到卢胜彦所写的第 133 本书。还可用参考拙作 "Integration of the Magical and Cultivational Discourses: A Study on a New Religious Movement Called the True Buddha School" in *Monumental Serica: Journal of Oriental Studies* 49(2001), pp. 141-169。

二　真佛宗

1969年,真佛宗创始于台湾省台中市的一座很小的家庙中,这座庙的主人叫卢胜彦,1945年出生在嘉义县。从1969年开始,人们到他的庙中求签问卜、拜斗、拜忏、为死者超度。卢胜彦有惊人的神算能力,这为他赢得了很高的声望和很多的访客,1973年他搬到了他的第二座家庙中,一所更大的房子,容纳了40座小神像。卢胜彦在慈惠堂石壁分堂成为一名道士。慈惠堂①是花莲县的一所道教庙宇,主要祭祀瑶池金母。他还在南投县碧山严寺受菩萨戒。他的家庙在中华道教会登记,里面供奉了瑶池金母、释迦牟尼佛、地藏王。卢胜彦给他的家庙取名为慈惠雷藏寺,慈惠二字来自道教庙宇的名称,寺则是佛教庙宇的专用词,卢胜彦将两者结合起来。可见从一开始,真佛宗便是佛道混合的产物。

1975年,卢胜彦出版了三本以占卜和灵界为题材的书,并开始在报纸上进行专栏写作②,获得了很大的社会反响。卢胜彦在他的著作宣称他能与无形的灵界沟通。他声称1969年他陪母亲朝拜一所叫玉皇宫的庙宇,获得了不寻常的经验。一位50多岁不出名的名叫千代的女道士,叫他上前合掌闭眼给神像磕头。卢胜彦照着去做时,发现自己能够看见包括鬼神在内的灵界,并且能够与鬼神沟通。之后,一位无形的灵界导师,不断地来教卢胜彦佛教和道教的技能,包括仪式动作、咒语和手印。这位无形的导师还指示他找到了一位青城派的道教隐士,在南投县的山中教他六甲、符咒和内丹。因此,卢胜彦将自己同一般的算命先生和风水师区别开来,因为他的技能来自隐仙和山中活神仙的传授。他的这些说法或许能够被他占卜的灵验所证明,数以千计的人慕名而来。而且卢胜彦绝不限于占卜及与灵界沟通的工作,他还在继续写作,并总是从佛教和道教的角度讨论这些问题。③ 得益于在占卜神算方面的成功,卢胜彦创立了自己的道佛宗派,定名为灵仙宗。

---

① 关于慈惠堂的研究,可以参见 David Jordan and Daniel Overmyer ed. *The Flying Phoenix: Aspects of Chinese Sectarianism in Taiwan*, Princeton, N. J.: Princeton University Press, 1986, pp. 129-212.
② 他在报纸上发表的文章后来结集出版,成为他的第27本书。
③ 用他自己的话说就是:"以灵证佛,以灵证道。"卢胜彦:《作品集》19,第36页。

1982年,卢胜彦移民美国,将这个宗派的名字改为真佛宗。自此卢胜彦的宗派变得国际化了,吸引海外华人成为它的成员。现在这个宗派在全世界有500万—700万成员,300多个分堂,30所雷藏寺。

三 作为启灵的宗教经验

卢胜彦刚创立宗派时,他传播的教义比较简单。他想让他的弟子们相信灵界确实存在,而且通过适当的训练后,灵还可以被感知。卢胜彦把他设计的训练方法称为"启灵"。所谓启灵的技巧,主要就是要达到不动念。首先将不断涌现的念头减少到单一的一种,然后停止所有的念头。① 具体来说,卢胜彦让人们用一炷香的时间静坐,念他们所选的神明的名字:阿弥陀佛、瑶池金母,甚至是基督耶稣。每五分钟,人就应该向神明做一次简短的祷告,祈求神明帮助"启灵"②。如果启灵获得成功,这个人的身体就会不由自主地震动。卢胜彦将身体这种不由自主的活动看做是"外力入体"的结果,称之为"灵动"③。按照卢胜彦的说法,有三种因素可以导致启灵成功。一是"他力",来自外在灵界的帮助;二是"自力",自己确实努力达到了一念不起;三是由于布施等功德获得了回报。④ 卢胜彦后来指出,一旦我们实现了启灵或者灵动,我们就与灵媒,即可以扶乩的乩童类似。成为灵媒是最低的成就,因为人不能控制自身,而是由灵来控制。

在讨论启灵的书中,卢胜彦使用了瑜伽术中脉轮的概念。他把启灵解释为从脊椎底部开始启动我们体内的气。⑤ 被启动的气在体内流动,导致身体不由自主地震动,因此也让我们对自己的灵魂产生意识。被启动的能量若运行传达到眼睛和耳朵,人就能够看到和听到神明。这种能量是与灵界

---

① "万念归一,一念不起。"见卢胜彦:《作品集》22,第14页。
② 卢胜彦:《作品集》18,第106—107页。卢胜彦在他后来的作品中前后有五次讨论了启灵的问题。《作品集》19,第110—113页;《作品集》20,第113—115页;《作品集》22,第13—16页;《作品集》27,第109—110页;《作品集》41,第35—38页。这表明启灵的技巧在卢胜彦早期教义中的重要性。
③ 卢胜彦:《作品集》45,第32页。
④ 卢胜彦:《作品集》22,第7页。
⑤ 卢胜彦:《作品集》22,第10、39页。人有七个脉轮(chakra):顶轮、额轮、喉轮、心轮、脐轮、腹轮、根轮。见 John Powers, *Introduction to Tibetan Buddhism*, New York: Snow Lion Publications, 1995, p. 294.

交流的媒介。这种能量直接进入符箓上,就可以让符箓灵验。这种能量直接离开身体,会导致神游。由此超自然能力被解释成激发了身体中神秘的内在能量,卢胜彦称之为灵。

四　坐禅通明法

启灵只是宗教修炼的一个准备。当一个人能启灵后,他对灵界的信仰就巩固了。他就准备更高层次的修炼了:坐禅通明法。① 坐禅,以不起念为重点。经过长时间的练习,人可以在更长时间内不起念头。我们身体中天生运行的本质(真气)就会上升,聚集在眉心(天心)。在坐禅的更高境界中,真气完全聚集在天心,"明"就会产生,从天心发射出来,卢胜彦称明是修行者的活灵。坐禅的最后一个阶段,卢胜彦称之为天人合一,天心沐浴,归于宇宙意识②;更重要的是这个作为"得证"的经验,是卢胜彦移居美国一年后,即1983年获得的。卢胜彦的得证经验是时空消解,暂时丧失个体自我而完全变为"明"。世界、十方诸佛和个体的我,了无差别。他们都变成"明",融入大光明海之中。③ 这种描述十分契合我们上文提到的作为零经验的普遍神秘经验。

五　内火法(拙火法)的宗教经验

1984年,卢胜彦又经历了另一种得证经验,他七年后写下了如下回忆:

> 我专注于下丹田一阵子,突然有一种奇异的感觉产生,那种感觉是实有东西在蠕蠕而动……突然,我感觉那蠕蠕而动的东西,已经向上扩升……就如同温度计的水银向上爬升,但没有那么慢。又像游离的蛇,在体内向上爬,或者是"火烧屋"。我的身体如一屋子。火把我全身燃

---

① 卢胜彦:《作品集》45,第33—34页。
② "天人合一,天心沐浴",卢胜彦:《作品集》45,第59页。"归于整个宇宙大意识",卢胜彦:《作品集》48,第27—28页。
③ 卢胜彦:《作品集》45,第93—94页。

烧了。①

卢胜彦把他描述的这种经验叫"内火通脉"。在这里,坐禅分为四个阶段。首先循环内气,其次是升起内火。接着要做的第三步是产生光明。卢胜彦将他的经验描述如下:

> 在完全入神的时候,有一股强光,从下而上照射,在我的意识中,自己在强光之下,变成透明的躯体……当我成了空酒瓶,一股从虚空而降临的宇宙法流,"唰"的一声,下降融入(灌入)空酒瓶之中,我意识到强烈的光流进入,把琉璃色的空酒瓶也融解了,自己被一团光晕全部罩住,原来我已沉浸在一片光海之中。②

卢胜彦将第三阶段的经验称为"光明风脉"。在坐禅更高的第四阶段,卢胜彦进入了无念的状态,在无念的状态里,他宣称获得了开悟。③ 他对此进行描述的早期版本是在1984年,他在坐禅中获得了开悟的经验:

> 我刚开始时,先是一阵震动,全身轻微地颤抖,有一道光从天而降,而自己的身子便充满了光明,心中有一朵莲花开了,莲花中也坐了一位莲花童子。脊椎处有一团光明向上升,这团光明就像电焊的光一样,身子也变大了,六腑五脏都是变成水晶透明体。仿佛是一个水晶人,在心的中间,有一朵火红的莲花。④

卢胜彦将他的经验归因于启动了拙火(kundalini),灵启动了瑜伽七重轮(cakras)。

我们注意到,卢胜彦使用了印度的军荼利瑜伽(Kundalini Yoga)、密宗和道教三套语言系统,来描述他的得证经验。例如密宗著名的内火法(拙火法),是印度佛教大师那洛巴(生于1016年)著名的那洛巴六法之一,被卢胜彦用来描述自己的宗教经验。内火法的目的是训练一种密教的禅定,从而

---

① 卢胜彦:《作品集》92,第6—7页。
② 同上书,第16页。
③ 同上书,第24页。
④ 卢胜彦:《作品集》49,第36页。

升起一种密教独特的迷狂。① 那洛巴向他在西藏的俗家弟子马尔巴(Marpa Lotsawa 生于 1012 年)教授内火(拙火灵热)、幻观(幻化身)、梦观、光明(净光)、中有(中阴)、迁识(破瓦)六种法门,此后那洛六法在佛教密宗中流行,遍布中亚。内火法是卢胜彦第二阶段的得证经验。实际上,早在第一阶段内气在脉络中运行,就已经是密教的技能了。在密教禅法中,人们学习如何运行体内隐藏的微妙能量即"气",让它通过被称为"脉"的微妙能量管道。身体总共有 72000 条管道,但最重要的核心管道基本与脊柱相通。在核心管道上有七点关卡,被称为脉轮。② 在密教的修炼法中,人们掌握控制内气的能力,让它们在体内的脉道中运行,因此产生极度快感,显现潜在的意识。

卢胜彦不仅用密教的术语来描述自己的得证经验,而且他还借用密教的教义来制定真佛宗的得证方法,即有五个层级的修行:(1)四加行法:皈依、忏悔、大曼达供养、百字明,(2)上师相应法,(3)本尊法,(4)五大金刚法,(5)无上密法。③

除了利用密教外,卢胜彦还运用道教的术语,特别是内丹的传统来描述他的经验。按照道教内丹的传统,人的身体由三种生命力量构成:(1)精,(2)气,(3)神。内丹修炼是让精变化为气,让气在体内运行,变气为神。最终炼神返虚。④

卢胜彦在 1991 年回忆他 1984 年的得证经验时,他承认这只是更深入修炼的起步经验。在为期一年的北美卫视广播传法中,他讲述了自己获得的最成熟、最完满的得证经验,后来记录成书,是七卷本的《虹光大成就》。1997 年 6 月,卢胜彦在真佛宗紫莲大学,一次为期三天的公开演讲中,又提出了一种类似的讲法。⑤ 根据这些材料,我们可以将真佛宗的宗教经验总结如下。宗教经验是由对我们身体的某些修炼而产生的。通过长期的练习放松,把心思集中于一点,我们体内不可见的能量就聚结凝聚起来。要运行新

---

① 见 Glenn H. Mullin, *Tsongkhapa's Six Yogas of Naropa*, New York: Snow Lion Publications, 1996, p. 63。
② John Powers, *Introduction to Tibetan Buddhism*, p. 247。
③ 卢胜彦《作品集》51,第 183 页。参见 John Powers, *Introduction to Tibetan Buddhism*, pp. 235-275。
④ 见 Isabelle Robinet, "Original Contributions of Neidan to Taoism and Chinese Thought" in Livia Kohn ed. *Taoist Meditation and Longevity Techniques*, Ann Arbor: Center for Chinese Studies, The University of Michigan, 1989, p. 317;参见卢胜彦:《作品集》55,第 84 页。
⑤ 这个演讲收在他的《作品集》129,第 159—270 页。

聚集的能力,人就需要练气,即所谓的宝瓶气。观想从鼻子一边吸进的气,直下到丹田。屏住呼吸,观想体内吸入的气在全身,特别是在中脉中运行,最后让气从鼻子另一边呼出体外。长期进行这种简单的练习,可以让人对气体形式的不可见能量的运行,有一个真实的感受。即通过形象化感知的训练而最终获得成就。呼吸是我们无时无刻不实际进行的,一旦气体进入我们身体或我们暂停呼吸,我们都会立刻感受得到,以这种日常活动为基础,进行加工想象气的不断运行。经过长时间的形象化感知训练,对真实情况进行的加工想象就会变成真实。同样的模式也可以用于说明下一阶段的内火法。想象热能出现在丹田。这种想象来自于我们摩擦两手生热的经验,丹田感受到热量转换,是腹部和膀胱摩擦的结果。长时间练习,想象丹田生热,导致确实感受到体内火焰的升起。第一阶段产生的内气,让这种火焰的感受更加强烈。[1] 体内运行的气和火,产生了极度的快感,改变了我们的意识状态,与现实不同的一个世界呈现在我们面前。这是灵界存在,即佛和他们的净土。卢胜彦饶有兴趣地向我们说明了,由人的身体产生的这种新的体认。这意味着,向我们呈现了一个新的世界,它不一定是客观实在的,但却是通过禅修,由我们身体运行机能产生的。在认识到新产生的世界是我们自己的建构之后,便进入了空的境界。这正好符合了佛教关于空的教义,《金刚经》对此经典的说法是:"凡所有相,皆是虚妄。"[2]综合了空和假有(人早前的经验),人便获得了觉悟,即走在空与假的中道。

六 身体在宗教经验入门时的作用

我们上述的描述,既不是新的也不是独特的。我们已经指出,卢胜彦借用了许多印度—西藏密教。密教在西藏和现代汉地佛教团体中是很常见的,但真佛宗独特的地方是对密教的通俗化。内火法已经由哈佛医学院

---

[1] 卢胜彦关于内火法的教义,见他的《作品集》112,第194—195页。
[2] *Taisho Shinshu daizokyo*(大正藏) No. 235 Vol. 8, p. 264a(24).

(Harvard Medical School)的赫伯特·本森(Herbert Benson)进行过科学的研究。[1] 科学家们开始了解到,一种医疗过程或神经技术,如何产生人体内巨大的生理变化。不仅可以产生热,而且可以减低耗氧量,以及其他一些生理结果,包括减缓心跳频率、血压和焦虑情绪以及对脑波律动产生某些影响。[2] 卢胜彦的得证经验,要求我们更加深入地认识人体参与宗教经验的方式。毕竟,宗教经验是发生在人身上的。宗教经验是我们体内生物机制(biomechanism)的产物。卢胜彦的经验还丰富了我们对身—心联系的理解。本森用"松弛反应"(relaxation response)来说明这种联系,而不是应激反应(stress response)。按照本森的观点,在应激反应中,新陈代谢(耗氧量)增加,血压、心率和呼吸频率都增加。在松弛反应中,情况恰恰与此相反。松弛反应中有两个基本的步骤,它们带来了生理变化。这两个步骤是:(1)不断重复一个词,一种声音,一个祷告,一个想法,一个短语甚至是一种肌肉运动;(2)不断地消极反复,排除外在一切的干扰。[3] 霍伦贝克把这种方法称为"几乎是一个引发神秘经验的通用方法",其过程是"将他或她的精神、意愿、想象和情感集中于一点,放到某个对象或目标上。"[4] 卢胜彦得证的经验,模糊了想象与现实,内在现实与外在现实的区别。正如瑟曼(Thurman)指出的,西方科学家普遍认为,现实外在于人的思想世界,是物理世界、外在世界,"在那里"的世界。[5] 而亚洲许多思想家,例如佛教徒,认为现实既连接外部环境,也连接内在自我,内在现实有时更为重要。主要引发卢胜彦宗教经验的是形象化感知训练,它揭示了内在思想和外部现实的一个非常有意思的联系。形象化感知训练在佛教密宗中居核心地位。在韦氏字典中,想象被定义为"对既不是来自于感知,也决不是在现实中完全诉诸认知的事物,

---

[1] Benson, H., Lehmann, J. W., Malhotra, M. S., Goldman, R. F., Hopkins, P. J., Epstein, M. D. "Body Temperature Changes during the Practice of g Tum-mo (heat) yoga." *Nature* 298 (1982), pp. 234-236.

[2] Benjamin Beit-Hallahmi and Michael Argyle, *The Psychology of Religious Behaviour, Belief and Experience*, p. 83.

[3] Herbert Benson, *The Relaxation Response*, New York: Avon Books, 1975. See also The Dalai Lama, Herbert Benson et. al. *Mind Science: An East-West Dialogue*, Boston: Wisdom Publications, 1991, p. 41.

[4] Jess Byron Hollenback, *Mysticism: Experience, Response, and Empowerment*, p. 94.

[5] Rober A. F. Thurman, "Tibetan Psychology: Sophisticated Software for the Human Brain" in The Dalai Lama, Herbert Benson et. al. *Mind Science: An East-West Dialogue*, p. 53.

形成表象(mental image)的行为或能力"①。想象需要虚构和来自想象力的产物。正如我们已经看到的,在密教修炼中,虚构成为感官的一个实际对象。对身体里内火的想象,确实能产生使体温升高的效果。禅修肯定触发了我们体内的某些生物机制,不仅产生了诸如体温升高这类明显的生理作用,而且还产生了我们关于现实的观念,改变了意识的状态。

现在可以肯定,我们大脑的左半球是主管语言、数字和逻辑的;右半球这方面的功能较弱,但视觉和空间、音乐、情绪、整理认知等方面的功能比较强。因此学者们认为宗教属于人脑的右半球。② 禅修可能导致大脑右半球更加活跃,而压制左半球的活动。不过,最近的研究认为,禅修并不一定会导致右脑活动增强,并对抗习惯上由左脑控制的活动,而整个模式是两边大脑相互交流整合。③ 坐禅引发的生理过程,也导致了认知状态的改变。可能由此产生对现实不同层面的意识。这要求我们认真考虑多元现实的世界观。④

意识到现实不同层面,卢胜彦称之为诸佛菩萨的世界,并不是佛教的目标,而且神秘合一的"零"经验,也不是佛教的目标。正如霍伦贝克指出的:

> 首先,对于任何佛教徒来说,将涅槃等同于某种神秘经验都是荒谬的,因为涅槃从其本质上来说,就是非和合而成、非创造而生的,因此是超越了聚散的流变。任何一种神秘经验的产生,最终归于毁坏、分离和苦(成、住、坏、空)——这些正是佛教徒力图避免的。其次,如果将涅槃等同任何近乎永恒的神秘经验,那就等于否定了佛教的智慧。⑤

在这点上,卢胜彦依然是个佛教徒,他教人们"天人合一,天心沐浴"、

---

① *Merriam Webster's Collegiate Dictionary* (Tenth Edition).
② Benjamin Beit-Hallahmi and Michael Argyle, *The Psychology of Religious Behaviour, Belief and Experience*, p. 93.
③ Michael Winkelman, "Altered States of Consciousness and Religious Behavior" in Stephen D. Glazier ed. *Anthropology of Religion: A Handbook*, London: Greenwood Press, 1997, pp. 417-418.
④ Alfred Schutz, "On Multiple Realities", in his *Collected Papers I: The Problem of Social Reality*, Boston & London: Martinus Nijhoff /The Hague, 1967, pp. 207-259. 还可参看余舜德:《中国气的文化研究刍议:一个人类学的观点》,《社会、民族与文化展演国际研讨会》,台北,一九九九年五月廿八日至三十日,第27—28页。
⑤ Jess Byron Hollenback, *Mysticism: Experience, Response, and Empowerment*, pp. 602-603.

"归于整个宇宙大意识"的经验,"光明风脉"的经验,并在这个过程中获得极乐。这些宗教经验必须体察空观。具体来说,人是在学习实现"呈现于我们身体"的经验。只有既摆脱一个人所获得的神秘经验,又摆脱作为空的否定,他才能实现涅槃的目标。中观派关于中道的看法,综合了空与假有之间的张力。[1] 因此,宗教经验是实现宗教目标的一个手段。

七 理想与现实

真佛宗创始人的宗教经验是为他的信徒有意制定的宗教经验。我们已经发现卢胜彦的宗教经验有一个历史发展过程。在第一阶段,该教派创始人将重点放到通过他称之为"启灵"来与神明沟通。第二阶段,是教导如何通明。最后是内火法的推行。贯穿这三个阶段的主线是在坐禅中练习集中一点。另外,同集中一点同样被强调的是形象化感知。宗教经验的一些特点可以在真佛宗中发现。真佛宗中的宗教经验都是综合的。它包括与神明相遇这类超越的层面,也包括与宇宙大意识合一这种"零"经验的内在层面。巫术的经验包括扶乩与特异功能,这些也都被接纳为合理的宗教经验。不过与"零"经验这种合一体验相同的经验,在真佛宗中被视为刚刚起步,属于最低级的成就。真佛宗给我们带来的最大启示是,身体如何参与感应宗教经验,身与心在引起宗教经验时密切的关系。真佛宗忠实于佛教传统,教导人们超越所有一切的宗教经验。通过和合空与内火法产生的宗教经验,一个人可以达到佛教的目标——得证。

我们以上关于真佛宗宗教经验的研究,都是建立在其创始人的著作基础上的。2006年,我们有机会在马来西亚、新加坡和中国台湾地区,对真佛宗进行实地考察。[2] 通过深度访谈,我们相信真佛宗的信徒确实普遍存在宗

---

[1] See Paul L. Swanson, *Foundations of T'ien-t'ai Philosophy: The Flowering of the Two Truths Theory in Chinese Buddhism*, Berkeley: Asian Humanities Press, 1989, p.156. cf. NG, Yu-Kwan, *T'ien-t'ai Buddhism and Early Madhyamika*, Honolulu: University of Hawaii Press, 1993, and Liu, Ming-wood *Madhyamaka Thought in China*, Leiden: E. J. Brill, 1994.

[2] 2006年12月22—27日,我们在马来西亚对真佛宗进行田野考察,还遇到了该教派来自印度尼西亚的弟子。2006年12月28—30日,我们在新加坡对真佛宗进行田野考察。2007年1月8—10日,我们在台湾地区对真佛宗进行田野考察。

教经验,而且这些宗教经验绝大部分与该教派创始人有关。我们还做了问卷调查,帮助我们理解真佛宗的宗教经验。我们共收回 2563 份答卷。下面是关于他们每周用多长时间进行修炼所得到的答案:

每周用于修炼的时间(小时)	答卷数
0	652
>0—4.5	1134
5—9.5	533
10—15.5	181
16—20.5	25
21—25.5	17
26—30.5	10
31—35.5	1
36—40.5	0
>41	10

我们注意到,652 人,即 25.4% 的人并没有进行真佛宗创立者要求的修炼。在 74.6% 宣称进行修炼的人当中,有 1134 人,即 44.2% 的人平均每天修炼时间少于 1 小时。只有 30.3% 的人平均每天修炼时间多于 1 小时。

有 1875 位真佛宗信徒回答了我们的问题:真佛宗创立者是否亲自介入了你的生活,为你们解决难题。1398 人,即 74.5% 的人回答是。我们可以把他们的难题归纳为九大类,它们是:

治疗	1676	家庭	484
职业	445	婚姻	180
生意	370	子女	305
精神	502	学业	197
其他	136		

这个结果显示,这个宗派的信徒绝大部分的宗教经验,是与解决生活中的实际问题有关。当我们要求他们具体描述自己的宗教经验时,只有 550

人这样做了，我们将他们的答案分类列表如下：

梦示	42	与经济相关	40
无牵无挂	71	特殊的感觉	71
治疗	98	得到保护	31
生命得到拯救	13	舒服	11
获得知识	40	没有宗教经验	35
灵魂的释放	8	多不胜数	2
有反应	69	很难描述	19

上述有283人，即51.4%的人的宗教经验，符合约翰·希克对宗教经验的定义。但是我们必须注意被调查者的社会背景，如下表所列，他们主要是亚洲人，中年；有43.1%的男性和56.8%的女性的教育程度至少是高中，大多数人有良好的职业。在被调查者中，17.3%是专业人士，7.7%属经理层，13.7%自己就是老板。总体来说，他们是受过良好教育，有不错职业的人士，而不是许多人以为的，新兴宗教团体的成员都是低收入的草根阶层。[①]

居住地	人数
中国台湾	723
西马（来西亚）	659
东马（来西亚）	241
文莱	41
新加坡	195
中国香港	247
北美	108

[①] 在日本的新兴宗教运动中，像天理教创始人中山美伎(1798—1887)由于她能治病的本领，主要吸引农民参加。对此的讨论，可以参考圣严法师：《神通与人通——宗教人生》，台北：东初出版社，1995年，第175页。

性别	人数
男	1061
女	1400

年龄	人数
0—19	124
20—29	273
30—39	550
40—49	710
50—59	579
60—69	213
70 及以上	49

职业	人数
专业人士	388
经理	174
老板	307
职员	170
技术工人	154
半技术工人	23
农民	35
学生	158
家庭妇女	483
其他	341

教育	人数
小学	403
高中	1179
大学学历	754
硕士	106
博士	18

八 结 语

使用量化统计的方法来研究宗教经验,给我们带来一个难题,不是所有的信仰者都愿意或者能够清楚地描述他们的经验。我们用量化统计的方法来做研究,让我们相信,几乎所有的信徒都有某种程度的宗教经验,这正是吸引他们加入真佛宗的原因。我们认为每位真佛宗的成员都有故事可讲,他们是否愿意讲则是另外一回事了。另外,值得注意的是,理想与现实还有一处明显不一致的地方:尽管真佛宗要求信徒不断地修炼去追求宗教经验,但是只有不到一半的信徒(30.3%)按照要求去做。我们可以做一个有趣的对比,根据2003年的哈里斯调查(Harris Poll),79%的美国人相信上帝存在,其中66%的人是确信无疑;但在信仰上帝的人中,只有大约26%的人每周去教会,36%的人大约一月一次,55%的人一年仅去几次。[①] 显然,具有某种信仰与实行这种信仰,完全是两回事。现实与理想之间有一个清晰的鸿沟。结果,真佛宗绝大多数的宗教信仰,都是创办人介入的"他力"形式的,将信徒日常生活中的经验进行转化,而不是真佛宗创立者教导的"自力"形式的。不过,真佛宗创立者的教导,还是绝大多数信徒一个很高的理想,为我们研究重复性训练的作用,以及身体如何介入宗教经验,提供了很好的条件。它让我们看到,重复性训练,有时是反复念诵相同的词语,或者重复相同的熟悉动作、姿势,释放体内隐藏的能量,让我们能够获得生理能力,产生同宇宙合一的经验。真佛宗的个案还让我们能够研究宗教经验的社会层面、宗教背景和训练如何影响这个传统中宗教经验的内容。真佛宗创立者的大量著作,数量超过了200本,而且还不断地演讲传法,为信徒描述宗教经验,提供宗教修炼前进的方向。

[①] John Hick, *The New Frontier of Religion and Science: Religious Experience, Neuroscience and the Transcendent*, p. 18.

新约福音书中耶稣基督传道前的
宗教经验对现代人的意义

黄根春

提　要：本文试图以社会学的角度，从福音书文本的层面而不是从历史耶稣的层面去阐释耶稣在地上传道之前宗教经验的特点。探究耶稣传道前的宗教经验，尤其是受洗和受魔鬼的试探对我们的重大意义，因为这些经验不仅有助于我们理解耶稣的价值判断以及他后来在地上的传道的方向，而且也有助于我们在讨论人与自我、人与群体以及人与世界的基础上扼要了解个人的宗教经验。本文的讨论也涉及承认作为一个人的有限性、自我反省、群体内问题的解决以及价值判断等。这些讨论对当今的基督徒有所裨益，为之提供跟随耶稣的准则。

关键词：新约福音书　文本　耶稣　宗教经验　价值判断　自我　群体　世界

一　引　言

根据新约福音书的记载，耶稣传道前有两项颇为重要的经验——接受

本文初稿为2007年12月在北京举行的香港中文大学—北京大学"比较与对话视野中的宗教经验"学术研讨会会议论文。
黄根春，1959年生，香港中文大学崇基学院神学院教授。

施洗约翰的洗礼和在旷野接受魔鬼的试探。本文选取耶稣传道前的宗教经验来讨论的原因,是耶稣传道前的宗教经验,可以概括他日后传道期所反映出来的价值取向。本文要分析这两件事情更重要原因,不单是它们广义地概括了文化价值的课题,而且是这两件事情更可以放在社会科学的范畴下来了解人类经验的课题:包括"人与自我"、"人与群体"和"人与世界"三方面。

新约圣经研究的泰斗鲁道夫·布尔特曼(Rudolf Bultmann)界定耶稣基督的教导为新约神学的前设,即不属于新约神学的内容。[1] 他并且指出耶稣基督的教导(天国的福音)与耶稣的跟随者所宣讲的内容(耶稣基督的生、死、复活对人类的意义)截然不同——那宣道者变成了被宣讲的对象(The proclaimer became the proclaimed)。[2] 虽然布尔特曼极力倡议耶稣本人与基督宗教(包括东正教、天主教和基督教)的分别,可是耶稣作为基督宗教的创始人,是铁一般的事实。没有历史上的耶稣能否有基督宗教的出现?布尔特曼的学生恩斯特·凯色曼(Ernst Käsemann)有说服力地指出,耶稣与基督宗教必然地有一个连贯性。[3] 然而这个连贯性是在思想、理念的层面上的,关于活在历史中的耶稣的生活细节,我们并没有任何直接的资料。

因此,本文所要探讨的宗教经验,准确地说,不能算是历史上生活过的耶稣本人的宗教经验。众所周知,要精确地了解一个活生生的人的经验非常困难;不同的出发点,不同的研究方法、角度,就会得出不一样的研究成果。[4] 例如,现代的心理学者或心理辅导员常常要花很长的时间,才可以帮助受助人去了解自己的问题或困难。如果我们要了解一位古人的心理状态或经验,就几乎是不可能的事情。因此,本文所说耶稣的宗教经验,说得准确一些就是指:"从新约四卷福音书重新建构出来的耶稣的宗教经验。"换言

---

[1] Rudolf Bultmann, *New Testament Theology I*, London: SCM, 1948, p. 3.
[2] Ibid.
[3] Ernst Käsemann, *Essays on New Testament Themes*, tr. by W. J. Montague, London: SCM, 1964, pp. 5-47. 关于这"连贯性"的课题,可参看 Ogden, Schubert M., "Ogden Responds to Crtics", *Newsletter in the Currents in Contemporary Christology Group: American Academy of Religion*, 5/1 (1984), pp. 1-3; John Hick, "The Foundation of Christianity: Jesus or the Apostolic Message?", *The Journal of Religion*, Vol. 64, No. 3 (Jul., 1984), pp. 363-369.
[4] Wong Kun Chun Eric, "Was Jesus without Sin? An Inquiry into Jesus's Baptism and the Redaction of the Gospels", *Asia Journal of Theology*, Vol. 11, No. 1 (1997), pp. 128-139.

之，本文不会、也不可能直接分析耶稣在世上生活的宗教经验，其焦点将集中在记载耶稣基督生平的福音书上；也就是说透过这些福音书的描述，我们要分析耶稣在传道前被记载的宗教经验。

二 人与自我（Man and Self）

（一）承认及超脱自我的限制

根据《马可福音》简单、平铺直叙的记载，早于耶稣出来传道之前，施洗约翰已经在约旦河一带，传讲悔改赦罪的洗礼，并且为一些接纳他的教导的人施行洗礼（可1：4—5）。① 耶稣从加利利省的拿撒勒来到约旦河，并且接受了他的洗礼（可1：9）。这是一件非比寻常的事情，因为接受施洗约翰洗礼的人，都是接受他的教训，承认自己有罪和寻求一个安身立命的信仰。我们不能说，他只有接受洗礼，而没有接纳施洗约翰的教训。② 重要的是：耶稣决定了并接受了洗礼，这不能否定他承认自己的不足、自己的局限性；并且他寻找方法去超脱自己的不足和限制。事实上，我们看到耶稣的成就远胜过施洗约翰。所谓"青出于蓝而胜于蓝"，耶稣基督不单承接施洗约翰的创见，指出人人皆要悔改，并且要接受他们创立"为赦罪一次过的洗礼"。他更进一步倡议"爱"的信念。在施洗约翰的宣道内容中，审判的气氛是非常浓厚的——"上帝将来的审判快要到了，你们以为能够逃避吗？斧子已经搁在

---

① 本文引述《马可福音》而非其他福音书的主要原因是《马可福音》的成书时间最早。这个观点源自19世纪德国学者 Heinrich Julius Holtzmann（1863）和20世纪的 Christian Hermann Weisse（1938）所倡议的"二源说"（Two Source Hypothesis，后来被称作 Two Source Theory）。其基本框架是马可最先成书，马太和路加独立成书，二者参考马可，同时参考一种类似耶稣语录的文本，即二者共有而马可没有的部分，通常被称为 Q（德文 Quelle，意为来源）。参见 David Noel Freedman et al. ed., The Anchor Bible Dictionary Vol. 6, New York: Doubleday, 1992, pp. 671-682. 亦参见 Udo Schnelle, The History and Theology of the New Testament Writings, trans. by M. Eugene Boring, London: SCM, 1998, pp. 166-172. 虽然20世纪学者提出不少异议，但是"二源说"今天依然广为新约学者所接受。"二源说"具有很强的解读力，新约学者用于探讨福音书的各类课题，包括早期基督宗教思想发展的情况，当代社会历史与福音书文本形成的关联性等。

② 很多福音书的注释书都避而不谈这个问题，耶稣接受施洗约翰洗礼背后的含义，例如 Davies and Allison: The Gospel According to Saint Matthew I, ICC, Edinburgh: T&T Clark, 1988, 第320—350页，特别是第321—323页。虽然是现今英语界最重要的释经书，却直接否定了耶稣接受约翰的教训及承认自己有罪的可能性。

树根上,凡不结好果子的树都要砍掉,丢在火里"(太3：7—10;路3：7—9)。在耶稣的宣道之中,不单继承了约翰"审判的教导",并将这"审判"背景的含义升华,表明这就是上帝对人的怜爱。施洗约翰并没有创立任何宗教,而耶稣却成为基督宗教的创造者。

(二) 自我反省

照这话,约翰来了,在旷野施洗,传悔改的洗礼,使罪得赦。犹太全地,和耶路撒冷的人,都出去到约翰那里,承认他们的罪,在约旦河里受他的洗。(可1：4—5)

那时,耶稣从加利利的拿撒勒来,在约旦河里受了约翰的洗。他从水里一上来,就看见天裂开了,圣灵仿佛鸽子,降在他身上。又有声音从天上来说,你是我的爱子,我喜悦你。圣灵就把耶稣催到旷野里去。他在旷野四十天受撒旦的试探。并与野兽同在一处。且有天使来伺候他。(可1：9—13)

根据《马可福音》的记载,耶稣接受了洗礼之后,他看见天开了,圣灵像鸽子般降在他身上,并且他也听见天上的声音:"你是我的爱子,我喜悦你。"至于旁边的人有否看见这异象及听到天上的声音,我们不得而知,因为《马可福音》单单以第三人称单数的动词来表达耶稣看见与听到。相对地《马太福音》以"这是我的爱子"来介绍耶稣,《马可福音》"你是我的爱子"的直接句子,便显得天上的声音是直接对着耶稣说的,四周的人是否知晓并不重要。在耶稣接受洗礼之后,天上的声音向耶稣呼召并保证,他就是上天所选立和所爱的人。

从人性和人的经验的层面,我们会问:"耶稣是否会自省,他自己是否真的是上帝的儿子,他自己真的要踏上事奉甚至牺牲的道路？"今天,曾经决志要踏上献身事主的同工们(教会内全职的工作人员),昔日也曾听闻上帝的呼召(当然,上帝对人的呼召,可以有形形色色不同的方式)。相信当中有不少的个案,曾经怀疑这呼召的真确性,而以不同的方法去验证这"呼召"的真实性,藉以确立上帝对他们真切的呼召。

耶稣接受了施洗约翰的洗礼,看到天上的异象之后,又接受圣灵催促到旷野去,在那里禁食四十日,并接受撒旦的试探。《马可福音》这样的记载、编排,正好说明,在世上的耶稣得到"天上"来的呼召之后,便去禁食自省,理解上帝的心意,实践他在世上的使命,及计划前面的道路。《马太福音》第四章和《路加福音》第四章记录着,耶稣受撒旦试探的三段对话,这三段对话也可以说是耶稣禁食四十昼夜的成果,说明了他将要以怎样的形式来完成上帝的心意、上帝所给予他在世上的使命。

耶稣为什么要禁食四十日之久?圣经学者一般都没有什么特别的见解。"四十"一词大概与以色列人出埃及,在旷野兜兜转转停留了"四十"年有少许关系。可是,以色列人在旷野四十年,与耶稣禁食四十天无论在时间、人物和内容上,均是风马牛不相及的。另一方面,耶稣与撒旦的对话,也用不着四十日之久。笔者没有禁食四十日的经验,然而,当一个人要单独自处,单独地面对自己一段日子,总会对自己的过去和成长的过程有一定的反省;而自己内心深处最不为别人知晓的事情,亦会涌现在自己眼前。当然,如果一个人要去面对面前的道路,或者要计划做某些大事,那么,他便要好好地计算一下,他自己应该不应该、可不可以、是否在自己的能力范围之内可以完成之。在四十日的禁食之中,《马可福音》的表述方式,正蕴涵着耶稣除了回顾与前瞻之外,还有一个重要的环节,就是个人内心的挣扎——我是否真的要承担这工作?

新约福音书鲜有记载耶稣作抉择时的内心挣扎。事实上,这样的记载若要描述则需要花上不少的篇幅才可完成。耶稣临离世前在客西马利园的祷告,有些许显示他内心的起伏。然而,这记载非常简单,叙述耶稣个人祈求盼望可以拿掉那受苦的"杯",可是他却没有坚持之。虽然福音书没有刻意说明耶稣怎样在旷野里度过四十日的光阴,但是从他与撒旦的三段对话之中,我们可以推测这三段对话的内容,就是耶稣在旷野禁食所思索、默想、挣扎和抉择的内容。

本文将透过耶稣与撒旦的三段对话,阐释新约各卷福音书不同的记载之中如何反应这些福音书怎样处理人类生存的另外两大课题——人与群体和人与世界。

三 人与群体——问题处理(Man and Community: Problem Solving)

人自从出生以来,除了要面对自我之外,就是要面对四周的群体。这是人生不可缺少的一环。人与人的交往、接触,会产生友谊和敌对,在这个过程中互相影响。在这样的情况下,必然会出现摩擦、张力。所以在群体的范畴中,问题处理是一个重要的课题。

最早成书的《马可福音》记载了耶稣接受洗礼。这自然会引发了耶稣有没有罪的问题,因为他接受了施洗约翰为赦罪而设立的洗礼。比较后期成书的《马太福音》、《路加福音》和《约翰福音》,对这事情有不完全相同的记载。它们对耶稣接受洗礼的不同记载,正好反映出在它们成书之时当时信徒群体心中的疑问:"耶稣是否会因为接受洗礼而直接或间接承认自己有罪性,有犯罪的倾向,甚至曾经犯过罪?"它们异于《马可福音》的记载,也正代表着它们怎样处理当时信徒群体心中的疑问。

(一) 减低/避免冲突

他就来到约旦河一带地方,宣讲悔改的洗礼,使罪得赦。(路3:3)

约翰又用许多别的话劝百姓,向他们传福音。只是分封的王希律,因他兄弟之妻希罗底的缘故,并因他所行的一切恶事,受了约翰的责备,又另外添了一件,就是把约翰收在监里。众百姓都受了洗,耶稣也受了洗,正祷告的时候,天就开了,圣灵降临在他身上,形状仿佛鸽子。又有声音从天上来,说,你是我的爱子,我喜悦你。(路3:18—22)

《马可福音》简单地叙述耶稣接受了施洗约翰的洗礼。按照《马可福音》施洗约翰被收在监狱里的时间是在耶稣传道中发生的。《路加福音》在第三章报道耶稣接受洗礼之前,施洗约翰正在河边教训群众怎样才能取悦上帝,作者出乎意料地加插了一段记载——施洗约翰已经被收在监狱里的消息(路3:18—20)。今天的读者会怎样理解这奇怪的插曲?研究《路加福音》的泰斗汉斯·康策尔曼(Hans Conzelmann)在《时间的中央》(*Die Mitte der Zeit*)提出《路加福音》的插曲的目的是要把耶稣和他的导师施洗约翰分开,使他们分属两个不同的时代(律法和先知到约翰为止;路16:16)。[①] 笔者不同意康策尔曼的解说。因为如果路加真的为了要分开耶稣和施洗约翰

---

① 《时间的中央》的英文版本为:*The Theology of St. Luke*. tr. by Geoffrey Buswell, London: Faber and Faber, 1960。

而打断了耶稣接受洗礼的脉络,并且提早报道施洗约翰坐牢的消息,从文学叙事的角度来看,路加的手法并不高明,牺牲太大。康策尔曼用了转接的方式去解说"施洗约翰坐牢"的插曲并不恰当。回到文本本身的脉络,"约翰坐牢"的插曲产生的直接效果是,耶稣直接接受施洗约翰的洗礼的说法便模糊起来了。笔者认为我们首要处理的应该是这"模糊"的含义——倘若在《路加福音》成书的时候,当时的信徒确实就耶稣接受施洗约翰的洗礼而产生耶稣是否有罪或者有罪性的疑团,那么路加把"约翰坐牢"加插在现在的位置所产生的模糊性,就是要处理当代信徒群体的问题。他巧妙地淡化了耶稣是否承认自己罪性的问题。

(二) 超越冲突

除了减低或避免冲突的手法之外,处理问题的另一个方法是超越。《马太福音》和《约翰福音》均表达出两种不同的超越方式:把"问题"转化为另一个有教导功能的记载。

(1) 转化为"榜样"

> 当下,耶稣从加利利来到约旦河,见了约翰,要受他的洗。约翰想要拦住他,说,我当受你的洗,你反倒上我这里来吗?耶稣回答说,你暂且许我。因为我们理当这样尽诸般的义。于是约翰许了他。耶稣受了洗,随即从水里上来。天忽然为他开了,他就看见神的灵,仿佛鸽子降下,落在他身上。从天上有声音说,这是我的爱子,我所喜悦的。(太3:13—17)

在四卷福音书中,唯独《马太福音》在记载耶稣洗礼之前,加插了耶稣与施洗约翰的一段话(太3:13—17)。这段对话表明了约翰不欲为耶稣施洗,但耶稣却坚持之,并认为他这样做,是为了要实行上帝的旨意,并且为后人立下榜样。(一般中文译本都没有把希腊文原文的意思"为我们"译出。)[①]藉此,耶稣因接受洗礼而引申出他曾犯罪或曾承认自己有罪的可能性,便大大地减低了,因为他所接受的洗礼并没有赦罪的含义。

《马太福音》不单巧妙地避开了"耶稣有没有罪"的难题,并且将耶稣基督接受洗礼正面化、转化为一项教导。《马太福音》借此教导"我们"都需要

---

① 此外《马太福音》更将"罪得赦免"从原本系于"洗礼"的脉络之中,迁移到"圣餐"(太26:28)中去。

像耶稣本人，不单要诚实为人，更要为别人立下榜样。

（2）转化为"见证"

> 次日，约翰看见耶稣来到他那里，就说，看哪，神的羔羊，除去世人罪孽的。这就是我曾说，有一位在我以后来，反成了在我以前的。因他本来在我以前。我先前不认识他，如今我来用水施洗，为要叫他显明给以色列人。约翰又作见证说，我曾看见圣灵，仿佛鸽子从天降下，住在他的身上。我先前不认识他。只是那差我来用水施洗的，对我说，你看见圣灵降下来，住在谁的身上，谁就是用圣灵施洗的。我看见了，就证明这是神的儿子。（约 1：29—34）

《约翰福音》的处理方法，就是一方面避免报道耶稣曾接受施洗约翰的洗礼；另一方面，仍然保留记载洗礼的情境（包括耶稣从水里站起来、天上裂开、圣灵像鸽降临在他身上等）。没有接受洗礼就没有犯罪的问题。《约翰福音》又借着"洗礼的情境"来指出，施洗约翰因为看见了这个情境，就为耶稣作见证，表明耶稣就是那将要来的一位、是上帝的儿子。事实上，施洗约翰在整卷《约翰福音》中的角色，只是一个见证人，而不是基督的先锋，也不会是耶稣的启蒙导师。

四 人与世界（Man and the World）

无论从传统的宗教哲学或者现代的社会心理学科的角度来看，人生除了面对自我、群体之外，还要面对世界。"面对世界"包括了人的思想、信念、价值观、对宇宙世界的理解等等。从《马太福音》和《路加福音》记载的耶稣与魔鬼的三次对话中[1]，我们看到了这些特征。

---

[1] 《马太福音》和《路加福音》第四章分别描述了三次对话的内容：第一次是"石头变食物"，第二次是"从圣殿顶跳下"，第三次是"向撒旦下拜"（这是按照《马太福音》四章的次序；《路加福音》的编排是把《马太福音》第二次和第三次的对话次序倒转的）。相比之下，《马太福音》的版本较为注重宗教意味。参见 G. Kittel 编，《新约神学字典》第 4 册，第 931—932 页。亦参见 Ulrich Luz, *Matthew: A Commentary*, tr. by Wilhelm C. Linss, Minneapolis: Augsburg, 1989, pp. 182-187. 而《路加福音》的版本则将叙事内容描写得逼真，参见 François Bovon, *Luke 1: A Commentary on the Gospel of Luke 1:1-9:50*, tr. by Christine M. Thomas, ed. by Helmut Koester, Minneapolis, MN: Fortress Press, 2002, p. 145.

（一）坚守自己的信念
（1）不为物质所动摇——石头变食物

> 接着,耶稣被圣灵带到旷野去,受魔鬼试探。禁食四十昼夜后,耶稣饿了。那试探者上前对他说:"既然你是上帝的儿子,命令这些石头变成面包吧!"耶稣回答:"圣经说:'人的生存不仅是靠食物,而是靠上帝所说的每一句话。'"(太4:1-4)

在撒旦向耶稣提出短短一句的说话之中,我们可以看到三项的试探。第一,在饥饿中得到食物。曾经经历过饥荒,或尝过饥饿之苦的人,都知道食物对人的重要。耶稣在旷野禁食四十日,当然也希望可以吃东西。在这个时候,撒旦诱惑他,将石头变作食物。第二,耶稣有没有行异能的本领。当然,如果耶稣在接受洗礼之前,已经行过异能,这便算不得是什么考验。我们固然不知道耶稣从前有没有行过异能神迹。《路加福音》曾经叙述过耶稣孩童时的一些情况,可是也没有提及他能行神迹异能。若果耶稣从前没有行过神迹异能,那么撒旦的试探便是非常严厉的。耶稣是否有自信,相信自己"忽然间"可以行起神迹异能来？第一次,从没有到有的经验是困难、彷徨和困惑,这是试探深一层的含义。第三,撒旦说:"你若是上帝的儿子。"耶稣在洗礼之后,从天上得到异象,谓他是上帝的儿子。撒旦对他的身份的挑战,不是直接地质问他是否是上帝的儿子,而是通过耶稣有无自信能行神迹异能来挑战、试探耶稣。在这里我们大概可以推测,耶稣从前没有行神迹异能的经验,否则,这第三个层面的试探便不成立。若耶稣从前已经行过了神迹异能,撒旦便不能以"你若是上帝的儿子"来试探耶稣有无行神迹的能力了。在这里,撒旦以"你若是"来试探耶稣。乍看来,这话并没有怀疑耶稣是上帝儿子的身份。实质上,撒旦的意思是说,若耶稣不能把石头变作食物,他便不是上帝的儿子。倘若耶稣从前未曾行过神迹奇事,而且他又只是在受洗礼之后才得到天上的异象,谓他是上帝的儿子,那么,撒旦这个试探便是非常严峻的了。

耶稣的回答:人活着不是单靠食物。有力地反驳撒旦三方面的挑战。首先,耶稣固然承认食物是维持生命的必需要素,可是,人(特别是精神、思想、意志等方面)不应受物质的限制,而失去人应该要做的事情的方向和目标。其次,耶稣确定了自己的立场:人活着乃是靠上帝口里所出的一切话。比能够吩咐石头变成食物,或行其他神迹更为重要。最后,耶稣认定自己是上帝的儿子的身份,并不是靠行神迹来证明的。只要他遵行上帝的话语和旨意,他便是上帝的儿子。换言之,耶稣基督在人性的一面确立自己为上帝的儿子,并不是靠外在的证据,而是靠他自己坚定不移的意志,不断地实践上帝的说话。

(2) 不为别人的诠释(信念)所动摇——从圣殿顶往下跳

魔鬼又带耶稣到圣城,让他站在圣殿顶的最高处,对他说:"既然你是上帝的儿子,你跳下去;因为圣经说:上帝要为你吩咐他的天使;他们要用手托住你,使你的脚不至于在石头上碰伤。"耶稣回答:"可是圣经也说:'不可试探主——你的上帝。'"(太4:5—7;参见路4:9—12)

既然耶稣以圣经的话来化解撒旦第一个难题,撒旦就继续以圣经的话再次试探他。若果耶稣从圣殿顶往下跳,圣经曾应许,上主必差遣使者托着他免受伤害。无论耶稣跳或不跳,他都会掉进撒旦设计的两难境地当中:一方面,如果耶稣迟疑,甚或不愿意下跳,撒旦便会攻击他,指出他没有信心去相信经上(上帝)的话;另一方面,如果耶稣下跳,他便逼使自己陷入一个困难的境况之中,他是在挑战上帝是否一定站在支持自己、保护自己免受伤害的一边。上帝是否必然地按照我们的心意、决定来帮助我们?他作为一个主体,当然有他自己的想法,要不要做某些事情,他也有自己的主权。

要解决撒旦这个两难的挑战,耶稣当然不会回答愿意或不愿意往下跳。"不愿意往下跳"代表对上帝没有信心,耶稣当然不会选择之。在逼使自己陷入困难的光景中,耶稣最好的回答自然是超脱回答问题的内容,并反驳问题的前提——试探上主。耶稣的回答:"不可试探主——你的上帝。"既干净又利落,并反映出耶稣不为别人随便引用经文来动摇对上主的忠诚和信靠,也反映耶稣基督的智慧。

(二) 价值观:现世与来世两个向度——俯伏拜魔鬼

最后,魔鬼带耶稣上了一座很高的山,把世上万国和它们的荣华都给他看。魔鬼说:"如果你跪下来拜我,我就把这一切都给你。"耶稣回答:"撒旦,走开!圣经说:'要拜主——你的上帝,惟独敬奉他。'"(太

4：8—10，参见路4：5—8）

最后，撒旦要求耶稣向他俯伏下拜，便将万国与万国的荣华赐给他。乍看来，世间的事物怎能使耶稣动心？可是，在当时犹太人背景中，耶稣要作弥赛亚，就是要作犹太人的君王，并复兴这国家，使之脱离罗马的统治。耶稣的门徒也是这样的理解：当他们快到达耶路撒冷的时候，雅各和约翰找耶稣，并要求耶稣在得到王权的荣耀之时，让他们两人成为他的左丞右相。（可10：3—37）在耶稣传道临近结尾之际，门徒仍然不明白他要到耶路撒冷受苦、受害、受死的意思；耶稣也说明白，雅各和约翰均不知自己在求什么！（可10：38）门徒为何如此愚拙，完全不明白耶稣要成为一个"属灵"的、"牺牲"的弥赛亚，而不是"君王"的弥赛亚？莫非耶稣在起初呼召门徒的时候，门徒确有如此的印象——耶稣要成为"君王"的弥赛亚？耶稣在旷野禁食受试探的时候，难道也不曾想过要成为那"君王"的弥赛亚吗？

倘若耶稣有过成为"君王"的弥赛亚的思想或挣扎，撒旦将万国及其中的荣华给耶稣，便是一个极大的诱惑。耶稣不需要经历漫长而又不确定的前路，包括了武装流血革命，便可以成为弥赛亚，成为犹太人的王，甚至是全世界的君王。可是，耶稣却决定："当拜主——你的上帝，单要事奉他。"他不要成为在历史时空中短暂权势的君王，而选择要成为永恒万世受世人敬仰的救主。[1]

"当拜主——你的上帝"正好反映出耶稣的价值取向。现世的万国荣华并非耶稣最终追求的对象，终极的关怀。他最终的对象是上帝，上帝的国度是超越现世的。

---

[1] 近年学者尝试探讨"耶稣与撒旦"对话最初写成文字的历史背景。Gerd Theissen 在 *The Gospels in Context: Social and Political History in the Synoptic Tradition*（tr. by Linda M. Maloney. Edinburgh：T & T Clark，1992）一书中提议这个文本在公元40—41年间于耶路撒冷写成文字。其起因是罗马皇帝盖乌斯·卡里古拉（Gaius Caligula，公元37—41年在位）自我神化，将自己的雕像放入耶路撒冷让犹太人膜拜而遭到犹太人的强烈抵制，于是他挥军攻打耶路撒冷。此事件因卡里古拉被刺而迅速结束。另一位学者 N. H. Tylor 在"The Temptation of Jesus on the Mountain：a Palestinian Christian Polemic against Agrippa I"（*Journal for the Study of the New Testament*，83（2001），pp.27-49）一文中赞成Theissen的提议，指出卡里古拉事件是恰当的历史背景，而引发耶稣与撒旦的对话成书的中心点却是当代巴勒斯坦的分封王亚基帕王一世（Agrippa I）。虽然两位学者对这文本背后的"撒旦"是谁有不同的观点，但是"膜拜"撒旦抑或上帝却明显地是文本的中心思想。

五　结　论

基督教相信并接纳基督神人二性的信条。耶稣基督作为全人类的救主的信念，充分反映出他神性的一面。耶稣作为一个历史人物的特征，却鲜有得到发挥。本文通过新约福音书所记载的耶稣传道前的宗教经验——洗礼及试探，以现代社会科学的架构，分析其中的特征。这些特征包括价值观、信念、问题处理、反省、承认自我限制等，都可以对现代耶稣基督的跟随者，提供生命的指标，安身立命的指引。

意向性:或如何将之安置在自然界

程 炼

提 要:意向性是当代心灵哲学的中心话题之一。本文(1)评论了几种常见的对意向性的非自然主义的说明,指出了它们各自面临的困难;(2)综合了两种近年发展出来的自然主义的意向性模型——因果协变理论和生物语义学,捍卫了意向性可以被自然化的想法。

关键词:意向性 非自然主义 自然主义 语义学

一 引言:背景与方法论评论

分别被笼统地称为分析哲学和现象学的 20 世纪两大哲学传统,在起源上都不同程度地跟意向性问题相关。在当代背景下,布伦塔诺(Franz Brentano)是挑起意向性话题的第一人。是他首先赋予意向性以现代含义,并使之成为一个专业的哲学概念。和许多人一样,我认为布伦塔诺为后来的哲学家们探讨意向性问题设置了议程表。他的学生胡塞尔从他对心理行为的意向结构的刻画中发展出现象学。在这个意义上,意向性问题与现象学传统的关系比与分析哲学的关系要更直接和密切。分析传统的众多源头中,

---

程炼,1965 年生,北京大学哲学系副教授。

罗素的"论指谓"(On Denoting)和弗雷格的"论涵义与指称"(On Sense and Reference)若经适当的理解,可以看做是早期分析哲学对意向性问题的两个处理。美国哲学家齐硕姆(Roderick Chisholm)从20世纪50年代开始就阐发和捍卫布伦塔诺的有关思想,意向性问题一直是齐硕姆的工作重点。金在权(Jaegwon Kim)正确地指出,正是通过齐硕姆在上世纪50—60年代的工作,意向性问题才成为心灵哲学和语言哲学的核心研究课题。① 上世纪70年代以后,对意向性问题的关注使得分析哲学将重心从语言哲学转移到心灵哲学上来,根据塞尔(John Searle)的解释,这是因为哲学家们认识到,关于心灵的问题要优先于关于语言的问题:语言表达式的意义取决于说话者的意向性,意向性是说话者的心理状态的特性。塞尔进一步说,语言哲学实际上是心灵哲学的一个分支。②

恩布里(Lester Embree)说③,尽管现象学运动的参与者们并不一致持有某种单独的学说,但现象学方法有四个构件却是他们都作为工作准则接受下来的,其中的三个是:第一,现象学家对自然主义的世界观不感兴趣,而自然主义世界观是建立在自然科学方法的基础之上的。第二,现象学家不喜欢思辨思维、不喜欢专注于语言,他们强调知识来自"直观"(intuiting)或"洞察"(seeing)事情本身。第三,他们要求一种对意识活动的过程进行反思的技巧,这种技巧强调意识过程如何对准对象,对准自身呈现出来的对象。以我对胡塞尔的理解,我认为在胡塞尔看来,我们对外部世界的认识,不如我们对自己的心理状态的认识来得直接和真切,这是笛卡儿的重要遗产。更进一步,根据胡塞尔的设想,一旦彻底地贯彻了现象学还原,我们意识中留下的东西是确定无疑的。如果意向性是我们心理状态的属性,还有什么挡得住我们用内省的方式来揭示这个 noema 的结构呢?我在别的场合讨论过与这三个构件相似的第一人称哲学的三个论题,把它们总结为分裂的实在

---

① Jaegwon Kim, "Chisholm's Legacy on Intentionality", *Metaphilosophy*, Vol. 34, No. 5 (October 2003), p.650.
② John R. Searle, *Intentionality: An Essay in the Philosophy of Mind*, Cambridge University Press, 1983, p. vii.
③ Lester Embree, "Phenomenological Movement", in *Routledge Encyclopedia of Philosophy*, Version 1.0, 1998.

观、透明的语言观和优先的心灵观。① 我不打算在这里重复我的论证,针对这三个构件,我只想指出,第一,自然科学方法是我们放弃不得的求知方式,自然科学知识是所有人类信念中最具有合理性和正确性的部分,我不认为自然科学的方法和结论不如先验哲学靠得住;第二,对语言的关注对于研究思想的结构和内容是必不可少的,语言在很大程度上参与了思想的构成;我们不清楚没有语言能力的、刚出生的婴儿能直观和洞察到什么;第三,意识活动是纯私人性的,单靠对这些活动的内省和反思不足以确定意识活动的内容,同时,内省和反思也不能保证内容的可交流性。这些在我看来都是有趣的问题,但在这个场合我必须约束我的兴趣。

认知科学出现在 20 世纪中期,在此之前,分析哲学家相对而言对形而上学问题是不太关心的,这是所谓语言学转向的结果。自笛卡儿以降的近代哲学关心的主要是认识论问题。对人类知识的可能性的关注在康德那里达到高潮,康德认为,我们的知识的可能性取决于世界如何符合我们心灵的认知构造和思维的结构,就是说,我们的知识何以可能的问题,必须通过思考我们是如何思维的这个问题来解答,这就是所谓的先验转向(transcendental turn);语言学转向则主张,我们的思维是如何进行的,取决于我们表达思想的语言是如何工作的。根据达米特(Michael Dummett)的看法,语言学转向的发生标志着分析哲学的诞生,将分析哲学与其他学派区分开来的,是分析哲学家们坚持的两条"公理":"首先,一个对思想的哲学说明,能够通过一个对语言的哲学说明来得到,其次,一个完整的说明只能如此得到。"②在意向性问题上,我们可以这么落实语言学转向的精神:如果我们要弄清意向性的性质,一个好的办法不是直接谈论意向性,而是谈论对意向性的谈论。这就是蒯因(W. V. Quine)所说的"语义上升"(semantic ascent)。一碗水、一块金子、一条狗是具体对象,我们可以用种种方法研究它们的性质。当我们有分歧的时候,这些分歧很少涉及关于我们是否在研究同一个东西、说的是同一件事。意向性不同于这些具体事物,如果直接谈论它,我们不好确定彼

---

① 程炼:《第一人称哲学的局限》,《思想与论证》,北京:北京大学出版社,2005 年。
② Michael Dummett, *Origins of Analytical Philosophy*, Cambridge, Massachusetts: Harvard University Press, 1993, p. 4.

此之间谈论的是不是同一个东西。语义上升则是为了避免这个困难,因为升了一级之后,我们的论域不再是对象,而是关于对象的语言表达式,后者有我们所需要的公共可交流性。弗雷格曾经给出一条语境原则:当我们不能直接讨论抽象的数的时候,我们能够在句子的范围中讨论数的表达式的意义。我赞同和采纳同样的策略。我认为它优于单靠内省意识去直接"抓住"意向性的做法。

相信、渴望、崇拜、憎恨等是常见的心理行为。一个人不可能只是相信而不相信某个东西、只是渴望而不渴望某个东西、只是崇拜而不崇拜某个东西、只是憎恨而不憎恨某个东西。我们用日常语言描述这些心理行为。从语言学的角度看,表达这些心理行为的动词都是及物动词,"张三相信"这句话如果不是缩减了宾语,就是没说完,不构成一个完整的句子。无论如何,这些是日常语言和常识心理学告诉我们的。如果常识心理学构成一个理论的话,那么下面这些句子(如果为真的话)就可以构成对世界的描述的一部分:

(1)张三相信鲁迅是《狂人日记》的作者。
(2)王五渴望中国足球队在世界杯决赛阶段进一球。
(3)赵六崇拜鲁迅。
(4)洪七讨厌猪八戒。

根据常识心理学,这些语句用心理谓词述说了世界中的一些事实,就像"近20年中国经济的年平均增长率超过10%"、"地球围绕太阳转"、"光速是每秒30万公里"等也述说了世界中的一些事实一样。与后几个句子不同,上面的几个句子是哲学家心目中的典型的意向语句(intentional sentences),它们被认为刻画了一个人的心理状态,而这些状态是意向状态,具有意向性的状态。意向性是非常专业的哲学术语,指的是对某个对象的关于、表达、代表、指涉等。这样,句子(1)说的是,张三处在某个心理状态("相信"类型),这个状态是关于鲁迅是《狂人日记》的作者的;句子(2)说的是,王五处在某个心理状态("渴望"类型),这个状态是指向某个事态,即中国足球队在世界杯决赛阶段进一球;(3)和(4)分别说的是某人崇拜或讨厌某个东西。重要的是,意向状态关于、表达、代表、指向的对象可以是现实的、可能的、不存在的和不可能的事物或事态。

意向性：或如何将之安置在自然界 | 233

布伦塔诺有一段被广为引用的话：

> 每个心理现象都具有一个特点，中世纪经院哲学家称之为一个对象的意向的（或心理的）隐存（inexistence），我们可以称之为对一个内容的指称或对一个对象的指涉（在这里不要被理解为意指一个事物）或内在的客观性（immanent objectivity），尽管这么说不是完全没有含糊性。每个心理现象都把某个事物作为对象包含在自身之中，尽管它们并不总是以相同的方式这样做的。在表达中某个东西被呈现了，在判断中某个东西被肯定或否定了，在爱中某个东西被爱，在恨中某个东西被恨，在欲望中某个东西被欲望。①

布伦塔诺这段话中的一个词"隐存"（inexistence）非常关键，它有两个解释。一方面，它可以被理解为"存在于……之中"（in-existence），按这个意思，心灵指涉的对象是内在于心灵之中的；另一方面，它可以被理解为"不存在"（non-existence），按这个意思，心灵可以指向不存在的对象。这样，句子（4）中的"猪八戒"，与（3）中的"鲁迅"不同，是一个纯粹虚构的、现实中不存在的对象；句子（2）中的"中国足球队在世界杯决赛阶段进一球"，与句子（1）中的"鲁迅是《狂人日记》的作者"不同，因为压根就没有中国足球队在世界杯决赛阶段进一球这么回事。在找到合适的汉语表达之前，我将"inexistence"译作"隐存"，既有音译的味道，又试图涵盖布伦塔诺的双关之意。译得好不好、是否有更贴切的翻译，则另当别论。按照布伦塔诺的论述，意向性可以说成是每一个心理现象指向、表达、关涉某些现实的、某些可能的、某些不可能的事物或事态的能力或特点。大部分人都会发现，布伦塔诺的见解是有道理的：只需反省一下自己的信念和欲望，还有什么比这更明确的呢？就像笛卡儿断言的那样，我对我的心外之物可能有不确定的看法，但我心里想法有什么特点却是一目了然的。这似乎印证了一句流行歌词"明明白白我的心"。这意味着，即使心外无一物，我们仍可以有思想，思想就其为思想而言，是纯粹内在于我们自己的意识之中的。这样，日常内省是支持布

---

① Franz Brentano, *Psychology from an Empirical Standpoint*, trans. Linda L. McAlister, London: Routledge, 1995, p.88.

伦塔诺的。

然而,布伦塔诺说每个心理现象都有意向性,意向性是心理事物的标志。这个说法后来被称为"意向性垄断论题"。这个论题引起了广泛的争议。知觉、信念、欲望这些心理状态的确指向、表达、关于某个东西,但感觉(如痛、痒)似乎就是感觉,不关于、指向什么东西。例如,疼就是疼的感觉,仅此而已。关于这一点有许多争论。塞尔和柯瑞(Tim Crane)分别是否定和肯定感觉的意向性的代表人物。我不想介入这个争论,因为我即使努力将注意力集中在我的感觉上,或者拼命回忆我过去的感觉,我也无法确定地回答这些感觉是否是关于某个别的东西的。我的现象学没有在这个问题上给我提供确定的指导。

如果常识心理学是正确的理论的话,那么意向性的存在就是一个事实。在当代心灵哲学中,有一些人认为意向性是不存在的。行为主义者否定内部世界,想什么、爱什么、恨什么如果被理解为某种内部状态的话,照赖尔(Gilbert Ryle)的说法,是犯了"范畴错误"。内部状态在行为解释中不算数,算数的是外部行为和行为的倾向。[①]消除主义(eliminativism)则认为常识心理学是不可挽救的错误理论,即上面的句子都是系统地为假。行为主义和取消主义乍看起来虽然像是很鲁莽甚至荒谬的观点,但它们比那些头脑简单的常识信奉者要更有道理一些。但我在这里将这两个观点的对错问题放在一边,只是指出,按照这些观点,不存在什么意向性问题。如果我赞同它们的话,这篇文章只需举几个论证这些心理语句为假的理由就可以结束了。不过我不想结束得这么早,因此,我假定这些句子可以为真,也就是说我假定意向性是存在的,是许多人类心灵状态所具有的一个特点。

什么使得这些句子为真呢?用语言哲学的行话说,它们的真值条件是什么?一种自然的看法是,意向语句是关系语句。意向性被看做是心灵与心灵指向的对象之间的关系的属性。这样,意向性是一种二阶性质。如果赵六崇拜鲁迅,那么赵六与鲁迅就处在"……崇拜……"这种关系中,就像"x比y富裕"表示x与y之间存在某种关系一样。"石崇比王恺富裕"这个句子为真,当且仅当世界中存在两个对象,石崇和王恺,处于一个比另一个富

---

① 赖尔有一则逸事。据说他看到罗丹的雕塑《思想者》时,第一个反应是"他在干吗?"

裕的关系中。同理,"a 渴望 b"、"a 崇拜 b"、"a 憎恨 b"、"a 害怕 b"等等分别表示 a 与 b 之间存在某种特定关系,而意向性是这些关系共同拥有的性质。相信、崇拜、害怕、憎恨是不同类型的心理状态,它们是典型的意向的心理状态。在日常描述中,我们还发现有一些行为语句可能刻画了意向性,如"a 咒骂 b"或"a 吹捧 b",被如此描述的行为被称为意向行为。由于意向行为一定伴随着相应的意向心理状态,因此,行为中的意向性可以归结到心理状态的意向性。

布伦塔诺注意到,关系的存在是以关系项的存在为前提的,而在意向关系中,关系项中有一方可能不存在。在我们开头的四个例句中,第二个句子中的宾语从句表示的被渴望的事态(中国足球队在世界杯决赛阶段进一球)还未到来,啥时能到来还不清楚,第四个句子中的被憎恨的对象(猪八戒)不具有实在性。鉴于此,布伦塔诺说,

> 在其他的关系中,两个关系项——基项(the fundament)和终项(the terminus)两者——都是真实的,但这里只有前一项——基项才是真实的。……如果我认为某个事物是相对的……例如某个东西更大或更小一些,那么,如果大东西存在,那么小东西也存在。……相似和不同这些关系,大致类似于因果关系。因为要存在这种关系,作为原因的事物和作为结果的事物必须都存在。……心理上的涉及则完全不同。如果某人思考某事,正在思考的那人当然必须存在,但他思考的对象却根本不必存在。事实上,如果他在否认某事,那么这个对象的存在恰好是只要他的否认是正确的就会被排除的东西。所以,心理指称所要求的唯一一件事就是思考的那人。这个所谓的关系的终项实际上根本不必存在。基于这个理由,人们可能怀疑我们在这里是否真的是处理某种关系,而不是在处理在某个方面有点像关系、因而可以更恰当地被称为"准关系的"东西。①

布伦塔诺无可奈何地称意向性是"准关系的"。问题是,准关系到底是不是关系,如果是的话,是什么关系呢?造一个词简单,凡是说不准的都称

---

① Franz Brentano, *Psychology from An Empirical Standpoint*, pp. 271-272.

为"准",可这只是玩弄辞藻,不解决问题。

二 非自然主义方案:迈农、弗雷格、齐硕姆

据说布伦塔诺终生被这个问题所困扰,到死都没有提出解决之道。坚持关系说的人为了维持住关系,提出了意向对象(intentional objects)的概念。跟布伦塔诺不同,迈农(Alexius Meinong)认为,我们不必要为了让一个意向关系成立而要求终项存在。当我处在一个意向状态(例如渴望某个东西)的时候,我有一个现象学的经验,即我在渴望某个东西,而现象学并不关心那个东西是否实际存在。一种现象学的本体论不必依赖于常识或科学关于对象的限定。只要在我的现象学经验中呈现出来的东西,都可以看做是对象,对象的种类是多种多样、各不相同的:除日常现实事物外,虚构的(如金山、二郎神)、可能的(如我明天要吃的但还未做出的早餐、"神九"飞船)、不可能的(如一个圆形方块、已婚单身汉)都是可量化的对象。不过,与现实事物不同的是,虚构的、可能非现实的和不可能的对象有不存在的属性。在这个意义上,迈农打破了康德关于存在不是普通谓词的限制。按照迈农的意思,第四个句子"洪七憎恨猪八戒"如果为真,那么的确有某个对象是洪七所憎恨的,只不过这个对象是一个与鲁迅不同的对象。

迈农虽然维持了将意向性看做关系的逻辑构造,但他必须付出形而上学和意识形态(这里指的是谓说)上的代价。从本体论的角度看,不存在的对象与存在的对象有什么样的关系?一个不存在的对象对于世界有什么影响?不存在的对象在意识形态上也造成了令人不适的后果。如果你问洪七:"你为什么讨厌猪八戒?",洪七的回答将大体决定"洪七讨厌猪八戒"这个句子的真值。给定我们的常识心理学和常识道德,洪七的回答不外乎列举猪八戒的一些属性,如懒惰、好色、进谗等。但是,如果你告诉洪七说,猪八戒还有一个属性即不存在,那么知情的洪七似乎不愿去讨厌一个不存在的对象,尽管他仍然可以继续讨厌他原来讨厌的那些属性。在这种情况下,该语句的真值便成了问题。另一个问题是所谓的他心问题或交流问题。迈农固然可以借助内省经验来判断第一人称意向语句如"我讨厌猪八戒"的真值,但是,如果现象学经验是唯一的认识论资源,其他人如何判断第三人称

意向语句"洪七憎恨猪八戒"这个句子的真值呢？推设(positing)意向对象虽然可以维持意向关系，但这种奢侈的本体论必然要为认识论的缺口买单。①罗素对迈农实体的拒绝，是他发明摹状词理论的动机之一。摹状词理论是数理逻辑应用于自然语言的一个范例，这个理论工具的效能之一就是克服自然语言的表面结构对我们思想的限制。迈农分子为了解决"洪七讨厌猪八戒"的真值条件，不惜给予猪八戒某种本体论地位。罗素评论道：

> 由于没有命题函项这个利器，许多逻辑学家被迫得出一个结论：有不真实的对象。例如迈农就是这样地申辩，我们能够谈论'金的山'、'圆的方'等等，我们能够作出以它们为主词的真命题；所以它们必是某种逻辑上的实在，否则，它们出现于其中的命题会是没有意义的。在我看来，这些理论中缺少那种对实在的感受，而即使在最抽象的研究中这种感受也应当保持。我主张，逻辑学不能承认独角兽，恰如动物学不能承认一样；因为尽管逻辑学带有更抽象、更普遍的特点，但它和动物学一样真诚地关心真实世界。说独角兽存在于纹章中，存在于文学中，或者存在于想象中，是一个非常可笑的，没有价值的遁辞。在纹章中存在的并不是一个血肉做成的、能自动行动、有呼吸的动物。存在的只是一个图像，或者文字的描述。同样地，如果主张哈姆雷特存在于他自己的世界中，即，存在于莎士比亚想象的世界中，就像(比如说)拿破仑存在于通常的世界中一样地真实，这种说法不是有意惑人，便是不堪信任的糊涂话。只有一个世界，这就是"真实的"世界：莎士比亚的想象是这世界的一部分，他在写作哈姆雷特时具有的思想是实在的。在读这剧本时，我们所有的思想也是实在的。虚构的本质就在于，只有在莎士比亚以及读者心中的思想、感受等等是实在的，除此之外并没有一个客观的哈姆雷特。当你考虑历史学家和读史者心中所有的由拿破仑引起的各种情绪时，你还没有触及到拿破仑本人，但在哈姆雷特的情形下，你已经探到他的底。假使任何人不曾想到哈姆雷特，那就无所谓哈姆雷特；假使任何人不曾想到拿破仑，拿破仑马上会设法使人想到他自己。实

---

① 类似的情况出现在伦理学中。摩尔(G. E. Moore)认为善这个属性是简单的、不可还原的、不可定义的，人类心灵是通过某种特殊的官能——直觉——来领会善的。

在感在逻辑中很重要,谁玩弄戏法,佯称哈姆雷特有另一种实在,这是在危害思想。在正确地分析有关独角兽、金的山、圆的方以及其他伪对象的命题时,一种健全的实在感是必需的。①

罗素用他的量词理论维护了他说的"健全的实在感":世界上没有猪八戒、金山这样的对象。

弗雷格也承认文章开头列出的四个意向语句的合法性,即它们都可以是真句子。但弗雷格发现一个问题,就是后来被大量讨论的"弗雷格难题"(Frege's Puzzle)。我们把前面例举的第一个意向语句拿过来:

(1) 张三相信鲁迅是《狂人日记》的作者。

由于它可以为真,所以我们可以设想它为真。另一个方面,我们可以设想下面这个句子

(5) 张三相信周树人是《狂人日记》的作者。

该句为假,因为张三事实上并不知道周树人和鲁迅是同一个人。在现实中像张三这样的情况并不稀罕,因此这个设想不是漫无边际的。

但是,我们发现,给定三个条件,即合成性原则(the principle of compositionality)、莱布尼兹律和鲁迅周树人为同一人,我们从(1)中可以推出"张三相信周树人是《狂人日记》的作者"为真。而这与(5)相矛盾。这就是所谓的弗雷格难题的一个形式。②

当今文献中对弗雷格难题的讨论非常多,几乎每一种解决方案都意味着一种自然语言语义学理论的提出。弗雷格自己的解决依赖于他的著名的涵义和指称的区分。按照弗雷格的区分,"鲁迅是《狂人日记》的作者"与"周树人是《狂人日记》的作者"这两个句子虽然有相同的指称(真),但它们的涵义是不同的,用弗雷格的话说,它们表达了不同的思想(thought)。当它

---

① 见罗素:《数理哲学导论》,晏成书译,北京:商务印书馆,1982年。引文对原译做了细微改动,谨向晏先生致歉。

② 严格地讲,弗雷格难题是在"论涵义与指称"的开头通过考察同一陈述的性质时提出来的。弗雷格指出两个单称同一陈述"a = a"与"a = b"具有不同的认知意义,也就是说,存在一种解释,使得某人可以相信 a = a 而同时不相信 a = b。由于弗雷格将句子处理为名字,句子的指称为句子的真值,因此,"鲁迅是《狂人日记》的作者 = 鲁迅是《狂人日记》的作者"与"鲁迅是《狂人日记》的作者 = 周树人是《狂人日记》的作者"两个同一陈述也具有不同的认知意义。这样,弗雷格难题同样体现在后一种情况中。

们在(1)和(5)这样的信念语句中作为宾语从句出现时,作为子部分,它们为整个句子贡献的是它们的涵义,而不是指称。按照这个解释,(1)和(5)之间不具有同一性,因此,一个为真、另一个为假是可能的。

表面上看,弗雷格似乎只是在处理某些逻辑和语义问题,其实,他的处理中,特别是他对涵义的说明,已经暗示了一种对意向性的说明,尽管他的本意不是为了得出这个说明。意向性仍被处理为一种关系的属性,但这种关系不是心灵与外部对象之间的直接关系,而是通过"抓住"一种涵义来完成指向或关涉的。涵义或思想既不是布伦塔诺所说的"隐存的对象",也不是经验论者所说的私人的心理影像(mental image)或观念,而是一个客观的、抽象的实体,弗雷格称之为"指称呈现的模式"。

信念语句是典型的意向语句,同时还是典型的内涵语句。作为语言学转向的先驱之一,弗雷格的主要兴趣在于处理语言表达式的逻辑特点。尽管处理了一类意向语句,但他并没有触及他的处理是否能涵盖所有类型的意向语句的问题,在这个意义上,我们不把他称为心灵哲学家。把弗雷格是否成功地解决了意向语句的语义问题放在一边,我假定他的涵义—对象区分提供了对意向语句的真知条件的说明,即,我假定这个说明在广义的逻辑的意义上是成立的。按照弗雷格的说明,表达式"最大的素数"虽然无指称(不存在最大的素数),但有涵义。这样,意向语句"牛九在思考最大的素数"可以为真。在弗雷格看来涵义是一种抽象实体,是实在的一部分,属于物理对象和心理对象之外的第三领域的存在物。与迈农的解决方案不同的是,弗雷格保护了罗素式的健全实在感,因此,他的本体论中没有圆形方块、最大素数、猪八戒这些迈农实体。这显然是重大的进步。但是,涵义(在命题的情况下,是思想)也同样带来了本体论难题,同时还有难以承受的认识论后果。涵义是非时空的对象,它们的同一性标准是什么?它们如何与其他事物打交道?我们何以"抓住"、"领会"这些非时空的事物?在这个意义上,迈农和弗雷格面临相似的问题:为意向语句提供的语义解释欠着认识论和形而上学的债务。

弗雷格和迈农生活在一个幸福的、自由的本体论时代,他们受到的本体论约束比起今天的哲学家要小得多。他们可以根据语义的需要来推设对象,如弗雷格引进柏拉图式的实体,又如迈农可以把不存在当做普通谓词。

而今天相当多的心灵哲学家非常自觉地接受做形而上学的两个元原则:本体论的经济性和物理现象的基本性。后面我还会回到这一点上。

齐硕姆用内涵语境来分析意向语句。齐硕姆认为,我们可以找到一组逻辑属性,用它们来分辨一个语句是意向的还是非意向的。他给出如下属性:(a)抗存在概括,(b)非外延出现,(c)嵌入从句或对该从句的否定都不被原语句蕴涵,以及(d)指称的不透明性。在他看来,凡满足这些属性中的任何一个的语句都是意向的,不满足任何一个的语句就是非意向的。在开头的四个句子中,(1)和(2)都不满足(c),因为,以(1)为例,从"张三相信鲁迅是《狂人日记》的作者"中既推不出"鲁迅是《狂人日记》的作者",也推不出"鲁迅不是《狂人日记》的作者";(4)不满足(a),因为,"洪七憎恨猪八戒"并不意味着猪八戒的存在。不过,(3)似乎构成了齐硕姆的反例。按照布伦塔诺的刻画,"赵六崇拜鲁迅"是意向语句,但齐硕姆似乎漏掉了它。第一,它不满足(a),因为基项和终项都存在。第二,它不满足(b),因为"赵六"和"鲁迅"在两个句子中都可以是外延性的。第三,(c)不适用。第四,它不满足指称的不透明性,因为"赵六崇拜鲁迅"蕴涵"赵六崇拜《狂人日记》的作者",即使赵六并不知道鲁迅是《狂人日记》的作者。除了漏掉意向语句外,齐硕姆的检验标准似乎把某些非意向语句弄成了意向语句。熟悉内涵语境的人都知道,许多模态语句至少满足上面的属性之一,如"必然9大于7"(用形式符号表示:□9 > 7)就具有指称的不透明性,因为这个句子不蕴涵"必然太阳系的行星数大于7"。① 但我们知道,"必然9大于7"不是一个意向语句。

齐硕姆提出的分辨意向语句的逻辑标准是要服务于一个形而上学目的。他的计划中隐含着这样的设想:一旦我们能够以逻辑的方式明确划定意向语句与非意向语句的界限,那么由于两类语句在逻辑形式上的差异,一类是不能还原为另一类的。这个设想若能成功,布伦塔诺的意向性论断论题就是成立的。② 由于意向语句描述意向状态,而意向状态是心理状态,因

---

① 我最近听说冥王星被开除出了太阳系行星的队伍。
② 布伦塔诺说:"意向的隐存是心理现象的独有特点。任何物理现象都不展现这般特点。因此,我们可以用这样的说法来定义心理现象:它们是将一个对象意向地包含于自身之内的那些现象。"*Psychology from An Empirical Standpoint*, p. 89。

此,如果存在真意向语句的话,那么心理状态就是存在的。齐硕姆认为,非心理状态可以用非意向语句来描述,而要描述任何心理状态,我们必须使用意向语句。这样,由于所有的语句可以在逻辑上分为两类,意向的和非意向的,那么,意向语句就描述并且只描述心理状态,因而,意向性成为心理事物的标志。进一步推导下去,由于非心理现象不可能用意向语句来描述,因此它们是一类不同于心理现象的事物,这样,二元论被证明是正确的!单凭逻辑的和语言学上的标准(我们是如何描述世界中的现象的)区分证明了世界中事物的区分,这与从上帝的概念中推导出上帝存在的本体论证明异曲同工。

我们可以分两个环节来分析齐硕姆的想法。首先,是否存在区分意向语句与非意向语句的严格逻辑标准,即内涵性(intensionality)是否构成意向性的标准?内涵性是一个纯粹的逻辑和语言学概念。上面指出齐硕姆提出的逻辑标准碰到许多反例。他后来做了很多修补和解释,试图清除这些反例。这些尝试是否成功,我暂且不论,尽管我深表怀疑。其次,即使在语言层面上我们可以严格区分意向语句与非意向语句,齐硕姆仍需要证明意向现象能且只能用意向语句来描述,而这个证明不可能是单靠逻辑和语言研究就可以达到的,因为它涉及世界中的现象——意向现象。我们看下面的句子(再次假定它们为真):

(6)《清明上河图》意味着古代中国的一处繁华的市井。
(7)这块化石表明远古时代这里有过高等动物。
(8)这串脚印表示附近有熊。
(9)这只熊喜欢雪天。

这些语句与前面的(1)—(4)有相近的语法结构,但它们是意向语句吗?无论如何,这些句子是合法的、良好的句子。直觉上看,它们满足意向语句的某些特点,因为它们含有典型的意向动词"意味"、"表明"、"喜欢"等。细致一点的人会把这四个句子分开看待,前三个与第四个不同,后者描述了(至少某种程度的)心理性(mentality),而前者没有。无论怎么看待这些句子,无论你是认为它们都描述了心理性,还是有些描述了心理性有些没有、或者全都没有描述心理性,你的判断绝不是一个逻辑的或语言学的判断,你的判断一定依赖着某些逻辑或语言学之外的前提或考虑。这些前提或考虑对于你对意向性的思考有实质的影响。

一个熟悉的观点是把"原始的"(original)与"派生的"(derivative)的意向性区分开来。郝格兰(John Haugeland)和塞尔就是这么做的。① 按这个划分,句子(6)描述的是派生的意向性:《清明上河图》是一件人工作品,它"表达"一处繁华市井,是因为它的作者造出它来表达某个东西,因此,它的表达性、关于性、指向性是寄生于它的作者的意向性的,而后一种意向性是原始的。语言表达式、各种手势、体语、暗号、工程图纸、照片、交通信号等等,在这个意义上都只有派生意向性。这个区分很吸引人,但不是所有人都乐意接受。人工作品的意向性可以按照原始意向性来解释,句子(7)、(8)、(9)却不容易以同样的方式处理。即使地球上从来没有人,化石、脚印和熊依然表达一些东西,这些句子依然可以为真。说这些事物没有心灵因而没有意向性,是简单的循环论证。在这里我们并没有一个预先存在的关于心灵与非心灵的划分标准。我们想要知道为什么世界中有些事物有意向性、有些没有。因此,这里的问题是,语句(6)—(9)是描述原始意向性的语句吗?关于心灵的沙文主义者认为只有人类心灵(或许还有别的一些高等动物的心灵)才有这些东西,这些人通常是身心二元论者,例如笛卡儿甚至否认动物能思考。至此,我们看到,如果上面列出的所有语句(1)—(9)都是合法的真句子的话,我们单靠常识、直觉和语言分析无法确定哪些语句描述了意向性、哪些语句没有描述意向性。换句话说,我们无法先天地(a priori)证明原始意向性是人类心灵所独有的。

总结前面几种对意向语句的逻辑性质的分析,我们看到,迈农和弗雷格的语义理论各自引起一些认识论和形而上学的困难。齐硕姆则想通过对意向语句与非意向语句在逻辑特点上的区别,证明世界中存在心理事物与非心理事物的本体论区别。齐硕姆试图证明,心理事物与物理事物之间有一条不可填补的鸿沟,其直接推论是物理主义的心灵理论甚至更广义的自然主义还原是行不通的。如果我上面的分析是正确的话,那么我已经表明齐硕姆并没有成功地反驳自然主义。

---

① 见 John Haugeland, "The Intentionality All-Stars", *Philosophical Perspectives*, 1990 和 John Searle, *The Rediscovery of the Mind*, Cambridge, Massachusetts: The MIT Press, 1992。

三　自然主义方案

受自然主义鼓舞的哲学家,既不相信对意向性的解释或者为意向语句给出满意的语义说明必须诉诸迈农实体或者弗雷格式的涵义,也不相信,像齐硕姆相信的那样,对意向语句的语义分析必定蕴涵意向性是世界中一种独立于物理事物的性质。像哲学中的大多数立场一样,自然主义立场有许多品种,在心灵哲学中,它常常有一些更具体的称呼,如同一论、还原论、唯物主义、物理主义、功能主义等。我前面提到的行为主义和消除主义也都属于自然主义立场。我没有时间和空间在这里描绘各种不同形式的自然主义立场。自然主义立场承认以下观点:首先,世界是自然科学尤其是物理科学所刻画的对象,物理现象是世界中最基本的现象。其次,其他现象要么可以以某种方式还原为物理现象,要么以某种方式依赖于它们的物理性质。跟我们的话题相关的观点是,意向现象,第一,不是与某种抽象实体之间的关系,第二,不是一种与物理现象无关的、不可还原的基本现象。自然主义哲学家都认为,意向性若是一种真实存在的特性,它应该并且能够在自然秩序中得到解释。凡不是基本的东西,一定要用更基本的东西来解释或说明,要给它们一个说法。例如,我们经常看到闪电,有哲学精神的人会问,闪电是怎么回事? 就是说,我们有解释这种现象的要求。[①] 这样,或者自己做研究、或者请教物理学家,我们就用其他更基本的现象(如光、电、场等)解释了闪电,在这个意义上知道了闪电是怎么回事。我们也以同样的方式解释水、金等日常事物,如水是两个氢原子和一个氧原子构成的化合物、金是原子量为79 的元素。

在意向性问题上,自然主义哲学家同意佛达(Jerry Fodor)的这段评论:

> 我料想物理学家迟早将完成他们一直在编纂的、关于事物的最终

[①] 一个事实是,有些人群(如某个实际的或设想的部落)可以将闪电看做是基本的自然现象,而没有像我们那样去追求某种科学的解释。即使我们不做价值上的判断(如我们的文明高于他们),我们至少可以说他们在某些方面缺乏或者没有发展出哲学精神来,这并不妨碍我们认为他们的文化有其他精良的方面。

的和不可还原的属性的目录。当他们完成的时候,旋转、吸引力和电荷之类的东西或许将出现在他们的单子上。但关于性(aboutness)肯定不会:意向性完全走不到那么深。难以看出,面临这个考虑,人们如何能够做关于意向性的实在论者而无须在这个或那个程度上也是还原论者。如果语义和意向性是事物的真实属性,那么这必定是由于它们等同于(或者也许依随于?)那些本身既非意向的也非语义的属性。如果关于性是真实的,它一定是某个别的东西。①

当代美国哲学家倔兹克(Fred Dretske)把自然主义的心灵哲学家的任务生动地比喻为,"只用物理的酵母和面粉烤出一个心理的面包来"。

因此,一个自然主义的意向性说明必须用非意向的语汇解释意向语汇。我在前面指出,如果意向性被理解为一种二阶属性,即 $M_1(x,y)$,$M_2(x,y)$,……等关系谓词的属性(这里,M_n 是各种适当的心理状态类型,如相信、喜欢、怀疑、希望等等),那么,关系项中的终项的不存在,导致意向性无法定义。要克服这个困难,我们需要打破常识心理语句的表面结构的约束。一个好的办法是改写上面的语句,例如,把

(1) 张三相信鲁迅是《狂人日记》的作者.

改写为

(10) 张三处于的相信类型的心理状态有或者表达了某个内容[鲁迅是《狂人日记》的作者]。

由于意向性是许多(如果不是全部)心理状态的特点,在以下讨论中,我无法一一照顾这些特定类型的心理状态,所以,我们需要进行一次抽象,将意向性看做是一种心理表达。这样当我们说某个心理状态是意向状态时,我们将这个意向性理解为这个状态的心理表达或者简称为表达。一个表达也被称为一个内容。经过这个抽象,我们不再谈论具体类型的意向状态,让所有的意向语句都满足下面的一般形式:

(11) x 表达 y,或者

(12) x 具有内容 y。

---

① Jerry Fodor, *Psychosemantics*, Cambridge, Massachusetts: The MIT Press, 1987, p.97.

这样,句子(2)"王五渴望中国足球队在世界杯决赛阶段进一球"可以表述为"王五的渴望状态有某个内容,即中国足球队在世界杯决赛阶段进一球"。这种改写并不触及意向性到底是什么的问题,就像罗素用摹状词理论改写"金山不存在"不触及金山是什么的问题一样。只要改写不改变所涉及的句子的语义性质,改写后的句子是否"自然"将不成为问题。弗雷格的《概念文字》没有自然语言那么"自然",但没有什么比自然语言更迷惑人的。

自然主义者接下来的任务是填空,填"x 表达 y,当且仅当……"中的空白。填这个空必须受到至少两个限制:第一,空白地带不能出现意向语词,否则就循环了,第二,空白地带必须用"物理的酵母和面粉"来填充,这样,迈农和弗雷格的实体是不允许的。

值得注意的是,自然主义不是想要证明,满足这些限制的任何事态都具有意向性。举一个例子:

(13)温度计中水银柱抵达的刻度表达附近的温度,当且仅当,温度与水银体积的伸缩成固定的比例关系。

温度计有表达温度的能力,这种能力完全可以用物理的方式加以说明,但我们不说温度计有意向性。自然主义的目标不是要说明任何表达都有带意向性,而是要证明,即使带有意向性的表达也可以在自然主义框架中得到说明。而这后一点是布伦塔诺、齐硕姆等想要证明为不可能的任务。我们可以借助一个类比来说明自然主义的任务。"水"是一个常识谓词(folk predicate),但我们已经成功地用下面的物理主义方式定义了这个谓词:

(W)任何东西 x,x 是水,当且仅当,x 是 H_2O。

这个双向条件句的后半部分,第一,没有出现常识谓词,第二,是物理或化学谓说。自然主义者想用同样的方式定义表达或意向性。

这种填空法不是自然主义者发明的。洛克在谈到一个观念表达一个对象时指出观念和对象之间有相似性。当代意义理论中出现了多种填空策略,我在这里只关心纯粹的自然主义策略。即使自然主义策略也有许多品种。我在这里讨论一种混合的意向性理论,它结合了斯丹皮(Denise Stampe)、偃兹克和佛达等人发展出来的因果的协变理论,以及米利根(Ruth Millikan)、帕皮纽(David Papineau)提出的目的论的恰当功能理论。我的兴趣不在于确定哪些表达是有意向性的,因为这是一个含糊的问题。意向性可能是程度上的,有些事物具有强意向性,另一些则只有弱意向性。因果协变理论的基本思想是,心理状态的表达特性在根本上是一种自然现象。温度计固然是人工物品,人们设计它来测量温度;但有些表达现象是天然的:一棵树的纹圈数表示这棵树的年龄,冒烟意味着火,这一类现象被格赖斯(Paul Grice)称为"自然意义",以区别于交通标志这些人为符号的意义。纹圈数表示树的年龄是由于这样一个事实,树的生长年头数导致了它长出同样数量的纹圈(年轮),两者之间有一种协变关系。烟表示火,在于因火成烟这个事实。表达的一般模式是:

(14) 一个系统 S 之具有属性 F 表达一个属性 P 的实例化,当且仅当,S 之具有某个属性 F 规律性地与 P 的实例化相关联。[①]

以温度计为例,一支温度计 S 汞柱高度为 F 表达环境是某个温度 P,当且仅当,S 的汞柱高度 F 规律性地与环境温度是 P 相关联。按照这个理论,心理状态的表达是以同样的方式进行的:

(15) 某个主体 S 在处于心理状态 F 时表达 C,当且仅当,S 之处于 F 是规律性地与 C 的出现相关联。

需要提醒的是,这个双向条件句的后半部分包含心理谓词 F,自然主义者尚需要为它给出进一步的还原,以符合上面的提到的限制。通常的做法是将 F 等同于一个表达物理状态的谓词,或者认为 F 依随于(supervenes on) S 的物理性质。

因果协变理论的一个重大困难是所谓的"错误表达"(misrepresentation)问题,也被更广义地称为规范性问题。这个问题是,即使一个人实际没有犯过表达错误,他犯这种错误必定是可能的,而上面的一般形式排除了错误表达的可能性。按照(15),自然规律保证 S 处于 F 是与 C 关联的,这样 S 处于 F 时不可能不表达 C。换言之,我头脑中发生的一切表达都是与引起表达的对象步调一致的,没有出错的可能性。[②] 几乎每个人都认为,一种表达理论如果不能说明错误表达何以可能,就不可能是正确的。表达是一个规范

[①] 尽管倨兹克用信息论的语言表达因果协变性,这个简化叙述大体体现了他的实质观点。
[②] 休谟在批判自然法道德对自杀的谴责时评论说,如果自然法是宇宙中的必然法则,那么任何人都不可能违反它。这里我们碰到相似的情形。

(normative)概念。

米利根的表达理论建立在生物功能的观念上。我们先考察广义的功能概念。首先,一项功能跟一个特定的目的相关,它必须符合某个设计。一只闹钟的功能是报时,尽管你可以用它来砸人,但砸人不是它的设计功能。你在荒野发现的任意一块石头不是任何设计的作品,因此它没有功能,尽管它碰巧能服务于某个目的。其次,一项功能可能发挥不出来。(电子)闹钟在电源不足或者扬声器不工作时无法正常行使其功能。这样,我们在谈论一项功能时,指的是恰当的功能(proper function)。再次,恰当功能既是一个描述的概念,又是一个规范的概念。当我们说一个人很健康时,我们既在描述他的身体状况,同时也在评价他的身体状况:相对于不健康的人来说,他处在他应该处在的状况。像我前面指出的那样,自然主义者不是想要证明一个事物具有哪些特点就足以具有意向性,而是要说明某些特点对于一个系统具有意向性是必需的。米利根称自己的表达理论为"生物语义学"(biosemantics)。由于功能的概念是目的论的,这种语义学也被称为"目的论语义学"(teleosemantics)。米利根等人的意思不是说生物器官具有意向性,而是说,意向性有生物学的基础。闹钟的功能来自于人类的意向设计和制造。我们的生物功能则是非意向过程——自然选择——的结果。米利根付出大量努力去说明非意向的自然选择何以造就生物功能以及信息功能。[1] 简单地说,表达功能将使得一个系统在自然选择过程中占据优势。一个表达系统若要携带信息,必须以它体现其恰当功能为前提。错误表达发生在系统的功能错乱(malfunction)之时,而造成功能错乱的原因是非常多的。如果这是对的话,将米利根的理论与前面的因果协变理论结合起来,我们就有希望解决错误表达的问题。米利根强调,目的论语义学不是一个关于表达内容的理论,而是关于表达何以可能出错的理论。[2] 这样,结合自然意义理论与目的论理论,表达的一般模式可以表述为:

---

[1] 米利根的意向性说明是在一系列著作中发展出来的,它们包括,*Language, Thought, and Other Biological Categories*, Cambridge, Massachusetts: The MIT Press, 1984; *White Queen Psychology and Other Essays for Alice*, Massachusetts: The MIT Press, 1993; *Varieties of Meaning*, Massachusetts: The MIT Press, 2004。

[2] Ruth Millikan, *Varieties of Meaning*, Massachusetts: The MIT Press, 2004, p.63.

(16) 一个主体 S 处于某个心理状态 F 时表达 C，当且仅当，以 S 的认知系统履行进化所设计的恰当功能为条件，在并且只在 C 成立时，S 将处于 F。

将这个模式具体到知觉意向性的情形，我们可以这么解释一个知觉现象：

(17) 布十的一个信念状态表达前方有一棵树，当且仅当，布十的视觉系统在恰当运行进化过程所设计的功能的条件下，在并且只在前方有一棵树时，布十将处于某个相应的神经生理状态。[①]

如果(17)是正确的话，那么我们可以有如下结论：

第一，布伦塔诺和齐硕姆都是错的，因为至少某些意向语句可以还原为非意向语句。

第二，迈农和弗雷格的语义学预设了过分奢侈的本体论。在自然主义者看来，这种奢侈可能是不必要的。

第三，物理系统可以展现意向性，因而有语义能力。

四　某些未决问题

尽管我赞同自然主义的方案，但我认为，上面的第一个结论的确定性要大于第二个。就我所知，自然主义目前只取得了非常有限的成功。在意向状态的类型上，上面的混合理论处理得较好的情形是知觉状态，如看、触、闻等。在信念和欲望状态上，令人满意的自然主义模型还没看到影子。在表达内容方面，上面的理论所处理的范围也是极其狭窄的。看看下面两个句子：

(18) 萧十一相信费马大定理。

(19) 居十二相信正义是社会的第一美德。

---

① 戴维森（Donald Davidson）设计的"沼泽人"思想实验是对这个理论的一个有趣批评。按照这个混合理论，(1)认知系统具有一个进化史是布十的信念具有内容的一个必要条件，(2)布十的信念状态要么等同于、要么依随于布十的物理状态。戴维森指出这样一个困难：一个闪电突然摧毁了布十，由于纯粹巧合，在布十的同一位置上，闪电用沼泽地的物质合成了一个在物理性质上跟布十无法区分的人。让我们称这个新人"沼泽布十"。根据(2)，沼泽布十与布十有相同的信念状态，但根据(1)，沼泽布十的信念没有内容，因为他的认知系统没有进化史。如果沼泽布十是可能的话，那么(1)和(2)不能同时为真。对戴维森的这个论证，心灵哲学家们反应不一，这里我只能将它存而不论。

就(18)而言,许多人相信,费马大定理既跟自然选择或进化无关,也不会对萧十一的信念状态产生因果作用。就(19)而言,正义是社会的第一美德这个命题如何在居十二的信念形成中扮演因果角色,仍是一个问题。或许另一些观察可以给自然主义者一些宽慰。一方面,自然主义不必给出一个完整齐全、面面俱到的意向性理论,只要表明它是自然秩序的一部分就行了。另一方面,有许多人还在从事数学的自然化、伦理学的自然化、语义学的自然化等工作,自然主义的当代发展只有短短的历史,谁知道还会发生什么呢?

Dao: A Journal of Comparative Philosophy
Volume 7 No. 4, December 2008

Special Topic: TU Wei-ming and Confucian Humanism
Guest Editor: TSAI Yen-zne

TSAI Yen-zen / Introduction

TSAI Yen-zen / Selfhood and Fiduciary Community: A Smithian Reading of TU Weiming's Confucian Humanism

Heiner Roetz / Confucianism between Tradition and Modernity, Religion, and Secularization: Questions to TU Weiming

LIN Chen-kuo / Dwelling in the Nearness of Gods: The Hermeneutical Turn from MOU Zongsan to TU Weiming

YAO Xinzhong / The Confucian Self and Experiential Spirituality

WAN Sze-Kar / The Viability of Confucian Transcendence: Grapping with TU Weiming's Interpretation of the *Zhongyong*

John B. Berthrong / Riding the Third Wave: Tu Weiming's Confucian Axiology

TU Weiming / Response

Book Reviews

John Makeham / Hu, Weixi 胡伟希, *Transformation of Knowledge into Wisdom: The Qinghua School and the 20th Century Chinese Philosophy* 转识成智——清华学派与20世纪中国哲学

Lee, Yenyi / Lee, Minghuei 李明辉, *Political Thought in the Confucian Perspective* 儒家视野下的政治思想

Steven F. Geisz / Mou, Bo, *Davidson's Philosophy and Chinese Philosophy: Constructive Engagement*

Ann A. Pang-White / Li-Hsiang Lisa Rosenlee, *Confucianism and Women: A Philosophical Interpretation*

XING Wen / Wagner, Rudolf G., *A Chinese Reading of the* Daodejing: *WANG Bi's Commentary on the* Laozi, *with Critical Text and Translation*

NI Peimin / Yu, Xuanmeng 俞宣孟, and HE Xirong 贺锡荣, ed., *Exploring the Root and Seeking for the Origin: Essays from a New Round of Comparative Studies of Chinese and Western Philosophy* 探根寻源：新一轮中西哲学比较研究论集

富永仲基及其批判精神

王　颂

提　要：富永仲基是日本思想史上一位具有独创性的重要思想家。本文重点考察他思想中贯彻的批判精神并简略地分析其思想产生的时代背景。批判精神主要表现在：（一）"加上"法则。即用来揭示思想史发展规律的批判研究方法。（二）"诚之道"。即反对泥古、反对教条，强调"道"的现实实践性。（三）"三物五类"。即揭示思想学说的历史、地域、派别、语言方面的局限性和普遍性，进而提倡客观、批判的研究态度。

关键词：富永仲基　批判精神　加上　三物五类　诚之道

1744年（延享元年），一位怀才不遇而身染沉疴的青年，在自己著作的前言中这样写道："呜呼，我地位卑贱且身患重病，无法让时人接受我的学说，现在难道又会因为自己人寿将尽而无法将之传于后人吗？我已经三十岁了，（身患重病），来日无多，必须把自己的学说传之后人了。我的心愿是：自己的学说能在日本各地广为传播，进一步远涉重洋传之海外，传之朝鲜、中国，传之塞外西域，乃至传之释迦牟尼诞生之地。让所有的人们都能感受

王颂，1971年生，日本国际佛教学大学院大学文学博士，现任北京大学哲学系副教授。

到真理的光明。这样我就可以死而不朽了。"①这位借用司马迁《报任少卿书》的笔法来明志的青年,就是日本思想史上杰出的思想家富永仲基(1715—1746)。

仲基是一位不幸的天才,常年卧病,三十一岁即英年早逝。在短暂的一生中他虽然撰写了数种著作,但传世的只有三种,那就是他二十三岁(1738)时出版的《翁之文》和二十九岁(1744)时出版的《出定后语》以及撰述年代未详的《乐律考》。他的著作大都不为时人所重,唯有《出定后语》曾经引起一定关注,但也旋即散佚,直到明治时代才被著名学者内藤湖南偶尔发现。经过内藤等人的推介,学界才认识到仲基的思想价值。

仲基的著作虽然篇幅短小,但却丝毫不能掩盖其天才般的洞察力和预见性。大多数中国学人听说富永仲基的名字,大概都是因为"大乘非佛说"。的确,在近代西方历史、语言学的实证方法没有系统应用于佛教研究之前,仲基大约早于一个世纪就运用传统的材料和考据方法得出了与前者几乎相同的结论,这不能不让人惊叹。更为重要的是,他著作中所贯彻的理性主义批判精神丝毫不亚于后人,而由于他所处的时代佛教仍然拥有准国教的地位,这使他的勇气要远比后人更令人敬佩。

其实,仲基并不单纯是一位佛教研究者,更确切地说,佛教只是他的系统批判研究中的一部分。他的研究工作实际上是从对儒教的批判开始的,那就是他的处女作《说弊》。可惜这部著作已经佚失,我们只能从《翁之文》的简短介绍中了解其大致内容。概括地说,仲基想要找出儒、释、神道三家存在的共同问题,对它们各自主张的"道"进行批判,在这种研究过程中,他提出了自己的批判方法并揭示了人类思想史的一些基本规律。

一 "加上"法则与人类思想史的演进过程

仲基在几种著作中同时揭示了一条重要法则,那就是"加上"。他认为,

---

① 《出定后语》一书原用日式汉文写成,为便于读者理解,本文中的部分引文采用了笔者的现代文翻译。原文版本采用关西大学图书馆藏影印本,并参照了水田纪久、有坂隆道校注《富永仲基、山片蟠桃》中收录的原文,详见水田纪久、有坂隆道:《日本思想大系43——富永仲基、山片蟠桃》,东京:岩波书店,1973年。

这个法则不仅仅可以用来研究儒、释、神道三教的思想发展史,而且也适用于人类的所有思想、文化。所谓"加上"就是说人类历史上无论哪一个时代的哪一位伟大的思想家,他的思想都并非源自天启或者独觉,无非就是对前人的批判总结。也就是说,这些思想往往恰恰来自于他所批判的对象,只不过对其内容进行了加法或减法。另外思想的发展变迁在时间上还遵循某种螺旋式的上升规律。

"加上"法则首先得自于思想史方面的考察,例如仲基分析先秦诸子百家的思想主张时指出:春秋时代,齐桓公和晋文公行号令诸侯的霸道;而孔子鉴于此倡导文武周公时代的王道;墨子则号称以更古老的夏禹为圭臬;孟子则上溯到尧舜;杨朱、道家托法黄帝;许行倡言神农氏;庄周、列子则列举更加虚无缥缈的无怀、葛天、洪荒等等。又如从佛教思想史的角度来看,在佛教产生之前,外道就有升天的朴素思想;而释迦牟尼批判吸收了外道的主张,进一步发展为过去七佛的学说;伽叶一派则有阿含;文殊派主张般若;普贤派提出法华、华严等等。① 有趣的是,他们的思想虽然直接来自于对前人的批判吸收,但是为了超越前人,抬高自己学说的地位,他们往往依托古人,宣称自己的主张比前人更古老,这样思想史就呈现出了一幅往复交错的画面。

值得注意的是,20世纪30年代顾颉刚先生提出了"层累地造成的古史说",曾经引起史学界的轰动。顾先生认为中国古代史是层累地造成的,发生的次序和排列的系统恰好相反,传说中最古老的东西其实出现的最晚。笔者认为,这实际上与仲基的"加上"法则有异曲同工之处。只不过仲基认为这种规律的适用性更广泛一些,并不限于中国古代史。他说:"我要指出的是,自古以来,凡是讲说道、树立法的人,他们一定假托一个祖,把自己的主张归之于更古老的祖,然后说自己的主张比那个祖还高明。"② 按照仲基的说法,如果历史上或者传说中有一个A,而某位思想家B总结批判了A的主张,但他却虚构一个C,说C比A更古老,而自己比C高明。之后再有一位

---

① 以上与思想史事实或有出入,本文皆忠实引述仲基的观点,未一一加以标明。
② 原文出自《翁之文》,收录在加藤周一主编的《日本名著》18,详见加藤周一:《日本的名著18——富永仲基、石田梅岩》,东京:中央公论社,1972年5月。引文由笔者翻译。

思想家 D,他在 B 之上加上,虚构一个 E,然后称自己的思想来自 E,但是比 E 高明。这样,我们就看到思想史的两端都在不断扩大,后出现的比先出现的更古老(或者时间与逻辑都在先,比如下文仲基分析的《华严经》就是典型的例子),这也可以称为某种"层累的造成"。如果这样理解"加上",我们就发现它不是单向性的,而有更丰富的内涵。

我们还可以看到,仲基在此不仅仅提出了人类思想史的一般规律,类似于黑格尔的否定之否定定律,更重要的是,他破除了对宗教和世俗权威的迷信,这是他的思想所具有的社会批判性一面。他明确地提出,即使像孔子和释迦牟尼这样的圣哲,他们也和普通人一样,有自身思想发展、成熟的过程。即使是神圣的宗教教义,它也符合人类思想史的发展规律。这是仲基以前的宗教思想史家想都没有敢想过的问题。

例如他批评佛教界内部有关《华严经》是佛在觉悟后十四天内所说,也就是最早出现的大乘经典的说法。他说:"华严氏之言兴,乃托之二七日前说圆满修多罗,以斥从前小乘。又譬之日轮先照诸大山王,以斥从前大乘,而特作一家经王矣,诚加上者之魁也。后世或复信此方便,而曰此经最上至极顿之顿者,亦误矣。"[①]他不仅提出了证伪的文献学例证,例如"《华严》有诸法实相、般若波罗蜜之语,是知此经亦出于二经(《法华》、《般若》)后"[②],还明确指出了编造此类历史的动机,即为了攻击小乘和补充《华严经》之前出现的一些大乘经典的主张。

可以说,仲基抛开神话与信仰的因素,理性地分析了佛教的发展史。他提出的"加上"法则,虽然受客观条件限制,在材料运用上比较薄弱(主要依据传统的佛教典籍,缺乏史料批判),但是打破了传统佛学的禁忌与束缚,揭示了佛教发展的一些史实。现代佛学研究证明:佛教在印度的兴起,就是对婆罗门教等外道的批判与吸收;传入中国,有对玄学的吸收,有对儒家的妥协;传入日本,有与神道的结合等等,这都是一个批判、扬弃、融合的过程,用仲基的话说就是"加上"。虽然仲基的观点在今天看来都是常识性的,有些

---

① 水田纪久、有坂隆道:《日本思想大系 43——富永仲基、山片蟠桃》,东京:岩波书店,1973 年,第 108 页。

② 同上。

具体结论还不尽正确,但是他的批判精神与方法可以说大大超越了时代。

必须指出的是,仲基得出的崭新观点完全来自于批判精神的贯彻,并非借助于什么特殊材料。他在分析大乘经典的形成历史时甚至直接参考了中国传统注疏家湛然、澄观等人的著作,并以前人著作中提出的一些疑问为线索大胆而深入地进行求证,进而提出了不同于前人的结论。所以中村元先生称赞仲基说:"运用完全相同的资料,唐代的学僧组织了有关佛教哲学的教判,而18世纪商业城市大阪的町人学者富永仲基揭示了佛教哲学的发展史。"①从这一点可以看出方法论和客观的研究立场可以在多大程度上左右研究的整体方向。

其实,佛教自释尊说法以至而今,已经流传两千多年,其影响亚洲各国文化、净化人心的意义和作用不容置疑。而运用历史的、科学的方法研究佛教,不但不会影响到佛教自身的伟大,反而会帮助我们更清晰地了解人类思想发展的轨迹,更便于挖掘佛教文化的深邃宝库。因此,仲基的批判研究不但在思想史上具有意义,在佛教研究史上也理应占有一席之地。

二 "诚之道"与道的实践性

仲基在《翁之文》中假托一位不知名的老翁,对儒、释、神道三家进行了尖锐的批评,进而提出了所谓"诚之道"。文中的"翁"从正面展开批评,言辞辛辣、激烈,而仲基点评的口吻则较为缓和,对"翁"的观点进行补充总结。"翁"和仲基对儒、释、神道三家的批评主要集中在一点,他们认为这三家或泥古不化,或邯郸学步,或不合时宜,都存在着时代和地域的局限性,不符合日本当时的实际情况。

例如,翁讽刺佛教徒说:日本的僧侣完全按照印度的方式来规范自己的举止,他们不但依照印度的戒律修行,使用梵语说法,甚至连建造房屋都尽可能地模仿印度的样式。但是按照印度的习俗,应该半袒合掌行礼,裸露大腿和膝盖是合乎礼节的。所以佛经上说"踝膝露现阴马藏"②。那么如果佛

---

① 中村元:《日本思想史》,东京:东方出版社,1988年,第211页。
② 语出《无量义经》(《大正藏》第9卷,385上)。另,版本不同,"露"字有作"不"。

教徒什么都以印度为标准的话,他们完全不必在意别人的想法,也应该这样做。

他又讽刺儒者说:日本的儒者言必称中国,凡事照搬中国的做法,那么中国人以肉食为主,日本的儒者也应该饲养牛羊,菜肴应该完全按照《礼记·内则》的记载来烹饪。他们还应该佩戴章甫(儒冠),身穿深衣,婚丧嫁娶都采用中国的礼节。可他们为什么却做不到呢?

他讥笑神道说:神道的人连行礼、吃饭都采用古代的习俗。可是,神的时代没有金钱,使用金钱也不符合古礼,神道的人是不是应该把金钱也全都丢弃呢?而且包括他们在内的日本人穿的衣物叫吴服(和服),这实际上是从吴国传来的,并不是日本古代的服装,他们也不应该穿啊。

仲基自己则进一步总结说:人们说五里、十里不同俗,而中国和印度是距离日本很遥远的异国,(儒、释两家)要想彻底模仿他们的习俗,不是一件很愚蠢的事情吗?五年或者十年前的事情,人们往往都印象模糊了,而(神道)想要在当世模仿遥远的神的时代,那不仅仅是完全不可能的,而且不是很愚蠢吗?[①]

仲基批评三家信徒的做法迂腐,但并不认为三家的"道"完全没有意义。他反对的是这三家的人物把他们的"道"奉为亘古不变的真理,在现实中生搬硬造。那么他本人的"诚之道"又是什么呢?他说:

> 待奉主君要尽心尽力,有子女的话要善加教导,有丈夫的话要听丈夫的话,有妻子的话要多随妻子的意……。与人交往要真诚以待,不交游恶人,尊重贤良……。用现在的文字,说现在的话,吃现在的食物……实践各种善事就是诚之道,就是如今的日本应该实践的道……。这种道不是从印度来的,也不是从中国来的,更不是自神之时代传至而今的……它是对照当下生存着的人,如此而行令人欢喜,也令自己满足,从始至终无所妨碍而一切都得以妥善处理。[②]

仲基的上述说法,除了强调当下的特殊性之外,在伦理内容上与三家的

[①] 以上内容概括自《翁之文》,参见加藤周一:《日本の名著18——富永仲基、石田梅岩》,东京:中央公论社,1972年,第59—63页。

[②] 同上书,第64页。

观点,或者说与当时社会上流行的一般伦理观念有什么不同吗？仲基自己也承认,儒、佛和神道也都劝人行善,与他讲的这些东西看起来并没有什么不同。那么仲基花费这么多笔墨对三家进行批判的目的和意义又是什么呢？在仲基看来,问题的关键在于三家的"道"没有可实践性,缺乏适应"今日之日本"的作为那个特定时代、特定地点的特殊性。而他的"诚之道"就是要打破人们对神圣的迷信,把人们从一味膜拜神灵的迷失自我的昏沉状态中唤醒出来,实践身边具体而自然的"道"。他说:我的话"并不是打算彻底丢弃三教的道,我只不过劝人们尽可能地实践诚之道"。他强调,"道之所以称为道,就是因为它出自于行动,无法实行的道就不是道"[①]。

对于仲基的"诚之道",批评者大概可以指出两点不足:首先,他对三家之"道"的批评主要集中在三家信奉者对"道"的实践方式上,而不在"道"自身。这种批判方式不能说完全无效,但多少有一点隔靴搔痒的感觉。其次,仲基自己提出的所谓"诚之道"与他犀利的批判精神比起来也多少有点苍白,这大概与他出身于太平盛世一个富裕的商人家庭,终日埋头于书斋里的求学问道,思想中难免存在着对现实幻想与温存的一面有关。也可能是因为他毕竟年轻,还没有成熟到摆脱世俗伦理,构建出完全不同于主流思想的新说的程度。

不过,我们也可以认为,仲基是一个怀着很强的伦理关怀的实践主义者,他原本就对剖析道的本质不感兴趣。与一般的"理"相比,他更关心特殊的"事"。这也是日本思想家的普遍特征之一。加藤周一就有一种观点认为,仲基的"诚之道"表面上看起来与江户时代的任何一位"儒家教义通俗解说者"的话都没有什么不同,但在本质上它们却是截然不同的。仲基的高明之处在于这段朴素的话是在他的整体思想之内的,而其方法论是自然而然地贯彻到底的。他没有提出任何看起来更加深奥的新说是因为他打破旧教条的目的并不是为了创建新教条,简单地说,他反对一切教条,只相信简单、自然而不能怀疑的。[②] 如果加藤的说法恰当的话,仲基在思想上(当然不是

[①] 以上内容概括自《翁之文》,参见加藤周一:《日本の名著18——富永仲基、石田梅岩》,东京:中央公论社,1972年,第65页。
[②] 同上。

在形而上学思辨的水平上)堪与笛卡儿等人媲美。但笔者在此难以定论,还望有识者教正。无论如何,仲基强调"道"的实践性,或者说实践对"道"的意义,强调"此时"、"此地"的特殊性,这都使他的"诚之道"带有很强的个性,也具有一定的启发意义。

三 "三物五类"与思想史研究的客观性

《出定后语》第十一章的标题称为"言有三物",即"言有人,言有世,言有类"。仲基在多种著作里反复强调,三物说是他治学的重要方法论之一。

按照仲基自己的解释,"言有人"就是思想学说有不同派别之间的差异;"言有世"就是时代的差异;"言有类"就是词语、概念用法的差异。而"类"又分为五:即"张"——抽象、比喻的用法;"泛"——一般、普遍的用法;"矶"——深化、彻底的用法;"反"——反义、对比的用法;"转"——推理、演绎的用法。

对于"三物五类"的具体内容和思想意义学术界有不同认识,笔者认为其核心价值在于指出了不同思想主张在思想史上的特殊性(或者说局限性)与一般性(普遍性)的对立统一。仲基不仅从历史和社会的角度考察了思想差异产生的原因(也就是局限性的一面),还进一步运用了语言学的分析方法("五类"),这都是值得进一步深入研究的,但非本文篇幅所能及。从本文的主题,也就是阐明仲基的批判精神出发,笔者想要强调仲基在理性把握了特殊与一般的对立统一规律后所采取的客观研究态度。

日本是一个四面环海的岛国,这使其文化不可避免地带有一定的封闭性和排他性。但历史上日本民族获得先进文化的途径又主要从列岛之外的大陆获得,甚至日本民族都是由来自东北亚、太平洋群岛与本土的土著人融合而成的,这就又使他们的文化具有很强的吸收、包容力。这种文化上的封闭与开放、排斥与吸收、自卑与自尊构成了日本思想与文化的基本特征,它也使日本的精英阶层比东亚的任何其他民族都更具备自觉的国际视野和自我意识。而且这种意识并非开始于对近代西方侵略的反抗,它在日本与中国和朝鲜半岛的交流过程中很早就形成了。而与大多数日本思想家带有民族感情色彩的自我认知不同,仲基对日本思想民族性的揭示是建立在他对思想产生的特殊地域和特殊文化背景的认知基础上的,即"言有世"、"国有俗"。

仲基既反对儒学者言必称汉唐、礼必尊华夏的全盘中化的态度,也并不完全赞同以国学家为代表的"汉才和魂"(套用中国的提法,即"日体中用"),一味强调日本固有文化尊崇性的主张。相反,他把精力更多地放在比较各国文化的异同,以及产生这种异同的文化背景研究上。他认为,印度、中国和日本三国的地理位置不同,国土面积大小有差别,各自的历史也不同,因而各国的文化和民族性都有自身的特点。例如印度人可以用"幻"来概括,他们富于想象力,喜欢幻化变异,具有神秘主义的取向。中国人可以用"文"来概括,他们是礼仪之邦,喜欢托古并修饰文辞,带有细腻、修饰的倾向。而日本人可以用"绞"[①]来概括,急躁而率直,又往往带有隐秘的特点。[②]可以看出,仲基对三国文化的批判尽量采取客观的态度,并未对任何一家予以偏爱,而且他还强调了风土人情、地理环境对思想意识产生的决定性作用,客观揭示了地域文化学、社会学的一些基本观点。

仲基对派系主张也采取了敬而远之的态度,他强调自己不从属于儒、释、神道中的任何一家,在他的思想里更没有所谓神圣与异端的束缚。在对儒教的研究中他指出了不同儒家代表人物的思想差异,在对佛教的研究中他明确提出佛教的很多观点直接来自于婆罗门教,并对后者的思想地位进行了肯定。他强调自己虽然没有深入阅读过吠陀经典,但是反对预置偏见对其加以全盘否定的态度。

可以说,仲基对他所处时代思想领域的所有权威都采取了客观的批判态度,甚至对日本文化固有的神道思想也不例外。这不仅仅在当时是罕见的,就是在整个日本思想史上也是不多见的。历史上,儒教和神道为了反对佛教,曾经对其进行过批判,而佛教也相应地予以反击。同样,国学者甚至儒者自身也都对儒教进行过激烈的批判。但是对于土生土长的神道,人们大都有所保留。因为对于神道的批判不可避免地会导致对日本民族性的批判(仲基就用自己的著作证明了这一点),而这正是大多数日本思想家所不

---

① 语出《论语》"直而无礼则绞"。
② 以上概括《出定后语》"三教第二十四",《翁之文》第十三、十四等章。

擅长的。在一个神道与儒教日益相融合,逐渐成为官方思想的时代,连倡导人类平等的思想家安藤昌益都对神道采取了谨慎态度,仲基的勇气和理性精神可见一斑。

四　仲基的时代与批判精神的产生

在日本,由于历史传统和经济发展程度的不对称性,以东京为代表的关东和以大阪为代表的关西形成了鲜明的地域文化差异。仲基所处的江户时代,大阪已经成为经济与新兴文化的中心。町人也就是商人和富裕市民在政治上成为活跃的新兴阶层,他们力图摆脱幕府的集权控制,在经济上获得更大的自由,进而在文化上也与官方版本格格不入,形成了世俗的、活泼的、叛逆的文化形态。

当时的幕府武士政权以儒教为官方意识形态,以佛教为制度补充。儒学和佛学都被教条化,成为封建统治的工具。另一方面,原本依存在佛教体系之内的神道逐渐从佛教内部脱离出来,与儒教相融合,形成独特的思想文化势力,并从18世纪后半叶开始,逐步挑战儒教的垄断地位。而通过荷兰商旅传来的兰学,经过一些学者的系统介绍,也逐渐普及到知识阶层,成为激荡他们头脑的另一种力量。虽然这些新兴思想还不足以根本颠覆儒教的统治地位,但是它们已经打破了思想界大一统的局面。

此外,教育界也发生了一系列的变革。除了各个藩属国自己设立的学校外,富庶城市的商人也开始创办私塾。这些私塾教授的内容和授课的对象都和幕府设置的公立学校不同。私塾虽然表面上以儒学教育为主,但是他们在思想上带有明显的自由性,而且他们与官学的最大不同在于他们的受教育对象不再仅限于武家阶层的子弟。由于社会各界的压力,幕府政权也不得不对私塾采取了怀柔与安抚的政策,他们一方面给予私塾一定的自由度,一方面又通过补助金的形式支持那些意识形态接近官方观点的私塾。

仲基的父亲就是位私塾的积极拥护者和赞助者,他是大阪著名的怀德堂的创办人之一。怀德堂有过接受幕府补助金的记录,这说明它在思想上属于温和、保守的一类,至少看起来符合幕府的思想审核标准。而出身商贾家庭,饱受时代思潮熏陶的仲基天生思想活跃,富于反叛精神,他大概在十几岁时就写作了《说弊》,批判儒教的一些人物和思想,据说因此激怒了他的老师而被逐出师门。遭遇打击的仲基并没有因此屈服,他反而在异端的道路上越走越远。若不是疾病过早地夺去了他的生命,以致他的思想在生前没有获得广泛的重视①,他所惹的麻烦大概还远不止此。

所幸出版业的繁荣与相对自由部分弥补了天才夭折的损失,仲基的书籍在当时都得以出版,他的一些残存至今的著作为我们了解这位思想家提供了宝贵的资料。这些资料于近代经内藤湖南等人介绍后产生了一定影响。内藤曾经评论说,三百多年来日本有创建发明的思想著作不外乎三种,其中之一就是富永仲基的《出定后语》,可见他对仲基思想的推崇程度。而日本佛教学者在引进、运用了西方近代佛学研究方法之后也发现了仲基的思想价值,他们把仲基推崇为对佛教进行历史、文献批判研究的先驱。例如著名佛教学者姊崎正治在明治三十二年(1899)出版的《佛教圣典史论》一书中,就把富永仲基的佛典批判与西方的圣经诠释学相提并论,盛赞仲基"处理了数千年头绪不清的问题,在缺乏历史感的东方,其明朗的判断、锐利的批判以及广博的学识,犹如出淤泥而不染的莲花"②。而村上专精于明治三十六年(1903)著《大乘佛说论批判》,主张大乘经典系后人编纂,并非佛的金口玉言,也把他的思想源头上溯到富永仲基。于是仲基在身后终于获得了他渴望的关注和荣誉。

---

① 幕府从未批评或查封过仲基的任何著作,这大概与他的知名度不高有关。
② 转引自《明治佛教の思潮》,东京:佼城出版社,1975年,第55页。

心平气和看孔子

——李零:《丧家狗——我读〈论语〉》
太原:山西人民出版社,2007 年

李 峻

自晚清维新运动以来,作为中国文化传统之代表的孔子不可避免地被推到了中西方思想撞击的前线。一百多年来,历经托古改制、尊孔读经、新文化运动、新儒家兴起、批林批孔等种种政治、思想浪潮起落,对于孔子的定位与诠释,在很大程度上就代表了在西化和现代化运动的激烈冲撞之下,不同历史阶段、不同政治、思想阵营及学术流派对中国传统文化及其未来的不同解读。其复杂与微妙的程度,远非单纯的臧否褒贬所能概括。历史一再重演,自 20 世纪 90 年代以降,被称为"文化保守主义"的星星之火渐成燎原之势,终于在本世纪初的几年间再次把孔子带回公共知识界的视野之中,引发了一场又一场激烈论战。这当然也意味着,我们从未真正解决百余年来困绕国人的中西/古今之争,也从未真正找到对中国文化传统的恰当定位,近年的孔子之争不过是这一基本问题的投射而已。

2007 年春,北大中文系李零教授的新著《丧家狗——我读〈论语〉》,正是在这一背景下问世,并激起了各方面强烈的反响。李先生是著名的古文献学家,不会也不屑参与思想界种种喧嚣浮躁的"主义"之争;相反,李先生明确宣布,他工作的目的在于揭示孔子的"真相",也就是说,是价值中立的

李峻,1980 年生,比利时鲁汶大学博士研究生。

纯学术研究。虽然我们不必怀疑李先生主观上的真诚，但毋庸置疑的是，李先生仍然站在某种特定的思想视角上，自觉不自觉地展开对孔子的"揭示"，而这一思想视角的形成，恰恰是近代以来的启蒙思想及现代学术对文化传统重构的结果。可以说，李先生并未超然于种种思想阵营之上，相反，却不自觉地深嵌其中。但是，既然李先生的这部新著定位为学术著作而非思想论争，我们多少可以避免简单化的立场批判，从较为技术化的一面出发进行探讨。这样不仅可以避免某些思想批判的空洞，澄清一些细节问题，也可以帮助我们从一个较为客观的侧面切入当代孔子论争的实质所在。

本文试图对《丧家狗》一书进行全面的剖析。以下的讨论分为四个部分，分别讨论四个问题：一、孔子是"丧家狗"么？二、孔子是圣人么？三、《丧家狗》对《论语》的解读可信程度如何？四、今天我们应该如何理解《论语》和孔子？前三个部分是对李先生此书的讨论，最后一部分是我从该书引申出去的一点议论。

首先说明一点：按理说，所谓"我读《论语》"是李先生自己的读解，正如"《论语》心得"，摆明是写作者个人的体验和感悟，我虽然不同意其中一些说法，也觉得没有辩论的必要。但李先生是专业的古文献学者，该书更是在他北大讲课的讲义基础上整理而成，既然在课堂上公开讲授，则无论表述雅俗如何，表达的也无疑是严肃的学术观点。学术者，天下之公器，当容有商榷和质疑的空间。本文不可避免地对李先生的一些论点提出了较严苛的批评和商榷意见，如有不当之处，还望先生恕之正之。

一 孔子是"丧家狗"么？

李先生的这部书，争议最大的莫过于"丧家狗"三字。很多人将之径直视为对孔子的攻击辱骂而大加挞伐，从而将问题引向立场之争。当然，李先生并未肤浅到这个程度。但即使不涉及立场方面，从技术上来说，对于这个词的选用，也不能不说有很多的问题。我们分别来看：

问题一，"丧家狗"本身的褒贬色彩究竟如何？"丧家狗"这个词，是否真的如李先生所说的那样，丝毫不含贬义？李先生再三解释，这个"丧家狗"完全是用古文中的意思，绝无辱骂之意。"'丧家狗'绝非诬蔑之辞，只是形容他的无所遇。"①但问题是,在李先生所引用的原文语境中,"丧家狗"真的毫无贬义,只是形容"无所遇"么?我们单看最经典的《史记·孔子世家》:

> 孔子适郑,与弟子相失,孔子独立郭东门。郑人或谓子贡曰:"东门有人,其颡似尧,其项类皋陶,其肩类子产,然自要以下不及禹三寸。累累若丧家之狗。"子贡以实告孔子。孔子欣然笑曰:"形狀,末也。而谓似丧家之狗,然哉!然哉!"

"郑人"先列举出了尧、皋陶、子产、禹这些公认的圣人贤人,最后却说"累累若丧家之狗",圣贤和丧家狗,反差之大,莫此为甚。纵然并非直接辱骂,也肯定有不恭敬的意味。所以子贡对于是否告诉孔子原话,或许也有些犹豫,否则但书"子贡告孔子"就行了,何必加"以实"二字?另外几个相关文本大都只书"子贡以告",更突出史迁书法的微妙。至少司马迁看来,"郑人"的说法是不太恭敬的。许多词汇自有其褒贬色彩,"丧家狗"一词也并不因为孔子"自承"而变得有丝毫褒义,而依然是贬义很浓的嘲弄之辞,这一点从古至今只有色彩轻重的变化而并无根本差异。

问题二,李先生对"丧家狗"一词的解释是否准确?按照李先生对"丧家狗"的解释:"任何怀抱理想,在现实世界找不到精神家园的人,都是丧家狗。"②在这个意义上来说,李先生自然完全可以将孔子当成"丧家狗"。但李先生在此避而不谈的是,"丧家狗"本有两种解释,另一说为"有丧事人家之狗",李先生所引的《韩诗外传》、《史记》王肃注皆持此说。如果按照这种解释,李先生在孔子和丧家狗之间的一系列类比就大都不能成立。即使这点不论,且从李先生所采用的通行解释,即"丧失主人家的狗"。即使按这种说法,李先生的解释也说不通:丧家狗不过是找不到家园,无家可归,谈不上"怀抱理想",而往往到垃圾堆里找点吃的就满足了。郑人说孔子像丧家狗,显然也没有褒扬他"怀抱理想"的意味。李先生的解释未免不太确切。

既然李先生的解释既和原文的用法不同,也和现在约定俗成的意义相悖,在一般意义上,我们自然不能同意"孔子是丧家狗"这种说法。不过这还

---

① 李零:《丧家狗——我读〈论语〉》,太原:山西人民出版社,2007 年,第 15 页。
② 同上书,〈自序〉,第 2 页。

只是用词问题,更严肃的问题是:问题三,用"怀抱理想,在现实世界找不到精神家园"这种界定概括孔子是否合适?当然,孔子确实怀抱理想,现实世界和他的"精神家园"差距怕也不小,因此也可以说孔子在一定程度上确实是这样的人。但问题是,这种说法虽然大体正确,却没有实质意义。"得君行道"是中国士人一贯的理想,真正能实现的却少之又少。按这个解释,不但孔子是丧家狗,孟子、朱熹、王阳明这些"二圣人"、"三圣人"都是丧家狗。不单如此,中国一大半的"知识分子",屈原、杜甫、苏东坡、骂过孔子的李卓吾,就连痛斥"礼教吃人"的鲁迅和主张"打倒孔家店"的五四诸贤,怕也多在此列。这倒也罢了,毕竟这些人和孔子还是同胞。可外国的知识分子又何尝不是如此:苏格拉底追求"理念",被雅典人正了法;柏拉图推行"理想国",被叙拉古人当奴隶卖了;但丁被赶出父母之邦;卢梭被迫害成狂;马克思也逃亡异乡;哪一个不是丧家狗!可如果用"丧家狗"三个字来概括这古往今来许许多多的"知识分子",未免过于空泛,拿它来讲孔子,又能讲出些什么要义呢?

李先生在书中给出了一个答案:"我想思考的是知识分子的命运,用一个知识分子的心,理解另一个知识分子的心,从儒林外史读儒林内史。"①但是如此一来,孔子无非是一个"知识分子"的象征而已。作为"知识分子",孔子与李先生自然有共性,但李先生没有思及的是,这一共性是不是孔子最重要,最根本的秉性?作为知识分子,哪怕是有良知、有操守的知识分子——姑且不提《儒林外史》中的范进、《围城》中的匡超人、李梅亭这类拿知识或伪知识做敲门砖的"知识分子"——就一定能理解孔子么?李先生对把孔子当成符号的意识形态深恶痛绝,但是他自己却偏偏把孔子当成了另一类符号。问题在于,把孔子当成是"知识分子"的符号和把孔子说成是天生圣人的符号,同样是不着边际的概括,并没有"还原"出多少真相。

所以在我看来,"怀抱理想,在现实世界找不到精神家园"不是关键,关键在怀抱什么"理想",寻找怎样的"精神家园"。如果不触及这一实质性的层面,一切议论都将是隔靴搔痒。而李先生的大多数读解,都回避和取消了这一问题,这点我们下文再详述。

---

① 李零:《丧家狗——我读〈论语〉》,〈自序〉,第11页。

以上的批评似乎还只是咬文嚼字,让我们从更专业一点的角度提几个问题:问题四,"丧家狗"的故事可信么？李先生一再说:"我读《论语》,是读原典。孔子的想法是什么,要看原书。"①但封面上力透纸背的"丧家狗"三字,在《论语》中根本找不到。令我惊奇的是,李先生何以如此公然违背自己设立的原则,拿《论语》中根本没有的轶事来作为解释《论语》的根本出发点。当然,"丧家狗"的故事出自《史记》、《韩诗外传》等秦汉间的古籍,也算是由来有自,不过比《论语》的成书晚了三四百年而已。但李先生不会不知道,从战国到秦汉间,孔子在诸子百家中居于核心的地位,不但儒家充分利用了孔子的资源,即使墨家、道家、法家等流派也常常将孔子作为"传统文化"的象征符号,或褒或贬,以宣扬各自的主张——与今日何其似尔。在这个大背景下,关于孔子的传说明显有一个踵事增华的过程。像《庄子》中提到的孔子和老子长篇大论的对话,又如《礼记》中孔子和弟子的许多问答,未必都是当时的实录,"丧家狗"的故事也应该放在这个背景下考量。举例来说,《庄子·秋水》中还有一段故事:

> 孔子游于匡,宋人围之,数匝,而弦歌不辍。子路入见,曰:"何夫子之娱也？"孔子曰:"来,吾语汝。我讳穷久矣,而不免,命也;求通久矣,而不得,时也。当尧、舜而天下无穷人,非知得也;当桀、纣而天下无通人,非知失也;时势适然。夫水行不避蛟龙者,渔父之勇也;陆行不避兕虎者,猎夫之勇也;白刃交于前,视死若生者,烈士之勇也;知穷之有命,知通之有时,临大难而不惧者,圣人之勇也。由,处矣！吾命有所制矣！"无几何,将甲者进,辞曰:"以为阳虎也,故围之;今非也,请辞而退。"

按此说法,孔子自诩有"圣人之勇",岂非早已自命为圣人？又何止是"丧家狗"而已？为什么"丧家狗"就是孔子的"本质",而"圣人之勇"只是后世的"传说"或"伪造"呢？

《庄子》中的记载或许较不如《史记》权威,但《史记》中的记载也未必可信。实际上,早有学者怀疑这段"丧家狗"的故事为伪说,崔东壁说:"郑在宋

---

① 李零:《丧家狗——我读〈论语〉》,〈自序〉,第2页。

西,陈在宋南,自宋适陈,必不由郑。"钱穆更广征博引,发挥其说。① 李先生当然可以反对这一派的论证,但是不该对此视而不见。李先生自称对《先秦诸子系年》很欣赏②,自然绝非没有读过此书。但是我没有看到对这一点有什么辩驳。李先生附录中的"孔子年表",多依从钱穆的《孔子传》,而该书中却绝未提到"适郑"之事。③ 用早已有人指出可疑的材料而不加解释,在学术上恐怕说不过去。

不过即使把这一点搁置不论,我们再问:问题五,从《史记》等书的记载,就能推出孔子是"丧家狗"么?也不然。李先生自己所引的《韩诗外传》中就说"孔子无所辞,独辞丧家狗"。也就是说,孔子承认自己和几个圣人相似,却根本不认自己是丧家狗。而姑布子卿这位"相者"也把孔子视为"圣人"。当然,这段文本在理解上疑难不少(比如这里的丧家狗是真的狗还是"刍狗"都有争议),所以李先生也避重就轻,用"最后一条,有些不同"轻轻带过。不过,虽然文意迂曲难通,但和李先生的解释大相矛盾,却是一目了然的事情。李先生既然在"丧家狗"三字上大做文章,自然应当对此有所说明才是。

我们还要指出的是,即使《韩诗外传》中与《史记》大相径庭的记叙不论,单从《史记》的记载中,也推不出孔子自承为丧家狗的结论来。按《史记·孔子世家》的说法,孔子到了郑都,和弟子走散了,只有站在城门等人,形容想必相当狼狈,被郑人奚落了一番,说有点像圣人又不太像,还是像条丧家狗。子贡把郑人的话告诉孔子,孔子付之一笑,说形状本来是无关紧要的末节,不过说我看起来像丧家狗,倒确是如此。恕我直言,在这段话中,根本看不出孔子将自己"当作"丧家狗的意思,即使是在隐喻的层面上。孔子"欣然笑曰",显然只是将此当成是无伤大雅的笑话,何况"形状,末也",长相如何本来就是小事,说我看起来像丧家狗又有什么要紧?很明显,在这个故事里,孔子最多只是对自己当时狼狈情况的一种自嘲,哪里谈得上"只承认自己是丧家狗"?

---

① 参看钱穆:《先秦诸子系年》,北京:商务印书馆,2001年,第51—53页。
② 李零:《丧家狗——我读〈论语〉》,第8页。
③ 同上书,第8—11页。钱穆:《孔子传》,北京:三联书店,2002年。

李先生为了自圆其说,不得不对原文的解说做了一番手脚。第一,按各书记载,孔子当时是"欣然笑曰",独《孔子家语》做"欣然而叹",纵然如此,也只是一种爽朗的自嘲。但到了李先生笔下,孔子的笑容全没有了,成了"反而平静地说"[①],好像是经过深思熟虑给自己一生做总结一样。所以,一个幽默的笑话成了郑重其事的自承,更成就了李先生这部以"丧家狗"命名的大著。

第二,孔子只说自己从形貌上"似"丧家狗,李先生却把这个"似"说成"是",二者相去不可以道里计。当然,李先生或许会分辨,说孔子像丧家狗,不只是指外形,也是指无家可归、四处流浪的行迹。但从文中并不能明确读出这层意思,我们看到的只是对外貌的描述。纵然确有这一层意思,也只是行迹上的"似"而非"是"。孔子游走四方有高远的理想,有明确的政治目的,有许多弟子追随,有王公贵族接风洗尘。虽然政治主张四处碰壁,偶尔也有畏匡绝陈之类的狼狈场面,但总体来说,绝非一般游士流民可比,更不用说四处觅食的丧家之狗了。用表面的"形似"概括孔子,得出的结论也不免"似是而非"。

第三,李先生对这段的解释说"孔子宁认丧家狗,不认圣人"[②],也未免略有歪曲。孔子或许不认为自己是圣人,但是在这段话里,孔子因为丧家狗的比喻新奇而忍俊不禁,但对把他和其他圣人的相貌比较不置可否,并没有特别"否认"的意味。其实,这段话的文意本来显豁,"形状,末也",像圣人还是像流浪狗又有什么关系?李先生一定要在二者之间作出截然的区分,未免与原意不符。

综上所述,李先生用"丧家狗"来诠释孔子,不但褒贬失当、解释牵强、理解肤泛,依据的文本不可信,而且对文本的解读也有明显的差池,其难以成立,不待智者而明。但是,为什么李先生一定要利用这样一个漏洞百出的隐喻呢?

是否与在文革中受的影响有关不论,总体上,李先生用这一隐喻要表明的是:孔子的"圣人"面具之下,隐藏着一个与之大相径庭的真相,关键在于

---

① 李零:《丧家狗——我读〈论语〉》,〈自序〉,第2页。
② 同上书,第15页。

"圣人"同"狗"之间的强烈反差。当然,所谓"丧家狗"无论如何也只是隐喻,其表层的相似点,是指孔子的颠沛流离,饱受患难而始终郁郁不得志。但是,历代将孔子视为"至圣先师"者,也并未否认或掩饰这一点,并往往将其视为"天命"对孔子的考验。因此,在深层上这一隐喻在于强调孔子的不识时务,不合时宜,处处碰壁——这里绝没有"天命所归"的神圣力量,至于死后的"圣化"也完全违逆了他的本意,甚至走向其反面。也就是说,"丧家狗"的意义在于强调知识分子在强横暴虐的世俗权力面前的无力感,这种无力感足以解构"夫子温良恭俭让以得之"之类的"道统"神话,而重新把知识和权力的关系置于问题之中。就此而言,这个问题百出的隐喻也有其不可忽视的意义。遗憾的是,李先生给出了一个明确而武断的答案:"孔子就是丧家狗",而再次遮蔽了问题本身。真正重要的或许正是"圣人"与"狗"的差异本身:一切现成的历史叙事——"圣人"的叙事和"狗"的叙事都在这种差异性中被悬置在疑问中。顺理成章地,李先生的下一步就是顺着"丧家狗"的思路,解构孔子的"圣人"身份。

二 孔子是"圣人"么?

李先生明确地说:"我读《论语》,是为了破除迷信。第一要破,就是'圣人'。"[①]什么是"圣人"?简言之,"圣人"可以被视为知识和力量的结合体,足以通过观念的力量创造出新的现实秩序,所谓"作者之谓圣"。李先生的目的在于打破这个结合,从而进一步彰显出孔子作为"知识分子"的无力。具体来说,李先生的论证分三层:第一,从定义上看,孔子就不是圣人;第二,孔子不承认自己是圣人;第三,将孔子奉为圣人是后世的伪造。我们逐一来看:

第一,李先生论证道:"当圣人,要有两个条件:一是聪明,天生聪明;二是有权,安民济民。"[②]也就是说,只有"生而知之",并统治天下的"圣王",才能称为圣人。而这两个条件孔子全不符合,所以孔子不是圣人。但这个论

---

① 李零:《丧家狗——我读〈论语〉》,第339页。
② 同上书,第342页。

证是不正确的。首先,假定在孔子的时代,圣人的定义确实包括这两条,但是"圣人"的定义,正如其他许多概念一样,会随着历史而改变,也会随着政治环境、社会状况等方面而有不同的侧重。例如,某些时代对帝王也习称为"圣人",但是不会真把当朝皇帝当成和尧、舜、孔子一样的"圣人"。这是"圣人"的一种意思。将孔子视为"圣人"是另一种意思。我们单单看后人在什么意义上把孔子视为"圣人"。

其他历史时期不论,单说在李先生所激烈抨击的宋明理学中,"圣人"的意思既不是指生而知之,也不是指统治天下,而是指达到极高的道德修养境界的人(这个界定当然不严格,李先生对理学不以为然,所以我也只用泛泛的说法,不谈"与天地合其德"之类的话头)。理学家讲"人皆可为圣人",自然不是说大家都生而知之,更不是让大家都去抢着称王称帝,而是说每个人通过学习和修养都可以达到这种道德境界。为了达到这种境界,事功及智力反而是次要因素。在这个意义上,说孔子是圣人,也自有其合理性。实际上,我们现在所说的"圣人",虽然已经不再怎么用,但对它的理解主要也就是从理学传统来的,侧重于道德方面,这和先秦的"圣王"已经相去很远了。也就是说,圣人这个概念,本身就有一个历史发展的维度。

李先生说"孔子不是圣人","新儒家"们听起来不免不快,但问题是李先生的论证是批评孔子不是先秦意义上的"圣人",而不是说孔子不是新儒家意义上的"圣人",这个批判恐怕是张冠李戴。新儒家对"圣人"有自己的界定,这个定义也有几百年流变的历史,不是他们自己发明出来的,并且还更符合常识中对"圣人"的理解。一般说来,新儒家既不认为孔子生下来就什么都知道,也不认为孔子是受命统治天下的"素王"(当然也不排除有少数人如此认为),而只是认为孔子道德修养达到了极高的境界,对世界和人的领悟也很透彻,他的学问博大精深,可以为万世师表。李先生又凭什么说孔子不是这个意义上的"圣人"? 如果说李先生要否定孔子是这个意义上的圣人,就该讲孔子的道德修养并不高,对人生和世界的看法也很肤浅——至少没有现代社会科学的水平。李先生的书里不是没有这层意思,但不是孔子是否为圣人的论据,而是结论。在这一问题上,李先生主要论证的是,孔子在他的时代,按照当时的标准不是圣人。

如此看来,双方的干戈似乎是一场误会。但这只是问题的一半。更重要的是，即使在孔子的时代，人们也不是这么理解"圣人"的，李先生归纳的定义完全不着边际。

先谈李先生所谓的第一个条件：圣和聪明的关系。李先生正确地指出，"圣"和"听"之间同源，圣人也就是善于聆听的人，圣人的"聪明"也就是善于从聆听中得到知识或判断是非。郭店简《五行》中说："见而知之，智也。闻而知之，圣也。"①"圣"未必是生下来就什么都知道，"闻而知之"也是圣。不过推测而论，"闻而知之"比"见而知之"应该具有更高的理解和领悟能力。所谓"闻弦歌而知雅意"，一向是古人推崇的境界。

"圣"的原始含义既然是语音与意义之间的通达关系，从这里就衍生出"通"的意思。《说文解字》："圣，通也。"先秦古籍的大多数注疏家对"圣"都是以"通"来解释的（《经籍撰诂》、《故训汇纂》等著作中收集了许多例证，可以参考）。段玉裁注云："凡一事精通，亦得谓之圣。"②也就是说，"圣"起初只是对某事的"精通"而已。善于聆听和理解自然就能够"通"。这方面可以佐证的文献不少，《礼记·乡饮酒义》："仁义接，宾主有事，俎豆有数曰圣。"可见，只是精通一些礼仪就是"圣"了。又如《周礼·地官司徒》中说："以乡三物教万民而宾兴之：一曰六德，知、仁、圣、义、忠、和；二曰六行，孝、友、睦、姻、任、恤；三曰六艺，礼、乐、射、御、书、数。""圣"与一般的德行、艺能并列，也并不是特别高而无法企及的要求。《五行》中不是也把仁、义、礼、智、圣并列么？

如果把这个"通"再拔高化，绝对化，真正的"通"就成了"无所不通"。《尚书·大禹谟》孔传："圣者，无所不通之谓也。"据一些注疏，圣又有"通而先识"的意思，近乎生而知之，应该还是从"通"这个义项来的：因为"圣"是无所不通，似乎超过人的学习能力，所以令人疑心有"生而知之"的成分。但即使在《五行》中，"圣"也主要是"闻而知之"，还是需要去聆听理解，并非未卜先知。总的来说，"生而知之"之类并不是"圣人"的核心意义。正如今天的"天才"，也不是说这人的才能完全天生就有，不需要后天的培养。

《论语》中所说的"太宰问于子贡曰：'夫子圣者与？何其多能也？'"就

---

① 简文《五行》，引用自李零：《郭店楚简校读记》，北京：北京大学出版社，2002年，第79页。
② 〔清〕段玉裁：《说文解字注》，经韵楼藏本，上海：上海古籍出版社，1981年，第592页。

是从这个"通"的意义来的。孔子的回答是:"吾少也贱,故多能鄙事。"也并没有否认这个"通"。孔子的广博或许还不到"生而知之"的程度,但在当时想必也极为突出,所以时人以"圣人"视之,并不是没有理由。其实,"圣"这个概念在当时并非像后世一样高不可攀。《左传·襄公二十二年》:"春,臧武仲如晋。雨,过御叔。御叔在其邑,将饮酒,曰:'焉用圣人?我将饮酒而已。雨行,何以圣为?'"可见当时的"圣人"不只孔子一家,臧武仲就因为多智而被视为"圣人"。但这个"圣人"绝非不可批评、高高在上的"偶像",这位御叔对他就不怎么恭敬。我以为与其一定要说孔子不是"圣人",倒不如复原这个"圣人"较原始、朴实的含义为好。

李先生对圣人定义的第一项已经不能成立,第二项就更无论如何也说不过去了。李先生认为圣人即是圣王,孔子并非掌握权柄的王者,因此并非圣人。但是这一点后人或许有所混淆,当时的人却不可能不知道,孔子的弟子抬举老师是"圣人",当然不是让别人相信孔子一度统治了天下。太宰问子贡孔子是不是"圣者",当然也不是糊涂到问子贡孔子是不是登基当了天子。孔子虽说"如有用我者,吾其为东周乎",又说"文王既没,文不在兹乎?"好像有那么一点"政治野心"的意思,但毕竟离圣王还差得太远。之所以弟子可以这样捧,别人可以这样问,恰恰说明了当时对"圣人"的看法不包括统治天下的权力,这个"条件"根本就不存在,上面说的臧武仲也是一个反例。

我以为,李先生的这一论证混淆了两个层面:一是圣人这个词是什么意思("意义");二是圣人这个词用来指什么("指称")。即使按李先生的说法,圣人一般就用来指圣"王",但是"圣人"这个词并不包括这个意义。譬如说,假设某个时期全世界所有的篮球明星都是美国人,但是"篮球明星"这个词里绝没有"美国人"的意思,所以我如果说某个中国人已经成了篮球明星,我们总不能因为此人是中国人而非美国籍而不承认。所以,因为孔子没有称王而否认孔子可以是"圣人",这个论证是不能成立的。

那么为什么圣人往往要和"王"的权力结合起来?从许多古书中都可以找到关联所在,圣人这个概念往往是和"教化"联系起来的。《易·观彖》:"圣人以神道设教,而天下服矣!"《系辞下》:"上古穴居而野处,后世圣人易之以宫室……古之葬者,厚衣之以薪,葬之中野,不封不树,丧期无数;后世圣人易之以棺椁……上古结绳而治,后世圣人易之以书契。"《礼记·礼运》:"故圣人以礼示之,故天下国家可得而正也。"类似表述尚多,不赘。"圣王"是靠他的教化能力,令人民过上了文明的生活才获得了统治权,而非相反,当了王就能成圣人。就教化能力和成就而言,孔子恰恰可以和上古圣王相提并论,甚至犹有过之。朱熹说:"若吾夫子,则虽不得其位,而所以继往圣、开来学,其功反有贤于尧舜者"(《中庸章句序》),就说得很中肯。教化本身之所以能够成功,就在于圣人掌握知识和观念的力量,这虽不是但又高于一般政治权力,并成为其渊源。

总之,孔子是不是圣人,在什么意义上是圣人本身是一个"思想史"的问题。"圣人"这个概念本身有层次,有演变,单纯说"是"还是"否"并没有实质意义。关键要剖析其中的细致内涵。而李先生并未在这方面下工夫(按李先生的学力,本来可以做出十分精辟的研究),就断言孔子绝非圣人,自然也难以服人。李先生要反对的是孔子是现代新儒家意义上的"圣人",可是却反过来从"圣人"的古义上来说,而偏偏对这个古义的理解又很不准确——可见这一层论证是很失败的。

当然,李先生不是光凭一个生造的定义,他还有孔子自己的"供词"。这也就是李先生的第二个论证:孔子否认自己是圣人。李先生举出了几句《论语》中的名言,如"若圣与仁,则吾岂敢",然后说,"我宁愿尊重孔子本人的想法"。[①] 李先生的这种"尊重",令孔子从圣人沦为"丧家狗",相当反讽。

可是这个论证的问题是一目了然的。即使"圣人"的意义在历史上已经发生了一定变迁这一点不论,李先生也没有考虑到当时语境中的许多其他因素。这不单单是孔子可能在自谦的问题。在今天这个时代,"自谦"只是国人的客套话,而丝毫也不代表当事人内心的想法。但在过去,特别在较为纯朴的先秦时代,情况可能就大不一样。我并不怀疑孔子的真诚,但是我怀疑从字面上理解孔子的这些表述能否自圆其说,我们一一来看。

"若圣与仁,则吾岂敢?"(《论语·述而》)实际上,在这里,孔子是把圣和仁当成一个绝对的、完美的标准,然后来衡量自己。按李先生的说法,固然可以说孔子不算圣人,但别忘了,孔子还说了"仁",莫非孔子连"仁人"都

---

① 李零:《丧家狗——我读〈论语〉》,〈自序〉,第 2 页。

不算么？这就很难说得过去了。"圣人,吾不得而见之矣。"(《论语·述而》)孔子看来认定圣人都死光了,可后面还有"善人,吾不得而见之矣"。我们实在无法想象,孔子认为当世就没有"善人"。这大概只是孔子一种激愤的感慨而已。"何事于仁,必也圣乎! 尧、舜其犹病诸!"(《论语·雍也》)按这个标准,不但孔子自己不算圣人,孔子也不承认尧、舜是真正的圣人!那还有谁是圣人呢?

总之,按照李先生的解读,把每一句话都当成是孔子对自身绝对客观中立的陈述,这几句话可能就根本无法读通。其实,李先生自己也提到,《论语》中的每句话都有一个失落了的语境,脱离了这个语境,很多内容都无法解释。① 像上面提到的几句话,更重要的是结合语境去理解,而非断章取义,将个别的表述视为绝对。一方面是"若圣与仁,则吾岂敢",一方面是"我欲仁,斯仁至矣"(《论语·述而》),一方面是"尧、舜其犹病诸",一方面是"唯天为大,唯尧则之"(《论语·泰伯》),这里的表面"矛盾"不在少数。这大概不能说是孔子的思想混乱,而在于脱离了原来的语境,我们很难达到精确允洽的理解。

再举几个李先生没有提到的例子。孔子曾说自己还不是"君子"("躬行君子,则吾未之有得"[《论语·述而》]),甚至还不如弟子颜回("弗如也! 吾与女弗如也"[《论语·公冶长》,此从何晏《论语集解》])。按照李先生的逻辑,当说孔子承认自己不是君子,也比不上颜回。可是究竟孔子是不是君子,如不如颜回,却并没有太多异议。这无论如何只能说是孔子的虚怀若谷,而不能作贬低孔子的口实。如果李先生认为孔子不是圣人的论证能够成立,那么说孔子不是仁人、君子,也一样能成立。

不过总的来说,孔子确实认为"圣"是极高的境界,自己尚未达到。这一点上李先生确实无懈可击。但正如孔子否认自己是"仁人"、"善人",我们却不能不把他当做仁人善人;孔子否认自己是圣人,也不代表我们就一定要否认他是圣人。这就涉及第三个问题,如何看待当时和后世对孔子的"圣化"？ 这完全是伪造的"假孔子"么?

对孔子的所谓"圣化"可以分成两个阶段:第一阶段是从孔子生前到死

---

① 李零:《简帛古书与学术源流》,北京:三联书店,2004 年,第 298 页。

后两百年间,他的弟子和再传弟子们对他的"圣化";第二阶段是从汉朝以后,由朝廷给他封王封侯。李先生没有明确地区分这两者的不同(其实至少还有第三阶段,即宋明理学对孔子的"再发现")。这两个阶段应该区别看待:后世帝王政治利用性质的加官封爵不论(就儒学对后世王朝政治制度的深远规划而言,也不仅仅是"利用"那么简单),亲炙过孔子的一代弟子们对孔子的尊崇却是真心实意的,不是什么"意识形态"。李先生的行文似乎在暗示,孔门弟子们不过是一个利益集团,搞"孔子圣化运动"也是为了抬高自己的地位("老师不当圣人,学生怎么当?"①)。这种臆测恐怕并没有多少根据。

如果不把孔门弟子对老师的热爱,恶意揣测成他们为了自己的利益而吹捧的话,那么就很难否认孔子有极高的人格魅力的事实。对于研究孔子来说,真正重要的是要弄清楚孔子的魅力究竟在哪里?什么地方值得那么多弟子死心塌地钦佩崇敬?抓住某些表述上的出入就将一个值得深思的历史文化现象一概否定,斥之为纯粹的假造伪造,并不能解决任何问题。

换一个角度看,李先生在孔子是否圣人这个问题上的大张伐挞,重点并不在"圣人"上,而在孔子是否堪称"伟大"的问题上。在今天这样一个"去神圣化"的时代,按我们一般人的看法,孔子纵然不是"圣人",但仍然是伟人。但李先生却回避了孔子是否伟大的问题,而只在极端的"圣人"和"普通人"两个选项之间做取舍,最后认定他是个普通人。"夫子也好,十哲也好,都是普通人。"②甚至连普通人都不如,"他很恓惶,也很无奈,唇焦口燥,颠沛流离,像条无家可归的流浪狗"③。要说孔子和普通人有什么不一样,就是他"堂吉诃德"般的傻劲,"但他一辈子都生活在周公之梦中,就像塞万提斯笔下的堂吉诃德,可笑也可爱"④。这个成天做白日梦的堂吉诃德式的孔子形象,或许也有他的"可爱"之处,但是显然,近乎疯癫的"堂吉诃德"被自己的跟班桑丘都瞧不起,更不可能让那么多弟子死心塌地地追随他、热爱他、崇拜他,把他的教诲奉为至高真理。而李先生处理这一困难的方式只能

---

① 李零:《丧家狗——我读〈论语〉》,第 27 页。
② 同上书,第 24 页。
③ 同上书,〈自序〉,第 2 页。
④ 同上书,第 12 页。

是将这些亲炙过孔子的弟子斥为"不听孔子的话"①,好像听孔子的话就是要把孔子当成一个普通的"教书匠",不要去崇拜他,景仰他。这样一来,真正的问题就被消解了。

李先生煞费苦心要证明的是,这些亲见过孔子,在孔子身边了呆了十几年几十年的弟子都错了,孔子只是个脱离现实的教书匠,绝不像他们说的那么伟大。可是问题是,李先生何以能认为自己比这些孔子的及门弟子更加了解孔子?道理或许很简单,李先生是现代人,知道现在的自然科学、社会科学,知道理性、法治、民主、人权,知道中国要发展还得靠向西方学习,靠科学技术,不能靠崇拜老祖宗,靠重温经典。孔子的迂腐教化,李先生当然不以为然了。也就是说,所谓的面向原典、放下成见、细读文本并没有落实到底;根本上,李先生仍是拿一个现代人的立场去衡量孔子,一个西化了的知识分子的眼光去打量孔子。"孔子不是圣人"是从李先生的立场本身就设定好了的前提,文中几个论证不过是补充而已。

进一步而言,上文已经指出,李先生确认孔子是"丧家狗"和否认孔子是圣人,一正一反,根本上都在于确立孔子面对现实的无能为力,从而确证他对于"知识分子"的特定理解。这种无力感,这种非神圣的方面,当然是存在的。但另一方面,《论语》和《孔子世家》等文献中也显示出充盈的力量感,显示出对神圣性的指向,甚至这两方面可以说相辅相成。"天下之无道也久矣,天将以夫子为木铎。"(《论语·八佾》)"天之将丧斯文也,后死者不得与于斯文也。天之未丧斯文也,匡人其如予何!"(《论语·子罕》)看起来,在日常的无力和挫折之中,孔子也会在关键性的时刻拥有神圣感的体验,这是后世对孔子宗圣的渊源,也是将孔子和绝大多数所谓知识分子区别开来的重要方面。后世的司马迁由衷地说:"孔子布衣,传十余世,学者宗之。自天子王侯,中国言六艺者折中于夫子,可谓至圣矣!"(《史记·孔子世家》)我们看到,作为"布衣"出身的孔子,通过对传统文献的整理和融汇,创造出一整套理想的观念,从而在数百年的历史进程中,深刻改变和重建了中国的政治文化秩序。这是作为见证人的司马迁所为之惊叹的奇迹。而"作者之谓圣",将孔子视为"至圣",并不只是对客观事实的认知,更多地是从这一"效

---

① 李零:《丧家狗——我读〈论语〉》,第12页。

果历史"出发,对这一历史进程的理解。到现在已经很清楚,关键在于,如何理解孔子的知识、观念和信仰对剧变中的华夏文明社会的重大影响,这是判别孔子是否具有力量和圣性的决定性依据。遗憾的是,李先生在《丧家狗》中从未真正涉及这一层面。因此"圣人"这个问题在根本上也仍然悬而未决,保持开放。

最后还要附论一点,即"圣人"这个词似乎含有某种规范意义。"圣人"一词之所以有时候惹人反感,不仅在于它对某种神圣境界的指涉,而且在于其中似乎蕴涵着不可反对、不可置疑的准宗教含义。但这多少是一种误解。"圣人"虽然号称与天地精神往来,但并没有到上天入地的神异程度,而仍然在人的境域之中。墨子说"鬼神之明智于圣人,犹聪耳明目之于聋瞽(《墨子·耕柱》)",可见按当时人的看法,圣人的智能只能在人类中占优,而不能有"天眼通"、"天耳通"。《中庸》中说"君子之道费而隐,夫妇之愚,可以与知焉,及其至也,虽圣人亦有所不知焉",可见圣人也远不是全知全能。当然,后世教化可能会强调"圣人"不可违反的一面而日益显出弊端,但这本意也无非是说,圣人的高度非常人所及而已。中国思想所理解的神圣性,并非某些宗教神学中的截然两分,而是一种与世俗融合无间的神圣性。[①]

三 李先生对《论语》的解读准确么?

李先生对孔子的观点,当然不仅仅是在导言和结论部分说的,而是贯穿于他对《论语》的通篇解读。李先生自然认为,他的观点是建立在整个文本解读之上的(虽然我们读〈自序〉总觉得,这种观点不过是"长在红旗下"的生长环境和阅读背景所自然导致的[②])。用李先生的话来说:"什么对,什么错,都得阅读原典。不读原典的胡说八道,才最没发言权。"[③]我们要补充的是,发言对不对,还得看和原典符不符合,或者符合到何种程度。

李先生自己承认,《论语》中的条目,大都非常简洁,脱离了一定的上下

[①] 相关论述可以参看〔美〕芬格莱特著:《孔子:即凡而圣》,彭国翔、张华译,南京:江苏人民出版社,2002年。
[②] 李零:《丧家狗——我读〈论语〉》,〈自序〉,第3页。
[③] 同上书,〈自序〉,第4页。

文语境,有的不易索解,有的可以有多种解释。解释也分很多层次,可以只解说字面的意思,也可以阐发其上下文语境、具体用意或深层思想。也就是说,以原典为依据,可以有多方面多层次的阐释。任何一种解释,都不可能直接从原典得出,而必须有一定的背景,一定的在先理解。李先生的解释也不能例外。单说"我的一切结论,是用孔子本人的话来讲话"①,恐怕是自欺欺人。阐释《论语》的时候,不可能不依据历代的旧注疏,而这些旧说本身又有其各自的成见、偏好和倾向。固然可以通过对旧注的批判来尽量摆脱这些"杂质",但要达到彻底的纯粹的"孔子本人",恐怕仍是一种奢望。事实上,李先生的解说也绝未摆脱旧注的束缚,却基本上仍是在旧注的框架中进行的。从引用文献可以看出,李先生主要依据的就是程树德的《论语集释》。如何在这个基本框架之中翻出新的解释,是一个方法论上的突出困难。

从理论上,可以通过考古学、文献学、语言文字学等领域中新的成果推翻陈说,做出新的解释。李先生也做过这方面的努力,但是毕竟新学科的成果太微薄,且往往在于名物的考据,还远不足以重塑一种全新的解释。另一方面,也可以通过某种更高的"思想观念",把原来的框架本身一概打倒,来个重新定位。但这当然也谈不上"用孔子本人的话来讲话"。李先生的做法是另外一种,基本上用旧注的训释疏通文句,再用进一步的联想、发挥、批评确立自己的意思。应该说,这完全是两个层面,这两个层面之间没有必然的联系。李先生对文本的"解释"很难确立他自己的结论,这个结论是通过进一步的联想发挥才得到的。但是后者与对文本本身的解释之间并没有严格的推论关系。这是李先生书中最薄弱的环节。

举一个典型的例子。孔子说"三人行,必有我师焉。择其善者而从之,其不善者而改之"(《论语·述而》),这句话在字句训诂上没有困难。李先生说:"孔子学无常师,善于向各种人学习。"②这自然不错,但这个解释自古以来就没有问题。有趣的倒是李先生对它特殊的"发挥":"我觉得,这话平淡无奇,但有点意思。意思在哪里? 主要是对批判知识分子有用。"③李先生

---

① 李零:《丧家狗——我读〈论语〉》,〈自序〉,第 2 页。
② 同上书,第 153 页。
③ 同上。

说,知识分子算什么?"认两狗字",就自以为了不起,说白了是现代知识体系下的"精神残废"。其实工人农民,谁没有值得学习的特殊技能?李先生在此和在该书的其他部分一样,将"知识分子"和"技术专家"混为一谈,这在现代西方语境中是一个基本的区别。① 不过这种混淆是知识分子常有的通病,姑且不论。重要的是李先生隐含的推论:"三人行必有我师"说明"知识分子"没什么了不起。所以说,孔子也认为知识分子没什么了不起。作为知识分子的代表,孔子自然也没什么了不起。或许知识分子确实没什么了不起,但如果心平气和地去看待这段话,无论如何读不出李先生的心得。"三人行必有我师"强调的是广泛学习的意义,不仅是从正面学习他人的优点,也从负面吸取他人的教训(这一点李先生回避了)。这话虽然"平淡无奇",但真能做到的人恐怕少之又少。孔子对自己满意甚至有些自负的正是这种"好学"精神,"十室之邑,必有忠信如丘者焉,不如丘之好学也"(《论语·公冶长》)。"好学"也是孔子对一个人的极高评价,"君子食无求饱,居无求安,敏于事而慎于言,就有道而正焉,可谓好学也已"(《论语·学而》)。其余"六言六蔽"之类的表述尚多,不赘。而这段话正是孔子所强调的"好学"精神的具体体现。如果一定要说"知识分子"有什么特别之处的话,那么这种好学精神可以说正是"知识分子"区别于常人的优点。至少这种精神——要求不断学习和提高自己——还是有一点"了不起"的。看不到这一层内涵,而只是自矜于剥下了知识分子的画皮,只能产生浮泛而歪曲的解释。

实际上,在全书中,李先生这类近乎曲解的随意发挥比比皆是,几乎到了令人瞠目结舌的地步。一些纯粹是随意联想的内容就不多说了(毕竟是讲稿而非专著,情有可原),在此只略举几个与理解文本直接相关的例子。"仁者安仁,智者利仁",李先生说"孔子说的境界,没准是饿着肚子而文思泉涌"②。不知"安仁"、"利仁"和"文思泉涌"有何关系?实际上,孔子这里讲的主要是如何通过与"仁"之间的关系而达到生活的美好和长久。李先生无

---

① 关于这一区别,可以参看〔英〕雷蒙·威廉斯:《关键词》(刘建基译,北京:三联书店,2005年)中的"intellectual"条目。
② 李零:《丧家狗——我读〈论语〉》,第104页。

形中把孔子贬到了二流文人的境界了。"知之者不如好之者,好之者不如乐之者",李先生说:"这两句,我喜欢……我把读书当休息,在书中找乐子,一切是为了好玩。"①可是"孔颜之乐"就等于"为了好玩"么?显然不是,比如"助人为乐"就不能说是"为了好玩才帮助人",而是说从助人的行为中得到合乎天性的快乐。其实,前面说"人不堪其忧,回也不改其乐",李先生只解释"一箪食,一瓢饮"的名物,然后简单地说"颜回穷开心",也等于没有解释。李先生对孔子的"乐"一直隔膜得很,李先生的笔下,孔子晚景凄凉,"回死由亡,让他哭干了眼泪"②。可惜孔子却不按李先生的思路来,人生过得有滋有味。李先生也不得不啧啧称奇:"最奇怪的是,过了七十岁,即将走完人生旅程的他,却说他已达到'从心所欲,不逾矩'。"解释不通还要强加解释,所以李先生的结论是"死亡是最大的解放"③。在先生看来,孔子的安慰,就是知道自己快死了,不在乎了。"我欲仁,斯仁至矣",对这话的解说更奇怪。李先生说:"你心里想着仁,仁也就来了。这是'立等可取'的鼓励方法。就像很多俗和尚,以为念一声阿弥陀佛,就可以往生净土。"④这个解说也是完全错误的。念阿弥陀佛是借助外在神灵的力量,"我欲仁"是开发自己固有的潜能(《论语·里仁》:"有能一日用其力于仁矣乎?我未见力不足者。"),二者毫无可比性。"我欲仁"并不是单独地想着仁,而是立即按照"仁"的原则去行动。"博学而笃志,切问而近思,仁在其中矣",对这段话,李先生干脆把最核心的"仁"字撇开不讲,而说起学术分工的利弊之类的事情来。⑤ 实际上子夏的用意当是从洒扫应对进退等礼节的学习中一步步通过切问反思而达到"仁"的境界,与狭义的"做学问"没有直接的关系。

这些零零总总的误读和曲解并非偶然。关键在于,李先生对孔子的核心范畴"仁"、"礼"、"好学"等等缺乏切己的体会,又多不以为然,解释起来自然也力不从心,根本点不到要害。李先生对孔子的理解,不过是"教书匠的祖师爷"而已,把孔子看成一个"教书匠",自然只能用一般文人学者、知识

---

① 李零:《丧家狗——我读〈论语〉》,第136页。
② 同上书,〈自序〉,第2页。
③ 同上书,第75页。
④ 同上书,第157页。
⑤ 同上书,第322页。

分子的眼光去看待,看到的自然也不过是一堆迂腐陈说而已,最多不过是"读书是为了好玩"之类的文人之见。

拿对"仁"这个字本身的解说来看,李先生从文字学上指出,"仁"是"人"字加两横,有如重文,这两横并没有实际的意义(非旧注中所谓"二"),而只是将它与人区别开来。所以仁的意思就是"拿人当人",即把人当成人来看。① 应该说这还是一个颇有意思的切入点,但李先生在得出这个形式上的定义之后,却并没有结合《论语》中大量的表述作深入的阐发,而是随即转到了对"孝弟"的"复古色彩的保守思想"的批判上,好像"孝弟"只是家族宗法制社会一种约束人的规则一样。但是何以"拿人当人"这种堪称"进步"的思想反而会在这种复古论中产生呢?孝弟这种家庭伦理和"拿人当人"这种似乎是普遍的人道主义之间又有什么联系?李先生一概付之阙如。我以为,"拿人当人"恰恰首先是拿爸爸当爸爸,拿哥哥当哥哥。在孔子以及儒家看来,人之为人的本质就在以家庭为本位的社会关系中。这是一个虽老生常谈却仍有深度的思想命题,在此不能进一步讨论。在此只能说,如果李先生对这一点多一点了解体会,或许一些偏颇无意义的苛评就不会产生(比如对"三年无改于父之道"的批判)。

另外,李先生还有一些地方和旧注的解读完全不同,别出心裁,突发奇想,而又毫无依据,矛盾不少。如曾子有疾,召门人弟子说:"启予足!启予手!《诗》云:'战战兢兢,如临深渊,如履薄冰。'而今而后,吾知免夫!小子!"(《论语·泰伯》)旧注均认为这是指曾子一生的戒慎恐惧,最后知道一生终于能够免于毁伤,保全身体而松了一口气。李先生却说这是"讲曾子大病一场,死里逃生的感觉",说"战战兢兢,如临深渊,如履薄冰"是指人的濒死体验。② 此说在旧注中绝无依据,不知何故而云然?实际上,儒家典籍中"曾子有疾"方面的记载不少,《礼记·檀弓上》中"易箦"一节更明写是曾子临终之际。合理的推断是这些记载都出于同一事实的衍生,即曾子临终时对弟子们的训示和嘱托。就这种解释本身而言,也很难说通。第一,原文明明作"曾子有疾,召门人弟子曰",可按李先生的解释,得说"曾子疾愈",才

---

① 李零:《丧家狗——我读〈论语〉》,第55页。
② 同上书,第164页。

能体现出死里逃生的意义。第二，曾子大病将死，招来门人弟子说几句遗言合情合理；曾子若是大病初愈，跟身边的几个弟子讲讲感受也就罢了，特地找来一堆门人听他讲生病的感觉，就不太合理。第三，这段话郑重其事地记载在《论语》中，应当有重大的意义。可按李先生的讲法，不过是曾子捡了条命，高兴了一场，有多少意义可言？按这种方式去读，文句上的困难也很突出。"而今而后，吾知免夫"，李先生说这是说"从今以后，我才知道，什么叫捡了一条命"①。可今天"捡了一条命"，下次未必同样幸运，又何谓"吾知免夫"？

还要指出的是，该书中还有少量不该有的硬伤，即对基本字句的释读也有错误，如"吾谁欺，欺天乎？"（《论语·子罕》）对于这个"欺天"，李先生的解释是"让我在老天面前装死"②，按这段话的核心是"子路使门人为臣的不当"，而与真死假死无关，所以这里"欺天"的意思当为"让我在上天面前冒充有诸侯的排场"。"君子和而不同，小人同而不和。"（《论语·子路》）李先生将"同"释为平等："君子是上层，重视和谐胜于平等；小人是下层，重视平等胜于和谐。"③李先生的解释或许不无特别的用意，但是在这里显然并不符合原文。"同"是"相同"而非"平等"，何晏《论语集解》说："君子心和，然其所见各异，故曰不同。小人所嗜好者则同，然各争利，故曰不和"，当更符合原意（李先生还将这一点和墨子的"尚同"相比，但是"尚同"也是看法的"相同"，而非地位的平等，意思是国家上下看法一致，李先生也说错了）。

这些个别硬伤显然出于粗疏，不必过于苛求。在这里说了这么多，也并不是为了全盘否定李先生的这部书。实际上李先生的一些考据不无可取之处（如对"尧曰"中文本来源的考证），结合战国楚简等古文献解释一些章节，虽然没有大的发现，也颇有新意。本书的附录部分，包括主题摘录、人物表和人名索引，虽是"笨功夫"，却也颇见功力，继承了清人朴学的传统，有功士林，自不待言。但是毕竟瑜不掩瑕。李先生说"我读《论语》，主要是拿它当思想史"④，可是李先生的解读并没有多少"思想史"的意味；刻薄一点说，

---

① 李零：《丧家狗——我读〈论语〉》，第164页。
② 同上书，第183页。
③ 同上书，第244页。
④ 同上书，〈自序〉，第11页。

这厚厚一本书中既没有"思想"也没有"历史"。我猜想李先生说的"思想史",指的无非是"过去了的事情,对现在没有多大意义",如此而已。这种根本缺乏思想活力的"思想史"不过是一潭死水,只能映照出研究者自己的苍白。

李先生还说:"我认为,就基本的人性和智能而言,人和人都差不多。"[①]这大概正是他如此解读孔子的根本原因之一。"人和人之间都差不多",就和动植物的差别对比来说,或许如此;但在人类的社会历史中,实际发生的作用却是天壤之别。在自然科学和数学领域,人们一般承认,有些人的聪明智慧远远超过常人,牛顿、爱因斯坦那些伟大的理论和思想,常人不但不可能做出来,连获得起码的理解都要用很多年去学习;但在社会和人文方面,受过民主思想熏陶的现代人却不愿意承认有这样的伟人。普通人固然对古往今来的圣贤、哲人不屑一顾,学者也常常有"彼可取而代之"的念头。从自己粗浅浮泛的知识出发,去对伟人进行煞有介事的"批判"、"反思"、"超越"成了风尚,虽然口头上也承认两句伟人的"历史地位",但是实际的做法却是试图将对方拉低到连自己都不如的地步。久而久之,这种"人和人之间都差不多"的论调就成了新的信仰,新的权威。反倒是"有些巨人远远超出常人"这一生活常识被视为奇谈怪论或者偶像崇拜。正是在这种成见的基础上,李先生对《论语》的解读,既不深入,也不准确,更谈不上对孔子的理解。如果说这种解读毕竟也能揭示出"一个真实的孔子"的话,那么这种"真实"也不过是盲人摸象般各得一偏的"真实"而已,绝不比董仲舒和朱熹的孔子更加"真实"——如果不是更少真实的话。

四 今天我们应当如何读《论语》?

这个问题是读了李先生的新著之后的一点感想,在这里也不可能给出什么答案,只能作为一个尚未解决的问题提出。不过这个问题本身还依赖于一个更大的问题:今天我们为什么还要读《论语》?

我提出这个"为什么",并不是要给出一个现成的理由。实际上这个"为

---

① 李零:《丧家狗——我读〈论语〉》,第186页。

什么",是对动机本身的质疑。因为我们完全可以不读《论语》。"孔子不能救中国,也不能救世界"①,如果是这样的话,大多数人,除了少数研究者之外,完全可以不读《论语》,赶紧去跟西方学才是正经出路。李先生甚至说:"在道德问题上,我对西方有敬意,主张进口道德。"②科学、技术、政治、经济也罢了,如果道德都要从西方进口,还用得着读什么《论语》?

不过虽然如此,我们却要问,如此主张的李先生为什么要读《论语》呢?李先生在本书的"自序"中讲了三个理由:第一,是研究考订出土相关古文献所必需;第二,是孔子热的影响,"我们要想弄清,孔子热的含义是什么,也要重读《论语》";③第三,是读经热的影响,"怎么读古书,确实是问题"④。第一点属于专门学者的范围,不论;第二、三点可以说是相通的,即为了理解当代的"国学热"等思潮而重新回过头来读《论语》这样的经典,并回过头来反思如何读经典。而我们在全文一开头已经谈到,这个看似突如其来的当代思潮不过是百年来中国思想界中西/古今之争的大格局中的又一次冲撞而已。

如果是这样的话,读《论语》就应当放下成见,仔细研究这部经典本身的含义,看看孔子究竟是谁,是不是真的那么伟大。李先生也自诩是这么做的。但事实却并非如此,李先生只"放下"了他从来没有"拿起"过的那种成见,即把孔子当圣人、当偶像、当万世君师的那种成见,却并没有放下他自己一直所持的那种成见,五四以来以启蒙的面目出现的那种成见:孔子是普通人,是丧家狗,是一个迂腐的知识分子,他的思想对于中国的现代化,中国的进步没有什么用处,反倒有阻碍。在这种成见支配之下,李先生读《论语》的动机也就根本不是他在序言中所说的那种公允、客观的研究立场,相反却带着很浓的论战色彩。李先生在总结中清清楚楚地说道:"我读《论语》,是为了破除迷信。第一要破,就是'圣人'。"⑤我们不妨把这句话翻译成:我如此解释《论语》,是为了从我固有的这样一种成见出发,去破除我所反对的那种见解,以证明我自己的成见是正确的。李先生的这种成见让他对基本的事

---

① 李零:《丧家狗——我读〈论语〉》,第390页。
② 同上书,第80页。
③ 同上书,〈自序〉,第10页。
④ 同上书,〈自序〉,第11页。
⑤ 同上书,第339页。

实判断都有令人乍舌的差谬。"现在,举国若狂,复古一边倒,不正常。"①"中国当前的复古潮,已经闹到乌烟瘴气的地步,何人扫此阴霾?"②所谓"举国若狂"的"复古潮",实际上大部分不过局限于知识分子之间。另外无非是一些地方的"公祭"、建孔子学院,一些国学读物的畅销等等,而这些在任何一个历史悠久的国家,都属于正常的文化活动范畴。如此"复古"热情,恐怕还不到韩国、日本、印度的十分之一——更不用说和西方国家对传统的热情相比——就已经引起了李先生的极大反感,这是为什么?无非是因为李先生早已认定,这个根本方向就是错误的,是误国误民的,是死路一条。其实李先生自己也清楚得很,"他们的教,还只在鼓噪之中。"③据说与"自由主义"、"新左派"鼎足而三的"新儒家"们,在文化圈还势单力孤,更不用说在民众中影响几乎是零。况且"他们"主张各异,也不成什么团派,偶尔"鼓噪"两声,就令李先生愤恨不已,这种情绪化的表述,不能不归结到李先生自己根深蒂固的成见上去。

李先生有这种成见并不是问题的全部。问题还在于,李先生对自己这个根本的成见,并没有丝毫的反思,相反却言之凿凿地宣称:"我的书是用我的眼光写成,不是人云亦云。""我的一切结论,是用孔子本人的话来讲话。"④我认为,这是李先生真正的悲哀之处。问题不在于李先生的成见是正确还是错误,问题在于李先生不加反思地就把它当成是无可怀疑的绝对真理,并把一切其他的看法都当成是歪理邪说,还偏偏认为自己是最没有偏见的。这或许也是古今许多人的通病,不过我们受过"启蒙"的现代人大概最为明显。现代人喜欢讲"怀疑精神",喜欢讲个人的独立思想、自主意识,这些说法现在早已成为不容置疑的基本原则。现代中国,自五四时代起,这种思想就已经大行,就连最盲从的"文革"时代也是前有"大鸣大放",后有"反潮流",不无个人主义的英雄气概。"文革"以后更不用说。李先生号称在

---

① 〈传统为什么这样红——二十年目睹之怪现状〉,引自李零授权转发的博客,地址:http://www1.tianyablog.com/blogger/post_show.asp?idWriter=0&Key=0&BlogID=660634&PostID=9581630。
② 李零:〈有话好好说,别一提孔子就急——跟立华谈心〉,载《南方周末》第1218期,2007年6月14日。
③ 李零:〈有话好好说,别一提孔子就急——跟立华谈心〉。
④ 李零:《丧家狗——我读〈论语〉》,〈自序〉,第2页。

《论语》中最喜欢的话是"三军可夺帅也,匹夫不可夺志也"①,也是从这个意义上来理解的。似乎敢于坚持自己的看法就是最高境界。李先生从未费神想一想,这个"志"的本质是什么?是对于生活和世界真正理解基础上的情志(如孟子说的"浩然之气"),还是一种自我膨胀的"自由意志"?这个不可剥夺的"志"是否依赖于某种更加富有包蕴性的、更加有实质意义的东西(如"仁")?还是只要是"志"就都是"不可夺"的?在李先生那里,好像只要是个人的"志",不论其内容是什么,就是最神圣而不可侵犯的,但这只能是一种个人主义的主张而与孔子毫无关系。我毫不怀疑李先生在书中是表达和坚持了个人的思想。但是李先生却从未反思,这样的思想从何而来,它的渊源是什么,它的合理性又在哪里?似乎一切只要落实到在这个"个人之志"上就行了。李先生自称不喜欢说教,也不随风倒,但是这并不代表可以不受他人的左右而有真正独立的见解——因为许多潜移默化的影响和灌输是很难察觉的。电视上常有一类蹩脚的广告:大家都去买某某产品吧,某某产品最能彰显你的个性!结果一群人去买了一堆一模一样的东西,还以为自己最有"个性"。

其实,李先生所推崇的这些东西,本身就问题重重。譬如说"怀疑精神",为什么不能怀疑"怀疑精神"本身?譬如说个人之志,为什么这个志就不能和他人、和古人一样而要独树一帜?为什么要坚持个人的至上而不考虑传统可能是正确的、比个人意见更高明的东西?真正要摆脱蒙昧,真正要贯彻"启蒙"的精神,不是喊几句启蒙的口号就行的,相反要对这些口号本身进行彻底的反思。李先生自称是坚持启蒙的立场。可是,什么是启蒙?启蒙不是一个名词,更不是"启蒙运动"或者"新文化运动"的代名词,而是一个动词,去开启心智,去反对蒙昧,去真正理解世界和自身。启蒙就是不拘泥于任何成见而"不断启蒙"。

正是在这个位置上,我们或许可以为读《论语》找到一个恰当的理由,这个理由和李先生理由看起来恰恰是一样的:"我读《论语》,是为了破除迷信。"为了破除迷信而读《论语》,也就是说,为了破除各种意识形态的偏见而读《论语》,为了启蒙而读《论语》。事实上,《论语》本就是中国人的"启蒙"

---

① 李零:《丧家狗——我读〈论语〉》,第187页。

读物。"迷信"就是毫无根据的信仰,就是种种成见,古代人的迷信,现代人的迷信,东方人的迷信,西方人的迷信,同样都是迷信。读《论语》恰恰给我们提供了一个摆脱多重迷信的机会:一方面,如李先生所言,细读《论语》本文,或许可以让我们知道孔子普通人的一面,令"素王"、"黑帝之子"之类的无根之谈瓦解;另一方面,李先生没有看到的是,《论语》也给我们提供了一个远离西方思想和现代思想的坐标,让我们可以反过头来,对这些可能的现代迷信进行批判。西方一些学者,就是被李先生贬为"挖空心思帮孔子说好话"的人正是这么做的。中国这样的学者更多,如李先生斥为"全是昏话"的港台新儒家们。①

当然,摆脱迷信、放下成见并不意味着就能够完全去掉一切成见去纯粹理解《论语》的文本本身,这事实上也是不可能的。但是,在理想状况下,这种真正批判的态度能够化解任何固执的心态,看透任何无根据的假设,能够达到或接近一种真正的自我理解。不仅是对孔子这个人的理解,也是对中国传统中儒家思想的理解。这种真正的理解恰恰是今天——孔子热持续升温的今天——也尚未达到的。从这个角度来说,李先生苦心孤诣要打破这个孔子热、读经热的运动,要还孔子以真相,倒也不失为一个反思的机会。需要反思的是:我所理解的孔子是否是真实的孔子?是否还受某种偏见的束缚而不能真正理解孔子?无论是新儒家们还是李先生们,都需要这样的反思。

因此,"今天我们应当如何读《论语》"这个问题,虽然还没有什么现成的答案,却无论如何有一个基本的方向。这个方向,李先生自己早已经指出了:"读《论语》,要心平气和。"②但是这个心平气和,却不像李先生所说的那样,是"去政治化、去道德化、去宗教化"。道理很明显,如果孔子本身的关怀就是政治的、道德的、宗教的,又如何可能去这些"化"?至少在打开《论语》之前,我们还根本不知道这个孔子是什么样的。我们所要求的"心平气和"并不是趾高气扬的"清除思想",只是至少暂时,先放下一切固执于成见的姿态,放下一切现代人的傲慢和个人的"主体意识",放下批判的锋芒,单纯去

---

① 李零:《丧家狗——我读〈论语〉》,第386页。
② 同上书,〈自序〉,第11页。

聆听那些古老的话语。去聆听,去理解,去学习,去"温故而知新"。

也许,孔子确乎可以被视为无力的"丧家狗"。但当我们仍然自觉被现代思想的"知识就是力量"所充满时,我们就无法真正领会到这种或许孕育着蓬勃生机的无能为力,这种没有家园的家园,这种超出人性的人性,这种在圣人与动物之间相去毫厘的几微差异——正是这种差异意味着一切。

最后,试评李先生的最后两句话:

"孔子不能救中国,也不能救世界。"确乎如此。但谁能够?耶稣?黑格尔?哈耶克?恐怕谁也不能够。

"要创造人类的幸福,全靠我们自己。"[①]这话也不错,但问题是我们能否理解这个"我们自己"?我们如何理解"我们自己"?这才是真正值得思考的问题。多少次惨痛的悲剧,多少回无法收拾的场面,是因为人们太过信任了这个连我们自己都不了解的"我们自己"?

因此,我有一个谦卑的建议:为了理解这个"我们自己"——这并不仅仅是说,作为中国人的"我们自己",而也是说,作为"人"的"我们自己"——我们或许可以尝试着,心平气和地翻开《论语》。

---

① 李零:《丧家狗——我读〈论语〉》,第390页。

元伦理学的根本问题、发展趋势与理论前沿
——兼评道德虚构主义

张亚月

提　要：元伦理学虽然流派众多、理论纷呈，但归根结底有一个共同的根本关注，那就是对于善、恶等道德性质的本体论地位问题的研究。这一使命既是祛魅后的现代社会生活赋予元伦理学的任务，也是人类对于自我理解的深入探索。元伦理理论的崭新形态道德虚构主义，试图在道德实在论与非实在论之间走一条折中路线，但其对于信念的虚构主义处理导致了其理论的失败。伦理自然主义以一种平实可信的方式合理解释了道德性质的客观权威性，为后形而上学时代的道德理解开辟了通衢大道，代表了元伦理学未来的发展趋势。

关键词：元伦理学　道德性质　道德虚构主义　伦理自然主义

一　元伦理学的根本使命：对道德性质的终极追问

元伦理学是以分析哲学的方法来对传统伦理学的基本概念进行高阶研究的学问。作为一种与传统规范伦理分庭抗礼的理论形态，元伦理学以英国哲学家摩尔出版《伦理学原理》一书为标志于1903年诞生，之后迅速成为

张亚月，1972年生，北京大学哲学系2008届博士，现任上海大学社科学院哲学系教师。

伦理学领域一个令人瞩目的理论分支；整个 20 世纪欧美伦理学思潮是以元伦理理论的起起伏伏为主旋律。由于国内对于元伦理的介绍不多也不全面，因而人们容易顾名思义，把元伦理学当成与元哲学、元数学相类似的东西，以为元伦理是研究伦理理论的形式问题以及性质、结构、论证方法的学问。然而，伦理学因为与社会实践生活的关系太过密切，其理论的完全形式化几乎绝不可能，比如像威廉斯等一批著名学者都持有反理论的态度，拒斥伦理学中系统的理论化。那么，元伦理学的研究对象、焦点问题究竟是什么？

元伦理的核心关注是对于道德性质的终极追问。综观元伦理理论内部的种种对垒，如实在论与反实在论、主观主义与客观主义、认知主义与非认知主义、自然主义与反自然主义。可以看出，元伦理的理论流派虽然看似庞杂纷繁，然而却有一个始终不变的关注焦点，那就是对道德性质的本体论追问——善恶、是非、对错、正义与非正义等道德性质从何而来？它们是人们主观思想情感对于自然世界、社会人生的投射，还是本身就是自成一体、独立自居、不依赖于人们观点的客观实存？从摩尔最早提出道德性质的本体地位这一问题，到 2000 年以来道德虚构主义对此问题做出最新版本的答复，其间几乎所有的元伦理理论，都未超出过道德性质本体论地位及其相关问题的研究范畴。亚历山大·米勒归纳出元伦理理论的六大问题[①]，分别是本体论的问题、知识论的问题、语义学的问题、现象学的问题、道德心理学的问题、客观性的问题等。然而，后面这五个问题的根源都可以追溯到道德性质的本体论问题；如果道德性质的核心问题得以解决，那么其他衍生性的问题就能够得到比较明确的解答了。

关于道德性质本位地位的争论，从古希腊起就有所发端，只不过一直没有成为伦理理论的焦点问题。但自从被摩尔以一种近乎偏执的态度提出后，它随即成为伦理理论的核心问题，不仅是元伦理理论，甚至 20 世纪以来的规范伦理理论也都不得不将道德性质的本体地位当做一个必须面对的问题。一些规范伦理理论，在道德性质本体观上采取了建构主义的立场，如罗

---

① 参见 Alexander Miller, *An Introduction to Contemporary Metaethics*, [M], Polity Press in association with Blackwell Publishing Ltd, 2003, p.3。

尔斯的理论;而另外一些规范伦理理论则采取了投射主义的道德性质本体观。

元伦理理论从 20 世纪初经历了三个明显发展阶段:分别是摩尔、普里查德、罗斯等人的道德直觉主义;艾耶尔、史蒂文森等人的道德情感主义;黑尔等人的普遍规定主义。分析哲学方法的引入,是元伦理学得以崛起的重要原因;但由于过分强调对道德概念、道德判断的语言、逻辑分析,元伦理逐渐成为一种远离实践生活的纯粹理论,这种倾向使得人们从上世纪五六十年代开始对于元伦理理论展开反思和批判。同时,随着罗尔斯、麦金太尔、安斯库姆等学者对于传统规范伦理的复兴之努力,元伦理理论一度陷于沉寂。然而,道德性质的本体地位问题毕竟是规范伦理框架内所难于讨论清楚的,只有在元伦理理论的框架下运用分析哲学的方法才能给予最清晰的回答,所以,经过短暂的沉寂,元伦理理论在上世纪七八十年代迎来了复兴的第四阶段,直到今天方兴未艾。第四阶段缺乏一个主导性理论,"错误"理论、准实在论、规范表现主义等各种理论并立,彼此立场迥异、对立冲突激烈;但伦理自然主义逐渐在这场理论混战中赢得越来越多的认同,隐隐显示了元伦理理论的未来发展趋势。

对于道德性质的终极追问,贯穿于元伦理的所有发展阶段。为什么道德性质的本体论地位问题如此"迷人"而又如此让人困惑呢?是因为它关乎我们对于自己道德生活的根本理解。在传统神意论、律法论的时代,人们安于把道德当做一种毋庸置疑的对象;然而在祛魅后的现代社会,离开了对神话、宗教和既有生活秩序的绝对依赖,追寻道德与行动的依据、探寻道德性质的来源,就成了人们的宿命——这也是元伦理学何以在现代社会显得极其重要的原因所在。显而易见,在道德性质面前我们面临一个两难困境——一方面,善恶等道德性质像是豁然显明的事实,比如"无故杀人是恶的"这样的道德事实,就像"太阳东升西落"这样的自然事实一样深入人心,具有普遍性、客观性和权威性(除非对于那些非理性的心灵而言);然而另一方面,我们又无处找寻道德性质的立身之处,不能像在客观世界中验证自然事实一样来验证道德事实。也许我们经过思考认识到:"太阳东升西落"的事实是不以人们的存在为条件的,而道德事实毕竟不同于自然事实,不具有自然事实那样的绝对客观性,并且至少依赖于人们的历史性存在;比如在人类出现之前的蛮荒时期,或在人类社会的早期,就不存在"无故杀人是恶的"这样的道德事实;相反,初民可能会将俘虏来的邻近部落中的人当做食物吃掉。然而我们也深知,必须对道德性质的客观性与权威性给出合理的解释,否则就会陷入道德相对主义甚至道德虚无主义中去。

道德性质的这个说明困境,也构成了人们在道德教育中的基本困难——"如果没有上帝,一切皆有可能",那么,如何在一种自然主义的立场下将我们对于道德规范的尊崇传递给我们的下一代呢?哲学家罗素就曾面临这样的困境,作为一个彻底的无神论者,罗素必须找出比"神希望你这样做"更为合理和正确的回答。罗素的女儿凯瑟琳在《我的父亲罗素》一书中回忆到:在说明好行动的根据时,父亲罗素不得不重复"因为如果你这样做而不那样做的话,人们会很高兴"[1]。然而,这样的道德推理并不能说服任何其思考超越了表面水平的人,因为道德行为显然不等同于能够取悦周围他人的行为,因为从众的行为也完全可能使人们做出不道德的行动。凯瑟琳说:"我们因为父亲的正直和威严而服从,但是服从的理由并不充分——对我们、对父亲来说都是如此。"

事实上,对于善恶等道德性质及其根据的说明,是整个伦理学的困境,也是元伦理理论的焦点问题和终极追问;元伦理理论正在不断尝试对此问题给出更合理的回答。本文所要介绍的道德虚构主义与伦理自然主义就是这样的两种尝试。

二 道德虚构主义:理论承诺与现实困境

道德虚构主义是元伦理学发展到晚近的一种新理论,该理论的主要提倡者是诺兰(Daniel Norlan)和卡德伦(Mark Eli Kalderon)[2]等人。道德虚构主义的出发点也是道德性质的这一两难困境,但它既不打算像摩尔那样持

---

[1] Tait. Katharine, *My Father Bertrand Russell*, [M], New York: Harcourt Brace Jovanovich. 1975, pp. 184-185.

[2] 诺兰等人的"Moral Fictionalism Versus The Rest"(*Australia Journal of Philosophy*, 2005, September)一文,与 Mark Eli Kalderon 的 *Moral Fictionalism*(Oxford: Clarendon Press, 2005)一书,是目前道德虚构主义最主要的文献。

有一种奇异的本体论,也不愿意成为道德虚无主义或者"错误理论"(Moral Error Theory)[①],而是试图在这个两难困境中走出第三条路线,在实在论和反实在论、认知主义和非认知主义之间采取一种调和策略。道德虚构主义的理论立场可以归纳为三点:(1)承认道德属性在本体论上的虚无(与反实在论相一致);(2)认为道德话语对于人类的共同生活有实际的作用;(3)认为应该保留道德话语(与实在论相一致)。诺兰等人认为,道德虚构主义就是把话语中特定的主张当做事实上错的,但又是在某个语境下值得说的,因为假装这种主张为真具有理论价值与实践意义。

针对道德虚构主义,有种种批评意见,比如说道德虚构主义的融贯性被质疑、道德虚构主义者应该推荐众多道德虚构中的哪一种等等。但本文认为对道德虚构主义具有真正威胁的挑战,应该是信念和动机的真诚性问题。诺兰在其文章中对道德虚构主义下了一个定义:道德虚构主义就是关于道德话语的虚构主义。道德话语的主干是道德判断,道德判断表达道德信念,因此,关于道德话语的虚构主义也就是关于道德信念的虚构主义。可是,这一点显然有违于我们的常识——虚构的信念如何能够成为行动的动机?我们能够在知道我们的道德信念为假的情况下,继续保有那种信念的力量、保持我们行动的动机吗?

道德虚构主义者认为我们可以做到假装自己的信念为真而去行动。但道德理论的研究不能脱离人们的道德实践,我们应该看看在日常的道德实践当中,我们能否做到像道德虚构主义者所描述的那样,只是装作相信我们的道德话语和道德信念?还是我们只能真的相信我们所做的道德主张?现实的情况是,在我们选择相信某种道德信念时,我们就是真真切切地认为此信念为真,而不能够假装相信它为真;正是因为全心全意地相信,所以这些信念才可以驱动我们行动甚至让我们为它做出巨大的牺牲,而"虚构的信念"断然不可能具有这样的力量。布鲁诺可以为"日心说"的真理上火刑柱,是因为在他而言"日心说"是无比真实的真理。道德虚构主义认为虽然是虚假的信念,也有其现实的作用;但这其实是不可能的,因为信念的力量来自主观上对其真实性的认肯,而主观上既然已经把一种信念确定为"虚假的"

[①] "错误理论"的提倡者是美国的 Mackie 等人,他们认为道德判断所表达的所有信念都是系统的错误。

了,这种虚假的信念怎么可能再有真实信念所配享的那种驱动力量呢?

如果我们从自我同一性角度出发来审察道德虚构主义的这一立场(既知道信念为虚构,又坚持这种虚构的信念),就会发现它是根本不可行的,因为它会严重破坏个人的自我感觉。道德虚构主义要求我们时时以一种高度反省的态度生活,但这样我们还有足够的力量去行动吗?对信念的错误性(或虚构性)保持清醒,就意味着我们站在更高的层面上审视我们的生活,而不是"身处其中"地筹划我们的生活[1];但如果我们置身于自己的生活之外,我们怎么能够"真正"地具有那些与信念相关的情感呢?这种想象有违于我们关于自我认同的知识——人们在生活中可以承担大量的角色,组成一个角色丛,但这些角色之间不能够有根本性的矛盾,否则个人自我概念的融贯性就失败了。像电影《无间道》里梁朝伟所饰演的那个卧底警察,即使黑社会不除掉他,他最终也会自我毁灭的,事实上他也已经走到了崩溃的边缘。而虚构主义似乎对人们提出了一个看似无法完成的任务:我们在明知自己信念为假的情况下,却要全身心地投入到这种虚假的信念中去,将两种互相矛盾冲突的状态要融为一体。人们内心的天然设计应该是这样的:理论上也许人们能够接受道德虚构主义的假设,但情感上人们是无法贯彻道德虚构主义策略的,这是因为人们无法接受彻底相矛盾的情感并存,那样会使人们患上精神分裂症。总之,如果道德虚构主义立意在虚构的道德信念之上,那么它注定会是失败的。

卡德伦认为,我们关于道德判断的通常实践包括"虚假的"(make-believe,而非真正的信念)信念结构。[2] 必须承认道德虚构主义捕捉到了道德生活的部分真相——如果道德性质与道德规范本身都是无从在自然世界中得以确认的东西,那么我们道德话语中所表现出来的那种实在论确实像是一种虚假的信念结构。然而问题在于:日常道德话语中所存在的这种"虚假的"信念结构只能从元伦理角度或反思角度才能观察到的,而当我们投入到

---

[1] 这甚至不同于弗洛伊德的"超我"。超我其实还是面对着与"本我"、"自我"同样的生活素材,只不过超我要克制住一些本我的冲动,要为自我描画出超越的方向。而以反省的态度生活是要求我们以另一个人的眼光来看待我们的生活素材,这样就无法保持个人的自我概念。

[2] 转引自 Stephen Finlay 对 Mark Eli Kalderon 著作 *Moral Fictionalism* 的同名评论文章, Moral Fictionalismhttp://ndpr. nd. edu/review. cfmid = 6321,2007-5-7 访问。

道德语言的使用中,当这种信念结构发生作用时,信念的虚假性早就荡然无存,我们已经在真正地相信信念的内容,而无法再与这种信念可能为错的假设并存了。这时候,以前所谓"虚假的"信念结构,早已变成了无比真实的信念了。人们的道德信念就其没有相应的道德事实作依托而言是虚构的,但在人们的主观态度里,他们是按照自己完全信实的信念来行动的;对行动者而言,他们的信念根本不可能是虚构的。

三 伦理自然主义:拒斥形而上学的道德说明路径

伦理自然主义在当代主要作为一种元伦理理论,但这种立场并非始于元伦理时期——历史上许多伦理学理论,比如古希腊的快乐主义、休谟的道德情感论等都属于伦理自然主义的范畴。摩尔对伦理自然主义的激烈批判,使其在上世纪前半叶一度沉寂。但随着元伦理理论对于道德性质问题的不断深入,伦理自然主义所具有的理论优势又使它重新成为元伦理理论大家庭中的显著理论形态。

伦理自然主义是迄今为止对于道德性质的来源与根据给出了最圆满解答的理论形态,它综观道德性质的主、客观两方面,对道德性质所据以产生的各种来源加以综合。伦理自然主义有四个要点:(1)它反对以任何非自然的资源(如神意等)来解说人类的道德生活,主张从人类道德生活的发生、发展自身来理解道德现象。(2)它认为人的生物基础在一定程度上决定了人类道德生活的状况,因此伦理自然主义也与进化论有亲缘关系。(3)它持有一个社会的观点,认为伦理规范、道德价值是先于个人而在社会中形成的;(4)它持有一个历史的观点,认为伦理规范、道德价值是历时而形成的。伦理自然主义结合了人的自然性和社会性、个体性与全体性,结合了历史合理性与现实因果性,在人性和社会性的基础上没有增加任何多余成分,就清楚地说明了道德的性质及伦理规范、道德价值的来源。在伦理自然主义的立场之下,道德性质和伦理规范的产生就只有两个来源:其一是人们的生理心理基础;其二是人们的社会生活。

大体上,伦理自然主义持有一种投射主义和历史主义的观点,将善恶等道德性质看做是人们的主观价值经过道德共同体的复杂转化之后形成的一种兼具主客观因素的观念系统,这种观念系统因为独立于个别人和个别时空情境,所以显得具有一种客观权威性或实在性,但这种实在性只能属于波普所说的"客观思想"的实在性,而同自然世界的实在性有所区分。伦理自然主义通常是道德实在论的拥护者,承认道德事实的存在,但是也承认这种实在只是社会建构的实在。在哲学上,自然主义是这样一种立场:用严格的自然范畴来解释一切现象和价值,把自然看做是一切存在的最原初和最根本的源头。因此,自然主义是拒斥形而上学观点的。伦理自然主义则在道德哲学领域反对任何形而上学的奢靡,主张从人的生物特点以及人类社会生活的特点来解释道德现象。在这种视野下,道德生活被视为人类在漫长的进化过程中自然适应和社会适应的成就,道德规范被视为人们的社会建构,道德性质被视为一种因为得到普遍接受而具有客观性与权威性的信念与价值观倾向。

广义的伦理自然主义包括许多传统伦理观点,也包括许多高度歧异的元伦理学观点;狭义的伦理自然主义经常指与那些"反实在论"观点相对立的观点[1],主要有三个流派:康奈尔实在论(非还原的伦理自然主义)、莱尔顿(Railton)等人的可还原的伦理自然主义以及新美德伦理理论。[2]

还原的伦理自然主义与非还原的伦理自然主义(康奈尔实在论),在大多数方面立场都相同,比如共同持有实在论观点(认为道德属性是客观实存的)和自然主义观点(都认为道德性质是自然属性)。不同之处在于,康奈尔实在论认为道德性质自身就是不可还原的自然属性,因此不能进行进一步的还原;道德性质只能依随于非道德性质,"正确"的道德性质就依随于那些包含有正确性的行动之中。康奈尔实在论对于道德性质的这种说明并不透彻,并有一定的循环定义之嫌,因为"包含有正确性的行动"是无法脱离正确的道德性质而得到说明的。康奈尔实在论招致了广泛的批评,其中哈曼的批评是最有力的,他通过对自然判断与道德的比较,令人信服地说明了道德判断并不必然通过人们的道德信念,却必须经过人们的情感;比如说当人们

---

[1] 参见 "Moral Naturalism",[J], by James Lenman, *Substantive Revision*, Mon Aug 7, 2006。
[2] 此外还有一些学者试图开辟其他途径的伦理自然主义,比如徐向东在阐发休谟思想的基础上建构的一种伦理自然主义,见于其著作《道德哲学与实践理性》,北京:商务印书馆,2006年。

看到街头一群少年"烧猫"的事件时,往往在思想、信念等明显意识层面的工作之前,人们的情感直接就判断出这是不道德的行为。因此哈曼认为道德真理、道德信念只能在人自身中寻找依据。

还原的伦理自然主义就体现了这种从人自身来寻找道德依据的努力。以莱尔顿的观点为例,我们来简述一下可还原的伦理自然主义对于道德属性问题的观点。[①] 莱尔顿认为,"道德属性可以还原到可被自然科学与心理学当做研究对象的其他自然性质"[②],即道德属性可以用非道德属性来定义,那就是说,"好"、"正确"等道德属性最终可以被"健康"、"有营养"、"舒适"、"宜人"、"安全"等自然的性质来加以定义。但这并不是简单地把道德性质的抽象概念直接等同于非道德概念,而是说在这两者之间有一种必然的联系,经过了一个复杂的转化过程——自然主义的道德概念虽然是从现实生活中抽离、转化而来,但它又超越了任何具体的内容,因此它并非摩尔所言的"自然主义谬误"。还原主义认为一些道德价值、道德事实可以还原到非道德的价值与事实,这是因为道德的善是人们基于自然的善所建构的,因此追本溯源的话,道德的善可以还原到非道德的善。

伦理自然主义一方面强调人们的自然特点,另一方面强调人们的社会特点,认为道德现象既为人们自然生理特点所限定,又是人们社会生活的必然形式。心理实在论为伦理自然主义提供了有力的支持——心理实在论认为,人类道德在一定程度上也是自然和社会生活对我们心理、生理的塑造。现代脑科学的飞速发展使得人们了解到,人类在长期的社会生活中,脑部组织与神经系统显示出了非常明显的进化适应特点,道德情感就是这种进化努力的一个显著成就。即使只从个体的生活史来观察,也可以发现,人们特定的认知、情感或行为方式,不仅能够反馈到大脑的神经活动中去,天长日久甚至会在大脑结构与神经反应类型上留下某些"印迹",这方面最著名的研究案例就是伦敦的出租车司机们普遍具有非常发达的海马体。当前的一些最新研究表明,人类6个月大的婴儿在未经训练的情况下,就能够分辨出

---

① 参见 Alexander Miller, *An Introduction to Contemporary Metaethics*,[M],Polity Press in association with Blackwell Publishing Ltd, 2003。
② 同上。

好人、坏人……这些研究要么暗示我们：经由长期的进化积累，人类有可能具有某些天赋的道德功能和道德知识；要么向我们指出：人类的道德情感有其生理反应的基础。如果实在论的要点在于认为人类道德有着外在于人们情感和思想的根源，那么现代脑科学的这些发现就在一定程度上支持了道德实在论的立场。

伦理自然主义是对道德规范、道德价值、道德性质的一种很有优势的说明路径，它的实在论承诺保全了道德规范的客观性与权威性；它的自然主义方法致使我们摆脱了道德哲学对于形而上学的依赖；它的还原主义立场与心理实在论基础使人们能够清醒地理解道德的本质，从而破除理性主义道德观之下的道德至上论迷局。伦理自然主义中的科学主义态度使我们能够以一种朴素、平实的方式来接近人类道德事实，能够使我们穿越神意论、唯理论等抛出的迷雾而直接到达人类道德生活的本真面目。但同时我们也须谨记：必须对伦理自然主义中的科学主义态度适度加以约束，让它停留在该止步的地方，以便为人类精彩的超越性道德留出升华的空间，为人类的精神飞翔保留天空，因为人虽然是自然之子，但人的精神却能够与神同在。

夏洞奇:《尘世的权威:奥古斯丁的社会政治思想》

上海:上海三联书店,2007 年 6 月

拉丁文"权威"(*auctoritas*)一词起源于名词 *auctor*。① 后者寓意丰富,在《牛津拉丁语字典》中,编者根据古典拉丁语中不同的语境,罗列了从"贩售者"到"造物主"共十六个不同义项,不仅指那些有权采取行动,因其地位而富有影响力的人,他们也因此而承担相应的责任;同时也指那些通过说服和教化,通过提供证据而为人所信成为相应的权威的人,特别是书籍和故事的作者(英文 author 一词即出于此),某一行当众人认可的专家。② 相应地,*auctoritas* 作为抽象名词,意指这两种权威得以成立的根据,一方面是人的社会行为所牵扯的强力、控制、支配和责任,亦即社会政治权威;另一方面是人的认识活动所要求的说服和可信的意见,所谓认识的权威(epistemic authority)。在晚期拉丁语或教父拉丁语中,*auctor* 一词所包含的"创制者"的含义得以强化,常常用来指作为天地万物的作者的上帝,由此引申出神的权威(*diuina auctoritas*)。③ 在基督教语境中,上帝的权威自然无可置疑,接受了基本的基督信仰,就必然接受上帝自虚无中创造万有(*creatio ex nihilo*)这一事实,由此确立上帝支配和主宰世界的合法性。而在下文的述评中,我们还将看到,在奥古斯丁的神学思想中,这一神圣权威同时以上帝对其造物的爱为根基。值得关注的是,无论是政治权威还是认识权威,所涉及的都是人这一造物在可朽世界之中的活动,或实践或思辨。人的权威(*humana auctoritas*)的合法性从来就不是不证自明的,其存在的理由(*ratio*)需要借助理性的

---

① 当然,*auctor* 一词还可以追溯到动词 *augere*(增加)。然而,正如《牛津拉丁字典》的编者所言,*auctor* 作为"增加者"的含义仅仅是"偶然地或者附带地"出现。见 P. G. W. Glare (ed.), *Oxford Latin Dictionary*, Clarendon Press, 1968, p. 204。

② Ibid., pp. 204-206.

③ Albert Blaise, *Dictionnaire Latin-Français des auteurs chrétien*, Librairie des Méridiens, 1954, p. 103. 亦见 K.-H. Lücke, "Auctoritas", in *Augustinus-Lexikon*, ed. C. Mayer, Schwabe & Co., 1986-, vol. 1, p. 498。据《牛津拉丁字典》,该义项可以追溯到 Lucanus, *Bellum ciuile*, 9.575, 见 P. G. W. Glare, op. cit. p. 206。

说明甚至论证加以建立,任何当下给定的未经确证的权威都只会招致怀疑论者或相对主义者的轻蔑唾弃。

奥古斯丁自皈依基督教以后即致力于捍卫公教信仰的权威性。他深知确立人的权威的合法性的内在困难,对"权威"的反思贯穿其毕生著作:从早期的哲学对话延续到晚年反对裂教分子、异端派别和异教徒的神学论著,包含认识论、伦理学、政治学、教会学等多个层面,牵扯着理性的限度、人伦关系的构成、教会与国家、爱与秩序、自由与强制等诸多宏大而困难的问题。这构成了奥古斯丁整个思想的一个极为重要但同时也是复杂难解的核心观念。考虑到奥古斯丁在后世的深远影响,毫不夸张地说,不懂得奥古斯丁的权威观,就不能真正理解中世纪以降的西方基督教思想。

夏洞奇的《尘世的权威:奥古斯丁的社会政治思想》一书正是以梳理奥古斯丁的权威观为线索和焦点,着重分析了奥古斯丁担任希波主教以后的论述,特别是《上帝之城》、《布道辞》和《书信》等著作,系统地重构了奥古斯丁以强调社会权威为根基的社会政治思想图景。奥古斯丁著述卷帙浩繁,身后的二手研究论著更是汗牛充栋。① *Auctoritas* 这一核心论题在奥古斯丁研究中从来就不缺乏争论,而如本书作者所言,"历史—政治的路径"在20世纪,尤其是后半叶的英语学界占据了重要地位(第10—20页),要想在坚实的学术根基上推陈出新实在不易。这是一次艰难的尝试,也是一次充满野心的冒险。作者穷八年之力,深研原始史料,辨析各家学说,这部在博士论文基础上改成的论著正是这次思想历险的硕果。

从本书的标题可见,作者聚焦于人世中的权威问题,而且关心的是其社会政治层面的展现。作者借用英国著名史学家马库斯(R. A. Marcus)的核心概念"尘世"(*saeculum*),以此刻画我们在亚当堕落之后身处的可朽世界或生活世界,它与在先的"乐园"和末世的"天国"相对照,其间善恶并存,上帝之城与地上之城同在,自小而大区分为家(domus)、城(ciuitas)、世界(orbis terrae)三个层次(第23页)。② 这一世界历史中的过渡型阶段也正是人

---

① 这绝非夸张文饰,德文网站 www.augustinus.de 收录的二手研究篇目多达三万余篇,而比利时鲁汶的奥古斯丁历史研究所收藏的与奥古斯丁相关的论著已达近五万种。
② 参见 Augustine, *De ciuitate Dei*, XIX, 3。

的社会权威得以确立的语境。

全书分为五章,前有导言,后有结语。在导言中,作者不仅清晰地说明了本书的研究对象、方法与基本框架,而且精准扼要地概述了20世纪奥古斯丁研究的进展,区分为"传记的路径"、"神学—哲学的路径","历史—政治的路径"三个方面。并根据选题的需要,从家庭观、国家观、教会观三个层面详述了历史政治研究的成果(第7—20页)。为国内初入"奥学"者提供了极易上手的指南。[1]

第一章概述奥古斯丁权威观的生平背景和理论背景,强调奥古斯丁386年的皈依同时意味着接受公教会的权威(第42页),而自395年起担任希波主教使奥古斯丁自己获得了社会权威所必需的权能(potestas),并最终完成了向基督教思想的转变(第45—46页)。奥古斯丁在其担任教职前的早期著作中就已经强调权威在认识中的重要性,它先于理性并且克服了人的理性能力自身的局限,与理性相互补充。作者在简要地提及这一认识权威之后,随即转向奥古斯丁对于权威的区分:神的权威,圣经的权威和人类社会的权威(第48页)。无疑,后者乃是本书焦点所在,作者追随彼得·布朗(Peter Brown)的主张,认为人的权威的必然性,一方面在于原罪束缚着人的理性能力,另一方面在于秩序(ordo)要求等级中的低位者服从居于高位者。除此之外,作者强调了权威的正当性还在于行使者的动机,"正当的权威不是出于统治的欲望,而是出于爱"(第51页)。本章旨在勾勒奥古斯丁权威观的基本骨架,未作深究。值得注意的是,有关认识权威的讨论一笔带过,后文未再触及,似乎它无关于社会政治权威的确立。

第二章转而确认"尘世"在奥古斯丁历史神学中的理论位置,检讨尘世中人的自然本性,进一步框定权威观的神学基础。作者着力分析了奥古斯丁《上帝之城》中著名的三阶段论和两城说。如前所述,人类历史可以划分为乐园、尘世、天国三个阶段,呈线性发展。居于其间的尘世,一方面因自由选择而失去了乐园中的自然本性,失去了灵魂和身体的和谐,忍受着堕落而

---

[1] 受国内条件所限,对德语、法语文献的描述略显薄弱,例如德国学者 Kurt Flasch, Therese Fuehrer 等人的思想综述,法国学者 A. - I. Bouton-Toublouic 有关奥古斯丁的秩序概念的研究,近年来德法学者 V. H. Drecoll, P. - M. Hombert, Th. G. Ring 等人有关恩典学说的争论都未能提及。有兴趣的读者可查看 www.augusinus.de 网站上所附的文献检索。

来的悲苦;另一方面又不曾剥夺善的可能,那远胜过乐园的天国昭示了将来的真正幸福,而贯穿三个阶段的,是对于秩序和服从的要求,即使在天国,"和谐亦有差别"①。在时空的差异外,奥古斯丁又通过所爱的不同将人类(甚至包括天使)区分为"上帝之城"和"地上之城"。前者爱上帝胜过一切(amor Dei),后者爱自己胜过爱上帝(amor sui)。② 信仰上帝与否决定二者的区分。作者通过对关键文本的细致梳理,对奥古斯丁两城学说思想渊源的追溯,进一步细心地指明在尘世这一阶段,两座城彼此相混(第96—97页),而且不能还原为任何现实的机构或群体。因此,奥古斯丁对地上之城的唾弃并不包含对此世生活的否定,从而克服了简单的性善性恶的二元描述。

第三章至第五章为全书的重头戏,在前述理论框架中,作者借助奥古斯丁对不同社会关系的论述来使其权威观得以血肉丰满。首先是罗马家庭中的权威,作者审慎地区别了古代家庭与现代核心家庭的差异,强调家主(pater familias)权威不仅仅包括作为丈夫和父亲的权威,而且涉及作为主人对家奴的操控。前两种权威符合人的本性,因为它们分别反映了男女和父子在自然本性上的先天差异,成年男子象征着人的理性本性,在人性诸层面具有绝对的优越性。然而奴隶制的权威却不具有这样的合法地位,奥古斯丁认为它起源于罪,乃是加诸罪人的正当惩戒(第146页)。但奥古斯丁并没有走向激进的废奴主张,而是坚持它惩罚恶人维存现有秩序的价值。与此同时,根据作者的细致分析,奥古斯丁所提到的这三种家主权威都是暂时的,将随着尘世的终结而消亡,并且这种支配—服从的关系都应当奠基在对支配者的爱之上,在爱之中维护家内的和谐(concordia)和秩序(ordo)。在此,权威的合法性问题被还原为秩序和爱所具有的内在价值,同时强调权威作为实现这些价值的手段具有暂时性的特征,它将随着构成权威关系基础的不平等地位的消亡而消亡。例如,天国里不再确认男女、父子、主奴的差异,也就没有了婚姻、家庭和奴隶制存在的根基。

---

① Augustine, *De sancta uirginitate*, 29, 29. 引自夏著第86页。
② Augustine, *De ciuitate Dei*, XIV, 13.

罗马家庭构成了国家的基本要素①，奥古斯丁对家主权威的辩护也拓展到国家这一层面。在第四章中，作者详尽地阐释了卡莱尔（Carlyle）、马库斯（Marcus）、伯内尔（Burnell）、伯特（Burt）和海金（Von Heyking）等人所代表的两种不同研究范式：前者主张国家权威类似于主奴关系中的权威，乃是罪的后果，违背人的本性；后者则认为按照人受造时的自然本性，在乐园中就有建立政治权威的需要。在细腻地分析相关文本的基础上，作者强调奥古斯丁否定的是基于"统治欲"（libido dominandi）的政治权威，但同时也肯定在爱中行使的政治权威。同时，奥古斯丁对西塞罗有关国家和正义的内在相关性的批判也表明国家的基础在于人民之所爱（quas diligit）（第196页）。区别于马库斯以尘世概念为核心的经典解释，作者并不认为奥古斯丁的这一定义完全否定了传统的以正义作为国家基础的观点，并借此论证尘世国家的价值中立性。正相反，作者借助伯内尔等人对马库斯学说的批评，重新解读《上帝之城》第19卷第24章的和新文本，认为奥古斯丁以"人民之所爱"来定义国家，"爱"在此所指的并不是价值多元社会中的一种中立的开放态度，而是具有内在价值的道德倾向性，人民之所爱决定了国家自身的善恶，这区别于现代的世俗国家。因此，国家的价值不仅在于消极地惩恶，而且更在于积极地扬善。

奥古斯丁对国家的道德价值的坚持很自然地将教会和国家的关系带入我们的视野。而正如作者所言，奥古斯丁延续传统，用"城"（ciuitas）来指代国家。因此，在谈论政教关系前，有必要澄清教会与上帝之城、国家与地上之城之间的关系。前述对政治权威的肯定已经明确了国家和被唾弃的地上之城的差别，在第五章中，作者强调教会就是"上帝之城"在尘世的代表，但尘世善恶相混的性质又决定了它是"相混之体"（第268页），因此教会必须有治理的权威，要运用权威来纠正信仰上的错失，必要时应当施加惩罚。当然，作者再次强调，这一惩戒乃是治疗性的，以对他人的爱为基础。而在善恶混杂的普世教会之外，还存在更加单纯的理想修道生活，作者通过对《奥古斯丁修道规章》的细致解读强调修道院中"长者"的权威同样植根于基于平等的友爱。随后，作者直面政治权威与教会权威之间可能发生的微妙关

---

① 参见 Augustine, *De ciuitate Dei*, XIX, 16, 引自夏著第161页。

系,细致地分析了奥古斯丁书信等文献中反映的主教裁判、教会求情和教堂避难三种情形中体现的教会世俗权力的局限。文章的最后以奥古斯丁针对裂教分子多纳徒派的两封书信为例探讨了教会借助世俗力量,以宗教强制为手段行使权威的合法性问题。根据作者的分析,正是尘世善恶相混的内在特征决定了强制手段的合法性和必要性。奥古斯丁认为强制这一暴力方式有助于教会信仰的推动,特别是挽救那些面临诱惑的不坚定的弱者。当然,在末日审判之后,就无须再有任何强制,所有的人将各得其所,构成完美秩序中的一部分。

以上简要的重述足以揭示作者梳理奥古斯丁政治思想的学术野心,而在潜心研读原著,深入反思重要理论模型的基础上,作者确实展现出从纷繁的史料中体系性地重建古代思想的能力。"尘世"的论题与当代英美奥古斯丁学界的热论相关,在众多名家相互对立的主张中能够独出己见,并建构于细致的文本解读和严密的论题分析的基础之上,这一学术品质正是国内西学研究所匮乏的。

笔者虽同以奥古斯丁为业多年,但受的是哲学训练,其政治思想却非研究兴趣所在,没有资格对这本以历史—政治为路径的思想史或观念史论著妄加评论。[①] 以下的论述将回到开篇有关权威的一般性讨论,探讨本书未深入追究的奥古斯丁有关 *auctoritas* 作为认识权威的讨论能否推进我们对其社会政治思想的重建。这与其说是书评,毋宁看做由本书引发的围绕核心观念的对谈。

如本书所提及,*auctoritas* 一词在奥古斯丁的著作中首先是作为与理性(*ratio*)相对的认知方式而出现的(第46页)。它和经典的知识—信念哲学命题相纠结。例如,在奥古斯丁接受神职后的第一部作品中《论信之益》(*De utilitate credendi*)(391),他区分了三种心灵行为:理解、相信和臆断(*intellige-*

[①] 国内学界常将哲学史和思想史、观念史混为一谈,其实二者在研究对象上、方法论上都有根本差异,简单说前者首先关注的是哲学,在历史文本中出现的哲学论证,而后者则是历史,包含哲学讨论的历史。笔者对此二者差别的理解源自 Bernard Williams,见 id. *Descartes: The Project of Pure Enquiry*, Routledge, 2005 [1978], preface; 亦见 id. "Descartes and the Historiography of Philosophy", in id. *The Sense of the Past: Essays in the History of Philosophy*, Princeton University Press, 2006, pp. 257-266。

re, credere, opinari)。① 其中，臆断特指认为自己知道自己实际上并无所知的东西，它总是错误的，与来自理解的知识相对。这一臆断源自"轻信"(credualitas)，分不清什么是我们可以理解的和什么是我们只能相信的。② 与此同时，知识和信念的对立被还原为理性和权威的对立。③ 但是，正如在古典传统中，知识常常被定义为可以合法化的真信念④，在奥古斯丁看来，由权威而来的信念也可以上升为知识。同时，人的自然本性决定了人的认识总是从相信开始，没有教师的权威，人们显然难以获得知识。⑤ 权威的必要性同时也是由人的认识对象所决定的，这不仅指上帝这样超越时空的存在，而且包括尘世中我们的理性不能直接把握的对象，例如历史事实。对于后者我们显然不能拥有真正的理性知识，但这不妨碍我们通过口传文载的权威而对其进行有意义的谈论。由此，我们可以理解为何奥古斯丁和其他教父要强调《圣经》的权威(auctoritas Scripturae)，它使我们对尘世中显现的上帝言行和圣徒生活的认识成为可能。同样，这也指向大公教会所担负的教化权威(auctoritas catholica)，因为《圣经》需要解释，而大公教会源自使徒，其权威由《圣经》自身所确定，并因其普世性而得以增强。由此可见，认知权威的必要性同样要求《圣经》和教会在尘世中的权威，由此牵扯到教会在解释信仰内容上的权威，例如三位一体的教义，以及罗马主教(或教皇)的权威等具体的神学和教会学问题，在本书中惜乎未能触及。⑥

在上述的言述中，我们将认识的权威和政治的权威相剥离，认为前者涉及认识对象的真假，而后者则关心实践行为的善恶，分别体现了人的理性生活中理论和实践两个侧面。而尘世中的权威不仅纠正我们认识上的谬误，

---

① Augustine, *De utilitate credendi*, 11, 25 "Tria sunt item uelut finitima sibimet in animis hominum distinctione dignissima: intelligere, credere, opinari."
② Cf. J. Pegnon, "Intelligere, credre, opinari," in Augustin, *La for chrétienne*, Bibliothéque Augustinienne 8, Desclée de Brouwer et cie, 1951, p. 502.
③ Augustine, *De utilitate credendi*, 11, 25 "Quod intelligimus igitur, debemus rationi; quod credimus, auctoritati; quod opinamur, errori." ("我们理解，这归功于理性；我们相信，则归于权威；我们臆断，归于谬误。")
④ See for instance, Plato, *Theatetus*, 201dff.
⑤ See for instance, *De utilitate credendi*, 9, 22.
⑥ 相关讨论可参见 Robet B. Eno, "Authority", in Allan D. Fitzgerald ed., *Augustine through the Ages: An Encyclopedia*, William B. Eerdmans, 1999, pp. 80-82; K.-H. Lücke *op. cit*。

而且更重要的是惩恶扬善。教会不仅传道以使人们认识上帝，更要通过规训(*disciplina*)使人们爱上帝。我想这也是本书一笔带过认识权威转向政治权威的依据所在。然而，这样的区分更多地体现了现代研究者的哲学背景，而并非奥古斯丁的本义。回到《论信之益》一书，我们看到奥古斯丁说明某些东西我们只能相信，而不能达致理性认识时，他的例子是孩子们只能通过母亲的权威了解自己的父亲是谁。① 然而，问题的关键并不在于确认，而在于真正地侍奉和爱自己的父母。我们需要权威和信念，不仅仅是出于认识的需要，而更多地是确立伦理生活的内在要求，因为我们不可能爱我们一无所知的东西。友谊的例子或许更能说明问题，他人的心灵外在于我，晦暗的，不可被理性的目光穿透，要建立友谊，我们必须得有对朋友的信任。② 上述二例将我们指向对认识论和伦理学二分的反思：奥古斯丁著作中真与善、知识与德性的关系显然超越了本文的范围，可以简单一提的是，对于奥古斯丁来说，我们理性反思的对象首先不是抽象的命题，而是具体的存在对象。对象就其存在而言就是善的，而对善的完满认识必然是对善的完满的爱。认识和爱的对象在其完满状态达到了同一。因此，认识的权威也相应地指向爱的权威，亦即道德权威。

以上可见，尘世对权威的内在要求，在于人的自然本性的有限性特征：人的理性自身不仅不足以达致对一切存在者的认识，而且不足以保障对所有善的事物的爱。在基督教语境中，这一有限性可以被还原为原罪，它在尘世中首先表现为人对善的无知(*ignorantia*)和在行善时的无力(*infirmitas*)。③ 本书作者在讨论中充分注意到了罪的现实性对于建构尘世中的权威的合法性的基础地位，无论是国家权威还是教会权威，都指向对原罪和因原罪而来的人性缺陷的规训和克服。然而，我们知道奥古斯丁在早期论著中并没有建立一个相对完整的原罪教义。根据萨奇(Athanase Sage)发表于1967年有

---

① Augustine, *De utilitate credendi*, 12, 26.
② Ibid., 10, 23.
③ 奥古斯丁以无知和无力作为人类堕落的后果，并以此来刻画人性在此尘世中的初始状态可以追溯到写于395年的《论自由决断》(*De libero arbitrio*)的第三卷，这对概念对于理解奥古斯丁(特别是晚期)的原罪观和人性观意义重大，相关讨论可参见拙文：〈无知和无力：奥古斯丁论人性的起始状态〉，即将刊行。

关原罪学说的经典论文,奥古斯丁的原罪理论成熟于他和帕拉纠的论战中。① 也就是说,奥古斯丁在相对较晚的著作中(411—418)才认为亚当偷吃禁果的罪行通过肉欲(*concupiscentia carnis*)而为尘世中的人所承继,这决定了人凭借自身的理性不可能过上有德性的生活,也不可能在此世中实现幸福。萨奇的论断虽然引起争议,但原罪学说的诞生日起最早也只被提前到396年。② 例如在前文提到的《论信之益》中,奥古斯丁仍然认为人类在尘世中有可能达致最终的幸福,亦即对上帝的永恒直观。③ 而他自己在晚年的《再思录》(*Retractiones*)中明确否认了这点。④ 奥古斯丁原罪观的这一变化势必影响到他对于尘世权威的理解,他在相对较晚的著作中才明确表明尘世的权威和理性都不足以克服原罪所带来的人性缺憾。本书的讨论基本上将奥古斯丁担任希波主教后的权威观视为一个相对稳定的思想体系,仅在讨论多纳徒派裂教分子时提到了奥古斯丁对宗教强制这一手段的态度转变,而没有注意到与帕拉纠派论战和奥古斯丁原罪观的发展变化有可能造成的权威观的变化。当然,作者的绝大部分立论都奠基于《上帝之城》这一在与帕拉纠的论战结束后最后完成的著作,但是奥古斯丁在担任希波主教前后,与帕拉纠论战前后权威观的变化,仍是一个有待完成的艰难课题。

临末,值得一提的是,本书行文严谨,注释体例明晰规范,参考书目翔实可靠,倘若能补充词条索引(*index uerborum*)和出处索引(*index locorum*),当能裨益读者,成为国内西学研究之典范。

(吴天岳,北京大学哲学系博士后)

---

① Athanase Sage, "Péché original: Naissance d'un dogme", in *Revue des Etudes Augustiniennes*, 13, pp. 211-248.
② Gerhard Ring 和 William Babcock 即持此论点,认为原罪学说诞生于 396 年写成的《答辛普利奇阿努斯》(*Ad Simplicianum*),有关讨论的扼要说明可参见 Paul Rigby, "Original Sin", in Allan Fitzgerald, op. cit. pp. 607-614, at 608.
③ Augustine, *De utilitate credendi*, 11, 25.
④ Augustine, *Retractiones*, I, 14, 2.

林月惠:《良知学的转折——聂双江与罗念庵思想之研究》

台北:台湾大学出版中心,2005年

近三十年来,学界关于王阳明思想的研究不可谓不丰富,而有关阳明以后王门诸子思想的研究却相对较少。学界对于中晚明时期儒学的发展脉络尚缺乏明晰的认识,对于阳明以后"良知学"的展开和发展逻辑、义理结构还缺乏深入的研究,故阳明后学是一个有待开发与拓展的研究领域。台湾林月惠教授所著的《良知学的转折——聂双江与罗念庵思想之研究》一书就是研究阳明后学的新成果。此书以"王学分化"这一思想变迁的趋势为思考背景,择取阳明后学中较有独特性和争议性的思想家——聂双江(豹,1487—1563)和罗念庵(洪先,1504—1564)为切入点,通过对他们思想的深入剖析,呈现了"良知学"转折中的发展脉络。

此书凡八章,外加两个附录以及参考书目和人名、概念索引。全书大致可分为四个部分,前两章是第一部分,主要回顾和检讨了有关"王学分化"诸说,提出本书的研究取径,进而叙述了王学分化的历史图像。第三章至第五章可算第二部分,具体分析了聂双江和罗念庵的思想。第六章和第七章是第三部分,主要分析了聂双江和罗念庵与王门诸子的学术辩论,比较了聂、罗二人与阳明思想的异同。最后一部分,亦即第八章结论部分,在系统研究了聂、罗二人的思想的基础上,凸显了王学分化过程中学术思想的转向。

对王学分化的各种说法的判定是研究阳明后学的起点。黄宗羲在《明儒学案》里按地域将王门后学划分为浙中王门、江右王门、南中王门、楚中王门、北方王门、粤闽王门,此外还有止修、泰州诸儒。作者认为黄宗羲不严格按照义理系统来划分阳明学派而仅仅以地域加以区别,正是其有见识之处。因为各个思想家都有其独立性和个别性,其为学"要皆功力所至,竭其心之万殊者而后成家,未尝以懵懂精神冒人糟粕"[①],很难以精确的义理来判断其归属。这样的区分既符合各个思想家的思想发展历程,又给我们留下了理

---

① [明]黄宗羲:《明儒学案》,〈自序〉。

解和诠释的空间,使得我们能够深入体察、发掘王门诸子思想的内在价值。作者由此反观、总结了以往关于王学分化的诸种说法,提出了自己的看法。作者首先批评了将阳明学分化归因于阳明思想的内部矛盾的说法,认为内地一些学者指责阳明没有根本解决其在本体与功夫上的矛盾,从而导致王门分化的说法有根本的差谬。其次,作者指出冈田武彦将阳明学派分为现成、归寂、修证三派的分法隐含着一个朱陆异同的思想分判架构:明代的学术是朱学与陆(王)学两种思想类型的磨荡。现成派彰显了心学,归寂派与修证派都倾向于朱学。作者认为朱陆异同的问题在阳明弟子的讲学中很少被提及,并没有成为一个鲜明的主题被加以讨论,而且阳明学派思想的丰富多样性也会被这种架构过度化约,从而显示不出其思想的独立性与特色。最后,作者也谈到了唐君毅和牟宗三对阳明学派的研究。唐君毅认为王学诸派之差异是由王门诸子对良知心体的见解不同从而导致工夫上的不同所致,王门诸子论学皆得阳明教法之一端,其间虽有异同,但是都可并行不悖。与唐君毅调和王门诸子论争的思路不同,牟宗三则是以阳明义理为根据,严加批评王门的分歧。作者认为唐先生重调和的立场虽使王门诸子各安其位,但是其间的争论焦点却因此不能凸显;牟先生重义理、严判教的做法能够凸显阳明思想系统的精微广大,但是一些思想家如聂双江和罗念庵在这些义理形态之下却得不到义理上的定位,使得其思想义理上的独立意义不突出。

在总结了以往关于王学分化的诸种说法的基础上,作者提出了自己的研究取径——王门诸子与阳明致良知教的互动关系。这是讨论王门分化的历史图像的起点,也是整个研究的起点。作者指出,把阳明学派的产生归诸阳明思想的矛盾性或丰富性,或归诸阳明弟子对师说理解的程度或方向的差别等解释方法是以阳明本人的思想为主体的,这样做固然能深化对阳明思想的理解,但同时也简化了王门诸子思想的复杂性,消解了其独立性。因此,如果我们以呈现王门诸子的思想原貌为主要目标的话,就应该改变王门诸子中谁的思想更契合阳明思想的提问方式,不再把判教或调和诸流派思想作为研究焦点。所谓"互动关系"就是指王门诸子与阳明致良知教之间的一种"思想对话"关系,弟子们用自身的思考和践履来与师说对话,以求达到儒家追求的理想人格。"互动"、"对话"的方式给予了弟子们相对独立的地位,并且使得弟子们的独立思考和个别差异能够以历史的、动态的面貌呈现出来。作者之所以选择聂双江和罗念庵来研究正是因为二人论学旨趣接近,且由于其学思历程较阳明的亲炙弟子更为复杂,于王门中较具异质性和争议性,更能展现其在与阳明致良知教对话过程中思想的独特面貌,突出良知学"转折"的主题。

王学分化在历史中的具体展开就是王学的传播过程,王门诸子与阳明致良知教的互动关系就体现在他们传播王学的具体过程中,这是作者在第二章中为读者具体描述的王门分化的历史图像。作者将考察的时段设定在嘉靖八年(阳明殁后的翌年)至隆庆二年这四十年间,叙述了从朝廷定阳明之学为伪学并禁其传播到阳明学解禁、阳明之子正亿袭爵这四十年内,王门诸子在各地广设书院、组织讲会、传刻阳明著作等一系列活动,从历史的角度展现了在阳明学传播中王学分化因素的萌生及发展过程。作者广泛征引了各类史料,包括正史(如《明史》、《明实录》)、私史(如《国榷》、《国朝典故》、《万历野获编》)、方志(如《吉安府志》)、笔记、文集等,较为详细地考察了阳明弟子们的活动。例如关于书院,作者用图表的方式一一列举了嘉靖年间阳明弟子们修建的书院、精舍、讲舍,包括建立的时间、修建者的姓名、书院的名称、所在地点等,较为详细确切。并且择取了天真书院、复古书院、水西书院等重要的书院进行具体的源流本末的考察,给人的印象极为鲜活、深刻。再如关于阳明弟子的讲学活动,作者系统爬梳了各类材料,也用列表的方式详细列举了各次讲会,并择取《蓬莱会约》、冲玄之会等具体事例,详细分析了王门诸子讲学的形式、制度和内容,指出其中包含的阳明弟子对致良知教的诠释呈现的多元分歧的局面正是王学分化的表现。

此书的第二部分是作者研究的重心,其中第三章具体分析了聂双江的"归寂"说,第四章和第五章则详细阐述了罗念庵的"收摄保聚"说。由于双江持论必以阳明之言为证,自认是阳明学说的正确诠释者,因此作者在第三章中除了论述双江归寂说的缘起与其思想体系、功夫次第外,特别注重由双江对阳明思想的简择来呈现其归寂说的要旨。作者指出双江的归寂说是从理气二分、体用二界的思路来凸显良知的本体意义,强调"立体"(立本)的功夫论。从双江思想的基本特征来看,其属于阳明学派是没有疑问的,但是在许多具体的思想主张上也确实存在着与师说不尽相合之处,由这些特异之处正可见双江思想的独特面貌。双江也自认其归寂说并非自出一说以争胜,自认其说本诸阳明之教,考诸《易传》、《中庸》、《大学》,参以周濂溪、二程、李延平、朱子、陈白沙之学而契于自己身心体验所得。只是双江在其思想形成过程中,目睹阳明后学中存在的"良知见在"等思想倾向,欲救其弊而提出了"致虚守静"的主张。作者认为双江对阳明思想的了解主要见于其自编的《传习录节要》,而《节要》一书今已不存。根据《双江文集》所引阳明之言多为今本《传习录》上卷所载之语,作者认为只能由此来了解双江对阳明思想的简择与诠释。这当中涉及的问题主要是良知本体。"良知"是阳明思想中最核心的概念,具有丰富的内涵[1],而双江只从未发之中的"本体义"来阐发良知,这是由于双江所关切的不是本体论的问题,而是功夫论的入路问题。对于"致良知"功夫的两种路向:一是在良知本体上用功,一是在后天意念的对治上用功,双江选择与思考的是前者。双江认为一般人的习心如电光波影,瞬息万变,故在已发的意念上用功已经是"第二义"的工夫;与此相对,在意念未萌之前,体证一超越的良知作为主宰,从而使人意念之发纯善无恶,这样的工夫才是立本的工夫。在具体意念出现之前涵养良知本体,这是双江归寂说的要旨。双江对阳明思想的择取只从良知是未发之中入手,这正显出其归寂说的理论意图与功夫基调。双江对良知的阐发不是从孟子的"不学不虑"入手,而是从《中庸》、《易传》的存在论的路子进行的。良知在双江那里首要的意义就是天命流行之性体、道体,此未发之中是心体、良知,是虚寂的本体,同时又是"知觉",即良知作为道德主体而具有的自然之觉。未发之中是性、是良知;已发之和是情、是知觉。前者是体,后者为用。从本体论层面来说,良知是体用一源的;从工夫论层面说,良知在双江这里又存在着良知与知觉的背反。在归寂说要求"立体"的第一义工夫要求下,双江严辨良知与知觉之别,良知是未发之性体,是寂然不动的虚灵本体,此处突出了良知本体的超越性;而通过由敬而静的工夫修持,涵养良知本体,又将阳明体用一源的思路带入,未发与已发、寂与感由此沟通起来。

双江将未发与已发、寂与感、致知与格物这三组概念以体用、本末的方

---

[1] 关于"良知"的多重内涵,可参见张学智:《明代哲学史》(北京:北京大学出版社,2000年)第102—114页的相关论述。

式区分后，又返回来强调重本轻末、立体达用，认为致中、归寂、致知才是工夫，发而中节之和、感而遂通天下之故、格物为效验。体立而用自生，有未发之中自能有发而中节之和，归寂自能通感，致知自能格物。归根到底则是使良知本体呈露而存养之。双江所谓的良知本体是以"存有"和"超越"为首出的意义，良知的"活动"和"能动性"已是第二义，双江强调的是良知的客观性与绝对性。如此，在确立工夫的次第与下手处，他便采取了濂溪、明道以来的主静入路。双江的归寂说的工夫次第始于静坐，由持敬而入。所谓的静坐，是以道德主体的存养觉醒为主。就其形式来说，静坐在于使吾人的生理、气质变化，趋于平静、自然，此即是"气定"；从其内容来说，则是以"持敬"为主，持敬可以"矫轻警惰，镇浮黜躁"。静坐、持敬不是强行驱逐思虑，也不是执意把捉吾心，而是存养本体为主，心中有主则私欲自不能入，如此存养纯熟，自能内外动静两忘，使未发之中朗现、发用。

在江右王门中，与聂双江论学旨趣相近，且以躬行著称的儒者，则是罗念庵。念庵思想的发展并非一成不变，而是在与阳明思想的长期对话中经历了多次的转变。作者认为从义理形态或学术史的角度来诠释念庵的思想难以加深我们对念庵思想的进一步理解，因此作者在本书中从两大重点来探讨念庵的思想。其一是从念庵学思历程的变化及道德实践的经验来发掘念庵思想的中心课题，其二是从念庵对阳明致良知教的理解来寻绎念庵思想的演变与发展。历来学者对于念庵的学思历程的描述，多以《明儒学案》所云之"先生之学，始致力于践履，中归摄于寂静，晚彻悟于仁体"三期分类为准，在这一历程当中，作者认为是有一个一以贯之的问题存在的。念庵所关切的问题是"拂拭欲根"、"克念作圣"，这是他思想的中心课题。从其早年"径任良知"的失败转到类似于双江的归寂主静的工夫入路，"欲根不断"的困扰一直是他关切与思考的焦点。对此问题的关注也是导致他怀疑王龙溪的"见在良知"说而信从双江的"归寂说"的主要动因。由于念庵未曾亲炙阳明，所以他对阳明致良知教的原初了解主要是经由与阳明的亲炙弟子的讲论、传习而得知的，而阳明亲炙弟子中辩才无碍、聪明解悟的王龙溪首先吸引了念庵的注意与仰慕。念庵在龙溪的影响下，肯信"见在良知"，以求得致良知工夫的入路。然而念庵直任良知的努力没多久即告失败，念庵注意到的是具体的道德生活中，吾心之发用有私欲的掺和，阻挠良知本体的呈现,于是念庵乃怀疑龙溪的"见在良知"在实践上的可行性。作者认为,在双方的对话里,焦点虽然是"见在良知",但是彼此诠释的重点却各异其趣。在念庵的解读里,龙溪所谓的"见在良知"就是"现成良知",意味着不必工夫实践,良知现成可得,如此一来道德实践就没有意义和必要了。由此而推,在具体的现实生活中,当下呈现的未必就是良知,而是放任知觉,情欲恣肆。作者认为念庵对龙溪的"见在良知"说的质疑,一方面是未能理解"见在良知"的真义,更为重要的是念庵在实际的道德实践中不能悟入、不得力。念庵理解的"知是知非"的良知并非龙溪所谓的良知。良知是纯粹至善的天命之性,也是心之本体,其发用不仅表现为知善知恶的道德判断,同时也是好善恶恶的意志,并且表现为为善去恶的行动。良知不是受经验决定的心理状态,而是超越经验的主宰能力。念庵在经验的知觉作用里,自然体悟不到良知的超越性与主宰性。在这一失败的经验中,念庵认识到体认良知本体的主宰性的重要,其真正意图是想从现实的道德生活层面来凸显良知本体的主宰性,良知首要的内涵不是"知是知非"的发用,而是良知之为"体"的辨明与确立。可见念庵与龙溪都强调体悟良知本体的重要性,只是念庵"见体"的工夫取径与龙溪不同罢了。由此,念庵所理解的致良知工夫便是以涵养良知本体为主,近似于双江的路数了。

　　念庵认为,圣人之学贵于自得,因此他跳出了双江"言必称阳明"的思考格局,双江的归寂说不一定要依附于阳明思想才能证明其合法性与解释力。在抛开双江归寂说是否于师说有据的定位问题之后,念庵将注意力转移到归寂说在实践上的得力处。念庵与双江一样,在本体论上皆肯认良知是本体,是心体、性体,但在道德生活的具体情境中,良知却为外物所累、人情所蔽,因此需要致虚、归寂的存养功夫。不同的是,为凸显良知本体的超越性与主宰性,双江一直强调内外、寂感、未发已发的异质异层的区分,而念庵自从"彻悟心体"之后,认识到虚实、寂感、内外只是就吾心之本然的不同面向而做出的描述,这些描述所指摄的乃是同一心体,吾之心体原无这些差别。因此,念庵摒弃了双江所惯用的理气对举的论述方式,将寂感、未发已发绾合到心体上来思考,认为"心无时亦无体",未发已发不可析为动静二时,寂感也不能彼此隔绝分离。念庵同时也重新诠释了阳明的致良知教,进而提出了自己的"收摄保聚"说,完成了自己的思想体系。作者指出,念庵是从周濂溪和程明道的工夫论里汲取资源来对阳明的致良知教进行实践、理解和诠释的。念庵将濂溪的"无欲"、"主静"思想作为工夫入路,并将这一思想深化为自己工夫论的枢纽观念;同时,念庵又参究明道的《定性书》和《识仁篇》的思想,丰富其致良知的工夫,进而"彻悟仁体",为学大进。作者认为,在此基础上念庵晚年提出的"收摄保聚"同双江的"归寂"说一样,是诠释致良知教的另一种工夫理论。念庵同双江一样,皆偏向从"未发之中"、"虚寂之体"的本体意义来理解良知,唯有如此才能彰显良知之所以为良知的意蕴,至于良知的发用意义,已属次要,不是他论述的重点。"无所倚著"强调的是良知的虚寂,"浑然与物同体"强调的是良知的感通,故"虚而能通"是念庵对良知本体的最佳诠释。与阳明及其弟子强调良知"妙用流行"的特色相比较,念庵重视的是良知"凝聚纯一"的特性,而他所以强调良知的收敛、翕聚之义,自然与阳明弟子以情识冒领良知、承领本体太容易的弊病有关。因此,念庵认为,致良知的内涵当以恢复本体、存养本体为主。在念庵的体认里,主静、存养、致虚、归寂等工夫皆与致良知名异而实同。作者指出,"收摄保聚"之功,强调的是"心有定体",即良知的主宰性,其重点不在于主宰性的发用,而是常保主宰不失。如此,虽处酬酢万变之中,吾心亦不驰逐放失;虽在声色俱泯之境,吾心之感通也未尝止息。尤有进者,念庵在临逝前,其"收摄保聚"之功已臻圆熟的化境。"收摄保聚"虽以存养心体为工夫重点,但及至化境,只是天理流行,随用具足,常存非执著,无存非放纵,作者认为这是"收摄保聚"的究竟义。

由于聂双江和罗念庵二人与阳明亲炙弟子论学差异很大,双方的往复辩论自然就很多了。双江与念庵论学只求自得的心态不同,他卫道心切,故与王门诸子辩论最多。作者指出,双江与阳明亲炙弟子的辩论如同历史上的朱陆鹅湖之会一样,双方各持己见,看不到对方的思路,找不到交集,因此,探讨双方的辩论主要是要理清双方的论点与思路,从而对于双方的思想能够有更深的理解。作者在文中围绕未发与已发、寂与感、致知与格物、见在良知几个论题辨析了双方的辩论。阳明的亲炙弟子虽然各人所得深浅不一,但当他们与双江辩论时,为凸显阳明致良知的本旨,所采取的诠释架构与思路却是一致的,即:"已发未发非有二候,致和即所以致中。"①强调良知即是未发之中,即是已发之和。良知无时不发,已发、未发不是时间序列中的前后相对关系,因此,未发之功自然就在发上用,从已发见未发。双江的思路如前文所述,大抵是依宋儒的思路,主张良知是未发之中,已发是知觉,因而工夫在于致中,而和应之。关于寂感,双江主张寂感有别,寂以生感、感生于寂,因此就须归寂以通感,感上无工夫,这自然与王门诸子寂感一体、感上用功的思路不同了。双方的思路表现在致知与格物上,也是如此:双江认为《大学》之功全在知止,知止便是致知,而王门诸子则认为致知在格物,格物是致知之功。其余几个论题也是如此,作者辨析深入细致,此处不再赘述。

此书第七章比较了聂、罗二人与阳明思想的异同。作者择取阳明思想的中心概念——致良知,又选取了明儒讨论最多的概念——格物,来分析双江、念庵与阳明思想的差异。作者指出,阳明对致知的解释着重良知的"知是知非"的发用、动态的向前推致、念念不息的活动义,彰显良知的道德实践动力。而双江和念庵却着眼于良知的本体义,强调内返与良知心体而存养之,保任良知的超越性。在格物观念上,双江、念庵与阳明虽然都舍弃了朱子即物穷理的外求取向而反求诸己,但阳明重视的是格物的"正其不正以归于正"的对治意义,双江和念庵却偏向格物的"感而遂通"的感通意义。透过双方体用思维的不同,作者认为双江与阳明的思想貌合神离,是两套不同的思路。

在此书前面的系统研究的基础上,作者在第八章结论部分指出,在阳明逝后,阳明思想经由王门诸子的理解、诠释和实践而呈现出不同的面貌。大体上王门诸子对阳明立良知为本体都无异议,但对于致良知的工夫却有不同的入路,因此,王学的分化与转向,是围绕着工夫问题而发展的。然而工夫论的争辩又必然牵扯到对本体的理解,二者紧密联系,不可分离。聂双江的"归寂"说和罗念庵的"收摄保聚"说都是在肯认良知为本体的前提下,诠释致良知的两种工夫理论。但是这两种功夫论都不是从阳明强调的"知是知非"寻求致知工夫的入路,但是取径比较迂回。二人都是从宋儒的思想中

---

① 《明儒学案》卷一八,《江右王门学案二》。

汲取理论架构或工夫入路来诠释阳明的致良知工夫。作者认为，从这两种异于阳明的工夫理论中，可以看出良知学转向的契机。这一转向表现为诠释《大学》核心概念的转移：从"致知"到"知止"，表现为对"立体"功夫的强调，表现为对静坐这一修养方法的强调。

作为相对偏重思想史和学术史的著作，该书考证翔实，注重哲学义理的辨析和思想体系的建构，实为阳明后学研究的佳作。

（钟治国，北京大学哲学系2007级博士生，100871）

成中英：《易学本体论》

北京：北京大学出版社，2006年

易道广大，无所不备。故几千年来，解易者代不乏人，仁者见仁，智者见智，新见迭出，蔚为壮观。纵览易学史，从孔子的晚而好易、韦编三绝，荀子的"善为易者不占"，两汉的五行说与易体例的结合，到魏晋的《易》为三玄之首，两宋儒者的据易而释形而上世界，直到近年来因出土文献而推动的易学文本研究，都说明易学的诠释与时代背景和诠释者的价值取向联系在一起。近读成中英先生的《易学本体论》，此又得以印证。在这个文化多元化和东西文化交流愈加频繁的时代，成氏作为有着西学学术功底和整合东西方哲学宏愿的学者，独具慧眼，凸显本体和诠释的双重向度来提出自己的跨文化建构的理论体系——本体诠释学，而易学本体论则是该理论的基础。该书是数篇论文的结集，却集中一贯地表达了作者数十年来对易学的深入思考及易学观的一体性，反映出作者对易学与中国哲学关系的理解以及基于这种理解所作出的中西比较哲学研究的努力，较为系统地呈现了对一系列易学问题的看法，内容却因视野的开阔性而显得丰富多样，但本体论的主题却是比较明朗的，在注重对易学的整体关照上，在研究的层次、深度和客观性上达到了一个较高的水平。

一 分析哲学的方法与中西比较哲学的视野

"本体论"本是西方哲学术语,由 ontology 一词翻译而来,但"本末"、"体用"却在中国哲学文本中大量使用,成为极具哲学意蕴的范畴。成氏把二者综合为本、体、用三者。"变化有其本有其体。其本即其不易之易所指向的无限创生力。其体即其所创生的万事万物以及此等万事万物自然形成的交易网络,呈现了一个活泼动态的宇宙气象。"[①]但这种分析并不妨碍成氏继承程颐的"体用一源,显微无间"的思想,他认为易体寓于易用,体用关系呈现在状态/行为、实体/功能、静/动、虚/实、内/外的关系中,且二者是互为主体中心的。在分析了由一阴一阳之道构成的易世界所具有一体性和二元性之后,他认为易之思维具备一而多与多而一、静而动与动而静、外而内与内而外、知而行与行而知的特征,并由此发挥了其易学体用不二的内涵。

传统认为易具有不易、变易和简易三个基本特征,成氏又增加了交易与和易两义,分别诠释为:生生源发,变易多元,秩序自然,交易互补,和谐相成。他认为,对易的本体的透视必须兼及易与不易两个向度,二者皆是无穷尽和不可执著的。简易具有万物秩序化与变化规律的意思,因而也就具有宇宙本体论的含义。交易则是建立在世界的动态性、多元性和机体性基础上,是以有无相通以形成事物的完整性和可发展性,同时也形成新的共同发展的可能性并创造新的事物。和易是其核心意义与目标,体现了易哲学发展的价值。这些阐发不仅丰富了易的含义,也是理解易本体的不可缺少的维度。

如何认识或者直觉本体是一个极具挑战性的理论问题。成氏认为可以通过自身的亲切体验与观省来理解物自身,这里物自身不同于康德的"物自身",而实是指成氏所说的本体。他认为通过观察、沉思、研究、感情移入、对生活及周边环境的深切接触可以逐渐获得对作为变化之实的本体的体验与感知,但是他更倾向于一种诠释的向度,换言之,易被认为主要是思考和认识的对象。他说:"易兼体用,也兼内心与外物,故要内省与外观,且要做到

---

① 成中英:《易学本体论》,北京:北京大学出版社,2006 年,第 14 页。

内外的沟通与整合相应,方可谓为易之感知与审识。因此我们不应轻易说智的直觉,而要重视易的本体的诠释和综合认知。"[1]牟宗三对本体采取"无执的存有理解",是一种"智的直觉"理论,这与成氏的"本体诠释的理解"有较大的差异,二者或许可以实现更高层次上的同化与融合,这无疑是一个值得展开的理论空间。

二 跨学科的综合架构及视野的广度

成氏的研究虽然重视哲学的向度及分析的深度,但也不乏视野的广度,他的研究可以说经历了一个从文化进到哲学,再从哲学还原到文化的诠释学循环。

他用文化哲学的研究方法去解读三易(《连山》、《归藏》与《周易》),体现在从人的生存经验和体验上去考察三易的形成过程及结构差异的原因,其中包括地理环境、生活条件、文化类型的分析向度,认为《易经》总结了最早的生活和自然经验,代表了中国人在文化与社会上的原始取向,是中国哲学的原点和始点。这是对易的文化考察。文化的解读与哲学分析不可分离,成氏又着重阐发了中国哲学兼具变化与不变、同一与差异、封闭性与开放性、保守性和开放性的二元属性,但又是一分为二、合二为一,这一思维不能不从《周易》的"一阴一阳谓之道"中汲取思想的源泉活水,中国人的思维受到《易经》的引导、启发、接续和充实。

成氏认为,易的文化研究是基于《易经》是一部具有多种可诠释性的开放性文本的事实,诚然,作为意义系统和诠释系统,易不仅是一个理论体系,亦是一个行为体系。《易经》的形成和解决人类生活的问题相关,体现在以占来决定人们衣食住用行中的选择问题,随后又发展出了风水、堪舆、奇门、遁甲、命相等实用之学。因此易学研究者就不能不重视《易经》与哲学、科学、文史、艺术、管理、军事、医学、生活存在的双向诠释问题及现实应用问题。成氏本人也是文化研究队伍中身体力行的典范之一,他提出的 C 理论就是把易学与现代管理结合起来,引起了较大的反响。

---

[1] 成中英:《易学本体论》,第21页。

易的哲学研究,应从易文本包括的三个层面——象征、卦爻辞和哲学性的解说——入手,感知、认识并阐释易世界的内涵,同时也应该深入到基本思想架构中,从而重视思维方式对文化的影响。易经具有经验思维、形式思维、数理思维、辩证思维的特征,是各种思维形式、结构、规律和层次性的综合。当然对成氏而言,本体是易哲学研究的主题和核心,也是和西方哲学对话的一个基点,本体内含有理论展开的所有可能性。

成氏把易经看做是沟通东西方科学思想的一个思维结构和参照系统,并且同时兼具人类交往理论和文化沟通理论的性质,应该重视易作为不同文明系统相互理解融合的文本的角色与地位。交往和沟通具有文化与哲学的双重性质。为此,成氏力倡从理论和应用、学者与民众、国内与国际相结合的角度来研究,避免二者的脱节与隔离。

三　一个值得思考的问题

成氏师从奎因,自然在易学本体的诠释中更多地运用了逻辑分析的方法,他又注重一种整体创生的概念,把分析哲学引向整体主义的方向。在整合西方重理性分析与知识追求和中国重生命整体与价值追求方面,成氏做出了自己的努力,亦有自己的特色。但是一个事实是,任何理论整合工作本身都存在着脱离原有哲学话语系统和特定理解的危险。如何保持一种理论内部的连贯性和一致性是非常值得重视的问题。如果以牺牲一方理论的主要观点来建立一种体系,毋宁说是釜底抽薪的办法。换言之,对一种被整合哲学内部的关键理论问题应加以重新诠释。当然这需要一部专门展开其理论要点和生发点的专著来避免或减轻次一级理论与主理论的冲突并且圆融地指向和解决问题本身。当然,成氏的本体诠释理论并无如此严重问题,但是其个别概念的解读或许不能够提供让人满意的回答。如成氏说:"《易经》可有三个始点:本体、宇宙、思维……可以从上述三向(即《易经》的四种思维运动包含三个面向:本体论、宇宙论和方法论)来探索,即天、地、人三项存在的层次的深度义理。这三项显示的是:本体即是天,宇宙即是地,思维即是人。"[1]又说:"作为宇宙自然变化的易是三项因素决定的:整体的演进,根源的创造和个体的动力。……三者也可以说为易传统中所称谓的天、地、人。天指根源,地指整体,人指参与的动力。"[2]这两段话都意在诠释易的内涵,兼及《易经》与天地人的关系。这种把天地人与本体,宇宙和思维作比较的看法与中国哲学的观点是有出入的。传统不仅认为宇宙是一整体:"上下四方曰宇,往古来今曰宙",而且认为天具有多重含义。新的哲学体系或许应该建立在这些概念内涵的界定上。如本体、天地与宇宙的关系如何?成氏说:"易的体系的共同点是以'有无相生'和'阴阳偶合'为核心的。'有无相生'指的是时间序列的变化,'阴阳偶合'指的是空间序列的展开"。[3]但一般认为时空是不可分割的,阴阳、有无也是无分于时间空间的,"阴阳偶合"亦指时间序列的变化,"有无相生"亦会且必须在在空间中展开。这些问题或许因为只是论文结集的缘故无法充分展开,故笔者认为需要系统的理论专著才能解决。

从内容而言,本文之简评相对于全书而言难免挂一漏万,因为书中的讨论包括"易"字的来源、易文本的五个形成阶段、易的四种用途和三项原则、易学的实用意义及理论意义、国际易学的回顾和展望、易学研究中的主要问题及研究途径等方面;也会因笔者才学识力所限而未能差强人意,权作引玉之砖而已。总体上说,成先生的易学诠释工作是一种开拓性的尝试,做出了创造性的贡献。其表象在于通过厘清易本体含义来阐发本体诠释学,其终极目的则是建立一个易的文化世界和充满易的和谐精神的国际社会新秩序,这是一项很有意义的长期事业。

(周广友,北京大学哲学系2006级博士研究生,100871)

---

[1] 成中英:《易学本体论》,第210—211页。
[2] 同上书,第42—43页。
[3] 同上书,第42页。

王利：《国家与正义：利维坦释义》

上海：上海人民出版社，2008年1月

近年来，随着"古今中西"问题再度热化和政治哲学的日益流行，学人对于西方政治思想史的探究也不断深化。上至柏拉图、奥古斯丁，下到当代政治哲学家罗尔斯等，对西方政治哲学家的专著级的研究层出不穷，对思想家的处理方式也由导读性质的介绍逐渐转变为基于文本细读而建立起来的深入全面的考察。王利的霍布斯研究正是在这一大背景下进行的。其成果《国家与正义：利维坦释义》处理的对象是《利维坦》，核心论题是："为什么是利维坦？"王利以政治的道德基础这一视角切入《利维坦》，阐释"利维坦"，其"研究意图是在霍布斯的写作中发现普遍有效的教诲"（第12页）。但细心的读者自然会发现，该书的副标题是"利维坦释义"，而非"《利维坦》释义"。如果这并非是作者和编辑的疏忽的话，那么我们就必须通过统览全书的内容来理解标题乃至全书的意涵所在。

该书可以按照标题自然地分为两部分，前一部分（第一章到第五章）论述"国家"，即绝对主权的自身结构与目的，后一部分（第六章和第七章）论述"正义"，即主权国家的道德基础。"对'为什么是利维坦'的提问就是探究这一正当政治秩序的可能性，从逻辑上，我们可以将之化解为两个子问题：'利维坦是什么'和'利维坦的道德基础是什么'。"（第11页）王利在这两部分的核心论题是，在政治上，利维坦是绝对的；在道德上，利维坦是正义的。总而言之，利维坦是一个融合了绝对主权的政治因素和自然权利的道德基础的"乌托邦"。

利维坦在政治上的绝对性体现为绝对主权的建立。在这一部分，王利从主权的目的、构成、结构及其保障等方面树立了利维坦的绝对性。就利维坦而言："免于战争的和平，同时又作为公共的善，就是主权的目的。"（第29页）王利敏锐地看到，霍布斯对于公共的善的界定乃是否定性的，即公共的善就是免于战争，免于战争就是和平，和平就是公共的善。这种判断，王利认为，乃源自于霍布斯对于人性的基本判断，即人性根本上倾向于战争，而非和平，根本的人性导致了人类的自然状态。王利认为，霍布斯对于主权构成的论说乃是试图融合其之前的统治者主权和人民主权,即"同时容纳一人决断和人民同意",此乃"霍布斯主权学说的任务"(第33页)。通过对霍布斯论述中的主权构成的剖析(即信约、授权和代表),王利洞悉到,在自然状态生死攸关的时刻,人民的被动同意("被迫")和主动同意("自愿")"几乎可以等同",因此在这个时刻:"无论被迫还是自愿,只要允诺服从能够实现自我保存,什么样的同意都是一样的,保存生命而免于当下死亡是人的本性的自然要求。"(第46页)"具有统一性的同意的确表明了在利维坦中人们自由选择的可能性,但当自由选择作为主权合法性的来源时,可能性就变成了势在必行的必然性。自由选择的结果是对自由选择的否定,同意不得不是对服从和权威的同意,这个演绎看似悖谬,却在使自我保存成为可能中得到了合理的解释。"(第47页)在趋向和平、避免战争的最大目的之下,主动同意和被动同意的区别不再重要。霍布斯以此融合了一人决断和人民同意,统治者主权和人民主权。

"无论在学理上对绝对主权者的论证多么完美,如果没有臣民的服从,主权者的绝对性在事实上就将是一纸空文。"(第74页)因此,王利将臣民的服从作为绝对主权的重要因素,单独进行论述。"服从并不是对主权者纯粹被动的依赖,在霍布斯看来,服从虽然以保护为前提,但却是对保护的坚强保障,没有服从的保护是不可能实现的保护,它的后果就是背信弃义和战争状态。"(第75页)"借助自愿服从,霍布斯基本消除了统治与被统治之间的直接对立,而在事实上又保留了统治与被统治双方的并存关系。"(第75页)由于人们对主权者的恐惧和对于和平这个公共的善的追求:"服从是人们自由选择的结果。"(第75页)在臣民的服从的基础上,绝对主权才能够奠定自己的硬件架构。因此"主权者与臣民构成了利维坦的两个支点,由主权者的绝对权利提供保护,由臣民的义务提供服从"(第85页)。"对主权者绝对性的误解往往从极端情况出发,将主权者的意志理解为仅仅是为了主权者自身的利益"(第86页),但实际上,二者是休戚与共的,二者共同指向公共的善。"臣民的义务和自由蕴涵着对主权者的服从,臣民的服从是利维坦持续存在不可或缺的组成部分。"(第85页)

如果说,"保护与服从"乃是利维坦的核心内容的话,那么此中服从的关键,并不在于保证物理秩序,更在于心理层面的服从。对于人们的内在服从和心理服从,"霍布斯从两个角度进行了处理,其一是针对良知意识,其二是针对宗教信仰","约束言行的是国法,而约束意图的是自然法"(第77页)。

在外在服从和内在服从的区分之下,我们可以将该书第五章"保卫利维坦"的三个维度(国家制度、公民宗教和教育)大致加以分类。即国家制度(其中包含国法、公民团体等内容)侧重于从外在服从角度确立政治秩序,而公民宗教(经过改造的基督教、政治化的基督教、服务于利维坦的基督教)以及教育(改造大学、将《利维坦》作为教科书,即"《利维坦》教育利维坦")侧重于内在服从的角度。"以教育保卫利维坦的构想与将启示宗教改造为公民宗教的意义相仿,霍布斯将教育——严格说是哲学——变成了利维坦的构成要素,并最终使《利维坦》成为利维坦中唯一合法而正确的哲学,他的真实想法,应该是《利维坦》教育利维坦。"(第156页)由此看来,〈保卫利维坦〉一章实际上是过渡性的环节,即由绝对主权向其道德基础的过渡,从外在服从向内在服从的过渡,从政治秩序向道德正义的过渡。只有洞悉了利维坦在内在服从上面临的问题和挑战(如哲学探究对于利维坦的颠覆即"黑暗王国"的危险、基督教内心信仰对于世俗政权的否弃即"上帝王国"的隐忧)之后,我们才能理解利维坦的道德基础的必要性和可能性。

王利从"正义"这一核心概念切入利维坦的道德基础。值得注意的是,"正义"这一道德哲学的核心概念有着政治的前提,即主权国家的存在,"绝对主权的存在,也就是正义需要国家,没有国家存在的地方就无所谓正义与不义"(第161页)。这就是说,正义不仅仅构成了利维坦的道德基础,它本身也是利维坦的内在结构的一部分。换言之,王利在处理利维坦中政治与道德的关系时,并不是将二者作为两个平行的结构予以比较,而是首先将道德和政治的关系放在政治的大框架内予以处理,也即不能在政治之外谈道德和正义。这是理解利维坦的道德基础的关键所在。

通过对于霍布斯的自然法理论的细致分析,王利认为:"总的来看,遵守有效的信约就意味着义务,就霍布斯来说,正义的本质首先就在于履行义务。"(第162页)而考虑履行义务本身是人的意志性行为,因此正义即是某种意志。王利进一步得出结论:"正义是符合理性的意志。"(第228页)而在霍布斯的体系里,意志等于激情(第229页),因此符合理性的激情乃是正义的意志。"在此生,在这个世界上,暴死对身体和生命的伤害就超过了其他一切伤害,就是最严重、最强烈的伤害。因此对暴死的恐惧,亦即身体恐惧就是正义的恐惧,……身体的恐惧却是最不易使人犯罪的激情,所以身体恐惧是伦理学、道德哲学和政治哲学的恰当起点,利维坦就建立在这一具有奠基意义的激情之上。"(第261页)

同时,我们需要注意到,对暴死的恐惧乃是出于对人类的自然权利的保护,而在霍布斯的体系里,自我保存乃是自然权利的核心内涵。自然权利的内涵分为三个方面:自我保存、自由、平等(第269—274页)。这使得人类本身处于无限的战争状态之中,但同时也为人类生产出了对暴死的恐惧和走出自然状态的激情和意志。而理性作为激情的工具,通过化身为语言、信约、授权、转让等环节而最终使得人们建立国家,摆脱自然状态。因此,说"正义就是符合理性的意志"乃是在表述这一思想,即正义乃是能够通过理性的手段来走出自然状态的意志。也就是说,正义就是能够使用理性手段建立主权国家,走出自然状态。总而言之:"在自然权利这一概念上,不仅体现了霍布斯伦理学与道德哲学的结合,而且体现了道德哲学与政治哲学的结合,正是以自然权利为起点,利维坦才不仅是强大的,而且是正义的。"(第264页)由此可见,霍布斯的道德秩序建立在自由的基础上,于是"原来作为政治—法律概念的权利一旦与自然相结合,就产生了革故鼎新的巨大作用:自然权利,而不是自然义务,成为道德秩序的根据"(第277页)。

值得考虑的是,自然权利本身有着深厚的神学背景,因为自然权利本乎自然,而在霍布斯这里,自然乃是上帝的造物(参见《利维坦》首句)。由此可见,作为霍布斯道德哲学基础和利维坦的道德基础的自然权利,本身需要在神学的深广背景下予以理解。而正因为如此,王利书中对于《利维坦》的神学政治问题的处理,乃是理解利维坦的道德基础的要害所在,虽然在表面上看来,神学政治议题并未构成为王利一书的主体部分,但却是理解其实质意图不可规避的红线。这是因为,在王利看来,利维坦最终的道德立足点乃在于:"利维坦就是耶稣基督"(第131页,注32,第143页),自然权利只是利维坦的直接道德基础,而非根本的道德基础。或者说,自然权利只是表面上的、经过了近代哲学洗礼的道德基础,而非霍布斯浸润其中的、有着深厚基督教历史传承的道德基础。概言之,利维坦是集中了人、神、王的三位一体

（第130—132页），具有自然、人为和神圣的三重维度，承载了法律、政治和神学的三种基础，因此，利维坦的政治结构和道德基础，或者说它的终极正当性，乃是建立在整个基督教文明的源流、脉络和变异的基础上的。这个判断并非单单基于"利维坦"这一意象的神学背景，而是建立在《利维坦》通篇一以贯之的基督教文明底色上。必须承认，利维坦在政治上的绝对性和道德上的正义性乃是有着坚实的文明基础的，即使这一基础在现代性背景下表现为某种形式的危机：在奴隶道德和虚无主义的双重折磨下，正当性变成了一个问题（第9页）。在这个意义上，霍布斯悉心划分的内在服从和外在服从，就最终统一于政治义务这一核心概念上："当内在信仰和外在义务相冲突时，优先履行外在义务。"（第97页）因为，当利维坦就是耶稣基督的时候，利维坦就已经建立在了人的内心世界之中，无论在内心世界支配人的是信仰还是理性。

在我看来，王利之所以处理利维坦的道德基础这一问题，正是为了通过利维坦的道德基础问题揭示利维坦的文明传统背景，正是为了通过近代政治的正当性构成追溯西方文明的"大传统"。在这个意义上，我们才可以理解，为什么这本书的名字叫做"利维坦释义"，而非"《利维坦》释义"。实际上，该书的布局谋篇也在暗示"利维坦释义"的意涵。如果我们将这本看似解释《利维坦》的政治思想史研究与《利维坦》本身做一个篇章结构上的对应性比较（作者特意在附录中附上了《利维坦》的篇章结构，并按照意义群进行了划分并总结了大意），就会发现，该书将《利维坦》的内容分块切割，然后进行了重组。如果我们大致将《利维坦》的论述进路归纳为从认识论/知识论（感觉、想象、语言和推理等）到伦理学与道德哲学（激情、意志、自然权利和自然法），再从政治学（权力、主权、国法和国家制度等）到神学的话，那么《国家与正义》一书则将绝对主权作为论述的起点，进而追溯其伦理学和道德哲学的基础，而将神学问题作为从政治学到伦理学之间的过渡，将认识论作为理解道德哲学的必要环节放在道德论述中进行处理。因此，该书的论证进路乃是从政治学到神学，再到伦理学和认识论。其突出的特点是，强调了政治对于神学、道德哲学和认识论的优位性。换个角度来看，该书突出了利维坦这一政治体在政治理论中的核心性，哲学（伦理学和认识论的概括性说法）、神学都围绕这个核心而运转。

由此可见,《国家与正义》一书就不是,或者不仅仅是,一部政治思想史的著作,而是一部政治理论的著作。这种政治理论虽然脱胎于《利维坦》,但却着力于利维坦,着力于利维坦背后的西方政治文明主流。利维坦象征着绝对主权,象征着以利维坦为名所代表的国家制度、道德基础和文明传统。这种政治理论暗示着一个前提,即霍布斯的《利维坦》本身不仅仅是哲学思考,更是政治行动。因此,《国家与正义》中的政治理论就不仅仅是"关于政治的理论",而恰恰就是"政治的理论"。《利维坦》或许是哲学玄思产生的乌托邦,但利维坦却是实实在在的政治现象和现代政治的基础。或者说,《利维坦》以哲学的政治化和政治的哲学化造就了意识形态意义上的软实力,而利维坦才构成为近代政治之为政治的真正理由和内在力量。由此,我们大致可以回答本文开头所提出的悬念:如果霍布斯想用《利维坦》来教育利维坦的话,那么王利是在用《利维坦》来阐释利维坦。这部"政治的理论著作"阐释的乃是作为近代政治之发端的"利维坦",而不仅仅是《利维坦》:众所周知,古今中西概莫能外的一个道理在于:"政治的理论"从来都是"政治的"。

进而言之,基于《利维坦》而不限制在《利维坦》中的利维坦政治理论,背后乃是有着更为深厚的现实政治考虑。在《国家与正义》的全书中,作者不时流露出对于利维坦政治理论"通经致用"的期望:"我们正生活在霍布斯等人开创的现代性之中,那么,反思霍布斯绝对主义的本质,质疑霍布斯的前提、原则和逻辑,探究政治生活的可能性和现实性,就不仅仅是一项政治思想史的考古工作,而且是对我们生活于其中的现代政治秩序的反省和批判。对于我们中国人来说可能还有另一层含义,那就是学习借鉴西方的政治文明,吸收他们的成功经验,避免他们的危机、灾难,为建设我们自己的完美政治积累政治智慧。"(第110页)在这个意义上,《国家与正义》中对《利维坦》的严密疏证才不仅仅是疏证,并且,正是由于"通经致用"的考虑,才需要严密疏证和文本功夫,才不至于停留在介绍和导读的层面。尤其值得注意的是,考虑到王利在结论中不时地质疑利维坦的基督教文明道德基础,我们有理由相信,在《国家与正义》的基础之上,中国学人或许能够寻找可供弥补甚至替代基督教文明传统的道德基础,来建立更好的利维坦。简而言之:"利维坦中国化"乃是《国家与正义》一书主题中的应有之义。而只有在政治实践上将利维坦予以中国化,才能够使得王利的研究不仅仅超越"《利维坦》释义",同时超越"利维坦释义"。这或许是自魏源《海国图志》以来诸辈先贤"建设主人民族的文化自觉和政治成熟"(该书后记语)的使命对我们提出的新的要求和期望。

(刘晗,耶鲁大学法学院 LL. M. 候选人)

夏泉:《明清基督教教会教育与粤港澳社会》

广州:广东人民出版社,2007 年

20 世纪西方历史学冲破了欧洲传统兰克史学的桎梏,从历史主义中破茧而出,至今已历经新史学、社会科学化、叙事学转向、语言学转向而迈入考量后现代主义史学可能性的新时代。当然每每西方史学研究范式的转换,都是与同时期哲学、文学、艺术等社会思潮至深至远的影响是密不可分的。然而遗憾的是,由于各种缘故,20 世纪 50—70 年代的中国史学错失良机,以至于时至今日还与国际学术界存在着这样或那样的隔阂。80 年代以降,随着萨特、韦伯、弗洛伊德等西方学者相关理论著述的大量迻译和引介,中国历史学界渐渐摆脱了政治挂帅的学术困境,进入到一个相对理性、开放的研究情境。同时一些诸如经济理性与资本主义兴起的"韦伯"式新命题,既开启了历史研究的新范型,也把中国史学领入到了一个以文化比较、文化反思为核心的新时期。故而文化史研究一时成为历史研究中的"显学"。另一方面,由于受到社会学、经济学(尤其近期历史学与人类学理论与方法的互相借鉴、相互融合,使得历史人类学研究方兴未艾)等社会科学理论与方法的影响,中国史学界逐渐摆脱宏大叙事的研究模式,不断借助其他相关自然、社会科学的研究手段,由显入隐,由巨入微,开展区域研究、民俗研究,发展出新社会史的研究范式。这种由文化研究而区域研究、新社会史研究的交替转换,既使得历史研究学术视野的不断开拓,文献史料的不断发掘,也促进了研究手法的不断多元和问题意识的不断深化。当然中国基督教史研究亦是如此。尤其值得一提的是，在美国旧金山大学利玛窦东西方文化研究中心、香港中文大学崇基学院以及华中师范大学中国教会大学史研究中心的积极推动下，由章开沅、卢龙光、梁元生、吴梓明等诸先生主持下，中国基督教教会教育的研究日渐兴起，已然成为明清史、近代史研究中的一门"显学"。而夏泉博士《明清基督教教会教育与粤港澳社会》一书正是在这种学术流变与社会情境下的时代产物。

《明清基督教教会教育与粤港澳社会》一书选取了地域毗邻、文化相近、互动频繁的粤港澳三地作为研究个案，以详致丰富的文献史料、繁复扎实的考订求索、冷峻理性的研究分析，铺陈并阐释了基督教教会教育在明清时期的中国发展历程，同时展现了基督教与华南地区传统风习间、与粤港澳三地间的互动关系。全书共分为五章，第一章简要回顾了有关明清时期粤港澳基督教教会教育的研究历程，并从总体上进行了研究类型的归类与分析，提出了目前为止基督教教会教育研究的五种评价范式，即"文化侵略论"、"文化帝国主义"、"近（现）代化论"、"文化渗透论"和"普遍主义"。而夏泉博士本人则倾向于"文化渗透和传播论"，主张从文化交流的视角研究基督教教会教育。第二、三、四章分别以明清之际早期天主教教会教育（1552—1806）、"禁教"政策下的早期基督新教教会教育（1807—1842）、条约制度下的晚清粤港澳教会教育（1842—1911）为中心，再现了三个不同历史时期、不同社会情境下的基督教教会教育在粤港澳三地的展开历程。最后，作者对明清时期教会教育发展阶段进行了纵向比较，并由此重点论述了教会教育与粤港澳社会间的关联与互动。通读全书，感受颇深，兹列如下：

第一，选题新颖，独具匠心。

明清时期（从16世纪中叶至1911年）粤港澳基督教会教育（包括天主教教会教育和新教教会教育），是一个特殊而又重要的历史现象。从历时性角度来看，明清两朝是基督教第三次入华的重要时期，也是大航海时代以来第一次真正意义上的中西对话时期，深刻地影响了中国近世以来的政治结构、社会形态、士人精神、民族心理与日常生活；从共时性层面而言，粤港澳三地共处华南，地域毗邻，拥有着共通的人文地理环境与历史文化传统，完全可以作为一个独立区域或文化类型进行仔细分析，即通过纵向梳理与横向分析,使得粤港澳教会教育成为一个单独文化谱系,发掘其独特的历史元素与文化内涵,并由此呈现中国基督教史的整体性特征。当然,这并非一种就粤港澳而粤港澳的区域研究,而是选取特定的视角去体认中国基督教史的总体特质。然而,学术界对明清粤港澳的教会教育一直缺乏系统的梳理研究,故而作者主要选定以明清时期粤港澳三地的基督教教会教育为研究中心,旨在通过对这一课题的考察,厘清自晚明以降直至1911年基督教在岭南的办学活动及其发展规律,探讨基督教在岭南的布道和办学活动对粤港澳社会经济和明清中西关系所产生的重要影响。如对于明清之际以澳门为基地的天主教教育情况,由于中国史籍并没有多少直接记载,因而这一时期澳门天主教教会教育状况一直模糊不清。作者为此结合近代早期国际局势、远东传教形势及澳门本土需求,选择以圣保禄学院、圣若瑟修院为个案,从时代背景、办学动机、师资情况以及作用影响等四个方面论证了明清之际早期天主教教会教育的创办历程,是当时诸多主客观因素综合运作的结果,以填补中国教会教育史研究领域的某些空白。

第二,层次清晰,详略得当。

明清时期粤港澳教会学校层出不穷,且先后历时三个世纪之多,故而这一研究课题时间跨度大、涉及范围广,研究起来难度相对较大。而此前的学术成果由于文献零散、搜求不备等诸多原因,学术累积尚不能够言之为深厚,至于全面论述明清时期粤港澳教会教育的论著更是少之又少了。夏泉博士则以教会教育的不断开展为中心,紧紧围绕明清之际早期天主教教会教育(1552—1806)、"禁教"政策下的早期基督新教教会教育(1807—1842)、条约制度下的晚清粤港澳教会教育(1842—1911)三个不同时段展开历时性的考察。其中明清之际早期天主教教会教育主要围绕澳门圣保禄学院、澳门圣若瑟修院;"禁教"政策下的早期基督新教教会教育以英华书院、马礼逊学校为中心;条约制度下的晚清粤港澳教会教育则重点论述了晚清广东、香港和澳门三地的教会教育。这样既纵向考察了教会教育的举办始末,也纵向比较了粤港澳教会教育的开展历程。在夹叙夹议中铺陈历史,在比较分析中知微见著,体现了作者高超的史料驾驭与归纳总结能力。诚如陈寅恪先生所言:"纵览史乘,凡士大夫阶级之转移升降,往往与道德标准及社会风习之变迁有关。当其新旧蜕嬗之间际,常呈一纷纭综错之情态,即新道德标准与旧道德标准,新社会风习与旧社会风习并存杂用。各是其是,而互非其非也。斯诚亦事实之无可如何者。虽然,值此道德标准社会风习纷乱变易之时,此转移升降之士大夫阶级之人,有贤不肖拙巧之分别,而其贤者拙者,常感受苦痛,终于消灭而后已。其不肖者巧者,则多享受欢乐,往往富贵荣显,身泰名遂。其故何也?由于善利用或不善利用此两种以上不同之标准及习俗,以应付此环境而已。譬如市肆之中,新旧不同之度量衡并存杂用,则其巧诈不肖之徒,以长大重之度量衡购入,而以短小轻之度量衡售出。其贤而拙者之所为适与之相反。于是两者之得失成败,即决定于是矣。"虽然陈寅恪先生主要论及士大夫阶级转移升降与道德标准及社会风习变迁间的关系,不过这种对于史料、史实神游冥思的方法依然是同一的。而夏泉博士正是通过这种对史料文献的全面搜求、对历史进程的准备理解,方才能对这一纷繁的历史时期进行清晰认知与精到分析。

第三,提倡区域研究,深化研究旨意。

近年来,有学者认为,近二十五年中国基督教史的研究领域出现了重要的范式变换,即从传教学和欧洲中心论的范式转到汉学和中国中心论的范式。谢和耐《中国与基督教》(1982)、钟鸣旦《杨廷筠:明末天主教儒者》(1987)、《中西文化交流史杂志(1550—1800)》(按:该杂志1979年创办,初名《中国传教士研究杂志(1550—1800)》,1990年改为今名)理应为这一范式转变的肇始之作。尤其是台湾清华大学黄一农先生对瞿太素、王徵、韩霖、魏学濂等明清之际天主教徒(或团体)的群像研究,翔致析究了作为夹在中西文化间的第一代天主教徒的自处、对社会变化的应对,可视为对这种研究范式的某种思想观念、方法论上的认同与延伸。然而,毫无疑问海外中国基督教史研究就隐含着东方主义式对东方的想象(或某种程度上的自我意识),故而即使强调转换研究范式,在东方主义情势下的这一范式转换依然值得我们商榷。由传教学转移到当地教会的创建史,以及把基督教史研究作为了解中国的一个角度的做法均很难称之为彻底的转换。我认为应将中国基督教史作为中国历史的一部分,即把基督教在华传播于中国社会的意义与基督教在华传播史研究对认识中国的意义问题,也即争取中国基督教史研究在中国史研究或汉学研究中的地位问题,作为以后关注的最重要议题。只有通过这种对研究对象、史料文献和研究方式的多层次历史与逻辑关系的分析,方能解开纽结,推进中国基督教史研究,以期使得历史、知识与本相最大程度上的暗合。夏泉博士这种选取粤港澳教会教育的做法无疑是一种较为新颖的尝试,开展区域研究,不仅是将教会教育研究与社会史研究结合到一起,同时也是将中国基督教史研究置换到中国史研究中去,使之合二为一,回归本位。这样的研究手法不仅可以避免将中国基督教史研究独立于中国史研究之外,而且更能使得中国基督教史研究有着更多的自我认同感;既能更多地借助现今中国史研究的最新成果,同时也使自身作为中国史的一部分,通过学术研究来体现中国历史进程的某种内在逻辑结构。

当然瑕不掩瑜,夏泉博士《明清基督教教会教育与粤港澳社会》一书尚有不少值得商榷之处。正如汤开建教授在为是书题序时说到的那样,在这一课题的宏大架构中,对原始档案的追寻仍感不足。其实,关于这一课题的葡、西、荷、法、英文档案的巨大蕴藏,尚需学术界同仁数十年之努力挖掘,方能有更新更扎实的成果。由于这一研究课题涵盖范围广、涉及语种多,加之当前科研条件与文献开放等诸多问题,使得这一研究很难做到文献上的涸泽而渔。同时其他如第40页"鸦片战争以降,来华传教的天主教各修会主要有耶稣会、奥斯丁会、多明我会、巴黎外方传教会、遣使会、圣母圣心会、圣言会等",这种将耶稣会、奥斯丁会、多明我会、巴黎外方传教会、遣使会、圣母圣心会、圣言会统统归结为天主教修会的说法略显讹误。此外,该书在一定程度上忽略了岭南地域特色,缺乏与同时期私塾、学院教育的比较,以凸显地域社会、文化情境以及由此梳理出不同的知识谱系,而桑兵、杨念群、程美宝等先生的著述中都曾有过或多或少的论及。最后,作为欧洲高等教育的传播,作者虽然挖掘出明清时期基督教教会教育的历史地位,但似乎忽略了对教会学院(校)师生日常生活的研究,以及由此显现出对中国师生价值观念、行为规范上潜移默化的影响。这正是中国现代化研究面临的共同课题,同时也将突破现代化进程"技术、制度和价值"三段论的研究模式,为研究近现代时期中国近现代化进程及日常观念的现代化提供新的研究视角。

(吴青,香港中文大学文化及宗教研究系博士生)

朱良志:《中国美学十五讲》

北京:北京大学出版社,2006年

中国美学的研究已有百余年的历史,而成就不如料想的多。这其中有中国美学问题的难定、史料的驳杂等原因。然而,五十年来中国美学的最大不利是缺乏学术的环境、眼光与方法。因而一句话可以演成长篇大论,一部长篇大论可以被一句话打倒。朱良志教授常说做些学术。他自己也以此自律。前此出版的专著都贯注这一学术追求。而如今这部《中国美学十五讲》也当作如是观。

本书是作者在北京大学教授中国美学的讲稿。今收入名家通识讲座书系。本书中多为作者精思独得之言,读之令人壮而不傲,尤其使人意豁。

看书就如观览庭院。写书评无非是有感于房屋的富美,间架的合理,材料的坚实,或是对自己有了某些启示,想与房主多攀谈几句。别无他意。

关于本书,作者的出发点在中西之别,文化不同,哲学亦然,"西方哲学是知识的、思辨的,而中国哲学则是生命的、体验的。生命超越是中国哲学的核心"(第2页)。可以想见,这样的中国哲学必使它与艺术的关系更加紧密。千载之下遥想先哲,多不是正襟危坐地讲学论道,而更多的是,他们活的生命。这可能是泰戈尔所赞许的中国文化的美丽精神。因此,作者心中的中国美学是"生命超越之学","是一种生命安顿之学"(第2页)。对于本书,作者自己有明确的陈说,不须改写,直陈如下:"这里从中国传统美学的吉光片羽中提炼出的十五个问题,我以为都是生命超越美学的重要问题。本讲座的十五讲可分为三个意义单元:前五讲分别从道、禅、儒、骚以及气化哲学五个方面,追踪生命超越美学产生的根源及其流变,这是根源论。就美学而言,道家哲学要在齐同万物、冥然物化;禅宗确立世界本身的意义,青山自青山白云自白云中,就包含这样的思考;楚辞具有唯美和感伤的传统,给中国美学注入特别的气质;儒家哲学强调创造新变;传统的气化哲学强调天地大自然为一生命流荡的世界,等等,这些对确立中国美学的基本特点起到了关键作用。中间五讲,集中讨论中国美学在知识之外(无言之美)、空间之外(灵的空间)、时间之外(永恒之美)、自身之外(以小见大)、色相之外(大巧若拙)追求美,体现出独特的超越美学旨趣,这是生命美学的形态论。而后五讲,则是对生命美学范畴的讨论,涉及到境界、和谐、妙悟、形神和养气五个基本范畴,这是生命美学的范畴论。中国传统超越美学含摄的内容很多,这里选讲的若干重要问题,只是对于基本情况作一粗略的勾勒。"(第3页)前五讲,考镜源流,知其所从来,其特点尤在第四、五讲,以及第二讲中对于不二法门的辨析与阐扬。此后各章皆源此而发,颇见整合之功。此书首章为庄,次为禅,后为儒、骚,可见作者之取向与识见。我们看着作者好像偏袒了庄禅,而这只是因为它们对中国美学出力太多,劳苦功高。平心说,这点实惠是应得的。

　　作者在引言中说:"关于中国美学的研究,我以为不是中国有没有美学的问题,而是中国到底有什么样的美学;从内在逻辑中把握中国美学的特点,不把中国美学当作论证西方美学的资料,是当今中国美学研究不可忽视的方面。"(第3页)这是对于中国美学合法性的一个解释。对此问题,有人反复咀嚼,有人一语否定,不若"不是中国有没有美学的问题,而是中国到底有什么样的美学"来得温暖与切实。这里有对于中国美学的体量与信心。

　　观此书者,知此书不愧于典型。处处都是精锐之兵。其中的妙解、特识与别裁,足以开启智识。即使偶然遇目,也是往往见宝。本书并非面面俱到,这当然不是本书的取向,然而中国美学的精义不可谓少。字里行间透露出,这本小书里有个大世界。

　　匆匆一过,未免怠慢了作者的苦心。多所领受,不仅是著者之幸运,也是读者的幸运。而我平俗凡庸,有得于心者仅如下些许:

　　一、从容论学之风。观此书,行文的舒卷自如,文字的洁净雅致,取材的富广精审,都足资取法。读此书知中国美学之美。其间溢荡着从容之风。对于历史中的先人,作者能体认其精神,详于存异而略于求同。然而用心,正在"借有此异以证其同"。对于儒、释、道、骚、气化哲学各章,作者虽然没有专章是论述其合融的方式与状态,而章章又莫不如是。

　　对于今人之论,作者也是多论其异同,而鲜涉其是非。黄宗羲在《明儒学案》中说:"学者于其不同处,正宜着眼理会。……以水济水,岂是学问。"至于作者有了新鲜而地道的理会,我想,读者也会先观其不同。文中虽然有辨析,而绝无负气求胜、扬己凌人。而能在与其不同处出新意。在濠梁之辩中,庄子观鱼而知鱼之乐,朱光潜认为这是"推己及物","移情于物",作者认为值得商榷。(第16页)对于朱光潜先生提出的三种态度,作者又在这之外提出第四种态度。这不是作者在恣意求新,而是在厚实的研究后生发的。对于第四种态度(即是妙悟)作者有专著《大音希声——妙悟的审美考察》。

作者从不自矜有学,说自己的作品粗糙,然而,作者也决不因此而懈怠,"有一疑义,反复参考,必归于至当;有一独见,援古证今,必畅其说而后止"。(潘耒《日知录序》)以此比照,亦可略知作者为学之貌。书中似乎都是人所能言之事,道的却是人所难言之旨,如庄、禅、儒、骚。作者"因人所已知,告其所未知"。对于不二法门的阐发,更见作者功力。作者真可以孙奇逢评人之语描绘:"人所束手之题,使君曲为条指,人所歇脚之事,使君偏为热肠,亦一无所慕,一无所惧。"古人讲不是闲人闲不得,能闲不是等闲人。这几分从容不是心态的转换可以办到,而是深厚根基的兴现。

二、读一本书,看其引文便知闻见的广狭,功力的疏密,这是读书人所共知的。但是,本书的引文却限于"通识"的原因,隐而不显,难以有这样的效果。正如我们不应仅仅看房子的华美,而更应留意建屋过程中的艰辛。如不二法门一讲,《石涛研究》等为其开路先锋,一望便知。即如第40页论到"外师造化,中得心源",第83页论到石涛的楚风,第146页论中国艺术中"不立文字,不离文字",第209页作者论古意盎然,都看似信手一挥,却是功利深厚,皆是作者学有所得之论。可参见作者的专文。如此,还只是落在纸面上的,至于这背后所涉览的文献又不止万计了。未尝艰苦而来的学问,就如费燕峰在《费氏遗书》中所说:"一段好议论,美听而已。"作者搜采之勤,在本书中难以窥见,但是,把眼光放在书的背后,可知其所从来的道路极坚实。章学诚《章氏遗书》中〈与陈观民工部论史学〉:"文士撰文,惟恐不自己出;史家之文,惟恐出于己。"我想本书的可贵处在于,其言皆有得于心而出于己,又必有所本而不尽出于己。能"为古人立心"。我在书中看到:中国美学活的精神在历史。历史的精神还多不在理论,也许理论本身就装不下历史的精神。作者醉心于历史,或许在此。我想,若以本书之影响而言,其于理论之影响绝不会小,但于历史的启示或可能更大。

本书可以说是"只可自愉悦,不堪持赠君",但因其有根底,所以它愈为己而愈为人。人们常引《文史通义·答客中》:"高明者多独断之学,沉潜者尚考索之功;天下学术,不能不具此二途。"高明者以考索为根底,高明者益高明。作者之学如此。

三、开后人法门处。本书多能指出向上一路,新人耳目,触发新意。真是"混沌里放出光明"。如本书第七、八讲重在阐明中国艺术的时空观。这一阐发让我们重新回顾历史学家的小发明,竟给美学的研究带来了颇多的新意。由此出发,不仅时空,其他的观念也与美学极有关涉。在许多方面,本书真是能"接前人未了之绪,开后人未启之端"(清代薛雪《一瓢诗话》)。读此书,知"读书不多,无以证斯语之变化,多而不求于心,则为俗学"(全祖望引黄梨洲语)信而不诬。深切的体认与追思,使得作者能深入人心,切中要害。作者说:"山林之想,云水之乐,其实并不在山林云水本身,而在人的心态。"(第8页)山水诗并不仅仅在描山画水,山水画也不仅仅在涂红抹绿,它们的背后是生命的精神,所以,郑板桥的诗"流水澹然去,孤舟随意还"在作者的眼中,"写的不光是流水和孤舟,写的是他的心灵的优游,写心灵在气的世界中浮荡"(第114—115页),真非孤沉独往而难得。如作者说:"气韵的核心是生命意义的传达,它虽有赖于形,但专注于形而不可得。"(第113页)我想,作者的长处,并不仅在于指出这一点,其高妙之处在于从中酌取生命精神,而又能以生命化的形式给予传达。作者传达的形式和传达的精神达到了融通。作者真是"以境显境"。

四、识见颇高。做中国美学的人,容易被浩瀚的史料,纷繁的历史所震慑。本书中的各章,皆从历史中来,而经作者的慧眼,它们都成了今日美学建构中的脊柱。历史与理论的融通的确是一大技艺。登峰而入微。在茫远的历史中,作者以精神提起。在历史的汪洋中优游,舒卷。真如一得大自在之人。

治中国美学的人所共知,中国美学难以找到专门的著作。此书《中国美学十五讲》,而作者之着力处又多在美学之外。作者在哲学与艺术的通汇处领得了美学的精神。古人讲:析之愈精,则逃之愈巧,此最为学人致意,而研中国美学者更应留心。作者真是把中国美学藏之天下了。如骚人遗韵,并非哲学,而于美学又影响甚大。作者极为阐扬,推向深入,亦可见作者识见之高。推想可知,哲学之外有益于美学者,又不仅此而已了。即以本书中哲学与美学关系而论,亦不粘滞概念术语,而重在两者的相通处,不强作牵合。两者不限于名言的假借转用,更在精神之汇合与融通,这为重新审视哲学、美学及两者的关系开了蹊径。

五、本书之醇清。作者严于畔分中西,而善于融会古今。学人常好引西方以自重,本书中也有中西对比处。然而,我觉得,作者看到中西遥相呼应时,谨慎多于喜悦。如作者说:"庄子的自由,其实就是'由自',自己获得主宰自己的权利,而不是将权利交给知识,交给内在世界的'习心'。这有点相当于斯宾诺莎所说的'自因'说,以自身为原因的自由。"作者让两人相识,又马上告知有所不妥,说:"但又有区别。庄子的自由,是一个由奴隶到主宰的哲学回归,由'由他'到'由自'。"(第20页)如此者尚多,不繁引。我想这是学者应有的审慎。

此外,书中的插图也尤为增色,它们极有助于领会言语难尽的智慧。其中,或有作者的契合之作,也有古人跨越千年万里前来相助。此外,如作者读书之法也值得借鉴。

读完本书我也引发了一些疑惑,不是学术思考,就当是攀谈,可以水济水,岂是攀谈?

在第二讲中,作者的精神与技艺,使我们看到了一个扶云高蹈,倚树独眠的庄子。会通物我,以物为量,大制不割,忘情融物,朝阳初启,真个把庄子说活了。作者从庄子的言语中展示了一个世界。作者的研究是从庄子所描述的境况而悟出的,所以,庄子是非理性的。但是,我们若考虑到庄子的描述这一行为本身(当然《庄子》并非庄子一人所作,人人尽知),我则感到庄子还具有一种清晰而明朗的生命态度。他描述时,是位生命的审视者,而他在描述的境况之中时,则是位生命的游戏者,我想,两者于美学都有大关涉。中国人所具有的清晰而明朗的生命态度,与近世西方的科学理性固然不同,然而我觉得,这种生命精神并不是完全非理性的。这里有中国人的生命达观。我们在苏轼那里极易看到这一智慧,这一智慧不排斥往事难再仍可期的唯美,也不缺少心有微花淡淡香的精微。一只生命的眼睛审视自己,把玩生命,知道生命的能与不能。

此外,"大造"(第57页)二字代代有人言,而心境则各异。或因天之造化不可明察而生畏惧之情,或因其刚健有功而生悦乐之心。即以魏晋、两宋相比,差异甚大。如陶渊明的诗"纵浪大化中,不喜亦不惧",可见他,或说当时的人对于这"大化"是曾心存畏惧的,而邵雍的诗:"物皆有理我何者,天且不言人代之",却是充满了和乐的。言语虽同,而心态纷殊;或原本一词,而其意屡迁都是常有的事。作者给历史换了新颜,又不是我这泥古之人可窥测的了。

本书可以说是"为古人立心"之作,在这过程中,作者所获得的无言欣悦也溢于言表。本书就是作者的妙高顶,小扁舟。所以这书也是"为自己适心"的。

至于本书与新儒家之间的关系,其在中国美学研究史上的地位,以及它所显明的学界风貌的转换,又不是我这学识浅薄之人可以妄评的。不过,我们从这本书里印领了太多,所以对于它及作者的期待也同样的多。或者,它不仅为研究中国美学之著作,将来也会是中国美学应研究之著作。这个书评没有以小见大的功能,若想体会作者及本书的微妙境界,还请读者去看原书。游玩者好其佳丽处,读一过,定心满意足;而细心者不仅及此,还应知其用力处,读完此书,若能再读作者其他一些著作,受益决不可以道里计。所以前者尽可以与之沉浮,而后者还得独具一双慧眼。因而,前者的眼中可能只有可爱,而后者的眼中不仅可爱,而益可敬。

(谷红岩,北京大学哲学系 2006 级硕士研究生,100871)

《哲学门》稿约

为了不断提高我国哲学研究的水准、完善我国的哲学学科建设、促进海内外哲学同行的交流,北京大学哲学系创办立足全国、面向世界的哲学学术刊物《哲学门》,每年出版一卷二册(每册约25万字)。自2000年以来,本刊深受国内外哲学界瞩目,颇受读者好评。

《哲学门》的宗旨,是倡导对哲学问题的原创性研究,注重对当代中国哲学的"批评性"评论。发表范围包括哲学的各个门类,马克思主义哲学、中国哲学、西方哲学、东方哲学、宗教哲学、美学、伦理学、科学哲学、逻辑学等领域,追求学科之间的交叉整合,还原论文写作务求创见的本意。目前,《哲学门》下设三个主要栏目:论文,字数不限,通常为1—2万字;评论,主要就某一思潮、哲学问题或观点、某类著作展开深入的批评与探讨,允许有较长的篇幅;书评,主要是介绍某部重要的哲学著作,并有相当分量的扼要评价(决不允许有过度的溢美之词)。

为保证学术水平,《哲学门》实行国际通行的双盲审稿制度。在您惠赐大作之时,务必了解以下有关技术规定:

1. 本刊原则上只接受电子投稿,投稿者请通过电子信箱发来稿件的电子版。个别无法电子化的汉字、符号、图表,请同时投寄纸本。
2. 电子版请采用word格式,正文5号字,注释引文一律脚注。
3. 正文之前务请附上文章的英文标题、关键词、摘要和作者简介。
4. 通过电邮的投稿,收到后即回电邮确认,3个月内通报初审情况。其他形式的投稿,3个月内未接回信者可自行处理。

在您的大作发表以后,我们即付稿酬;同时,版权归属北京大学出版社所有。我们欢迎其他出版物转载,但是必须得到我们的书面授权,否则视为侵权。

《哲学门》参考文献的格式规范

第1条 正文中引用参考文献,一律用页脚注。对正文的注释性文字说明,也一律用页脚注,但请尽量简短,过长的注文会给排版带来麻烦。为了查考的需要,外文文献不要译成中文。

第2条 参考文献的书写格式分**完全格式**和**简略格式**两种。

第3条 **完全格式**的构成,举例如下(方括号[ ]中的项为可替换项):

著作:作者、著作名、出版者及出版年、页码

吴国盛:《科学的历程》,湖南科学技术出版社,1995 年,第 100 页[第 1—10 页]。

R. Poidevin, *The Philosophy of Time*, Oxford University Press, 1985, p. 100[pp. 1-10].

译作:作者、著作名、译者、出版者及出版年、页码

柯林武德:《自然的观念》,吴国盛等译,华夏出版社,1990 年,第 100 页。

Martin Heidegger, *Being and Time*, tr. by John Macquarrie & Edward Robinson, Harper & Row, 1962, p. 100[pp. 1-10].

载于期刊的论文(译文参照译作格式在译文题目后加译者):

吴国盛:〈希腊人的空间概念〉,《哲学研究》,1992 年第 11 期。

A. H. Maslow, "The Fusion of Facts and Value", *American Journal of Psychoanalysis*, 23(1963).

载于书籍的论文(译文参照译作格式在译文题目后加译者):

吴国盛:〈自然哲学的复兴〉,载《自然哲学》(第 1 辑),吴国盛主编,中国社会科学出版社,1994 年。

T. Kuhn, "The History of Science", in *International Encyclopedia of the Social Sciences*, ed. by D. L. Sills, Macmillan, 1968.

说明与注意事项:

1. 无论中外文注释,结尾必须有句号。中文是圆圈,西文是圆点。
2. 外文页码标符用小写 p.,页码起止用小写 pp.。
3. 外文的句点有两种用途,一种用做句号,一种用做单词或人名等的简写

(如 tr. 和 ed.),在后一种用途时,句点后可以接任何其他必需的标点符号。

4. 书名和期刊名,中文用书名号,外文则用斜体(手写时用加底线表示);论文名无论中外一律用正体加引号。

5. 引文出自著(译)作的必须标页码,出自论(译)文的则不标页码。

6. 中文文献作者名后用冒号(:),外文文献作者名后用逗号(,)。

7. 中文文献的版本或期号的写法从中文习惯,与外文略有不同。

第4条　简略格式有如下三种:

第一种　只写作者、书(文)名、页码(文章无此项),这几项的写法同完全格式,如:

　　吴国盛:《科学的历程》,第100页。

　　Martin Heidegger, *Being and Time*, p. 100.

　　吴国盛:〈自然哲学的复兴〉。

　　T. Kuhn, "The History of Science".

第二种　用"前引文献"(英文用 op. cit.)字样代替第一种简略格式中的书名或文章名(此时中文作者名后不再用冒号而改用逗号),如:

　　吴国盛,前引文献,第100页。

　　吴国盛,前引文献。

　　Martin Heidegger, op. cit., p. 100.

　　T. Kuhn, op. cit..

第三种　中文只写"同上。"字样,西文只写"ibid."字样。

第5条　完全格式与简略格式的使用规定:

说明与注意事项:

1. 参考文献在文章中第一次出现时必须用完全格式。

2. 只有在同一页紧挨着两次完全一样的征引的情况下,其中的第二次可以用第三种简略格式,这意味着第三种简略格式不可能出现在每页的第一个注中。

3. 在同一页对同一作者同一文献(同一版本)的多次引用(不必是紧挨着)的情况下,第一次出现时用第一种简略格式,以后出现时用第二种简略格式。下面是假想的某一页的脚注:

　　①吴国盛:《科学的历程》,第100页。

②M. Heidegger, *Being and Time*, p. 100.

③吴国盛, 前引文献, 第 200 页。

④同上。

⑤M. Heidegger, op. cit., p. 200.

⑥T. Kuhn, "The History of Science".

⑦Ibid.

4. 在同一页出现对同一作者不同文献(或同一文献的不同版本)的多次引用时, 禁止对该文献使用第二种简略格式。

编辑部联系方式:
电子信箱:pkuphilosophy@gmail.com
通信地址:100871 北京大学哲学系《哲学门》编辑部
传真:010-62751671

北京大学哲学系
北京大学出版社